Institution d'un prince, ou traité des qualitez des vertus et des devoirs d'un souverain. Par M. l'Abbé Duguet. Nouvelle edition, avec la vie de l'auteur. .. Volume 3 of 4

M. l'abbé Duguet

Institution d'un prince, ou traité des qualitez des vertus et des devoirs d'un souverain. Par M. l'Abbé Duguet. Nouvelle edition, avec la vie de l'auteur. .. Volume 3 of 4
Duguet, M. l'abbé (Jacques Joseph)
ESTCID: N016968
Reproduction from John Rylands University Library of Manchester
Titlepages in red and black. The 'Vie de l'auteur' is by C. P. Goujet. The imprint is false; printed on the continent, possibly in Rouen or in Paris.
Londres : chez Jean Nourse, 1750.
4v. ; 12°

Eighteenth Century
Collections Online
Print Editions

Gale ECCO Print Editions

Relive history with *Eighteenth Century Collections Online*, now available in print for the independent historian and collector. This series includes the most significant English-language and foreign-language works printed in Great Britain during the eighteenth century, and is organized in seven different subject areas including literature and language; medicine, science, and technology; and religion and philosophy. The collection also includes thousands of important works from the Americas.

The eighteenth century has been called "The Age of Enlightenment." It was a period of rapid advance in print culture and publishing, in world exploration, and in the rapid growth of science and technology – all of which had a profound impact on the political and cultural landscape. At the end of the century the American Revolution, French Revolution and Industrial Revolution, perhaps three of the most significant events in modern history, set in motion developments that eventually dominated world political, economic, and social life.

In a groundbreaking effort, Gale initiated a revolution of its own: digitization of epic proportions to preserve these invaluable works in the largest online archive of its kind. Contributions from major world libraries constitute over 175,000 original printed works. Scanned images of the actual pages, rather than transcriptions, recreate the works ***as they first appeared.***

Now for the first time, these high-quality digital scans of original works are available via print-on-demand, making them readily accessible to libraries, students, independent scholars, and readers of all ages.

For our initial release we have created seven robust collections to form one the world's most comprehensive catalogs of 18th century works.

Initial Gale ECCO Print Editions collections include:

> ***History and Geography***
> Rich in titles on English life and social history, this collection spans the world as it was known to eighteenth-century historians and explorers. Titles include a wealth of travel accounts and diaries, histories of nations from throughout the world, and maps and charts of a world that was still being discovered. Students of the War of American Independence will find fascinating accounts from the British side of conflict.

Social Science
Delve into what it was like to live during the eighteenth century by reading the first-hand accounts of everyday people, including city dwellers and farmers, businessmen and bankers, artisans and merchants, artists and their patrons, politicians and their constituents. Original texts make the American, French, and Industrial revolutions vividly contemporary.

Medicine, Science and Technology
Medical theory and practice of the 1700s developed rapidly, as is evidenced by the extensive collection, which includes descriptions of diseases, their conditions, and treatments. Books on science and technology, agriculture, military technology, natural philosophy, even cookbooks, are all contained here.

Literature and Language
Western literary study flows out of eighteenth-century works by Alexander Pope, Daniel Defoe, Henry Fielding, Frances Burney, Denis Diderot, Johann Gottfried Herder, Johann Wolfgang von Goethe, and others. Experience the birth of the modern novel, or compare the development of language using dictionaries and grammar discourses.

Religion and Philosophy
The Age of Enlightenment profoundly enriched religious and philosophical understanding and continues to influence present-day thinking. Works collected here include masterpieces by David Hume, Immanuel Kant, and Jean-Jacques Rousseau, as well as religious sermons and moral debates on the issues of the day, such as the slave trade. The Age of Reason saw conflict between Protestantism and Catholicism transformed into one between faith and logic -- a debate that continues in the twenty-first century.

Law and Reference
This collection reveals the history of English common law and Empire law in a vastly changing world of British expansion. Dominating the legal field is the *Commentaries of the Law of England* by Sir William Blackstone, which first appeared in 1765. Reference works such as almanacs and catalogues continue to educate us by revealing the day-to-day workings of society.

Fine Arts
The eighteenth-century fascination with Greek and Roman antiquity followed the systematic excavation of the ruins at Pompeii and Herculaneum in southern Italy; and after 1750 a neoclassical style dominated all artistic fields. The titles here trace developments in mostly English-language works on painting, sculpture, architecture, music, theater, and other disciplines. Instructional works on musical instruments, catalogs of art objects, comic operas, and more are also included.

The BiblioLife Network

This project was made possible in part by the BiblioLife Network (BLN), a project aimed at addressing some of the huge challenges facing book preservationists around the world. The BLN includes libraries, library networks, archives, subject matter experts, online communities and library service providers. We believe every book ever published should be available as a high-quality print reproduction; printed on-demand anywhere in the world. This insures the ongoing accessibility of the content and helps generate sustainable revenue for the libraries and organizations that work to preserve these important materials.

The following book is in the "public domain" and represents an authentic reproduction of the text as printed by the original publisher. While we have attempted to accurately maintain the integrity of the original work, there are sometimes problems with the original work or the micro-film from which the books were digitized. This can result in minor errors in reproduction. Possible imperfections include missing and blurred pages, poor pictures, markings and other reproduction issues beyond our control. Because this work is culturally important, we have made it available as part of our commitment to protecting, preserving, and promoting the world's literature.

GUIDE TO FOLD-OUTS MAPS and OVERSIZED IMAGES

The book you are reading was digitized from microfilm captured over the past thirty to forty years. Years after the creation of the original microfilm, the book was converted to digital files and made available in an online database.

In an online database, page images do not need to conform to the size restrictions found in a printed book. When converting these images back into a printed bound book, the page sizes are standardized in ways that maintain the detail of the original. For large images, such as fold-out maps, the original page image is split into two or more pages

Guidelines used to determine how to split the page image follows:

- Some images are split vertically; large images require vertical and horizontal splits.
- For horizontal splits, the content is split left to right.
- For vertical splits, the content is split from top to bottom.
- For both vertical and horizontal splits, the image is processed from top left to bottom right.

INSTITUTION D'UN PRINCE,
OU
TRAITÉ DES QUALITEZ
DES VERTUS ET DES DEVOIRS
D'UN SOUVERAIN.

Par M. l'Abbé DUGUET,

NOUVELLE EDITION,

Avec la Vie de l'Auteur.

TOME TROISIEME.

A LONDRES,

Chez JEAN NOURSE.

MDCCL.

TABLE
DES
CHAPITRES & DES ARTICLES
CONTENUS DANS LA
TROISIEME PARTIE.

Des qualités personnelles & des Vertus d'un Prince Chretien, consideré comme Chef d'une Societé fidelle & Chretienne.

CHAPITRE I.

ARTICLE I. Le Prince doit observer, par des motifs de Religion, tout ce qui a été marqué dans les deux premiéres Parties de ce Traité. *pag.* 1.

ART. II. La Royauté seroit peu de chose, si elle se terminoit à cette vie. 10.

ART. III. Nulle sagesse n'est véritable sans la pieté. 14.

ART. IV. Nulle grandeur n'est véritable sans la pieté. 19.

CHAPITRE II.

ART. I. Le Prince doit avoir un respect infini pour la Religion. 24.

† 2 ART.

ART. II. Il en doit être solidement instruit. *pag.* 26.

ART. III. Il doit connoître jusques à un certain point les preuves, les fondemens & les véritables caractéres de la Religion. 32.

ART. IV. Dans quelles dispositions il doit en examiner les preuves. 35.

CHAPITRE III.

ART. I. Il importe de bien connoître l'interêt qu'a l'homme à la Religion. 37.

ART. II. Elle n'est pas opposée à ses desirs essentiels: elle l'exhorte au contraire à les approfondir, pour en discerner le véritable objet. 40.

ART. III. Elle ne lui commande que d'être heureux, & ne lui defend que d'être miserable. 42.

ART. IV. Commandement de s'aimer soi-même, enfermé dans le premier. 44.

ART. V. Erreur, de prendre ses passions pour soi-même. 48.

ART. VI. Remede efficace enseigné par la Religion, de demander à Dieu qu'il se fasse plus sentir que les autres biens. 49.

CHAPITRE IV.

ART. I. Le Prince qui connoît la Religion, & par elle ses véritables interêts, compte pour peu de chose toutes les grandeurs temporelles. 53.

& des Articles.

Art. II. L'experience seule ne detrompe pas utilement. *pag.* 54.

Art. III. La lumiére, & plus encore le sentiment, dont la Religion est le principe, detachent véritablement le cœur. 57.

CHAPITRE V.

Art. I. Le Prince doit être fortement persuadé, que la Religion Chrétienne & la vraie Politique sont étroitement unies. 63.

Art. II. Le sentiment contraire est manifestement impie. 68.

Art. III. Il est injurieux à la Providence. 72.

Art. IV. Nulle nécessité, que celle d'obéir à Dieu. 74.

Art. V. La maxime contraire deshonore les Rois. 76.

Art. VI. Combien un Etat seroit heureux, si l'Evangile y étoit exactement observé. 77.

Art. VII. Vaine objection prise de la pratique des conseils Evangeliques. 80.

CHAPITRE VI.

Art. I. Prejugés injustes contre la pieté, & leurs sources. 82.

Art. II. La Religion commande toutes les vertus que le monde respecte. 91.

Tome III. †† Art.

ART. III. Elle les rend plus vraies, plus intérieures, plus constantes. *pag.* 93.
ART. IV. Elle est le principe de la véritable valeur. 95.
ART. V. Toutes les vertus, & toutes les vérités de morale se rapportent à la Religion. 98.
ART. VI. Ceux qui manquent de respect pour la Religion, ne conservent quelque probité qu'en retenant quelque liaison avec elle. 100.
ART. VII. Parallele de deux grands hommes, l'un infidele & l'autre chrétien. 103

CHAPITRE VII.

ART. I. La Religion donne à la dignité Royale une origine divine. 109
ART. II. Elle fait une obligation de payer les tributs. 111
ART. III. Elle rend la personne des Rois inviolable, & coupe la racine à toute revolte. 114
ART. IV. Elle fait un devoir de prier pour les Rois. 121
ART. V. La Religion conserve les Etats du Prince, même temporellement. 126
ART. VI. La Religion donne au Prince pour tous les emplois, des serviteurs fideles. 128

CHAPITRE VIII.

Art. I. Obligation des Princes de s'instruire des volontés de Dieu. *pag.* 129.

Art. II. La source de la lumiére qui doit les éclairer, est dans l'Ecriture Sainte. 130.

Art. III. Elle est presque toute destinée à l'instruction des Rois. 135.

Art. IV. Dans quelles dispositions le Prince doit la lire. 137.

Art. V. Les Extraits qu'on en feroit pour lui, seroient de peu d'usage. 140.

Art. VI. Ce que le Prince doit particuliérement remarquer en lisant l'Ecriture Sainte. 142.

CHAPITRE IX.

Art. I. Ce n'est point la connoissance seule de la vérité qui justifie les hommes. 149.

Art. II. Difference de la loi nouvelle & de l'ancienne. 153.

Art. III. Besoin de la grace, fondement de la priére. 156.

Art. IV. La priére est un don. 160.

Art. V. Les motifs qui portent les autres à prier, deviennent plus pressans à l'égard des Rois. 162.

Art. VI. Des motifs particuliers aux Rois. Premier motif: ils sont chargés des devoirs des autres. 164.

Art. VII. Second motif. Difficulté d'unir les vérités & les devoirs qui paroissent incompatibles. *pag.* 167.

Art. VIII. Troisiéme motif. Ils ne sauroient éviter tous les inconvéniens par une sagesse purement humaine. 169.

Art. IX. Quatriéme motif. Besoin que portent avec eux le soin & la conduite de leur Etat. 172.

Art. X. Plus les soins d'un Prince paroissent accablans, plus son application à la priére doit redoubler. 174.

Art. XI. Sa priére intérieure doit être presque continuelle. 175.

Art. XII. Elle doit être soutenue par d'autres, réglées en certains tems. 176.

Art. XIII. Elle est l'exercice des principales vertus. 179.

Art. XIV. Dispositions qui doivent accompagner la priére, dont la premiére est la foi. 180.

Art. XV. Seconde disposition; la sincérité. 183.

Art. XVI. Troisiéme disposition; l'humilité & les sentimens d'un pauvre. 187.

Art. XVII. Quatriéme disposition; la persévérance. 191.

Art. XVIII. Cinquiéme disposition; l'ardeur & l'instance. 191.

CHA-

CHAPITRE X.

Art. I. Il est nécessaire que le Prince connoisse les dangers de son état, & les difficultés qu'il renferme pour le salut. *pag.* 193.

Art. II. Idée générale de ses dangers. 196.

Art. III. Détail plus circonstancié de ses périls. 199.

Art. IV. Sa vertu doit être solidement fondée. 207.

Art. V. Elle doit être soutenue par une priére continuelle. 210.

Art. VI. Elle a besoin de sérieuses réfléxions, & de quelques tems destinés à cela. 214.

Art. VII. Utilité de quelques entretiens propres à nourrir la foi. 218.

Art. VIII. Le Prince doit être persuadé qu'il est obligé d'avoir une vertu éminente. 220.

Art. IX. Il doit s'humilier, à proportion de l'élévation & des dangers de son état. 222.

CHAPITRE XI.

Art. I. L'humilité nécessaire aux Princes : fausses idées de cette vertu. 223.

Art. II. Ce que c'est que l'humilité. 225.

Art. III. Erreurs sur l'orgueil. 226.

ART. IV. L'orgueil rougit de lui-même :
il ne veut, ni se connoître, ni être
connu. *pag.* 228.
ART. V. On ne le connoît que lorsqu'on
pense à lui résister. 230.
ART. VI. On ne lui résiste point avec succès par les seules forces naturelles. 231.
ART. VII. La grace seule & l'amour de
Dieu en font le remède : mais sans le
guérir parfaitement en cette vie. 235.
ART. VIII. Réfléxions propres à inspirer
aux Princes l'humilité. 237.
ART. IX. Exemples des Princes punis pour
leur orgueil, dans l'Ecriture. 241.
ART. X. Nouveaux motifs d'humilité pour
les Princes, par rapport aux choses surnaturelles. 252.
ART. XI. Intérêt qu'ont les hommes, & sur-
tout les Princes à être humbles. 257.
ART. XII. Où l'orgueil est le plus grand,
la misére est la plus grande ; où l'humilité est parfaite, la grandeur est à
son comble. 266.
ART. XIII. Marques & preuves de l'humilité dans les Princes. 268.

CHAPITRE XII.

ART. I. Le Prince doit être fortement persuadé qu'un Chrétien doit vivre dans
l'innocence, & loin du crime. 274.

ART.

Art. II. Obligation de marcher en la présence de Dieu. *pag.* 278.
Art. III. De vivre dans la sainteté. 280.
Art. IV. D'être parfait. 281.
Art V. De vivre d'une manière digne de notre vocation. 283.
Art. VI. D'une manière digne de l'Evangile. *ibid.*
Art. VII. D'une manière digne de Dieu. 284.
Art. VIII. Eminence du Chriftianifme. Le chrétien eft revêtu de Jefus-Chrift. 286.
Art. IX. Explication de quelques principes de S. Paul, dont l'intelligence eft nécessaire pour bien entendre la dignité & les devoirs du chrétien. 288.
Art. X. Le chrétien eft crucifié, mort & enfeveli avec Jefus-Chrift. 291.
Art. XI. Il eft auffi reffufcité avec Jefus-Chrift. 294.
Art. XII. C'eft Jefus-Chrift même qui vit dans le chrétien. 296.
Art. XIII. Le chrétien eft une créature nouvelle, en qui Jefus-Chrift eft toutes chofes. 298.
Art. XIV. Il n'eft plus à foi, mais à Jéfus-Chrift. 299.
Art. XV. Il a acquis par fa mort & par fa réfurrection un empire abfolu fur la vie & la mort du chrétien. 301.

Art.

ART. XVI. Le chrétien est la conquête de Jesus-Christ pour le consacrer à la pieté & aux bonnes œuvres. *pag.* 305.

ART. XVII. Obligation du chrétien de vivre comme Jesus-Christ a vécu. 307.

ART. XVIII. De n'être point du monde, comme Jesus-Christ n'en a pas été. 309.

ART. XIX. De n'aimer aucune des choses qui sont dans le monde. 313.

ART. XX. Obligation du chrétien de ne se laisser point affoiblir par les mauvais exemples, & de se conserver pur de la corruption du siécle. 313.

CHAPITRE XIII.

ART. I. Quel soin le Prince doit avoir de mener une vie pure & chaste. 318.

ART. II. Motifs qui l'y doivent porter. 319.

ART. III. Quelle est l'étendue de la chasteté. 339.

ART. IV. Combien elle est délicate & facile à blesser. 341.

ART. V. Dangers particuliers des Princes par rapport à elle. *ibid.*

ART. VI. Moyens propres à conserver une pureté sans tache. 344.

CHAPITRE XIV.

ART. I. La grande vertu d'un Prince est une grande foi : ce qu'on entend sous ce nom. 364.

ART.

& *des Articles.*

Art. II. Raisons & motifs d'une telle foi.
pag. 369.
Art. III. Elle n'est point contraire aux sages précautions, ni à la prudence. 384.
Art. IV. Récompenses d'une telle foi, même dès cette vie. 388.

CHAPITRE XV.

Art. I. Rien n'est plus opposé à la foi que la curiosité pour l'avenir, qui est une tentation generale, mais plus ordinainaire aux grands. 395.
Art. II. L'Astrologie judiciaire est un reste de l'idolatrie. 401.
Art. III. Vanité de l'Astrologie. Tout y est arbitraire. 404.
Art. IV. Ce qu'on dit de l'expérience, est faux. 411.
Art. V. Le désir de connoître l'avenir, conduit à l'impieté & à la magie. 413.
Art. VI. Tous les moyens que la curiosité employe, renferment un traité secret avec le démon. 414.
Art. VII. C'est par un jugement de Dieu, & non par les voies qu'emploie la curiosité, qu'on prédit quelquefois l'avenir. 418.
Art. VIII. Desseins du démon dans la curiosité qu'il inspire pour l'avenir. 419.

CHA-

CHAPITRE XVI.

Art. I. Il est d'une grande conséquence pour le Prince, qu'il sache en quoi consiste le solide bonheur des Rois. *pag* 421.

Art. II. Tout ce qui est compris sous l'idée de biens temporels, peut être commun aux bons & aux mauvais Princes. 423.

Art. III. Idée exacte du solide bonheur des Rois en cette vie. 426.

Art. IV. Danger de leur promettre ce que l'Evangile ne leur promet pas. Utilité de l'affliction & de l'épreuve. 430.

Art. V. Consolation dont la pieté est le principe. 433.

Art. VI. Tout bonheur de cette vie, fondé même sur la vertu, est incertain, parce que la perseverance est incertaine. 435.

CHAPITRE XVII.

Art. I. Le Prince doit s'appliquer à connoître ses fautes. 437.

Art. II. Moyens de les connoître. 438.

Art. III. Il doit les expier: comment il le peut. 447.

Art. IV. Danger pour le salut de negliger les fautes qui ne font pas perdre la justice. 453.

Art.

& des Articles.

Art. V. Difficulté de les distinguer de celles qui la font perdre, quand elles sont spirituelles : usage qu'il faut faire de cette obscurité. *pag.* 455.

CHAPITRE XVIII.

Art. I. Il est utile au Prince d'être bien instruit des regles de la pénitence. 460.
Art. II. Difference des pechés des justes, & des crimes dont la vie chrétienne doit être exempte. 463.
Art. III. Difference de la pénitence, avant ou après le batême. 470.
Art. IV. Enormité des crimes commis après le batême. 474.
Art. V. Regles de la Pénitence. 479.
Art. VI. Sévérité de l'ancienne Discipline. L'extérieur est changé, mais le même esprit subsiste. 483.
Art. VII. Sévérité de l'Ecriture encore plus effrayante. 487.

CHAPITRE XIX.

Art. I. Il est d'une extrême consequence que le Prince fasse choix d'un Confesseur, qui ait les qualités nécessaires pour un tel emploi. 491.
Art. II. Quelles sont ces qualités. 494.

CHAPITRE XX.

ART. I. A quelles marques on peut reconnoître un politique & un mondain, caché sous le nom & le ministére de Confesseur du Prince : son caractére, & son dessein. *pag.* 507.

ART. II. Pourquoi il est si ordinaire que les Princes choisissent un homme qui les trompe, & le preferent à un guide plus éclairé & plus fidele. 528.

ART. III. Combien ce malheur est grand. 531.

ART. IV. Moyens de l'éviter. 533.

CHAPITRE XXI.

ART. I. Si c'est dans l'Etat régulier, ou dans le Clergé, que le Prince doit choisir son Confesseur. 538.

ART. II. Le plus grand mérite doit décider. 539.

ART. III. Dans l'égalité de mérite, le Clergé doit être préferé. 540.

INSTITUTION D'UN PRINCE,
OU
TRAITÉ DES QUALITÉS,
des Vertus & des Devoirs d'un Souverain.

TROISIEME PARTIE.

Où il est traité des qualités personnelles & des vertus d'un Prince Chrêtien, consideré comme Chef d'une societé fidéle & Chrêtienne.

CHAPITRE PREMIER.

Le Prince doit observer, par des motifs de Religion, tout ce qui a été marqué dans les premiéres parties de ce Traité. La royauté seroit peu de chose, si elle se terminoit à cette vie. Nulle sagesse & nulle grandeur véritable sans la piété.

ARTICLE PREMIER.

Le Prince doit observer par des motifs de Religion tout ce qui a été marqué dans les deux premiéres Parties de ce Traité.

J'AI pris soin d'avertir dès le (a) commencement de la premiére Partie, que mon dessein, en considerant le Prince par rapport au Gouvernement temporel, n'étoit pas de me borner à des vertus pure-

Tome III.   A

(a) Chapitre II. Article II. de la Premiére Partie.

purement humaines, ni à un Gouvernement purement temporel. J'ai ajouté, que la pieté & la religion ont droit à tout ; qu'il n'est pas permis de séparer le Prince temporel du Prince Chrétien ; & que sa prudence dans le Gouvernement politique, doit être le fruit d'une plus haute sagesse. Et j'ai fait connoître que mon intention étoit, de préparer à la pieté par la raison, & de conduire le Prince, par des devoirs que l'une & l'autre commandent, à une perfection, qui n'est clairement annoncée que dans l'Evangile.

II. J'ai suivi en cela l'ordre naturel, qui veut qu'on s'élève par degrés, & qu'on ne passe pas à ce qui doit être la dernière fin sans avoir bien examiné ce qui est essentiel à la fin prochaine. J'ai de plus évité la confusion, où l'on tombe nécessairement quand on mêle tous les devoirs d'un Prince, & qu'on ne distingue point ceux qui lui sont communs avec tous les Souverains, de quelque Religion qu'ils puissent être, & ceux qui ne conviennent qu'à des Rois fideles. & j'ai d'ailleurs voulu, en m'abstenant de montrer la Religion comme l'unique motif des vertus d'un grand Prince, ôter ceux qui ne la connoissent pas, ou qui en sont mal instruits, le pretexte de mépriser des devoirs que la raison naturelle établit invinciblement. Il leur est utile d'être conduits à la pieté, dont ils ignorent

pris

prix, par des vertus qui brillent à leurs yeux, & qui ont de secretes dependances de la Religion. Ces vertus demeurent, lors même qu'on s'écarte des vertus Chretiennes; & elles sont en un sens, une espece de moyen pour y revenir.

III. Mais ce sont deux choses très differentes, de traiter de certains devoirs, sans montrer en même tems leur liaison immediate avec la pieté; & de séparer réellement de la pieté, l'accomplissement de ces devoirs.

IV. La premiére de ces choses est permise, parce qu'elle n'est qu'une precision de l'esprit, nécessaire à l'ordre & à la clarté: mais la seconde est injuste, parce qu'elle est une suppression réelle d'un devoir essentiel, qui consiste à n'exclurre jamais la Religion d'aucune de nos actions, & d'aucun de nos motifs; & à ne borner jamais nos vûes, ni nos desirs, que par la fin derniére qui en doit être le terme.

V. Je plaindrois extremement un Prince qui se seroit appliqué à observer tout ce qui a été dit jusqu'ici, & qui n'auroit pas esperé d'autre recompense d'un si grand travail, que la reconnoissance des hommes & leurs louanges, le plaisir d'avoir sacrifié son repos au leur, & la satisfaction d'avoir rempli ce qu'il devoit à sa reputation & à sa gloire.

VI. Il est digne de l'aveuglement du Paganisme, que des Princes plongés dans ses ténébres, n'ayent eu que de semblables motifs ; quoique peut-être quelques-uns d'entre eux ayent attendu de leurs fausses divinités quelque ombre de felicité après la mort. Mais rien ne seroit plus honteux à un Prince élevé dans la lumiére du Christianisme, que de se contenter d'une sterile probité & d'une vaine Philosophie : & ce seroit pour lui, non-seulement une impieté, mais une lâcheté inexcusable, que de se contenter, ou de l'admiration des hommes, ou de sa propre complaisance pendant qu'il lui est permis d'esperer des biens éternels, s'il a le courage de les desirer.

VII. Il doit, dans les choses même temporelles, avoir des motifs éternels ; porter toujours ses vûes au-delà des bornes étroites de cette vie ; annoblir tout ce qu'il fait en s'élevant par la foi au-dessus de la raison & de la sagesse humaine ; donner du prix à tout par la Religion ; convertir en un culte intérieur & spirituel, une suite d'occupations nécessaires ; & se soutenir dans les soins pénibles de la Royauté, par le desir d'obéir & de plaire à celui qui l'en a chargé.

VIII. L'Ecriture lui propose l'exemple d'un

d'un grand (b) homme, qui commandoit en Judée, sous l'autorité d'Artaxerxès, Roi des Perses, & qui ne pensoit, dans tous les services qu'il rendoit à sa patrie, qu'à mériter de la bonté de Dieu des recompenses éternelles. „ (c) Les Gouverneurs „ qui m'ont precedé, disoit-il, & leurs „ Officiers, avoient accablé le peuple, en „ exigeant d'eux des contributions en den- „ rées & en argent : mais la crainte de „ Dieu m'a empêché de rien faire de tel. „ J'ai même abandonné les droits légiti- „ mes attribués au gouvernement. Ma ta- „ ble étoit ouverte aux Magistrats & à „ ceux des nations voisines qui venoient „ à moi. J'ai vecu ainsi durant douze ans. „ J'ai contribué par mon travail à rebâtir „ les murailles de Jérusalem. Tous ceux „ de ma maison y ont travaillé avec moi. „ J'ai prêté à plusieurs de l'argent & du „ bled ; mes frères & mes domestiques „ l'ont fait aussi : & nous les quittons de „ ces

---

(b) *Nehemias.*
(c) Duces primi, qui fuerant ante me, gravaverunt populum, & acceperunt ab eis in pane, & vino, & pecuniâ, quotidie siclos quadraginta, sed & ministri eorum depresserunt populum, ego autem non feci ita propter timorem Dei. Judæi & Magistratus, & qui veniebant ad nos de gentibus quæ in circuitu nostro sunt, in mensâ meâ erant. Per annos duodecim ego, & fratres mei, annonas, quæ Ducibus debebantur, non comedimus. In opere muri ædificavi, & omnes pueri mei congregati ad opus erant. Ego, & fratres mei, & pueri mei, commodavimus plurimis pecuniam & frumentum non repetimus quod debetur nobis. Memento mei, Deus meus, in bonum, secundum omnia quæ feci populo huic. *Esdr. L. 2. C. V. v.* 15. 17. 14. 16. 18. 19.

„ ces emprunts. Souvenez-vous de moi
„ Seigneur, & traitez-moi avec bonté
„ pour me recompenser de tout le bie
„ que j'ai fait à ce peuple. „

IX. Sans la pieté de cet homme admi
rable, tous ses travaux étoient perdus, auss
bien que son désinteressement, ses libera
lités & ses depenses pour le bien public
Mais sa Religion & sa foi, en les mettan
comme en dépôt dans la main de Dieu
en avoient rendu le mérite éternel, & l
fruit incorruptible. Les services rendus
sa patrie étoient passés, mais le souveni
que Dieu en conservoit, ne passoit point
C'étoit de lui seul qu'il atténdoit la recom
pense de ses soins & de ses largesses: &
lorsqu'il agissoit en Gouverneur, il portoi
dans ses actions les mêmes motifs, que
lorsqu'il s'appliquoit aux devoirs de la Re
ligion; „ attendant également les bien
„ futurs dans ces differentes fonctions „
& (d) priant également Dieu, de se sou
venir de ce qu'il faisoit pour sa patrie, &
de ce qu'il faisoit pour embellir le tem
ple, & pour augmenter la decence du cul
te public.

X. C'est encore un grand exemple pour
un Prince chrétien, que celui de Daniel

I

(d) Memento mei, Deus meus, in bonum, secundu
omnia quæ feci populo huic. C. V. v 19.
Memento mei, Deus meus, & ne deleas miseration
meas, quas feci in domo Dei mei, & in ceremoniis ejus
C. XIII. v. 14.

(e) Il vivoit à la Cour du célébre Nabuchodonosor, qui, après avoir reconnu en lui une sagesse plus qu'humaine, l'avoit établi sur toutes les Provinces dont Babylone étoit la capitale, & l'avoit fait son premier Ministre. Mais en s'acquittant de tous les devoirs attachés à un si grand emploi, il n'oublioit point qu'il étoit exilé à Babylone, & que Jérusalem étoit sa patrie. L'éclat de Babylone, & l'autorité presque souveraine qu'il y avoit, ne l'éblouissoient pas; & Jérusalem, quoique reduite en cendres, étoit encore pour lui la figure du ciel, & de cette Jérusalem éternelle dont les saints sont les citoyens: comme Babylone, quoique superbe & victorieuse, étoit toujours à son égard la figure du monde & de son régne, dont les reprouvés se contentent.

XI. Il voyoit la gloire passagére de l'une de ces villes, comme n'étant déja plus; & l'humiliation temporelle de l'autre, comme ayant déja fait place à une gloire qui ne devoit point finir. Il detournoit ses yeux d'une vaine magnificence que Dieu devoit bien-tôt anéantir : „ & (f) il ou-
„ vroit trois fois le jour la fenêtre de son
„ logis

(e) Rex Danielem in sublime extulit, & munera multa & magna dedit ei, & constituit eum Principem super omnes provincias Babylonis, & Præfectum Magistratuum super cunctos sapientes Babylonis. *Dan. C. II. v. 48.*

(f) Fenestris apertis in cœnaculo suo contra Jerusalem, tribus temporibus in die flectebat genua sua, & adorabat. *Dan. C. VI. v. 10.*

,, logis qui étoit tournée vers Jérusalem,
,, pour adorer le vrai Dieu, qui devoit
,, bien-tôt y rétablir son temple, & en re-
,, lever les murailles. ,,

XII. Ses mains étoient occupées, comme celles des (g) trois jeunes Hébreux qui avoient l'Intendance des ouvrages publics de Babylone, à édifier & à soutenir une cité dont les jours étoient comptés, & qui devoit tomber au moment marqué par la Providence : ,, mais (h) son cœur en de-
,, siroit une autre, dont Dieu même est
,, l'Architecte, & dont les fondemens sont
,, inébranlables. ,, Ses occupations étoient à Babylone : mais son trésor étoit ailleurs. Il obéissoit à Dieu, en s'acquittant avec soin du ministére temporel dont il l'avoit chargé : mais ce n'étoit, ni sa grandeur propre, ni celle de Babylone, qui étoit le motif de son obéissance.

XIII. Il en est ainsi d'un Prince solidement chretien. Il s'acquitte avec fidelité de ce qu'il doit à une République temporelle : il la protege, il l'augmente, il la comble de biens : mais il est soutenu dans ces devoirs par une vûe bien superieure à la République. Il préfere l'honneur d'être citoyen dans une autre, à la gloire d'être
le

(g) Constituit super opera provinciæ Babylonis, Sirach, Misach, & Abdenago. *Dan. C. II. v. 49.*
(h) Expectabat fundamenta habentem civitatem, cujus artifex & conditor Deus. *Hebr. C. XI. v. 10.*

le chef de celle-ci. Il sait qu'il est exilé, quoiqu'il soit Roi : & que c'est même son Royaume qui est son exil. Il y bâtit, mais comme dans une terre étrangére. Il y commande, mais comme ne devant commander qu'un jour. Il y régne, mais comme désirant continuellement l'établissement d'un autre Royaume (*i*) dont la vérité est le Roi, dont la charité est la loi, dont l'éternité est la durée.

XIV. S'il agissoit autrement, il prendroit soin de ses Etats, & négligeroit son propre bonheur. Il se compteroit pour rien, & son administration temporelle pour tout : & il prefereroit ce qu'il n'a que pour un tems, à des intérêts personnels, qui ne peuvent entrer en parallele avec l'univers entier, parce qu'ils sont infinis, & par leur nature, & par leur durée, au lieu que l'univers doit périr. Il tâcheroit vainement de s'incorporer ce qui est essentiellement séparé de lui. Il voudroit fixer ce qui s'écoule & qui fuit. Il s'efforceroit de suivre ce qui s'évanouit, pendant que lui-même demeure : & il prétendroit satisfaire des besoins éternels, par des biens moins solides, & plus mobiles que l'air. (*k*) ,, Apprenez, lui dit un grand serviteur de Dieu, à ,, faire

(*i*) *Cujus Rex veritas, cujus lex caritas, cujus modus æternitas. S. Aug. Ep. ad Marcellin. n. 17. pag. 138*
(*k*) *Doce te ipsum pluris te habere, quàm tuam rem; transitoria ista, quæ stare tibi nullo pacto queunt, fac ut à te transeant, non per te. S. Bern. L. 4. de Consid. C. 6.*

,, faire plus de cas de vous, que de tout
,, ce que vous avez. Vos biens paſſent, &
,, vous demeurez. Ne vous uniſſez point à
,, ce que vous ne pouvez ni ſuivre, ni re-
,, tenir : qu'il s'écoule, mais qu'il ne vous
,, entraîne point en s'écoulant. ,,

Article II.

*La Royauté ſeroit peu de choſe ſi elle ſe termi-
noit à cette vie.*

I. Sans la pratique de ce ſage conſeil, que ſeroit la Royauté, quand elle ſeroit auſſi étendue que le monde, & qu'elle ne devroit finir qu'avec lui ? Elle éblouiroit l'imagination & les ſens pendant quelques ſiécles : mais après le dernier inſtant, où ſeroit-elle ? De quelle utilité ſeroit-elle dans tous les ſiécles ſuivans ? Quelle conſolation apporteroit-elle à des maux réels ? Quel bien procureroit-elle à un homme réduit à la miſére & au deſeſpoir ? Que laiſſeroit-elle dans un cœur plongé dans l'amertume, qui pût lui tenir lieu de la félicité réelle dont il ſe ſeroit rendu indigne, & de la fauſſe qu'il auroit perdue ?

II. Qui voudroit alors être à la place du Prince ? Quelle condition eſt ici aſſez malheureuſe pour conſentir à lui être ſubſtituée ? Sur qui ſa premiére grandeur feroit-elle impreſſion ? Et qui voudroit accepter
ſon

son état présent, en vûe de celui qui l'auroit précedé?

III. Pour avoir été Roi pendant quelques années, en est-il moins dégradé pour toujours? N'est-il pas jetté sans discernement au milieu de cette foule d'injustes (*l*) que Dieu ne regarde plus? N'est-il pas retranché, sans aucune espérance de retour, de la société de ceux qui disent à Jesus-Christ dans leurs actions de graces: „ (*m*) Vous „ nous avez rendu Rois & Prêtres pour la „ gloire de notre Dieu, & nous régnerons „ sur la terre? „

IV. Qui n'auroit pas mieux aimé être pauvre ici, méprisé, réduit sous les pieds de tout le monde, & être ensuite admis au nombre de ceux qui, selon l'expression de Jesus-Christ, (*n*) brilleront comme le soleil, dans le Royaume de leur Pére? L'Empire donc le plus étendu, & le plus tranquille ne mérite pas d'être comparé à la condition du plus indigent & du plus inconnu de tous les hommes, s'il finit lorsque la gloire du pauvre commence: & il ne faut sur cela d'autre juge que le Prince lui-même, quand il ne régne plus.

V. Il n'est pas ici question de ses vices:

___

(*l*) Quorum non es memor amplius, & ipsi de manu tuâ repulsi sunt. *Psal. LXXXVII. v.* 6.
(*m*) Fecisti nos Deo nostro Reges, & sacerdotes, & regnabimus super terram. *Apoc. V. v.* 10.
(*n*) Tunc justi fulgebunt sicut sol, in regno Patris eorum. *Matth. c. XIII. v.* 43.

je parle de ses vertus, dont il a perdu le fruit. Je parle de ses soins & de ses travaux, dont il a souffert que la récompense lui fût enlevée. Il a passé les jours, & souvent les nuits, dans l'inquiétude. Il s'est agité : il s'est empressé ; il a craint : il a combattu. Son régne a été mêlé d'une infinité d'incidens, pendant que plusieurs de ses sujets, que ses soins mettoient à couvert, jouissoient d'une profonde paix : & il n'a voulu, pour tant de peines & tant d'inquiétudes, que l'estime des hommes, ou l'applaudissement secret qu'il se donnoit à lui-même, ou l'honneur de commander & d'être le Maître, ou quelque autre chose aussi frivole.

VI. Il est traité non seulement selon son mérite, mais selon ses désirs. On lui dit ce qui est écrit dans l'Evangile : (o) Qu'il vous soit fait, comme vous l'avez voulu. (p) Prenez ce qui est à vous, & retirez-vous. Saisissez, si vous le pouvez, cette vaine estime dont vous vous êtes contenté. Courez après une ombre, qui vous échappe lorsque vous prétendez la serrer & la retenir. Consolez-vous maintenant de vos pertes par l'approbation que vous vous donnez. Trouvez dans vous-même le bonheur & la paix, dont vous avez cru être la source. Continuez de régner, lors même que vous n'avez plus de sujets,

---

(o). Fiat tibi, sicut vis. *Matth. C. XV. v. 28.*
(p). Tolle quod tuum est, & vade. *Matth. C. XX. v. 14.*

sujets, & que vous êtes dans les fers. Dites-vous à vous-même, que les biens que vous avez méprisés, ne sont rien : persuadez-vous toujours que vous avez choisi la meilleure part, quoiqu'elle vous soit ôtée, & que vôtre mauvais choix soit puni par une misére infinie.

VII. Il découvre alors, mais trop tard, combien il a été imprudent & malheureux de n'avoir travaillé que pour le tems : au lieu de faire du trône un degré pour monter, par un saint usage de l'autorité, au pouvoir éternel; & de se préparer, par une administration fidéle, à une Intendance générale sur tous les biens de son maître, selon cette grande parole de Jesus-Christ : (q) „ Je vous dis en vérité, que le Seigneur „ établira sur tous ses biens le serviteur prudent „ & fidéle qu'il avoit chargé du soin „ de sa famille pour la nourrir : „ Ce qui convient non seulement aux Evêques, mais aussi aux Princes qui s'acquittent de leurs devoirs avec un esprit de Pére & de pasteur, à l'égard de leurs sujets, & avec l'humilité d'un serviteur, à l'égard de Dieu, qui leur confie ses enfans & leurs fréres, pour en prendre soin & les nourrir.

VIII.

(q) Quis putas, est fidelis servus & prudens, quem constituit Dominus suus super familiam suam, ut det illis cibum in tempore ? Beatus ille servus, quem, cum venerit Dominus ejus, invenerit sic facientem. Amen, dico vobis, quoniam super omnia bona sua constituet eum. Matth. C. XXIV. v. 45. 46. 47.

VIII. Au lieu d'une noble ambition, no[n] seulement permise, mais commandée, [il] s'est indignement laissé tromper par une au[...]tre qui lui étoit defendue, & qui ne pou[...]voit le conduire qu'à l'ignominie. Il a re[...]noncé, comme Esaü (r), aux droits d'a[...]nesse & à l'heritage éternel, pour des cho[...]ses qui ne meritoient que son mepris: E[t] il s'est cru fort sage, en perdant de vû[ë] le terme où tous ses soins devoient aboutir.

ARTICLE III.

Nulle sagesse n'est veritable sans la pieté.

I. Il a été un grand Politique: il a su[...] faire aimer & se faire craindre: il a pr[is] dans toutes les occasions le meilleur parti[...] il a connu les hommes en perfection: il [a] été bon, genereux, ennemi de l'oppressio[n] & de l'injustice: mais il n'a su à quoi l[ui] devoient servir de telles vertus. Il a tou[...] jours marché, mais sans savoir où il a[l]loit. Il a fait de grands pas, mais sa[ns] se mettre en peine s'il étoit dans le che[...]min. Il a toujours été attaché au gouver[...]nail du vaisseau, mais sans dessein d'arr[i]ver à aucun port. Quelle folie est donc [la] sienne? Et de quel usage sont pour lui tou[...]tes ses qualités, s'il ne se propose aucu[...]ne fin digne d'elles?

(r) Genes. C. XXV. v. 32.

II. N'est-il donc éclairé que pour les autres, & ne connoît-il point ses propres intérêts? Veut-il que les autres soient heureux, sans penser à l'être lui-même? Croit-il que ce soit beaucoup gagner, que d'acquerir le monde entier en se perdant? N'at-il point d'autres yeux que ceux du corps? Ne desire-t-il & ne craint-il que ce qui finit avec la vie? Il est bien aveugle, s'il est dans de telles tenebres: & bien insensé, si étant éclairé, il est aussi peu prévoyant pour l'avenir.

„III. (s) Pourquoi, lui dit un Prophete en des termes figurés, „employez-vous „votre argent à des choses inutiles, au „lieu d'en acheter du pain? Et pourquoi „donnez-vous vos soins & votre peine à „ce qui ne peut vous nourrir? A quoi se „termine enfin tout votre travail? Que fai„tes-vous de durable & de solide? (t) Vous „vous épuisez, mais comme l'araignée, „pour des ouvrages aussi inutiles que les „toiles qu'elle forme, dont on ne peut „faire aucun usage pour se couvrir. Tou„tes vos œuvres sont pour vous infruc„tueuses; & votre (v) sagesse, sembla„ble à celle des Princes infideles qui ne
„con-

(s) Quare appenditis argentum, non in panibus, & laborem vestrum, non in saturitate? *Isa*. C. LI v. 2
(t) Telas araneæ texuerunt, telæ eorum non erunt in vestimentum, neque operientur operibus suis. Opera eorum, opera inutilia. *Isa*. C. LIX. v. 5. & 6.
(v) Filii Agar, qui exquirunt prudentiam, quæ de terra est. *Baruch*. C. III. v. 23.

,, connoissent que les biens terrestres ,,
n'est qu'une folie aux yeux de Dieu : parce qu'elle se meprend à tout, qu'elle ignore sa fin, qu'elle confond avec elle les moyens, & qu'elle s'arrête à de petits objets, pendant qu'elle oublie le souverain bien.

,, IV. (x) Apprenez, dit le S. Esprit, ou
,, est la prudence, où est la vertu & le cou-
,, rage, où est l'intelligence : afin que vous
,, sachiez aussi où est la durée de la vie &
,, l'abondance, où est la lumiere des yeux,
,, & où est la paix. (y) Que sont devenus
,, les Princes qui commandoient aux Na-
,, tions, & qui avoient amassé de si grands
,, tresors ? Ils ont été exterminés. Ils sont
,, descendus dans les enfers, & d'autres
,, ont pris leurs places. ,, Triste sort, mais inévitable pour quiconque n'est sage & n'est prudent que pour cette vie, & qui se neglige en ne s'occupant que du soin temporel des autres !

V. Je ne puis rien dire au Prince contre un tel aveuglement, qui soit plus digne de sa memoire & de ses reflexions que ces excellentes paroles de S. Bernard
Quoi

(x) Disce ubi sit prudentia, ubi sit virtus, ubi sit intellectus ut scias simul ubi sit longiturnitas vitæ & victus ubi sit lumen oculorum & pax. *Bar. C III. v.* 14.

(y) Ubi sunt Principes gentium, qui argentum thesaurizant & aurum ? Exterminati sunt, & ad inferos descenderunt, & alii loco eorum surrexerunt. *Bar. C. III.* 16. 18. 19.

„ (z) Quoique vous soyez sage, si vous
„ ne l'êtes pas pour vous, vous ne l'êtes
„ pas assez. Vous me demanderez peut-
„ être, ce qui manque donc à votre sa-
„ gesse? Et je vous repondrai, que selon
„ mon sentiment, il lui manque tout. Quand
„ vous auriez l'intelligence de tous les mys-
„ teres, & que vous connoîtriez l'étendue
„ de la terre, la hauteur du ciel, & la
„ profondeur de la mer, c'est-à-dire, les
„ choses les plus élevées & les plus secre-
„ tes; si vous ne vous connoissez pas vous-
„ même, ni vos veritables interêts, tout
„ ce que vous faites est semblable à un édi-
„ fice qui n'a point de fondement ; & au
„ lieu de bâtir avec solidité, vous ne faites
„ qu'entasser des pierres & des materiaux,
„ qui tomberont en ruine un moment après.
„ Tout ce que vous édifiez hors de vous,
„ n'est qu'un tas de poussiere que le pre-
„ mier vent emportera. Nul n'est sage,
„ quand il ne l'est pas pour soi-même. Ce-
„ lui qui l'est, commence par se desalterer
„ le

(z) Etsi sapiens sis, deest tibi ad sapientiam, si tibi non fueris Quantum vero? Ut quidem senserim ego, totum Noveris licet omnia mysteria, noveris lata terræ, alta coeli, profunda maris, si te nescieris, eris similis ædificanti sine fundamento, ruinam, non structuram faciens. Quidquid exstruxeris extra te, erit instar congesti pulveris, ventis obnoxium Non ergò sapiens, qui sibi non est. Sapiens erit. & bibet de fonte puteo sui primus ipse. Tu primus tibi, tu ultimus Contra solutem propriam cogites nihil. minùs dixi. contra. præter, dixisse debueram Quidquam se considerationi offerat, quod non quomodo ad tuam ipsius salutem pertineat, respuendum. Bern l. 2. de Consid. cap. 3.

„ le premier; & ſes beſoins ſont à ſon égard
„ les plus importans. Vous devez vous con-
„ ſiderer, & avant tous, & après tous. Ce
„ n'eſt pas aſſez que vous ne faſſiez rien
„ contre votre ſalut : vous devez ne rien
„ faire qui n'y tende, & qui n'y contribue,
„ & c'eſt pour vous une obligation eſſen-
„ tielle que de rejetter tout ce qui ne ſe
„ rapporte pas à cette unique fin. „

VI. On ſe trompe en effet en tout, quand
on ſe trompe par rapport à elle; & le ſuccès
dans certaines choſes particulieres, n'empêche pas qu'on ne ſoit inſenſé: car c'eſt
le terme qui decide de la ſageſſe. Un General ſait faire des vers, entend les langues,
écrit avec politeſſe; mais il ignore comment
il faut commander une armée : dès lors il
eſt un General inſenſé, parce que tout ce
qu'il fait n'a aucun rapport à l'unique fin
qu'il auroit dû ſe propoſer. Un pilote joue
du luth en perfection, & compoſe à merveille en muſique : mais il ne connoît ni la
carte, ni les vents, ni la mer : dès lors il
eſt un pilote inſenſé, parce que le luth &
la muſique ne lui ſervent de rien pour la
navigation, qui devroit être ſon unique but.
Il en eſt ainſi d'un Prince qui ſait tout par
rapport à cette vie, où il ne doit demeurer qu'un certain nombre de jours, & qui
ne ſait faire uſage de rien par rapport à
une autre qui eſt éternelle. Il eſt inſenſé

avec toute sa politique : parce qu'elle lui est inutile pour le salut, qui est l'unique point de vûe que se propose le sage.

VII. Les autres excellent en certaines connoissances : ils ont des desseins particuliers qui leur réussissent : mais le tout, qui devroit réunir & leurs connoissances & leurs desseins, leur est inconnu. Ils se proposent certains buts pour certaines actions, mais ils n'ont point de but pour eux-mêmes. Ils prennent des mesures sages pour arriver à des fins limitées, & n'en prennent aucunes pour arriver à une fin generale, qui auroit dû être le motif & la raison de toutes les autres.

VIII. Le sage, au contraire, ne considere chaque partie que par rapport au tout : ne se conduit dans chaque action que par rapport à un dessein general · ne se propose aucune fin, qu'après avoir consulté la derniere ; & ne se porte à quoi que ce soit, qu'en le regardant comme un moyen de s'assurer un bonheur éternel : toute la prudence consistant en ce point, comme l'extrême folie consiste à se perdre.

ARTICLE IV.
Nulle grandeur n'est veritable, sans la pieté.

I. Dans une grande jeunesse, au milieu des louanges & des succès, une telle folie

est

est peu sensible : mais quand l'âge, l'infirmité & le voisinage du dernier terme, commencent à dissiper l'illusion & l'enchantement, le Prince, en qui les reflexions ne sont pas absolument éteintes, commence aussi à decouvrir & à sentir le vuide de tout ce qui l'environne. Il voit avancer chaque jour l'éternité, qui lui avoit paru dans les autres tems fort éloignée. Il la voit comme une montagne d'une hauteur & d'un poids immense, qui écrase tout ce qui se trouve sur son passage. Il la voit comme un abîme qui engloutit tout ce qui n'est que temporel, & qui n'en laisse aucun vestige.

II. Il compare alors tout ce qui paroît grand, sérieux, à la sagesse humaine, avec l'idée & le voisinage des solides biens, & il le trouve petit & frivole. Toute la prudence des hommes d'Etat, qui se termine à cette vie, lui paroît une enfance. Toute grandeur, qui n'est plus rien après quelques momens, n'est à son égard qu'une représentation de théâtre & qu'un songe. Mais ces vérités ne commencent point alors à être : elles ont toujours été aussi réelles & aussi importantes, lorsque le Prince évitoit de les voir ; & il apprend un peu tard, le véritable prix des choses, après s'y être trompé toute sa vie.

III. Un Prince sage l'est toujours. Il penle dans sa jeunesse, comme il seroit contraint de le faire dans les derniers tems. Il n'estime pas un jour ce qu'il doit mépriser un autre ; & il ne regarde pas comme une grandeur bien affermie, celle qui ne dure qu'autant que la santé.

IV. Il considére tous les rangs marqués en cette vie par la Providence, comme des rangs provisionnels, qui ne subsistent que pour un tems, & qui seront changés quand il sera question de fixer à chacun sa place pour toujours. (*a*) Il sait que le pauvre, s'il est humble & fidele, sera tiré de la bassesse & placé sur un thrône, où il prononcera contre les Rois orgueilleux la sentence que le juste juge lui marquera. Il n'est touché que des distinctions & des preferences qui seront éternelles ; & il comprend que ces distinctions ne peuvent être attachées qu'à une sincere pieté, parce qu'elle est le seul bien que la mort ne detruise pas, & qu'elle est le seul merite qui subsiste aux yeux de Dieu.

V. Il n'admire dès lors que la pieté, qu'il considere comme la source de toute véritable grandeur. Il ne voit qu'elle digne de son ambition. Il ne connoît que
cette

(*a*) Exultabunt sancti in gloriâ : gladii ancipites in manibus eorum ad faciendam vindictam in nationibus, alligandos Reges eorum in compedibus, & nobiles eorum in manicis ferreis : ut faciant in eis judicium conscriptum ; gloria hæc est omnibus sanctis ejus. *Psalm.* CLIX.

cette distinction unique, parce qu'elle seul[e] est réelle, & que sans elle toutes les au[-]tres s'évanouissent.

VI. Il reforme sur cela tous les prejugé[s] dont la corruption naturelle, & l'aveugle[-]ment presque general des hommes, o[nt] rendu l'impression si universelle & si effica[-]ce. Il voit dans un homme obscur, ma[is] plein de Religion, une élevation infinie. [Il] decouvre dans sa pieté les promesses d'u[n] regne éternel. Il le place deja en espri[t] sur le thrône que sa vertu lui prepare, s'[il] est assez heureux pour perseverer. Il trem[-]ble au contraire pour lui-même, & pou[r] les plus puissans Princes, de peur qu'il n[e] soit avec eux que le depositaire d'un scept[re] temporel, qui lui sera ôté, après que le[s] jours de la ceremonie, où il doit repre[-]senter l'auguste Majesté de Dieu, seron[t] écoulés. Il ne se console, que dans l'espe[-]rance que la Religion lui laisse, de pou[-]voir imiter les plus saints par une pieté égal[e] à la leur. Il tâche de conserver sur le thrô[-]ne autant de foi, d'obéissance & d'humili[-]té, que les plus pauvres dans une cond[i-]tion moins exposée aux dangers; & il re[-]pete souvent les paroles que S. Ambroi[se] disoit à l'Empereur Valentinien le jeune[.]
„ (b) Il n'y a rien de plus grand que [la]
„ Religion : il n'y a rien de plus sublim[e]
„ que la foi. „
VI[I.]

(b) Nihil majus est religione, nihil sublimius fide[.] Ambr. Epist. 17. ad Imp. Valent. jun. n. 12.

VII. Dès qu'il s'agit de juger de quelque bien dont les hommes sont fort frappés, il se demande à lui-même, si ce bien durera toujours; si la pieté peut le rendre éternel; s'il peut devenir un moyen pour elle? Et s'il decouvre qu'il lui soit un obstacle, il le meprise & le rejette, comme une chose pernicieuse qui n'est estimée que par erreur. Au contraire, lorsque les hommes font peu d'état de certaines dispositions, il examine si la Religion & la foi autorisent leur jugement; & quand il voit qu'elles le condamnent, il n'hesite pas un moment à le condamner aussi: n'admettant d'autre regle, pour juger de ce qui est grand & digne d'admiration, que l'estime ou le mepris qu'en fait la pieté.

VIII. Il ne la met en parallele avec aucun autre avantage. Il tâche d'avoir les plus grandes qualités: mais il compte ne rien avoir, si la pieté n'en est l'ame. Il est bienfaisant, magnanime, intrepide, éclairé, prevoyant, appliqué, juste, chaste, en toutes choses. Mais tout cela ne lui paroît qu'une vaine parure, si la pieté n'y ajoute un prix réel, en y mettant le sceau: & il la demande instamment à Dieu, comme le plus grand de ses dons: comme celui qui rend tous les autres utiles: comme le seul necessaire, dont aucun ne peut tenir lieu, & qui seul peut tenir lieu de tous les autres.

IX.

IX. „ (c) Je ne sais, disoit S. Ambroi[se]
au grand Theodose, „ ce que je dois d[e]-
„ mander ou desirer pour vous. Vous a[vez]
„ toutes les qualités qu'on peut souhaite[r,]
„ & votre Religion les surpasse tout[es:]
„ mais je ne puis m'empêcher de desir[er]
„ que votre pieté prenne tous les jours [de]
„ nouveaux accroissemens, parce qu'en[tre]
„ tous les dons que vous avez reçus [de]
„ Dieu, elle est sans comparaison le p[lus]
„ grand. „ Avec elle rien n'est petit; m[ais]
sans elle tout le devient; parce que c['est]
elle, à parler exactement, qui est la g[ran]-
deur réelle de tout.

CHAPITRE II.

*Le Prince doit avoir un respect infini pou[r la]
Religion : en être solidement instruit [; la]
connoître, jusques à un certain point, [les]
fondemens, les preuves, l'antiquité, les [vé]-
ritables caractères. Avec quelles disposit[ions]
il doit en entreprendre la recherche.*

ARTICLE I.

*Le Prince doit avoir un respect infini p[our]
la Religion.*

I. CE qui vient d'être dit de la p[iété]
porte necessairement le Prince a[u]
n

(c) Quid exoptem ? quidve desiderem ? Omnia [habes.]
Opto tamen tibi etiam atque etiam incrementa pi[etatis,]
qua nihil Dominus præstantius dedit. S. Ambr. l[ib.]
ad Imp. Theod. n. 6. & 7.

rioret infiniment la Religion, parce qu'elle est, ou la piété même, ou son objet.

II. La Religion est le culte de Dieu ce qui comprend deux rapports l'un à Dieu, qu'elle adore l'autre à la creature, dont il est adoré. Du coté de l'objet, elle est infinie : du côté de la creature, elle est bornée mais dans ses bornes mêmes elle a une autre espece d'infini parce que l'adoration qu'elle rend à Dieu, n'est limitée que par son impuissance, & non par ses desirs, & qu'elle seroit immense, si son être l'étoit.

III. Cette adoration n'est point un simple aveu que Dieu est tout, & que la creature n'est que ce qu'il lui a plu qu'elle fît : ce n'est point une simple admiration de ses perfections infinies, ni même un simple respectueux tremblement devant la suprême Majesté. Tout cela fait partie de l'adoration, mais n'en remplit pas toute l'idée, ni tous les devoirs. Son essence consiste principalement à assujettir à Dieu la creature intelligente, comme à son Dieu, comme à son bien souverain, comme à son unique fin, comme au principe dont elle dépend en tout, & comme au centre vers lequel tout ce qu'elle a reçu doit retourner.

IV. La Religion, à qui une telle adoration est essentielle, est donc un commerce entre Dieu & l'homme. Elle unit ces deux extrêmités, qu'une distance infinie paroît s[é]parer. Elle apprend à l'homme ce que Di[eu] lui est, & le lui fait sentir : & elle lui a[p]prend aussi ce qu'il est à l'égard de Dieu, [ce] qu'il lui doit, & ce qu'il en peut espere[r].

V. Elle lui fait connoître, que le cul[te] dû à Dieu, comme verité essentielle, [est] de le croire quand il parle, & de se [fier] à lui quand il promet ; que l'on ne peut l'[a]dorer comme souveraine justice & comm[e] sainteté primitive, qu'en faisant ce qu'il co[m]mande, & s'abstenant de ce qu'il defen[d] ; que l'hommage dû à sa bonté infinie, [est] un amour, s'il se peut, infini, & qui re[m]plisse au moins toute l'étendue de la volo[n]té, & que le dessein qu'il a d'être le te[rme] & la fin de l'homme, ne peut être since[re]ment adoré que par un rapport universel [de] l'homme vers lui.

Article II.

Il en doit être solidement instruit.

I. Tous les devoirs & tous les interêts [de] l'homme se trouvent compris dans ce [que] je viens de dire ; & il est évident, par co[n]sequent, qu'il n'en a point de plus ess[en]tiel que de se bien instruire de la Religi[on] qui peut lui apprendre seule ce qu'il a [plu] à Dieu de reveler, de promettre, d'ord[on]ner & de defendre ; qui conserve seule depôt des verités salutaires, qui seule est instruite des moyens de retourner à Dieu; qui peut seule consoler, soutenir, conduire l'homme jusqu'au terme; & qui seule peut lui decouvrir ce qu'il est, ce que sont les autres êtres, & l'usage qu'il en doit faire.

II. Il n'y a que la Religion qui marque à l'homme sa place dans le monde, & qui le tienne immediatement sous Dieu, égal aux esprits, superieur aux corps. Il n'y a qu'elle qui le mette dans le point de vûe d'où il doit regarder toutes choses pour en bien juger, & pour connoître leur destination & leur juste valeur, & il n'y a qu'elle qui le fasse entrer dans le dessein que Dieu a eu, en lui donnant l'être, & en faisant le monde pour lui.

III. Sans ce guide fidele qui doit l'accompagner dans tous ses pas, l'homme vit au hazard: ne connoit, ni son rang, ni ses devoirs, ni le véritable usage d'aucune creature. Il se heurte contre tout ce qui est sur son passage: il se prend & s'arrête à tout. Il marche dans un perpetuel labyrinthe, retourne sans cesse sur ses pas, sans trouver d'issue, & ignore même s'il y en a une.

IV. Il suit en aveugle l'impulsion des sens: n'est touché que des objets presens: se defie de la realité de tout ce qui est invisible: ne peut regarder comme son bien, ce qui est differé & qu'il faut attendre.

V. Son indigence actuelle le presse & le détermine à saisir tout ce qui s'offre à lui. Sa faim, inquiette & impatiente, lui rend insupportables les delais, & lui fait paroître comme de solides biens, toutes les choses qui ont quelque rapport à ses besoins ; & l'expérience, qui lui fait sentir ce qui leur manque, le degoûte sans le détromper, & l'afflige sans le convertir.

VI. Ses passions, qui naissent de ses ténebres, servent à les augmenter. Après les avoir suivies avec quelque résistance, il s'y livre avec moins de remords. Il tâche de les justifier, & il desire qu'elles soient permises, ou qu'au moins elles demeurent impunies. Il craint d'approfondir ses sentimens interieurs qui les condamnent : il les étouffe autant qu'il peut par la distraction & par d'autres soins, & il souhaite en secret que la Religion, conforme à ces sentimens interieurs, soit moins certaine qu'on ne le dit.

VII. Il en connoissoit déja peu le fond & la grandeur : mais il commence à la negliger à dessein. Il n'en considere que certains dehors, souvent étrangers, & qui la defigurent. Il s'attache à certaines parties détachées du tout, dont il ne voit pas la liaison & les rapports. Il s'occupe des difficultés, sans avoir assez de lumiére pour

les

les refoudre. Il veut raifonner où il doit croire; & ne fait pas raifonner où il lui feroit permis de le faire avec fruit. Il fe contente des plus frivoles conjectures; & fe defie des plus folides preuves.

VIII. Une telle perverfité eft ordinairement punie par un nouvel aveuglement. On ceffe de voir ce qu'on n'aime pas; & les lumiéres font juftement refufées à celui qui en étoit ennemi. Elles ne venoient pas de la feule raifon · elles avoient une fource plus libre & plus independante · le plus févére châtiment que Dieu exerce fur les hommes, eft quand il les laiffe tranquilles dans leurs ténébres, felon cette parole du St. Efprit: ,,(d) Que celui qui eft ,, fouillé fe fouille encore. ,,

IX. Une telle permiffion doit effrayer tous ceux qui en voient les redoutables fuites. ,,(e) Ne me cachez pas vos com- ,, mandemens, difoit le Prophete à Dieu; ,,(f) Ne rejettez pas le defir que j'ai de ,, les obferver. ,, Il comprenoit l'interêt qu'il avoit à être foumis & fidele. Il favoit que fa vertu étoit un don, & que fon obéiffance étoit une grace. Et il étoit vivement penetré de cette vérité, que Dieu eft fi grand, & que c'eft un fi grand honneur

---

(d) Qui in fordibus eft, fordefcat adhuc. *Apoc.* CXXII.
(e) Non abfcondas à me mandata tua *Pfal.* CXVIII. v. 19.
(f) Ne repellas me à mandatis tuis. *Ibid.* v. 10.

neur que celui d'être bien instruit de ses volontés, & d'y être soumis; que jamais il ne punit plus sévérement, qu'en permettant qu'on les ignore & qu'on les méprise.

X. L'étude de la Religion, est une continuelle étude de ses volontés; & l'on ne peut, par cette raison, en être trop instruit. Mais il faut prendre garde à ne mêler dans l'étude de la Religion, ni curiosité, ni desir de distinction, ni aucun motif indigne d'elle; car elle doit guérir toutes les passions, au lieu de contribuer à les entretenir. Et la première leçon qu'on en doit apprendre, est que rien ne lui est plus opposé qu'une recherche curieuse & sterile, & qu'un secret orgueil qui convertit tout en enflure.

XI. La maniére de s'instruire de la Religion, doit être serieuse, profonde, proportionnée aux grandes choses qu'elle découvre. Il faut que l'esprit en soit humilié, & que le cœur en soit attendri. Il faut qu'une telle connoissance porte au gemissement, & non à la vanité. Il faut qu'on se confonde, en voyant le peu de proportion entre ce qu'on doit à Dieu & ce qu'on lui rend; entre sa sainteté, & l'imperfection de nos œuvres; entre ses bienfaits & notre reconnoissance; entre ses promesses & nos desirs.

XII.

XII. Il faut aussi que la manière dont on étudie la Religion, soit pleine & entière : qu'on ne s'attache pas à une partie, en négligeant les autres : qu'on ne sépare pas les vérités qui éclairent l'esprit, des regles qui doivent reformer les mœurs : qu'on n'approfondisse pas les mysteres, en ne donnant qu'une attention legere à des maximes importantes : qu'on ne se repose pas uniquement sur les promesses, sans considerer tout ce qui est capable d'imprimer une crainte salutaire ; qu'on ne se contente pas de remarquer ce qui est conforme à l'inclination, & qui coute peu ; mais qu'on s'arrête sur tous les devoirs qui paroissent plus difficiles, & qui sont ordinairement plus indispensables.

XIII. Il y a une extrême difference entre un Prince solidement instruit de la Religion, & qui joint à la lumiére une sincere pieté, & un autre Prince qui n'a qu'une crainte sans lumiére & sans discernement ; qui prend la superstition pour la vérité ; qui met l'esperance du salut, dans des choses vaines ; qui s'applaudit, ne faisant rien d'utile ; qui concilie avec des apparences de Religion, des vices incompatibles avec la vertu ; qui ne la connoît point, & qui s'en defie ; qui est toujours preparé à la séduction & à la flaterie, parce qu'il ne connoît rien de plus grand, ni de meilleur que ce qu'il fait, & qui est ainsi le jouet de ceux qui favorisent ses panchans pour devenir ses maîtres, & pour écarter tous ceux qui seroient capables de le detromper.

XIV. Tous ces maux, qui ont des suites infinies, viennent de l'ignorance de la Religion, & de la presomption, qui en est ordinairement le fruit; & il importe infiniment à l'Etat & à l'Eglise, que le Prince soit en même tems très éclairé & très docile, & qu'il ait une assez grande connoissance des vérités utiles au salut, pour n'être pas trompé par de faux guides, & pour ne pas se contenter lui-même de sa propre lumière, ni s'applaudir d'une vertu imparfaite.

Article III.

Le Prince doit connoître, jusques à un certain point, les preuves, les fondemens & les véritables caractéres de la Religion.

I. Il est impossible que le Prince étudie serieusement la Religion, & qu'il ne découvre pas les preuves sans nombre qui en demontrent la vérité. Ces preuves ne le rendent pas fidele · il l'étoit, avant que de les decouvrir. La foi est un don de Dieu, & non le fruit des pensées humaines. Elle lui a été donnée dans le batême par une grace

grace très différente d'une simple persuasion naturelle ; & rien ne peut tenir lieu de cette opération secrete de l'Esprit de Dieu, qui soumet à la révélation, la raison & la volonté de l'homme.

II. Mais ce qui ne sert point à établir la foi, sert à la defendre & à la conserver. Les preuves de la Religion lui tiennent lieu d'un rempart exterieur : elles previennent les doutes qui pouvoient s'élever : elles dissipent, par une prompte lumiére, ceux qui s'élevent: elles empêchent l'impression que ceux des autres pourroient faire ; & elles servent comme de gardes autour du Prince, pour mettre en sûreté le plus precieux trésor qu'il ait en cette vie, & qui, sans elles, demeureroit exposé à de dangereuses tentations, parce que la Cour des Princes est ordinairement remplie de beaucoup d'esprits temeraires, qui decident de ce qu'ils ignorent, & qui s'efforcent de faire retomber sur la Religion, le jugement qu'elle porte contre eux.

III. Ces preuves font encore un autre bien. Elles apprennent combien la foi est raisonnable, c'est-à-dire, combien il est conforme à la raison, de se soumettre à la foi ; & comme rien ne coûte tant à l'esprit humain, qui veut voir & juger, que de consentir à ce qu'il ne peut voir, & que de se soumettre à ce qu'on lui defend d'examiner.

xaminer. Il n'y a rien, après la grace intérieure, qui soit plus capable de lui adoucir le joug de la foi, que de lui faire comprendre, que c'est par la lumiére qu'il croit, & que c'est en usant bien de la raison, qu'il cesse de la consulter & de la prendre pour juge.

IV. On ne voit pas ce qu'on croit: mais quand on est bien instruit des preuves de la Religion, on voit clairement qu'il le faut croire. La droite raison conduit alors à la révélation, dont elle decouvre la nécessité & la sûreté. C'est elle qui prend l'homme comme par la main, & qui l'introduit dans le sanctuaire, en s'arrêtant elle-même au vestibule. Elle lui parle jusques-là: mais après l'avoir confié à la Religion, elle se tient dans l'admiration & le silence. Ecoutez, lui dit-elle, un maître qui m'est superieur, & mon dernier avis est, que vous l'écoutiez seul, & que vous ne me consultiez plus. Ainsi c'est par mon ordre même que vous me quittez; & c'est ma lumiere qui vous conduit à une autre. Il est juste que je sache si c'est Dieu qui nous revele ses volontés & ses mysteres; mais il y auroit de la folie à vouloir examiner ce qu'il nous revele. Je ne dois croire que lui, & ne me fier qu'à sa verité. Mais quand je suis certaine que c'est lui qui parle, je n'ai qu'à l'écouter & me taire. S'il me dit

des

des choses qui me passent, je n'ai aucune peine à m'y soumettre, parce que je sais que ma lumiere est bornée, & que celui qui me les dit, est infaillible. Je serois même étonnée que je comprisse tout ce qu'il veut bien me decouvrir : car il doit y avoir autant de distance entre ses pensées & les miennes, qu'il y en a entre son être & le mien. Il est infini en sagesse, comme en tout le reste ; & moi, je n'ai qu'une foible lueur, que je tiens de lui, & qu'il ne m'a pas donnee pour le juger, mais pour me conduire.

V. Rien n'est plus sensé qu'un tel discours ; & il est visible, que si l'on écoutoit la raison, non seulement la foi des plus incomprehensibles mysteres n'auroit rien qui la revoltât, mais que leur profondeur même porteroit à son égard un caractere de divinité qui contribueroit à la soumettre. Il est vrai qu'avant tout, elle s'informe de la certitude de la revelation : car elle veut bien s'aveugler, mais pour Dieu seul ; & elle consent à sacrifier ses lumieres, mais uniquement à celui dont elle les tient.

Article IV.

Dans quelles dispositions il doit examiner les preuves de la Religion.

I. Elle examine donc avant que de croire, pour ne plus examiner quand elle aura cru. Mais son examen ne tombe point sur les choses revelées ; il s'arrête aux preuves de la revelation, & ne va point au-delà.

II. Il faut neanmoins observer, que la raison fait cet examen de deux manieres très differentes, selon les differentes situations où elle se trouve. Lorsqu'elle n'est pas encore devenue fidelle, son examen est mêlé de doute & de defiance · elle le regarde comme necessaire, & elle en a besoin pour s'assurer.

III. Mais lorsqu'elle est deja fidelle, & que la grace l'a dispensée de toutes les reflexions & de toutes les recherches, en lui donnant la foi par une voie abregée, dans le batême & dans l'unité de l'Eglise Catholique, l'examen qu'elle fait des preuves de la Religion lui paroît utile, mais non absolument necessaire : elle n'en a pas besoin pour s'affermir, mais pour connoître mieux le prix de ce qu'elle a. Elle y cherche sa consolation, mais non la resolution de ses doutes ; & elle ne fait point dependre sa foi du succès de ses reflexions.

IV. C'est avec ces dispositions que le Prince doit étudier les preuves de la Religion, qui sont toujours au-dessous du don de Dieu, & inferieures à la foi, quoiqu'elles soient des demonstrations. Il est au terme & il ne marche pas dans le dessein d'y ariver : mais du terme où il est arrivé,
consi

considere que toutes les lumieres y aboutissent; & que s'il n'y étoit pas deja, tous les sentiers l'y conduiroient.

CHAPITRE III.

Il importe de bien connoître l'interêt qu'a l'homme à la Religion. Elle n'est pas opposée à ses desirs essentiels : elle l'exhorte au contraire à les approfondir, pour en discerner le veritable objet. Elle ne lui commande que d'être heureux, & ne lui defend que d'être miserable. Commandement de s'aimer soi-même, enfermé dans celui d'aimer Dieu de tout le cœur. Erreur de prendre ses passions pour soi même. Remede efficace, enseigné par la Religion, de demander à Dieu qu'il se fasse plus sentir que les autres biens.

ARTICLE I.

Il importe de bien connoître l'interêt qu'a l'homme à la Religion.

LE dessein que j'ai eu en faisant un abregé des preuves de la Religion, est d'inspirer au Prince un nouveau respect pour elle, en lui montrant combien les fondemens en sont fermes, & combien toutes ses parties sont liées, & dependantes les unes des autres; & de le precautionner contre

tre les discours & les mauvais exemples de ceux qui auront moins de lumiere que lui.

II. Ces preuves, comme je l'ai dit, ne sont pas l'origine & le principe de la foi, mais elles en sont la protection & la defense. Elles sont à son égard, ce qu'une cuirasse est à l'égard du cœur dont elle conserve le mouvement & la vie, quoiqu'elle n'en soit pas la cause. Elles éloignent la tentation, elles en sont le remede, & elles contribuent à conserver dans le Prince un esprit humble & docile, au milieu d'une Cour & d'un siecle, où l'infidelité de l'esprit devient le châtiment ordinaire de l'infidelité d'une vie criminelle.

III. Il faut neanmoins convenir, que (g) le respect pour la Religion ne suffit pas pour en suivre les regles ; & qu'un Prince peut en être pleinement persuadé, sans y prendre beaucoup d'interêt, & sans en être fort touché.

IV. C'est le cœur qui en est le veritable lien. Les pensées n'unissent point réellement l'homme à la Religion, & la foi separée de l'amour, ou ne fait point agir ; ou fait agir avec tristesse, en employant la crainte, qui afflige, au lieu de consoler.

V. Ce qui remue le cœur, c'est le bonheur

(g) Mores nostri, non ex eo quod quisque novit, se eo quod quisque diligit, dijudicari solent. Nec faciunt bonos vel malos mores, nisi boni vel mali amores. *S. Aug. Epist. 155. ad Macedon. n. 13.*

heur, ou l'esperance du bonheur. Il se resserre & se ferme, dès qu'on lui ôte cette esperance. Il s'ouvre au contraire, & s'élargit, dès qu'on lui promet de le rendre heureux; & c'est un moyen presque sûr de faire tomber toutes ses repugnances, que de lui faire sentir que son interêt & son bien exigent qu'il les surmonte.

VI. (*b*) Il est incapable de sacrifier un amour en pure perte. Il veut aimer, & ne peut qu'aimer Ainsi l'on ne le reduira point à ne le pas faire. Mais il est très capable de renoncer à un amour qui ne le rend point heureux, pour en recevoir un autre qui fera son bonheur. Au lieu donc de le menacer, il faut l'inviter par quelque chose qui vaille mieux que ce qu'il a. C'est le bien qu'il cherche ; & le plus grand est celui qu'il preferera, si l'on peut le lui rendre sensible.

VII. On lui montre ordinairement la Religion comme opposée à tous ses desirs, & comme ennemie de sa liberté. On lui fait entendre, qu'elle lui defend tout. On lui dit, qu'elle veut le rendre esclave & malheureux, & qu'elle regarde sa violente inclination pour le bonheur, comme une passion qu'il doit reformer.

VIII.

(*b*) Num vobis dicitur, nihil ametis? Absit Pigri, mortui, detestandi, miseri eritis, si nihil ametis. Amate, sed quid ametis, videte. *S. Aug. enarrat.* 2. *in Psal.* XXXI. *n.* 5.

VIII. Ce langage l'intimide & l'effraie. Il y trouve, non seulement de la dureté, mais de l'impossibilité. Il croit qu'on veut le detruire & l'aneantir, & il ne regarde la Religion que comme un joug qui va l'écraser, & lui ôter toute respiration.

ARTICLE II.

Elle n'est pas opposée à ses desirs essentiels : elle l'exhorte au contraire à les approfondir, pour en discerner le veritable objet.

I. On a grand tort de representer la Religion si differente de ce qu'elle est, & d'établir dans le cœur une haine contre elle, au lieu de l'amour dont elle est si digne.

II. Non seulement elle ne s'oppose pas à ses desirs naturels, mais son dessein est de les remplir & de les satisfaire. Elle exhorte l'homme à bien approfondir ces desirs, à bien connoître leur racine & leur étendue, & à se convaincre par cet examen, qu'ils (*i*) ont un objet immense & infini.

III. Elle vient lui apprendre sa veritable grandeur, & lui faire honte de ce qu'il ne la reconnoît pas dans l'élevation & l'étendue de son cœur. Elle vient enflammer son desir d'être heureux, en lui donnant une solide esperance de l'être encore plus qu'il ne le desire.

(*i*) Purga amorem tuum : aquam fluentem in cloacam, converte ad hortum. *S. Aug. enarrat.* 2. *in Psal.* XXXI. *n.* 5.

deſire. Elle vient le tirer de l'indigne ſervitude où ſes ſens l'ont reduit, (*k*) en lui faiſant ſentir, combien il eſt ſuperieur aux frivoles biens dont ils l'amuſent.

IV. (*l*) Vous cherchez, lui dit-elle, le bonheur, & vous faites bien : mais cherchez-le donc où il eſt. Vous voulez trouver ici des biens que vous pourſuivez en aveugle, ſans faire reflexion qu'ils ne peuvent être dans le lieu de votre exil. Ne deſirez-vous pas l'immortalité ? Et pourquoi donc vous contentez-vous d'une vie qui ne dure que quelques momens ? (*m*) Ne voulez-vous pas être toujours tranquille? Et pouvez-vous l'être ici? Ne ſentez-vous pas une forte inclination pour la gloire? Et comment la bornez-vous à une choſe auſſi vaine que l'eſtime de quelques hommes, s'il eſt vrai néanmoins qu'ils vous eſtiment? N'éprouvez-vous pas que vous portez dans le cœur une ſoif ardente de tous les biens ? Et comment donc avez-vous la baſſeſſe de vous reduire au miſerable partage que vous font vos ſéducteurs & vos ennemis?

V.

(*k*) Vis noſſe qualis amor ſit? Vide quo ducat Non monemus ut nihil ametis : ſed monemus ne mundum ametis S. *Aug.* enarrat in Pſal CXXI. n 1

(*l*) Non eſt requies, ubi quæritis eam Quærite quod quæritis ſed ibi non eſt, ubi quæritis. Beatam vitam quæritis in regione umbræ mortis, non eſt illic S. *Aug.* L. 4. Conf C 12.

(*m*) O tortuoſas vias! Væ animæ audaci, quæ ſperavit, ſi à te receſſiſſet, ſe aliquid melius habituram. Verſa & reverſa, in tergum, & in latera, & in ventrem, & dura ſunt omnia, & tu ſolus requies. S. *Aug.* L. 6. Conf. c. 16.

V. (*n*) Quel plaisir prenez-vous à vo[us] lasser dans des routes difficiles, & à po[ur]suivre dans des lieux escarpés (*o*) une o[m]bre de félicité qui fuit toujours devant vou[s] & qui s'échappe lorsque vous pensez l'avo[ir] saisie? Le chemin du véritable bonheur [est] moins pénible que ceux où vous expos[ez] votre vie. Marchez-y avec paix: resp[i]rez-y. Je vous y soutiendrai: je vous co[n]duirai sûrement au terme. Je ne vous qu[it]terai point que je n'aye eu la consolati[on] de vous voir entrer dans la joie de vot[re] Seigneur & de votre Maître.

ARTICLE III.

Elle ne lui commande que d'être heureux, [&] ne lui defend que d'être miserable.

I. Voilà le langage de la Religion voi[là] comment elle est ennemie de notre bo[n]heur & de nôtre liberté. Elle seule co[n]noît les véritables interêts de l'homme, elle seule en est touchée. Tout le trou[p]pe, excepté elle. Tout le rend malhe[u]reux, excepté elle. Il n'y a qu'elle [sur] terre qui lui tende la main; & bien loin [de] mettre obstacle à sa félicité, elle ne l[ui]
con[...]

(*n*) Quò itis in aspera, quò itis? Quò vobis adhuc adhuc ambulare vias difficiles & laboriosas. S. *Aug.* 4. C. 12

(*o*) Ostendis (Deus) quàm magnam creaturam rationalem feceris, cui nullo modo sufficit ad beatam vita[m] quidquid te minus est, ac per hoc nec ipsa sibi. S. *A[ug.]* L. 13. *Conf.* C 8

commande que d'être heureux, & elle ne lui defend que d'être miserable.

II. On peut reduire en effet à ces deux points tous les preceptes de la religion Chretienne. Car ce n'est jamais que par rapport à l'interêt de l'homme, qu'elle lui commande ou defend quelque chose. Je sais que l'interêt de l'homme se termine enfin à la gloire de Dieu: mais ces deux choses ne se séparent point; & le plus grand interêt de l'homme se trouve dans la plus grande gloire de Dieu.

III. Qu'on examine toutes ses loix: c'est toujours nous, c'est toujours notre bien qu'elles regardent. Il nous dit dans les unes; Faites ceci, & vous serez heureux: & dans les autres; Ne faites pas cela, parce que vous seriez miserables.

IV. Si Dieu n'étoit pas notre souverain bien, ou s'il pouvoit être le souverain bien des injustes, il ne nous commanderoit pas de l'aimer uniquement; & il ne puniroit pas notre injustice en se refusant à nous.

V. Mais lui seul peut nous rendre heureux, & il n'est pas juste qu'il rende heureux ceux qui ne l'aiment pas. De-là viennent toutes les loix qu'il nous impose: & ces loix, comme il est visible, ne nous commandent que ce qui est essentiel à notre bonheur, & ne nous defendent que ce qui y seroit un obstacle.

ARTI-

Article IV.

Commandement de s'aimer soi-même, enfermé dans le premier.

I. Cela est si vrai, que Dieu n'a point donné d'autre regle à l'homme de s'aimer soi-même, que le premier commandement, où Dieu exige tout de lui. „ (*p*) Vous
„ aimerez le Seigneur votre Dieu, lui dit-
„ il, „ de tout votre cœur, de toute votre
„ ame, de tout votre esprit, & de toutes
„ vos forces. C'est-là le premier Comman-
„ dement. Et voici le second, qui est sem-
„ blable au premier : Vous aimerez votre
„ prochain comme vous-même. Il n'y a
„ aucun autre Commandement plus grand
„ que ceux-ci. „

II. (*q*) Mais, Seigneur, vous paroissez avoir oublié celui à qui vous faites ces Commandemens. Vous m'ordonnez de vous aimer, & d'aimer mon prochain : mais vous ne parlez pas de moi : & neanmoins c'est sur l'amour que je me dois à moi-même,
que

(*p*) Diliges Dominum Deum tuum ex toto corde tuo, & ex totâ animâ tuâ, & ex tota mente tuâ, & ex toti virtute tuâ : hoc est primum mandatum. Secundum autem simile est illi : Diliges proximum tuum tamquam teipsum. Majus horum aliud mandatum non est. *Marc. XII. v. 30. 31.*

(*q*) Videtur de homine ipso, id est, de amatore ipso nihil actum, sed parùm dilucidè, qui hoc arbitratur, intelligit. Non enim fieri potest, ut seipsum, qui Deum diligit, non diligat, imo verò solus se novit diligere, qui Deum diligit. *S. Aug. de morib. Eccl. C. 26.*

que vous voulez que je regle celui que je dois à mon prochain. Comment observerai-je cette regle, ne la connoissant pas ? Et comment la connoîtrai-je, si vous ne m'expliquez pas par un troisieme Commandement, de quelle maniere je dois m'aimer ?

III. (r) Ces questions, ô mon Dieu, sont resolues par le premier Commandement, qui apprend à l'homme comment il doit s'aimer, en lui apprenant qu'il doit vous aimer de toute l'étendue de son cœur, & de toutes ses forces : & un troisieme Commandement est inutile.

IV. Nous nous aimons en effet comme il faut, en aimant Dieu sans bornes · parce que nous aimons alors le seul bien qui peut nous rendre heureux, & que nous nous éloignons de toutes nos forces de ce qui feroit notre injustice & notre misere.

V. (s) Dieu nous defend par cette loi, qui est le fonds & l'essence de la Religion, de chercher hors de lui notre felicité, parce qu'elle n'est point hors de lui. Il nous obli-

ge

(r) Cum debeat homo diligere Deum, & se ipsum, & proximum, non tamen tria præcepta data sunt, nec dictum est in his tribus, sed in his duobus præceptis tota ex pendet & Prophetæ, ut intelligeretur nullam esse aliam dilectionem quâ quisque diligit seipsum, nisi quod diligit Deum. Quia igitur nemo, nisi Deum diligendo, diligit seipsum, non opus erat ut dato de Dei dilectione præcepto, etiam seipsum homo diligere juberetur, cùm in eo ligat seipsum, quod diligit Deum. *S. Aug. Epist.* 155 ad Macedon. n. 5.

(s) Hæc regula dilectionis divinitùs constituta est : Diliges, inquit, proximum tuum sicut teipsum. Deum vero

ge à l'aimer de tout notre cœur, parce qu[e] lui seul [peut] [le] remplir. Il ne veut pas qu[e] [n]o[tre] [cœur] [fasse] [le] p[a]rtage entre lui & les autr[es] b[iens], parce que lui seul est au-dessus d'ell[es] & qu'il est seul sa lumiere & sa vie.

VI. Je demande tout, nous dit-il, parc[e] que je ne puis consentir que vous vous d[é]gradiez, & que vous vous asservissiez à d[es] créatures que je vous ai soumises, ou à qui [je] vous ai égalé. Ce que je ne remplirois p[as] en vous, demeureroit vuide, & rendro[it] votre bonheur imparfait. Toute votre v[o]lonté tend naturellement à moi · c'est m[oi] qui lui donne cette impression que rien [ne] peut arrêter ni suspendre : elle seroit i[n]quiete, & devorée par sa propre faim, [si] je ne la fixois pas, & ne la comblois p[as] de joie par ma presence. Reunissez-la do[nc] entierement à moi, & ne souffrez p[as] qu'aucun ruisseau se detourne de moi, po[ur] se perdre dans des lieux arides ou infe[c]tés, puisque je suis le centre de tous v[os] desirs, & que tous ceux qui ne m'ont p[as] pour objet, deviendront votre supplice.

VII. Seroit-il possible que l'homme f[ût] assez ingrat & assez injuste, pour se pla[indre]

d[e]

rò ex toto corde, & ex totâ animâ, & ex totâ men[te] ut omnes cogitationes tuas & omnem vitam, & om[ne]m intellectum in illum conferas, à quo habes ea ipsa q[uæ] confers Cum autem ait toto corde, totâ animâ, t[otâ] mente, nullam vitæ nostræ partem reliquit quæ va[care] debeat, & qu[a]si locum dari ut aliâ re frui velit, [sed] quidquid aliud diligendum venerit in animum, illuc [ra]pitur quò totus dilectionis impetus currit. S. Aug. L[ib.] de Doctr. Christ. n. 21.

dre d'une telle loi, qui ne lui recommande que le soin de ses interêts, & qui lui fait un devoir de son amour propre?

VIII. Il faut que sa corruption soit bien grande pour lui faire regarder comme un joug penible, ce qui est sa felicité & sa gloire?

IX. Mais l'homme a perdu le goût des vrais biens, quoiqu'il en ait conservé un desir confus. (t) Il les cherche, & les fuit en même tems. Il les cherche où ils ne sont pas : & il évite avec soin le lieu où ils sont. (v) Il sort de son cœur, pour les trouver : & ce n'est qu'en y rentrant qu'il les trouve. Il se repand en mille desirs pour mille choses differentes, qui le divisent & le dechirent. & ce n'est que dans l'unité d'un bien infini qu'il peut trouver la paix, en y réunissant ses desirs. Il est seduit par tout ce qui conserve quelques vestiges du bien immense qu'il a perdu. & la perte de ce bien immense ne le touche point. (x) Les moindres traces de la beauté de Dieu dans ses ouvrages, attirent ses yeux, & l'arrêtent : & celui de qui viennent toutes les beautés ne lui vient pas seulement dans la memoire. AR-

(t) Amans beatam vitam, timebam illam in sede suâ, & ab eâ fugiens, quærebam eam. S. Aug. L 6 Conf. 2

(v) Intùs eras, & ego foris, & ibi te quærebam Id 10 Conf c 27

(x) Tu eras ante me, ego autem à me discesseram, nec me inveniebam, quanto minùs te. Id. l. 5. Conf. c. 2.

ARTICLE V.
Erreur, de prendre ses passions pour soi-même.

I. S'il s'en souvient quelquefois, c'est e[n] tremblant, & en ne decouvrant rien en lu[i] que de menaçant & de severe, parce qu[e] la loi condamne ses égaremens.

II. Il prend sa fievre pour soi-même, [&] le dereglement de son cœur, pour son cœur Il s'incorpore tous ses defauts ; & il ne peu[t] comprendre qu'il y ait de distinction entr[e] lui-même, & ses mauvais panchans.

III. C'est l'affliger, que de le vouloi[r] guerir. C'est lui ôter la vie, que d'ôte[r] [l]a nourriture à ses passions. Il remercier[oit] un medecin qui le gueriroit de la fievre mais il ne peut souffrir le medecin qui veu[t] le delivrer de l'injustice. Il connoît le b[ien] du corps, & il l'aime : il en connoît le mal. & il le hait. Il sait bien que c'est le co[n]server, que d'en conserver ou d'en retabl[ir] la santé. Il n'est pas assez aveugle pour co[n]fondre les maladies du corps avec le cor[ps] même. Le sentiment de la douleur suffit pou[r] l'avertir de leur difference.

IV. Mais ce sentiment n'avertit poin[t] l'homme injuste. Le plaisir au contraire l[ui] represente comme son bien, ce qui le s[é]duit. Il voit une image de felicité, & il s'[y] livre. Il sent quelques caracteres du bien & il n'examine point quel il est.

V. Lorsqu'on veut le rendre attentif, & l'empêcher de suivre l'impression aveugle qui le pousse, ou il n'écoute pas, ou il se contente de condamner, sans changer de conduite. Une secrete faim l'agite & le tourmente: & quoiqu'il soit toujours trompé dans son attente, & que ce qu'il saisit, ne serve qu'à allumer sa soif, il ne se lasse point de courir d'objet en objet, se plaignant de tous, & les poursuivant tous.

ARTICLE VI.

Remede efficace enseigné par la Religion, de demander à Dieu qu'il se fasse plus sentir que les autres biens.

I. Le remede qui va seul à la source du mal, est que Dieu se fasse plus sentir que tous les autres biens; & qu'il fasse connoître au cœur, par une experience intime, qu'il est son Maître, & que c'est pour lui qu'il est créé.

II. La Religion nous decouvre ce remede: & c'est elle qui nous apprend à demander à Dieu avec instance, qu'il nous degoûte de tous les biens limités, en nous faisant éprouver combien il est au-dessus d'eux, & quelle difference il y a entre une legere teinture de bonté répandue sur les creatures, & la bonté sans fond & sans bornes qui est en lui.

III. C'est de la Religion que partent ces prieres si empressées & si vives d'un homme exposé au danger d'aimer autre chose que Dieu, & qui connoît l'interêt qu'il a à n'aimer que lui : „ (y) Faites moi sentir „ votre douceur, ô mon Dieu, vous qui êtes „ la source du plaisir veritable, qui seul peut „ nous rendre heureux, & qui seul subsiste „ toujours. Rappellez à vous, & réunissez „ en vous tous mes desirs, qui ont partagé „ jusqu'ici mon cœur, & qui l'ont comme „ dechiré en autant de parties qu'il y a eu „ d'objets qui l'ont attaché, lorsque je me „ suis detourné de votre unité, pour me ré- „ pandre & me perdre dans une vaine mul- „ titude. (z) Faites-moi sentir votre dou- „ ceur d'une maniere qui surpasse tout l'at- „ trait de ce qui seroit capable de me sé- „ duire. Faites que je vous aime très for- „ tement, & que je saisisse votre main, & „ que je m'y attache avec tant d'ardeur, „ qu'elle m'enleve à tous les perils, & à „ tout ce qui pourroit me tenter depuis ce „ moment jusques à la fin de ma vie. „

IV. (a) C'est-là ce qu'il faut demander
dans

(y) Dulcescas mihi, dulcedo non fallax, dulcedo felix & secura. & colligens me à dispersione, in quâ frustatim discissus sum, dùm ab uno te aversus, in multa evanui. *S. Aug. l. 2. Conf. c. 1.*

(z) Dulcescas mihi super omnes seductiones quas sequebar, & amem te validissimè, & amplexer manum tuam totis præcordiis meis, ut eruas me ab omni tentatione usque in finem. *S. Aug. L. 1. Conf. c. 5.*

(a) Da mihi te, Deus meus, redde te mihi, ut currit
ytta

dans tous les tems, & d'une maniere si vive & si perseverante qu'on l'obtienne. Car notre danger ne vient que de ce que les biens presens font sur nous une continuelle impression qui nous cache l'intérêt que nous avons à obéir à la Religion, & à nous conserver pour les biens qu'elle nous promet.

V. C'est par desespoir, & manque de courage, que les hommes se livrent à des choses indignes d'eux, pour la seule raison qu'elles sont presentes, & qu'ils ne sauroient se resoudre à en attendre d'autres. Un jeûne de quelques momens leur paroît insupportable. Ils veulent, comme Esaü, une nourriture prompte. Ils abandonnent, comme lui, lâchement leur droit d'aînesse & l'héritage qui y est attaché: & ils aiment mieux vivre un jour en s'empoisonnant, que de s'assurer une vie éternelle, en souffrant une faim qui fait partie de la justice.

VI. Il ne faut pas, après une telle perversité, qu'ils se plaignent de la Religion. C'est eux qui sont leurs propres ennemis. C'est eux qui sacrifient leurs interêts à une impatience d'enfant. Elle les avertit; elle les plaint: mais elle n'est pas écoutée.

VII. Heureux celui qui est plus docile,

---

vita mea in amplexus tuos, nec avertatur, donec abscondatur in abscondito vultûs tui. Hoc scio, quia malè mihi est præter te, non solum extra me, sed & in meipso; & omnis copia, quæ Deus meus non est, egestas est. Aug. L. 13. Conf. c. 8.

& qui peut se resoudre à differer son bonheur, pour devenir solidement heureux. Il l'est sans comparaison plus que les autres dès cette vie, non seulement par la joie que donne l'esperance des biens futurs, & par la tranquillité d'une conscience pure, mais aussi par le plaisir intime que Dieu fait goûter à ses serviteurs dans le lieu même de l'exil.

VIII. (*b*) Ils craignent au commencement, que le sacrifice que Dieu exige, ne soit une privation pure, & sans mêlange de consolation: mais ils éprouvent bien-tôt que Dieu prend la place de ce qu'ils quittent pour lui, & qu'au lieu des choses vaines dont le cœur se separoit en gémissant, il entre lui-même dans le cœur, & lui fait trouver un plaisir infini à renoncer à tous les autres biens, parce qu'il sent que la verité entre à la place du mensonge, & que la source de la paix & du bonheur succede à l'illusion d'une imaginaire felicité.

(*b*) Quàm suave mihi subitò factum est, carere suavitatibus nugarum ! Et quas amittere metus fuerat, jam dimittere gaudium erat. Ejiciebas enim eas à me, vera tu & summa suavitas ejiciebas, & intrabas pro eis, omni voluptate dulcior. *S. Aug. L. 9. Conf. c. 1.*

CHAPI-

CHAPITRE IV.

Le Prince qui connoît la Religion, & par elle ses veritables interêts, compte pour peu de chose toutes les grandeurs temporelles. L'experience seule ne detrompe pas utilement. La lumiere, & plus encore le sentiment, dont la Religion est le principe, detachent veritablement le cœur.

ARTICLE I.

Le Prince qui connoit la Religion, & par elle ses veritables interêts compte pour peu de chose toutes les grandeurs temporelles.

I. LE premier usage qu'on doit faire de la lumiere qu'on a reçue de la Religion, & de la connoissance de ses veritables interêts, est de tourner tous ses desirs vers le seul objet qui les merite, & de compter tout le reste comme n'étant déja plus, ou comme ne devant servir que de moyen pour arriver au terme qui nous a été montré.

II. Les Princes ont cet avantage au-dessus des autres hommes, qu'ils peuvent être plus aisément detrompés de la fausseté des biens presens, parce qu'ils touchent à tout ce qui est de plus grand, & qu'ils en voient de plus près le vuide & le néant.

III. L'esperance trompe les autres. Ils voient de loin tout ce qu'ils admirent : & comme ils ne peuvent sortir des bornes étroites de leur état, ils croient que parmi les choses qu'ils n'ont pas, il s'en seroit trouvé plusieurs qui les auroient satisfait.

IV. Cette illusion de l'esperance & du desir ne subsiste pas long-tems dans un Prince qui est au comble de la grandeur humaine. Il est bientôt desabusé, s'il a de l'esprit & de l'élevation ; & il sent bien-tôt, que tout ce qui n'est qu'exterieur, est bien peu de chose, soit qu'il ait la sincerité de l'avouer, soit qu'il le dissimule.

V. Ce sentiment, qui naît de l'épreuve, est un cri naturel qui avertit les Princes que leur bien n'est pas ici, & qu'ils sont eux-mêmes plus grands que toute leur grandeur, & que tout ce que l'on y pourroit ajouter de même genre.

Article II.

L'experience seule ne detrompe pas utilement.

I. Mais ce cri, qui vient tout à la fois, & d'un cœur trompé dans son attente, & d'un esprit affligé de s'être mepris, ne sert d'ordinaire qu'à decourager, ou à faire naître d'autres desirs, plus moderés en apparence, mais tout aussi frivoles.

II. On souhaite le repos & la liberté,
pour

pour être heureux, parce qu'on sent qu'on ne l'est pas dans l'élévation. On tourne les yeux vers les conditions plus tranquilles, & on leur porte envie : mais sans être utilement detrompé, ni du faux éclat de la grandeur, ni de la fausse tranquillité d'une situation moins orageuse.

III. L'esprit & le cœur, feconds en ressources, cherchent toujours ici quelque chose qui les console de ce qu'ils n'ont pas; & lorsque l'orgueil n'a pas réussi à les satisfaire, ils se promettent une vie douce, qui leur procurera le bonheur que la gloire n'a pu leur donner.

IV. (c) Jamais homme n'a été plus comblé de succès & de prosperités qu'Auguste. „ Et néanmoins il étoit si peu content de „ son état, que sa plus douce consolation „ étoit l'esperance de le quitter. Il écri- „ vit au Sénat, que ne pouvant encore exé- „ cuter la résolution qu'il en avoit prise, „ il se consoloit par la pensée de l'execu- „ ter un jour. Et cet homme, qui voyoit „ tout sous ses pieds, & qui faisoit la de- „ stinée, non-seulement des particuliers, „ mais des nations entiéres, mettoit sa joie „ à

(c) Augustus, cui di plura quàm ulli præstiterunt, non desit quietem sibi precari, vocationem à republicâ petere. Tanta visa est res otium, ut illam, qui usu non poterat, cogitatione præsumeret. Qui omnia videbat ex se uno pendentia, qui hominibus, Gentibusque fortunam dabat, illum diem lætissimus cogitabat, quo magnitudinem suam exueret. Expertus erat, quantum illa bona, per omnes terras fulgentia sudoris exprimerent, quantum occultarum sollicitudinum tegerent. Senec. Lib. de brev. vit. C. 5.

„ à penser, qu'un jour il seroit dechargé
„ de sa grandeur; & ne pouvant si-tôt de-
„ scendre du thrône pour se delasser dans
„ le repos d'une vie tranquille, il en sub-
„ stituoit l'idée à la réalité, & se conso-
„ loit ainsi par l'esperance de n'être pas
„ toujours malheureux. Il avoit éprouvé
„ qu'il l'étoit, quoique tout le monde le
„ regardât comme parvenu à la suprême
„ felicité; & il sentoit le poids accablant
„ de ses soins & de sa misére, pendant
„ qu'on ne voyoit que l'éclat dont il étoit
„ environné. „

V. Mais comme Auguste s'étoit trompé en s'efforçant de s'élever, il se seroit trompé aussi en consentant à descendre. Il eût porté dans une vie privée la même source d'inquietudes, qui n'avoit pu souffrir dans ses premiéres années l'obscurité de cette sorte de vie. Son cœur dans les deux extrêmités, auroit été le même; & le repos l'eût aussi peu consolé que le commandement.

VI. Si un Prince ne se desabuse que par l'experience, & non par lumière, il formera toujours d'inutiles projets; & sans être jamais content, il ne perdra jamais la fausse esperance de le devenir. Il tiendra à sa place, par le plaisir de regner; & il portera envie à celle de ses sujets, par le desir du repos. Il voudra être montré à tout le
monde,

monde, & se trouvera importuné de la nécessité de paroître. Il aimera la guerre & la gloire, & s'affligera dans un autre tems de ce qu'il ne lui est pas permis de goûter la douceur de la paix. Tout ce qu'il desirera, sera mêlé de ce qu'il ne desire pas. Tout sera infecté d'une secrete amertume, qui se fera plus sentir que la douceur esperée; & après bien des agitations & des mouvemens, le cœur demeurera tel qu'il étoit au commencement, c'est-à-dire, inquiet & malheureux.

Article III.

La lumiére, & plus encore le sentiment, dont la Religion est le principe, detachent véritablement le cœur.

I. Il faut, pour le fixer, profiter de l'instruction qu'on a reçue de la Religion, & renoncer absolument à l'esperance d'être heureux ici, autrement que par la pieté. Tant qu'on formera des desseins pour le devenir par d'autres voies, on ne fera que donner des élans inutiles au cœur; & le mettre au desespoir d'être perpetuellement trompé. En lui avouant que son bien n'est pas ici, mais qu'on l'attend, on peut le calmer.

II. Il sentira lui-même qu'on lui dit vrai, quand on lui dira que la main qui l'a formé, mé, se l'est reservé : qu'un seul maître a droit sur lui ; qu'un seul amour est digne de son élevation; que l'infini seul peut remplir son étendue.

III. Il deviendra docile quand on lui promettra tout, & qu'on ne combattra point ses desirs par une vaine Philosophie, quand on s'affligera avec lui de ce que son bien est absent; quand on travaillera à le purifier, afin qu'il devienne digne de le sentir ; & quand on fera couler dans ses plus intimes retraites, quelque goute de cette celeste rosée qui soutient les justes dans ce desert.

IV. Il discernera sur le champ cette manne precieuse de toutes les viandes de l'Egypte. Il desirera d'éprouver de nouveau, ce qui lui aura paru d'un goût si exquis, & il consentira sans peine à se priver de tout ce qui le rendroit indigne d'une consolation si pure, & si capable de suspendre le sentiment de ses maux.

V. C'est ainsi qu'on se detrompe utilement de tout ce qui paroît grand & aimable à la cupidité : car il ne faut faire aucun état des vains discours de ceux qui ne se plaignent si amérement de ce qu'ils ne trouvent aucun bonheur dans les situations les plus heureuses, que parce qu'ils sont au desespoir de n'y en pas trouver, & qui témoignent par leur chagrin, leur injustice & non leur repentir.

VI. (d) Ils ont raison d'avouer, qu'il n'y a rien de solide dans ce qu'ils aiment; mais ils ont tort de l'aimer, connoissant eux-mêmes qu'il n'y a rien de solide. Ils sont irrités, & non convertis. Ils se vengent par leurs murmures de ce que leurs desirs sont frustrés; mais ils n'en desirent pas moins ce qui ne sauroit remplir leurs desirs. Aussi leurs plaintes ne detrompent personne; & eux-mêmes continuent jusqu'à la mort à aimer & à se plaindre, à desirer, & à murmurer.

VII. Un Prince éclairé & consolé par la Religion, ne s'afflige pas de ce que sa grandeur & tous les biens qui l'environnent, ne le rendent pas heureux. Il seroit bien fâché de l'être par des choses si disproportionnées à ses desirs & à ses besoins. Il met au contraire sa joie à demeurer libre au milieu de tous les objets dont la cupidité se contente; & à s'affermir dans l'esperance d'une autre gloire, en voyant combien la plus grande, dont on peut jouir ici, est peu de chose.

VIII. Il se sert de l'élevation de son état, pour en decouvrir un autre plus digne de lui. Du thrône ou la Providence l'a placé,

___

(d) Supervacaneum est commemorare plures, qui, cùm aliis felicissimi viderentur, ipsi in se verum testimonium dixerunt, perosi omnem actum annorum suorum sed his querelis nec alios mutaverunt, nec seipsos Nam cum verba eruperent, ad consuetudinem relabebuntur. *Senec. De Brevi. vit. C. 5.*

cé, il ne voit plus que le ciel. La terre eſt ſous ſes pieds: & tout ce que les particuliers conſiderent comme grand, lui paroît petit & peu de choſe, parce qu'il eſt au-deſſus.

IX. Il dit alors à Dieu ce que lui diſoit un Roi plein de ſon eſprit. (*e*) „Que „puis-je deſirer, Seigneur, ſur la terre, „ou même dans le ciel, ſi ce n'eſt vous? „(*f*) Quel autre bien que vous puis-je „eſperer, & ſur quel autre fondement „établirois-je mon bonheur? (*g*) Je ne „ſaurois en trouver un ſolide qu'en ne „m'attachant qu'à vous: & c'eſt auſſi en „vous ſeul que je mets toute ma con- „fiance. (*h*) Vous êtes ma portion & „mon héritage. Tout ce que vous m'a- „vez donné, ne ſert qu'à me prouver vo- „tre bonté, & à m'inviter à aller à vous. „(*i*) Je me croirois desherité, & je le „ſerois en effet, ſi vous vous refuſiez à „moi, en me ſoumettant toute la terre. „J'aime mieux, ſans comparaiſon, être „reduit à la derniére indigence, & con- „ſerver l'eſperance de vous voir, que de „régner

---

(*e*) Quid mihi eſt in cœlo? Et à te, quid volui ſuper terram? *Pſ. LXXII. v.* 25.

(*f*) Mihi autem adhærere Deo bonum eſt, ponere in Domino Deo ſpem meam *Ibid v.* 28.

(*g*) Et nunc quid eſt expectatio mea? Nonne Dominus? Et ſubſtantia mea apud te eſt *Pſal. XXXVIII v.* 8.

(*h*) Dominus pars hæreditatis meæ, & calicis mei tu es, qui reſtitues hæreditatem meam mihi *Pſal. XV. v.* 5.

(*i*) Firmamentum eſt Dominus timentibus eum & teſtamentum ipſius ut manifeſtetur illis. *Pſ. XXIV. v.* 14.

„ regner sur le monde entier, & manquer
„ de cette humble piété à qui vous avez
„ promis de vous reveler.

X. „ (k) Vous êtes le Dieu de mon
„ cœur: & c'est principalement par là que
„ vous êtes mon Dieu. C'est en regnant
„ sur lui, que vous regnez sur moi. C'est
„ en vous soumettant tous mes desirs, que
„ vous me rendez tout à la fois, & obéis-
„ sant, & tranquille.

XI. „ (l) Vous m'avez créé pour vous
„ seul. Je sens dans le fond le plus inti-
„ me de mon cœur, que vous l'avez for-
„ mé pour vous. Quel autre bien, Sei-
„ gneur, pourroit remplir votre place?
„ Qui dans le ciel & sur la terre vous res-
„ semble? (m) Qui pourroit me tenir lieu
„ de vous, si j'avois le malheur de vous
„ perdre? Et comment espererois-je de
„ fixer par moi-même, ou par d'autres
„ créatures, aussi foibles & aussi indigentes
„ que moi, des desirs dont vous êtes le
„ principe & la fin? „

XII. Ne souffrez pas, Seigneur, que sur
le thrône, ou vous m'avez mis, j'aie moins
d'ardeur pour vous, & moins de degoût de
tout ce qui m'environne, que si vous m'a-
viez

(k) Deus cordis mei, & pars mea Deus in æternum. Ps LXXII v. 26
(l) Fecisti nos ad te, & inquietum est cor nostrum, donec requiescat in te. S Aug L. 1. Conf. C. 1.
(m) Omnis copia, quæ Deus meus non est, egestas est. S. Aug.

viez fait naître dans une condition obscure, où rien n'eût flatté les sens & la vanité. Je vous supplie au contraire d'augmenter en moi votre amour, à proportion des dangers inseparables de mon état. Effacez par votre presence tout ce qui est visible. Surmontez par votre grace tout ce qui est séduisant. Donnez-moi, au milieu de Babylone, le cœur d'un citoyen de Jérusalem. Faites que je me trouve exilé, dans le lieu même où je regne. Consolez-moi des soins qui m'assiegent, par le desir de vous obéir; & de contribuer, par votre secours, à la tranquillité & à la vertu des peuples que vous m'avez confiés; & ne permettez pas que mon cœur devienne sensible au plaisir de commander, mais faites qu'il se soumette avec paix à la nécessité de vous obéir en commandant.

XIII. Si je m'écarte de ces devoirs, Seigneur, rappellez-moi promptement à vous, & ne punissez point mes infidelités, en permettant que d'autres en soient la suite. Troublez le faux repos que je prendrai hors de vous. Avertissez-moi de ma méprise par de salutaires amertumes. Montrez-moi, avec la bonté d'un Pére, l'extrême difference qu'il y a entre la paix que vous donnez, & celle que le monde promet. Ne consentez point que je sois tranquille, lorsque je deviendrai injuste : &
inter-

(*n*) interrompez toujours le sommeil qui me conduiroit à la mort.

CHAPITRE V.

Le Prince doit être fortement persuadé, que la Religion Chretienne & la vraie Politique sont étroitement unies. Le sentiment contraire est manifestement impie, injurieux à la Providence, & deshonore la Royauté. Nulle nécessité, que celle d'obéir à Dieu. Combien un Etat seroit heureux si l'Evangile y étoit exactement observé. Vaine objection prise de la pratique des conseils Evangeliques.

ARTICLE I.

Le Prince doit être fortement persuadé, que la Religion Chretienne & la vraie Politique sont étroitement unies.

I. LA Religion Chretienne, & la vraie Politique sont étroitement unies; & la maxime dont le Prince doit être plus profondément persuadé, est que pour bien régner, il ne doit jamais s'écarter de l'Evangile, & que, comme particulier & comme Roi, il doit toujours l'avoir devant les yeux, comme sa regle.

II. Ce n'est pas ce que pensent plusieurs hom-

(*n*) Ne, unquam obdormiam in morte & dicat inimicus meus, prævalui adversus eum. *Ps. XII. v.* 5.

hommes, qui s'imaginent avoir plus de capacité que les autres, parce qu'ils ont plus de témerité; & qui regardent les loix de la Religion comme incompatibles, en diverses occasions, avec les maximes d'Etat & la bonne Politique.

III. L'erreur où sont ces personnes, a établi un préjugé presque general, que ce sont deux choses, non-seulement distinctes, mais opposées, que la Religion & la Politique; & qu'il faut se resoudre à être peu delicat sur l'un, quand on veut être profond dans l'autre.

IV. On a passé de là jusqu'à meprifer la pieté, comme obscure, timide, incapable des grands emplois, pleine de difficultés & de scrupules; consumant tout le tems à deliberer; perdant les occasions où une decision prompte est nécessaire; ne soutenant rien avec activité & avec chaleur; peu favorable aux grands desseins; ne sachant pas s'aider de l'ambition; ayant peu de gout pour la gloire, & par consequent peu d'élevation; marchant terre à terre, occupée de petits soins & de petits exercices; & étant plus capable d'abaisser le courage à un Roi, que de lui inspirer de nobles sentimens, & de lui donner de grandes vûes.

V. Il n'est pas étonnant que des hommes, qui n'estiment rien de grand que ce qui l'eſt ſelon les ſens, jugent ſi mal du plus ſpirituel & du plus grand de tous les biens, qui eſt la pieté: mais ce qui ſurprend, eſt que des hommes à qui Dieu en a donné une ſincére, ſe laiſſent tromper par ceux qui ne la connoiſſent point, & qu'ils reçoivent avec peu de précaution, des impreſſions qui ne viennent que de l'ignorance & de l'erreur.

VI. Tout ce qui a été dit dans les deux premiéres parties de cet Ouvrage, eſt une pleine refutation des calomnies des faux Politiques contre la véritable vertu: car c'eſt toujours elle que j'ai eu en vûe, quoique je ne l'aie pas toujours montrée ſous ce nom; c'eſt toujours elle que j'ai tâché de conſulter, pour ſavoir quels ſentimens étoient dignes d'un Prince: & je ſuis certain qu'elle ne m'a jamais donné de conſeils, ou foibles, ou timides, par rapport à lui.

VII. Il eſt vrai qu'elle eſt ennemie de l'injuſtice, de l'ambition, de l'orgueil: mais à Dieu ne plaiſe, que de tels monſtres ſoient la véritable grandeur. Il eſt vrai encore qu'elle n'eſt point precipitée, qu'elle examine la fin & les moyens, & qu'elle ne ſe determine qu'après un examen ſerieux, & du fonds, & des circonſtances. Mais la bonne Politique eſt-elle autre choſe que la prudence? Et ſeroit-on prudent, ſi l'on ſe laiſſoit éblouir par les

pre-

premiéres vûes? Au reste, il n'est pas vrai que la Religion inspire de vaines frayeurs, puisqu'elle est la source de la lumiére; ni qu'elle fasse perdre le tems nécessaire à agir, puisqu'elle est la sagesse à qui il appartient de decider des tems destinés au conseil & à l'action.

VIII. Elle ne se livre point, je l'avoue, si librement aux affaires publiques, qu'elle néglige le soin du salut, qui lui est toujours plus precieux que toutes choses: mais (o) où seroit le gain pour un Prince, ou pour un homme d'Etat, s'il se perdoit en acquerant le monde entier? Ne peut-on pas allier les devoirs publics, avec les soins particuliers d'un homme de bien? Est-ce un obstacle à bien conduire les autres, que de se conduire bien soi-même? Et cesse-t-on d'être sage, parce qu'on ajoute à la sagesse humaine une sagesse superieure & divine?

IX. Il est donc évident, que les reproches qu'on fait à la vertu, en matiére de Politique, ou sont tous faux, ou lui font honneur, & que le vice seul a intérêt de la decrier, parce qu'il est le seul qu'elle n'emploie jamais.

X. Les faux politiques, plus hardis qu'elle, parce qu'ils sont injustes, se servent éga-

―――――――――――――――――――――

(o) Quid enim proficit homo, si lucretur universum mundum, se autem ipsum perdat, & detrimentum sui faciat? *Luc. C. IX. v. 25.*

également du bien & du mal, & tous les moyens d'arriver à ce qu'ils defirent, deviennent legitimes quand il leur plaît. Ce qui ne réufliroit point par la fincerité, s'execute par le menfonge Les voies d'honneur & les defleins lâches font fur la même ligne; & c'eft le befoin qui en détermine l'ufage. La juftice & l'ufurpation ne font differentes que par le nom, & dès que la premiére fera inutile, la feconde en prendra la place.

XI. Voilà ce que fait faire un Politique fans honneur & fans confcience. Mais Dieu nous garde d'appeller un fi mechant homme, un grand Prince, ou un grand Miniftre. Il vaudroit bien mieux ne fe mêler jamais du Gouvernement, que d'y porter de fi pernicieufes maximes· & il faudroit detefter la Politique, bien loin de la confiderer comme la fcience de conduire les peuples, fi elle ne pouvoit réuffir que par le crime.

XII. Mais comment, dit-on, fe tirer de certains pas gliffans, en confervant toujours une févére probité? Comment appaifer le peuple en certaines occafions, fans le tromper? Comment diffiper des ennemis ligués, fans joindre l'artifice à la force? Comment fubvenir à des befoins preffans de l'Etat, & ne pas fe mettre au-deffus de la peine que feroit à un particulier
l'op-

l'oppression des misérables ? Comment agrandir ses Etats, & ne pas devenir un peu moins delicat sur la justice ? Tout est plein de choses pareilles dans un Royaume ; & l'on ne réussira jamais à le conduire, si l'on s'attache aux régles de la Religion ; & qu'on ne se tire pas de la gene où il est juste que demeurent les particuliers, mais où l'on ne doit retenir, ni les Princes, ni leurs Ministres.

Article II.

Le sentiment contraire est manifestement impie.

I. Si cela est, je demande en quel lieu l'exception des Princes & de leurs Ministres est marquée ? Elle doit être aussi claire que les regles dont elle les exempte, & elle doit être aussi connue : autrement je les trouve très imprudens & très malheureux.

II. On suppose, dit-on, cette exception. Et sur quoi ? Sur l'impuissance où ils sont d'observer les regles. Mais cette impuissance, Dieu l'a-t-il connue ? L'excuse-t-il ? On l'espére, ajoute-t-on. Mais sur que fondement ? Sur ce que l'Etat periroit, si l'on ne s'affranchissoit pas des loix pour le conserver. J'insiste, & je demande, si Dieu a vu cet inconvenient, & s'il en a parlé. On demeure muet : & l'on fait entendre que le monde se gouverne par ses loix, & la Religion par les siennes: que ce sont comme deux touts independans; & que la Providence abandonne la République aux conseils humains, & se reserve seulement la Religion & la pieté.

III. C'est en effet à cette impieté manifeste que se termine la Politique mondaine, convaincue dès lors de n'être qu'une folie.

IV. Quoi! Dieu abandonne aux conseils humains la République! Ce n'est donc pas lui qui regne & qui est le maître absolu des hommes & des empires ; contre ce qu'il a tant de fois dit dans les écritures, & contre ce qui est évident à la seule raison naturelle!

V. Mais d'où vient donc ce que dit la sagesse éternelle: „ (p) Le conseil est à „ moi aussi bien que la justice: la prudence „ & la force sont à moi. C'est par moi „ que regnent les Rois, & que les legisla- „ teurs font des ordonnances justes. C'est „ par moi que commandent les Princes, & „ que les puissans établissent l'ordre & l'é- „ quité. C'est moi qui préside aux conseils, „ & qui suis au milieu des deliberations
„ sen-

(p) Meum est consilium & æquitas, mea est prudentia, mea est fortitudo. Per me Reges regnant, & legum conditores justa decernunt. Per me principes imperant, potentes decernunt justitiam. Ego sapientia habito in consilio, & eruditis intersum cogitationibus. Timor Domini odit malum, arrogantiam & superbiam, & viam pravam, & os bilingue detestor. Mecum sunt divitiæ, & gloria, opes superbæ, & justitia. *Prov. C. VIII.*

„ senfées. La crainte du Seigneur, qui est
„ inseparable de moi, est la haine du mal.
„ Je deteste la fierté, l'orgueil, les voies
„ injustes, les bouches qui tiennent deux
„ langages. Les richesses, la gloire & la
„ magnificence m'accompagnent, aussi-bien
„ que la justice. „

VI. Tout le contraire de ce que pensent les faux Politiques, est ici ; & tout ce qu'ils pensent, y est condamné. C'est Dieu qui gouverne tous les empires par sa sagesse, les Rois ne sont que ses ministres : & c'est lui qui les conduit dans tout ce qu'ils font de bien, & ce qu'ils ordonnent de juste.

VII. Au lieu d'approuver ou d'excuser ce qu'ils font contre sa loi, sous pretexte de raisons d'Etat, il le deteste ; & il a sur-tout en horreur les voies detournées le deguisement, & tous les desseins inspirés par l'orgueil, c'est-à-dire, ce que les faux Politiques regardent comme prudence & comme courage.

VIII. Et bien loin de laisser aux Rois injustes la satisfaction de réussir, au moins temporellement, par les mauvais moyens qu'ils employent ; il declare, que c'est par la justice qu'on parvient aux richesses & à la gloire, & que c'est lui seul qui les distribue.

IX. Si cela n'étoit pas, au lieu de demander à Dieu l'assistance continuelle de sa sagesse

gesse, comme le faisoit le plus sage des Rois, il faudroit, au contraire, chercher dans la sagesse humaine des lumieres plus sûres pour la conduite des Etats; & se rendre independans de (*q*) cette crainte religieuse qui est inseparable de la sagesse que Dieu inspire. ,, (*r*) O Dieu de mes Peres, disoit Salomon, ,, ô Seigneur misericor- ,, dieux, qui avez tout fait par votre pa- ,, role, donnez-moi la sagesse qui est tou- ,, jours auprès de votre thrône. Envoyez- ,, la moi des cieux, & du thrône de votre ,, Majesté, afin qu'elle soit avec moi, & ,, qu'elle travaille avec moi, & que je con- ,, noisse ce qui vous est agreable. car elle ,, sait tout; elle me fera observer une juste ,, mediocrité dans toutes mes actions, & ,, me gardera par sa puissance. Et ma con- ,, duite vous plaira, & je gouvernerai vo- ,, tre peuple avec justice, & je serai digne ,, du throne de mon Pere : car sans votre ,, sagesse, le plus habile & le plus éclairé des ,, enfans des hommes n'est rien. ,,

X. Ce

(*q*) Dixit Deus homini : Ecce timor Domini, ipsa est sapientia & recedere à malo intelligentia. *Job C. XXVIII. v. 28.*

(*r*) Deus patrum meorum, & Domine misericordiæ, qui fecisti omnia verbo tuo. Da mihi sedium tuarum assistricem sapientiam, mitte illam de cœlis sanctis tuis, & à sede magnitudinis tuæ, ut mecum sit, & mecum laboret, ut sciam quid acceptum sit apud te : scit enim illa omnia, & deducet me in operibus meis sobriè, & custodiet me in sua potentia. Et erunt accepta opera mea, & disponam populum tuum justè, & ero dignus sedium patris mei. Nam & si quis erit consummatus inter filios hominum, si ab illo abfuerit sapientia tua, in nihilum computabitur. *Sap. C. IX. v. 1. 4. 10. 11. 12. & s.*

X. Ce n'est point ainsi que doivent prier les Politiques peu delicats sur la vertu. Leur dessein n'est pas d'apprendre ce qui est agréable à Dieu. Ils ont un autre but ; & la connoissance de ses volontés ne serviroit qu'à les incommoder. Ils laissent aux esprits mediocres le soin de s'informer, si la Religion permet ou defend certains moyens. Pour eux, ils ont d'autres regles, & c'est par le succès, disent-ils, qu'il faut juger des moyens.

ARTICLE III.
Il est injurieux à la Providence.

I. Que peut-on attendre de sage & de concerté de ces esprits temeraires, qui font une profession ouverte de mepriser la source même de la sagesse, & qui croient mieux réussir que Dieu même à conduire le monde, qui est son ouvrage ? Car c'est-là le fond de leur cœur. Ils sont persuadés, qu'en se tenant uniquement à la loi de Dieu, l'on fera des fautes essentielles dans le Gouvernement ; & qu'il faut par necessité s'écarter de sa loi dans quelques occasions, ou jetter dans des inconveniens sans issue.

II. Ils viennent donc au secours de la Providence, qui sans eux trouveroit des difficultés insurmontables. Ils lui fournissent des expediens qu'elle n'avoit pas prevû.

ou qu'elle avoit même rejettés. Ils reforment son jugement sur plusieurs choses dont elle n'avoit pas connu le besoin & l'usage : & ils la servent utilement en lui desobéissant.

III. Y a-t-il une folie pareille à la leur ? Et le Sage n'avoit-il pas raison de nous dire, il n'y a qu'un moment, que (s) de tels hommes, qui se croient si habiles, ne sont rien ?

IV. Dieu n'a point chargé les Rois & leurs Ministres de la conduite absolue du monde. C'est toujours lui qui regne ; & ils ne sont que pour executer ses ordres. C'est lui seul que les pretendus inconveniens regardent : & c'est à lui seul à y trouver des remedes. Le seul mal réel, est qu'on lui desobéisse. Tout le reste, qui paroît être un mal, est un bien quand Dieu l'ordonne ; & la pieté en fait toujours faire un bon usage.

V. Ainsi, après les soins legitimes pour empêcher de certains maux temporels, il faut regarder toutes les autres ressources comme fermées ; & souffrir alors avec patience des inconveniens, semblables aux debordemens & aux orages, dont la Providence est la cause, & dont elle sait les raisons.

Tome III. D Arti-

(s) Nam & si quis erit consummatus inter filios hominum, si ab illo abfuerit sapientia tua, in nihilum computabitur. *Sap. C. IX. v. 5.*

Article IV.

Nulle necessité, que celle d'obéir à Dieu.

I. (*t*) Il n'y a jamais de necessité qui excuse la desobéissance aux loix de Dieu; parce qu'il n'y a qu'une seule veritable necessité, qui consiste à lui obéir. Les hommes, peu frappés de l'injustice, parce qu'ils sont pecheurs, mais fort touchés des maux temporels, parce qu'ils sont sensibles, comptent pour peu la Religion, & pour tout, les inconveniens attachés quelquefois à ses preceptes. Mais il y a un autre juge qu'eux, infiniment élevé au-dessus de leurs tenebres & de leur corruption; & lorsqu'il paroîtra sur son tribunal, rien ne sera plus humilié, ni plus confus, que ces Politiques mondains, qui ont fait une maxime de leur sagesse, de mepriser la volonté du Tout puissant, dès qu'elle s'oppose à la leur.

II. (*v*) On n'écouteroit pas ces hommes s'ils étoient manifestement infideles: mais ils portent le nom de Chretiens, & ce nom impose. On se defie moins de l'impieté sous ce voile religieux, & l'on perd insensiblement le respect pour l'Evangile, parce que ceux qui nous l'enlevent, paroissent le respecter comme nous.

II

(*t*) Nulla est necessitas delinquendi, quibus una est necessitas non delinquendi *Tert. L. de Cor. Mil. C. 11*

(*v*) Quod si aliqui nomine Christiani tale aliquid decernendum putant, mentem tuam vocabula nuda non capiant, nomina cassa non fallant. *S. Ambr. au jeune Valentinien. Ep. 17. n. 8.*

III. Il faut demafquer ces trompeurs, qui n'ont qu'un vain dehors, & qui font profondément ennemis de la veritable pieté. Un Prince doit les éloigner de lui avec indignation, avant qu'ils aient affoibli les fentimens que la foi lui infpire : & il doit fe perfuader fortement, qu'un Roi fur le thrône, & un berger dans fa cabane, font également foumis à l'Evangile ; & que toute la difference confifte dans les devoirs, & non dans l'obligation de les remplir.

IV. Un Chretien l'eft en tout, & (x) n'eft jamais autre chofe. Changez fa fituation; vous ne changerez pas pour cela fes fentimens : il regnera ; il fera fujet ; il fera dans l'éclat ; il fera dans l'obfcurité ; mais partout fon obéiffance pour Jefus-Chrift fera la même. Et s'il y avoit une place où il lui fût permis de fe difpenfer de fes loix, ce feroit celle qu'il éviteroit avec le plus de foin, parce qu'il eft perfuadé que Jefus-Chrift ne commande rien que de falutaire, & (y) que la vie éternelle confifte à lui obéir.

(x) Nunquam Chriftianus aliud eft. *Tert. L. de Cor. Mil. c. 11.*
(y) Scio quia mandatum ejus vita æterna eft. *Joan. C. XII. v. 50.*

Article V.

La maxime contraire deshonore les Rois.

I. Il faudroit en effet descendre du thrône, si cette élevation étoit incompatible avec la plus exacte observance de ses commandemens : & il faudroit renoncer à la conduite d'un Royaume, si elle étoit un obstacle à la vertu la plus pure & la plus parfaite.

II. La regle de quitter les professions opposées à l'Evangile, n'est pas douteuse : & s'il étoit vrai, comme le pretendent de mauvais Politiques, qu'on ne pût gouverner un Etat, sans être contraint de s'écarter quelquefois des maximes de l'Evangile ; il ne seroit pas douteux non plus, qu'on ne dût en abandonner le gouvernement. Car il faut bien distinguer les fautes personnelles, de celles qui sont attachées à l'Etat même. Celles qui sont personnelles, ont des remedes : mais celles qui sont attachées à l'Etat, n'en ont point ; & par cette raison, elles imposent la necessité de le quitter.

III. Qu'on juge donc par-là de l'injure que les politiques mondains font aux Rois, en représentant leur état comme incompatible avec une exacte vertu, & comme devant être par conséquent abandonné par quiconque aura de la lumiére & de la conscience.

IV. Ils se trompent en tout : car il n'y a point d'état où la vertu puisse être plus grande, plus exemplaire, plus heroïque, que celui des Rois : & il n'y en a point, où l'obligation de la porter jusqu'à son comble soit plus marquée. Il suffit d'observer ici, que les Rois ne régnent, que pour faire régner la justice, pour inviter tout le monde à la vertu, pour récompenser les bonnes actions, pour couvrir de honte le vice & le punir, & pour faire que le corps entier de la République approche, autant qu'il est possible, de l'innocence & de la sainteté prescrites par l'Evangile.

V. Je sais que ce dernier devoir regarde plus immediatement les Pasteurs Ecclesiastiques que les Rois. Mais c'est aux Rois à protéger les Pasteurs, & souvent à les choisir. Ainsi, les devoirs de tous les regardent; & il ne se fait aucun bien dans leurs Etats auquel ils n'aient quelque part.

Article VI.

Combien un Etat seroit heureux, si l'Evangile y étoit exactement observé.

I. Qu'on examine donc maintenant, s'il est vrai qu'un gouvernement fondé sur la justice, & dont la principale fin est la vertu des peuples, ne se puisse maintenir que par le mépris de la justice & de la vertu; & s'il est vrai, que la bonne politique & l'Evangile y soient opposés.

II. Que ceux qui le pensent, parcourent donc toutes les parties de la République, & qu'ils nous disent en quoi ils feroient consister la perfection de tous les corps qui la composent, s'ils étoient les maîtres de les former sur leurs idées. „ (z) Qu'ils commen-
„ cent par les armées ; & qu'ils nous don-
„ nent des soldats & des Officiers, tels que,
„ selon l'Evangile, ils doivent être ; qu'ils
„ nous donnent des sujets & des citoyens
„ aussi fidéles que Jesus-Christ l'ordonne;
„ qu'ils nous donnent des maris, des fem-
„ mes, des péres, des enfans, des maîtres,
„ des serviteurs, des Magistrats, tels que
„ la Religion Chretienne les demande, &
„ vivans selon les loix qu'elle leur prescrit;
„ qu'ils nous donnent enfin des hommes
„ aussi exacts à payer les tributs, & aussi
„ purs dans le maniement des deniers pu-
„ blics que le sont les veritables Chretiens
„ & qu'ils osent après cela opposer la Poli-
„ tique à la Religion. „   III.

(z) Qui doctrinam Christi adversam dicunt esse reipublicæ, dent exercitum talem, quales doctrina Christi esse milites jussit : dent tales provinciales, tales maritos, tales conjuges, tales parentes, tales filios, tales dominos, tales servos, tales reges, tales judices, tales denique debitorum ipsius fisci redditores & exactores, quales esse præcipit doctrina Christiana, & audeant eam dicere adversam esse reipublicæ : immo vero non dubitent eam confiteri magnam, si obtemperetur, salutem esse reipublicæ. S. Aug. Ep. 138. à Marcellin. n. 15.

III. (a) Les hommes seroient trop heureux, s'ils vivoient tous selon l'Evangile : la terre deviendroit semblable au ciel ; & la justice & la paix mettroient le comble à la felicité publique.

IV. Mais les uns se rendent dociles à la loi de Jesus-Christ, & les autres la rejettent : les uns obéissent, les autres sont rebelles : & comme les uns & les autres ne composent qu'une seule Republique, ils y portent necessairement une division, que le melange de leurs inclinations opposées ne peut manquer d'y causer, & ceux qui ne cherchent que la justice & la paix, sont obligés de souffrir avec patience ceux qui en sont ennemis.

V. Le remede à ce mal, n'est pas de l'augmenter en appuyant l'injustice, & en autorisant, par un pernicieux exemple, ceux qui meprisent la Religion & la pieté. C'est au contraire, de demeurer inviolablement attaché aux regles qu'elles prescrivent : & quand on est le maître de tout, comme le sont les Rois, d'employer tout pour réunir

les

(a) Religionis Christianæ præcepta de justis probisque moribus, si simul audirent atque curarent reges terræ & omnes populi, principes & omnes judices terræ, juvenes & virgines, senes cum junioribus : ætas omnis capax & uterque sexus, & quos Baptista Joannes alloquitur, exactores ipsi atque milites, & terras vitæ præsentis ornaret sua felicitate respublica, & vita æterna culmen beatissimè regnatura conscenderet. Sed quia iste audit, ille contemnit, tolerare Christi famuli jubentur pessimam etiam, si ita necesse est, flagitiosissimamque rempublicam. S. Aug. L. 2. de Civit. Dei. c. 19. 1.

les peuples par un respect general pour les saintes maximes de l'Evangile; ou pour empêcher au moins, que ceux qui les suivent ne soient les plus foibles, & que ceux qui les meprisent ne soient en honneur, & n'aient la principale autorité.

Article VII.
Vaine objection prise de la pratique des conseils Evangeliques.

I. Ce qu'on objecte à la Religion chretienne sur la pratique des conseils qu'elle donne, est tout à fait frivole. Comment, dit-on, pourroit subsister la societé civile, si l'on ne se defendoit point; si l'on ne resistoit point à la violence; si l'on abandonnoit son bien aux ravisseurs, & sa réputation à la calomnie?

II. Mais ne voit-on pas que la Religion chretienne est pour tous, & qu'elle defend à tous severement l'injustice, la violence & la calomnie? Que tout le monde lui obéisse: en quoi la societé civile en souffre-t-elle? Ou plutôt, par quel moyen la societé civile peut-elle être plus tranquille, que par l'observation du precepte qui défend l'injustice, & par l'observation du conseil qui exhorte à la souffrir?

III. Mais, replique-t-on, le conseil n'a plus de lieu, si le precepte est gardé. Il n'a n'a plus de lieu pour l'effet exterieur : mais il étoit fort utile pour mettre le cœur dans la disposition où il devoit être. Et d'ailleurs, les hommes étant tels qu'ils sont, l'infraction du precepte étoit certaine ; & le conseil par consequent necessaire.

IV. On continue, en demandant s'il est utile au bien public, que l'homme de bien se laisse opprimer. Je repons, qu'il est utile au bien public qu'il y ait beaucoup de personnes qui soient disposées à souffrir l'injustice, plutôt que de s'en plaindre ; parce que ces sentimens ne peuvent naître que d'une grande vertu, qui est le plus grand bien des hommes : mais j'ajoute en même tems, qu'il est essentiel au bien public que les loix soient armées pour la defense de ceux qui ne se defendent point. Les Princes & les Magistrats sont leurs protecteurs; & moins les justes ont recours à leur protection, plus elle doit être employée à leur sûreté.

V. Ce n'est donc ici qu'un devolu du particulier au Prince, & non une veritable impunité. Le particulier garde le silence ; mais le Prince punit. Et comme c'est une grande vertu au particulier de souffrir sans se plaindre, c'est aussi un grand merite au Prince de n'attendre pas qu'on se plaigne à lui de l'injustice, & de reprimer les violentes que la patience des gens de bien s'efforce de lui cacher.

VI.

VI. Concluons donc encore une fois, que rien ne feroit plus heureux, qu'une République dont l'Evangile feroit l'unique loi ; que tous les defordres, même temporels, ne viennent que de ce qu'il n'eſt pas univerſellement obſervé ; & qu'on ne peut établir parmi les hommes une ſolide paix, qu'en revenant à ſes regles, bien loin qu'elles ſoient oppoſées à une ſage Politique.

CHAPITRE VI.

Prejugés injuſtes contre la pieté, & leurs ſources. La Religion commande toutes les vertus que le monde reſpecte. Elle les rend plus vraies, plus interieures, plus conſtantes. Elle eſt le principe de la veritable valeur. Toutes les vertus & toutes les vérités de morale ſe rapportent à elle : elles ſont déplacées hors d'elle, & ſans principes. Ceux qui manquent de reſpect pour la Religion, ne conſervent quelque probité qu'en retenant quelque liaiſon avec elle. Parallele de deux grands hommes, l'un infidele, & l'autre chrétien.

Article I.

Prejugés injuſtes contre la pieté, & leurs ſources.

I. Outre l'injuſte prejugé qu'ont les perſonnes du ſiecle contre la pieté,
comme

comme opposée à la bonne Politique, & comme incapable de former un grand Prince & un grand homme d'Etat; ils en ont beaucoup d'autres, qui sont fondés sur d'autres erreurs, & qui leur cachent le prix de la seule chose qui merite le respect & l'admiration de tous les hommes, parce qu'elle est le seul bien réel & solide, & que tous les autres, sans elle, ne sont rien.

II. On attribue à la pieté les defauts des personnes qui paroissent s'attacher à elle, & en suivre les regles. On lui impute toutes leurs imperfections; & l'on s'accoûtume à la mepriser, en la confondant avec des hommes qui conservent quelquefois avec elle des qualités meprisables. S'ils ont de la bassesse en certaines choses, s'ils manquent de liberalité, de secret, de courage, s'ils sont inquiets, curieux, imprudens, delicats, aisés à blesser, s'ils conservent de la hauteur, de l'indifference pour les autres, de l'ambition, s'ils paroissent attentifs à leurs interêts, employer des voies souterraines & detournées, avoir des manières moins franches & moins droites que beaucoup d'autres qui ne se piquent point de vertu; tous les reproches alors tombent sur la pieté. C'est elle qui est coupable de tout, qui gâte l'esprit, qui le rend faux, petit, artificieux; & l'on ne sait pas que tous ces blasphêmes qui

atta-

attaquent la Religion, ne font qu'une extravagante impieté, parce que la Religion condamne infiniment plus févérement que les gens du fiécle, tous les defauts qui les bleffent; & que, fi fes regles étoient fuivies en tout, il n'y auroit rien de plus parfait, ni de plus refpectable qu'un homme de bien.

III. On fait tout le contraire quand il s'agit d'une probité purement humaine: on la loue avec excès; on la propofe pour modele; on la prefere dans fon cœur & dans fes difcours, à des vertus plus fincéres & plus chretiennes qui ont la foi pour principe; & l'on s'accoutume ainfi à feparer de la Religion les qualités eftimables; & à ne pas trouver que ce foit un grand défaut, que de manquer de pieté, ou même de foumiffion à la foi, pourvû qu'on ait d'ailleurs de la capacité pour les affaires, de la valeur, de la fidelité pour fes amis, de la douceur dans le commerce, de la nobleffe dans les maniéres, de la bonté & de l'humanité pour tout le monde.

IV. On compare alors ce modele, dont on eft fort touché, avec les qualités differentes de quelques perfonnes dont la pieté eft fouvent fauffe, ou foible, ou mal conduite; & l'on prend contre la vraie pieté une fecrete averfion, mêlée de mépris & de degoût, qui fe répand fur tous
les

les devoirs de la Religion, & qui devient souvent le plus grand obstacle à un sincere retour.

V. Une autre source de préjugés peu favorables à la pieté, est la multitude des besoins temporels dont les hommes sont environnés, & où la pieté paroît inutile, si elle est sans autorité, sans biens, sans talens, sans les qualités qui rendent les uns nécessaires aux autres.

VI. Comme on est peu spirituel, & peu touché de ce qui regarde la vie future, & qu'on est au contraire fort occupé de ce qui peut rendre celle-ci heureuse, ou en diminuer la misére, on compte pour rien ce qui n'a point cet usage. Etre juste, & demeurer pauvre : avoir beaucoup de foi, & être oublié : être humble, & ne pouvoir rien : tout cela paroît fort égal : & la vertu, jointe à ces états, ne sert point à les relever. Ce sont les sens & la cupidité qui mettent ici le prix à toutes choses ; & ce qui ne contribue point à les satisfaire, ou n'est rien, ou est un mal.

VII. Il faut, pour être grand & pour attirer l'estime, être en état de servir ou de nuire : avoir les mains pleines de ce que desirent les hommes : être maître de ce qui leur manque : montrer à leurs passions ce qu'elles regardent comme leur bien : montrer au moins à l'indigence & à la misére

misére ce qui peut les confoler.

VIII. Quand on eſt placé dans ce point de vûe, perſonne preſque n'examine ſi l'on eſt vertueux, & l'on ne s'aviſe pas même d'y penſer: mais ſi l'on n'a que de la Religion, quoiqu'on en ait aſſez pour attirer l'attention du ciel, & pour meriter celle de la terre, on eſt mort pour le reſte des hommes, parce qu'on n'a rien qui ait rapport à cette vie.

IX. Les Princes ſont expoſés à tomber dans cette dangereuſe erreur par rapport à la pieté, & plutôt même que les autres, parce qu'ils ont beaucoup d'emplois à remplir, où l'intelligence, la bonne conduite, la fermeté, la valeur ſont néceſſaires; & où la ſeule pieté ne ſuffiroit pas; & qu'ils s'accoutument aiſément à la regarder comme inutile, parce qu'elle eſt de peu d'uſage pour eux quand elle eſt ſeule.

X. C'eſt un jugement très injuſte, mais ordinaire; & il y a peu de Princes qui ne faſſent plus d'état des qualités humaines ſans vertu, que de la vertu ſans ces qualités: parce qu'ils peuvent mettre ces qualités en uſage, & qu'ils ne ſavent que faire d'une vertu, d'ailleurs très pure & très parfaite, quand elle eſt ſeule.

XI. Ils ne comprennent pas aſſez deux vérités eſſentielles: l'une que le prix réel de la vertu ne depend pas de l'uſage qu'on en en peut faire par rapport aux choses temporelles ; parce qu'elle a une destination plus haute & plus sublime : l'autre, que la vertu réussit mieux pour les choses même temporelles, quand elle est jointe aux autres talens, que toutes les qualités humaines unies ensemble, si la pieté en est separée.

XII. Un autre prejugé qui contribue à en dégoûter les Princes, est qu'elle paroît triste, sévére, peu complaisante, peu docile, peu propre à la Cour. Comme elle n'est pas flatteuse, qu'elle mesure même les louanges qu'elle donne, on la soupçonne de malignité & d'envie ; & parce qu'elle ne flechit pas aisément, qu'elle a ses régles, dont elle ne s'écarte pas, & qu'elle a toujours devant les yeux un autre Maître que le Prince, on la trouve dure & roide, & quelquefois orgueilleuse.

XIII. On aime beaucoup mieux des esprits souples, qu'on tourne & qu'on manie comme on veut, & dont la complaisance va au devant de tous les desirs ; & l'on s'éloigne insensiblement de ceux qui, à la vérité, ne manquent jamais au respect, mais qui sont quelquefois arrêtés par leur conscience & par leur devoir.

XIV. Ce devroit être une raison de les estimer davantage : mais on tourne tout à la commodité, & l'on attache le mérite à savoir plaire & obéir, ce que la pieté ne sait pas toujours faire,

XV.

XV. Il arrive même quelquefois qu'elle deplaît par le defintereffement: on l'accufe alors d'être fiere, & de vouloir être independante; & plus elle donne de preuves, qu'elle eft fincére & folide, moins on en connoît le prix. On aime mieux une vertu plus aifée à afservir, & qui accepte avec action de graces les chaînes qu'on lui donne en la comblant de biens; & l'on fe défie de celle qui veut conferver la liberté de dire toujours au Prince ce qui lui eft utile, & ne s'affoiblir jamais par d'autres vûes.

XVI. Voilà les principes connus des préjugés peu favorables à la pieté; mais il y en a d'autres plus fecrets, que le feducteur des hommes prend foin d'établir fans qu'on s'en apperçoive.

XVII. Le demon, qui fait mieux que la plûpart de nous, de quelle importance eft la foi, & combien tout ce qui naît de cette precieufe racine eft falutaire, s'applique à l'obfcurcir, à la rendre meprifable, à faire retomber fur elle tous les defauts de ceux qui fe declarent pour la pieté; & il emploie au contraire tous fes efforts pour embellir une probité purement humaine, pour relever des vertus qui n'ont qu'un vain éclat, & pour attirer l'admiration à tout ce qui ne peut fauver perfonne.

XVIII. Il eft bien inftruit que toute cette fauffe

fauſſe grandeur n'eſt qu'une vaine enflure; qu'elle n'eſt que de l'air & du vent; & qu'au jour du Seigneur tout l'éclat des vertus, dont la Religion n'eſt point le principe, ſera couvert de tenebres: mais que la foi au contraire eſt un germe de vie & d'immortalité; que les fruits en ſont éternels; que c'eſt par elle que commence la ſainteté & la juſtice véritable; qu'il n'y a point de vices dont elle ne puiſſe être le remede; & que toutes les foibleſſes qui la couvrent dans un homme encore imparfait, n'empêchent pas qu'elle ne ſoit un treſor infiniment plus precieux que tous les biens temporels.

XIX. Il ſait que l'orgueil ne lui a pas enlevé un ſeul eſclave, & que tous les efforts d'une probité humaine ne ſervent qu'à augmenter le nombre de ſes captifs; mais il craint infiniment une pieté humble & ſincére; car c'eſt elle ſeule qui le deſarme, & c'eſt elle ſeule qui met en liberté tous ceux qui ſortent de ſes liens.

XX. Auſſi tourne-t-il contre elle toutes ſes attaques. Il laiſſe aux hommes une créance de la divinité qui ne l'incommode point. Il leur permet de raiſonner autant qu'ils veulent ſur l'être infiniment parfait, & de chercher par la ſeule metaphyſique, ce que la revelation leur apprendroit plus ſûrement. Mais il ne ſouffrira pas tranquillement

lement qu'ils cherchent dans les Ecritures, le Dieu qui s'est manifesté à Abraham, à Isaac & à Jacob: le Dieu qui a revelé aux Prophetes les mysteres de son fils; le Dieu qui a voulu se reconcilier les hommes par Jesus-Christ crucifié. Il les degoûtera, s'il peut, de cette recherche. Il y mêlera de la curiosité, des doutes, des motifs indignes d'elle. S'il n'y peut réussir, il affoiblira les lumiéres par des mœurs contraires. Si cette porte lui est fermée, il tâchera de faire servir la vertu même de matiére à l'orgueil; & pour peu qu'on lui laisse d'entrée, il enlevera le germe d'une solide pieté, & fera couler à la place le secret desir de l'admiration des hommes, & le mépris d'une vertu interieure, humble, mortifiée, cachée en Jesus-Christ, dont il est seul le principe & la fin.

XXI. Quand le seducteur en est venu là, sa victoire est complete: car son dessein principal est, de faire paroître la vraie pieté meprisable, & de montrer aux hommes, comme dignes de leur estime & de leurs efforts, ce qui ne les rendra point meilleurs, & leur sera inutile pour le salut.

ARTI-

Article II.

La Religion commande toutes les vertus que le monde respecte.

I. L'artifice dont il se sert avec plus de succès à l'égard des gens du siecle, & principalement des Grands, est de faire comme deux classes ou deux ordres de vertus, dont les unes sont utiles au gouvernement public, & necessaires à la societé civile : telle que la generosité, la valeur, l'amour de la patrie, la liberalité, le secret : les autres sont interieures, ou moins publiques, telles que la priere, l'humilité, la patience, la fidelité à de certains exercices. Il abandonne ces dernieres à la pieté, mais il en separe les autres ; & par cette injuste division, il relegue la pieté dans une obscure retraite, & la met comme hors du commerce ; & en lui ôtant toutes les vertus que le monde respecte avec raison, il lui fait perdre aussi la veneration que l'on auroit pour elle, si l'on savoit que ces vertus lui appartiennent, & que c'est elle qui les commande.

II. Il est très utile qu'un Prince soit pleinement detrompé de cette erreur, & qu'il sache que non seulement la Religion commande toutes les vertus utiles au gouvernement public & necessaires à la societé,

mais

mais que c'est la Religion seule qui rend ces vertus veritables, solides, constantes; qui en établit la racine dans le cœur; qui les soutient dans de dures épreuves, & lorsqu'elles manquent de temoins; & qui les excite par des motifs dignes d'elle, & par l'attente d'une recompense éternelle.

III. Tous les devoirs dependent de la Religion; & c'est elle, qui les regle tous. On apprend d'elle à être bon citoyen, bon ami, bon Officier de guerre, bon Magistrat. C'est elle qui fait une obligation étroite du secret. C'est elle qui commande non seulement l'aumône, mais la liberalité; qui veut qu'on prête genereusement, quand on le peut: qu'on recompense les services reçus; qu'on en rende d'effectifs & de réels à ceux qui le meritent, quand on a du credit & de l'autorité; qu'on reponde à la confiance qu'on prend en nous, par une exacte sincerité; qu'on observe religieusement ses paroles; qu'on ne se serve jamais dans aucune affaire que des voies d'honneur; qu'on ne demeure point inutile dans sa maison, quand par sa naissance, & par l'état de son bien, on peut servir son Prince & sa patrie; qu'on le fasse alors avec cœur & avec dignité; & qu'on évite avec soin tout ce qui donneroit un juste soupçon de lâcheté & de foiblesse.

Article III.

Elle les rend plus vraies, plus interieures, plus constantes.

I. La Religion ne detruit aucun des motifs legitimes qui portent les hommes à ces devoirs. Les sentimens naturels, l'attention aux bienseances, la sensibilité à la reputation & à l'honneur, ne lui sont point contraires. Elle y joint seulement des motifs superieurs : elle s'en rend maîtresse ; elle les soumet à une plus noble fin ; & au lieu que ces devoirs n'auroient eu sans elle que de foibles appuis, elle leur en donne de plus fermes, qui subsistent lorsque tous les autres sont chancelans.

II. On fait par Religion, sans avoir de temoins, les mêmes choses, & avec la même exactitude, que si l'on avoit le monde entier pour spectateur. On ne se relâche point par la coutume, ou par l'exemple des autres. On n'attend point que l'on rende justice à nos services. On n'examine point si d'autres nous sont preferés. On ne se plaint point inutilement. On ne perd jamais le respect pour ses maîtres. On n'autorise jamais le mecontentement des autres. On fait à qui l'on obéit, & à qui l'on veut plaire ; & la vûe de Dieu, dont
on

on respecte en tout la volonté, console de tout.

III. On ne juge point la vertu par l'évenement, & l'on ne se repent jamais de l'avoir suivie, quoiqu'elle paroisse malheureuse. On ne change point de sentimens, quoique les tems changent ; & moins on est bien traité ici, plus on s'assure que la recompense sera grande ailleurs.

IV. Il n'en est pas de même des vertus dont la Religion n'est pas la racine. Elles ont besoin d'approbateurs & de temoins. C'est la louange qui les nourrit : c'est la vûe des hommes qui les fait croître : c'est le succès qui les entretient. Dès qu'il ne repond pas à l'esperance qu'on avoit eue, elles se séchent & se fletrissent ; & si elles se conservent un moment dans l'adversité, c'est le spectacle même qui les fortifie · car la patience qui n'a plus d'admirateurs, ne va pas loin.

V. On fait effort alors pour trouver dans soi-même, les ressources qui manquent d'ailleurs. Mais qu'est-ce qu'un homme seul que la Religion ne console point ? Que peut-il se dire à soi-même qui lui tienne lieu du silence de toutes les creatures ? Et quel remede peut-il apporter aux maux réels de cette vie, s'il n'espere rien dans une autre? Aussi l'on voit évanouir comme une ombre,

la

la probité purement humaine quand elle a perdu ses appuis. (*b*) La vertu alors n'est qu'un nom : la verité & la justice ne sont plus que des prejugés ; & si l'on peut, en les abandonnant, retablir ses affaires, on ne delibere pas long-tems entre sa fortune & son devoir.

ARTICLE IV.
La Religion est le principe de la veritable valeur.

I. La valeur, dont on fait tant d'état, & avec raison, que devient-elle, quand elle n'est plus soutenue, ou par l'exemple, ou par la honte, ou par l'esperance, ou par l'honneur ? On peut sacrifier sa vie à l'un de ces motifs, ou à tous ensemble : mais qui, sans les motifs superieurs qu'inspire la Religion, voudra perdre la vie, le plus grand des biens temporels, lorsqu'il peut la conserver sans être vû, & qu'il n'a rien à prétendre en l'exposant ?

II. L'experience fait voir tous les jours, que le courage est plus fondé sur la crainte de passer pour lâche, que sur aucun solide principe ; & qu'il diminue, à proportion de ce que cette crainte diminue. La chose
même

(*b*) Ce furent les dernières paroles de *Brutus* après la perte de la bataille. Honesta, quamdiu aliqua illis spes inest, sequimur : in contrarium transituri, si plus scelera promittant. *Senec. Epist.* 115.

même ne peut être autrement; car l'homme ne donne point sa vie pour rien : il faut, quand il l'expose, qu'il espere quelque chose qui merite d'entrer en comparaison avec le danger, ou qui passe pour le meriter. Si toute esperance lui est ôtée, l'amour de la vie reprend sa place naturelle, & le courage s'évanouit.

III. Il n'en est pas ainsi d'un homme dont la valeur est soutenue par la Religion. Il craint Dieu, & ne craint plus rien. Il est determiné à tout, pour lui obéir. Il sait qu'en servant son Prince & sa patrie, il exécute ses volontés ; que c'est de lui, par le ministere du Prince, qu'il tient l'épée dont il doit repousser l'ennemi, & proteger ses freres ; que c'est par son ordre qu'il occupe une telle place, & que c'est à lui qu'il rendra compte de la maniere dont il s'y comportera ; que son exemple, ou pour la resistance, ou pour la fuite, ne peut être indifferent ; qu'il repondra de la vie de tous ceux qu'il abandonnera, & de toutes les fuites qu'aura sa lâcheté ; & il ne fait aucune comparaison de ces devoirs essentiels avec sa vie, dont il sait que la perte sera recompensée par une autre qui ne finira point.

IV. Il l'offre à Dieu, dont il la tient comme un depôt qu'il lui a confié, & qu'il est le maître de lui redemander quand il voudra. Il espere par un tel sacrifice se rendre digne de le voir, & couvrir par une telle charité pour ses freres, les fautes qu'il a commises. Et pendant que beaucoup d'autres, ou tremblent, ou s'étourdissent de peur de trembler, ou se rassurent par l'esperance d'échapper aux dangers, il est uniquement attentif a la divine Providence, qui a les yeux arrêtés sur lui, qui lui commande de combattre avec courage, & qui lui fait un crime de la lâcheté.

V. Car il n'y a que la Religion qui rende les hommes braves, patiens, intrepides par conscience. Il n'y a qu'elle qui attache à la lâcheté & à l'indifference pour son Prince & pour sa patrie, non seulement la honte, mais le crime & la punition éternelle. Ces motifs subsistent après tous les autres. Ils demeurent, lorsque tout s'allarme & s'ébranle. Ils rappellent même les autres sentimens, & s'en servent avec avantage; & si l'on étoit fidele à la Religion, l'on seroit invincible.

VI. Ce que j'ai dit de la valeur, n'est que pour servir d'exemple : car il faut penser la même chose de toutes les vertus estimées avec justice par les hommes, & de toutes les grandes actions. C'est la Religion seule qui les rend veritables & parfaites; & quand elle manque, elles n'ont presque qu'une vaine apparence.

VII. Le desinteressement, la fidelité, la

chasteté, la delicatesse sur le bien d'autrui, ne sont si rares, & ne sont si fragiles dans le danger, que parce que la Religion n'a jetté dans le cœur de la plûpart des hommes que de foibles racines ; & que, lorsque la conscience ne les defend pas, les autres motifs les defendent mal.

VIII. Outre ce caractere incommunicable de la Religion, d'être le seul principe perseverant de toutes les vertus, & d'être la seule qui leur propose une fin & des motifs dignes d'elles ; elle en a un second, qui ne convient aussi qu'à elle, & qui merite fort d'être observé.

ARTICLE V.

Toutes les vertus, & toutes les verités de morale se rapportent à la Religion.

I. Ce second caractere est, d'être le centre de toutes les vertus & de toutes les verités de morale, ensorte qu'elles lui appartiennent toutes, & qu'elles sont, hors d'elle, deplacées & étrangeres.

II. On en voit briller quelques-unes hors de son sein, mais ce sont comme des diamans volés, dont on reconnoît la place, en les rapportant à la tablette dont ils ont été pris, & dont on ne voit, ni l'usage ni la liaison avec d'autres pierres precieuses, quand on les considere entre les mains des usurpateurs.

III. Un

III. Un infidele, un homme peu persuadé de la verité de la Religion, connoîtra certaines verités, fera certaines actions de justice, aura quelquefois de grands traits & fort éclatans : mais approchez-vous ; voyez à quoi tiennent ces verités, d'où partent ces actions, où se terminent ces traits si brillans : vous êtes tout étonné que rien ne se suit, que tout se dément, que rien ne lie ni ces verités, ni ces actions, échappées, pour ainsi dire, au hazard, & qu'elles ne partent d'aucuns principes.

IV. (c) Interrogez celui qui connoît ces verités, & qui fait ces grandes actions. Demandez-lui s'il y a des devoirs, & quelle en est l'origine ? Demandez-lui, si la vertu est quelque chose de réel & d'independant de l'opinion des hommes? Demandez-lui, sur quelles regles on peut juger de la bonté d'une action, & la discerner d'une autre qui est injuste? Demandez-lui ce que c'est que fidelité, que probité, qu'honneur ? Vous verrez, ou qu'il ne repondra rien sur toutes ces questions essentielles, ou qu'il démentira par ses reponses tout le bien qu'il fait, ou qu'il sera contraint de revenir aux principes de la Religion, & de lui restituer

E 2 le

(c) Cicéron dans le beau Traité des Offices, parle toujours de l'honnête, du bien honnête, mais il ne le définit jamais, & il est dans l'impuissance de le faire, parce qu'il n'est pas assez éclairé pour remonter jusqu'à Dieu, la source unique des devoirs.

le bien qu'il lui avoit volé, & dont il se prévaloit injustement.

V. Tout ce qui est juste, veritable, digne d'estime, part de ces principes. Au contraire, tout ce qui est juste & veritable ailleurs, y est deplacé & étranger, parce qu'il y est sans racine & sans principes, & que c'est même contre le plan general de l'erreur, qu'il s'y trouve comme égaré.

VI. La divine Providence n'a pas permis que les tenebres fussent si épaisses & si universelles parmi les hommes, que le retour à la veritable Religion fut entierement fermé. Elle a conservé dans les infideles des semences de vertu, capables de les rappeller un jour à l'Evangile, & à la sainteté dont il est la regle; & elle n'a pas souffert que la superstition & l'erreur établissent un divorce entier entre la vraie Religion & les fausses, & que la rupture fût generale & sans ressource.

Article VI.

Ceux qui manquent de respect pour la Religion, ne conservent quelque probité qu'en retenant quelque liaison avec elle.

I. Elle en use ainsi à l'égard de quelques personnes qui ont le malheur de n'être pas aussi attachées à la Religion qu'elles le devroient,

vroient, mais qui confervent encore de la probité, & de l'horreur pour le vice. La bonté de Dieu les tient unies par quelques endroits à la Religion même dont elles s'écartent; & elle les oblige à la refpecter, dans le tems même qu'elles la combattent dans leur cœur, ou dans leurs difcours.

II. Car ces perfonnes ne retiennent une efpece de merite & une ombre de vertu, que parce qu'elles ont encore plus de liaifon avec la Religion qu'elles ne penfent; & que pendant qu'elles en attaquent les principes, elles demeurent attachées à plufieurs confequences qui en dependent neceffairement. Elles lui font reparation en certains points, de l'injure qu'elles lui font dans d'autres. Elles la juftifient, & l'admirent même, dans les vertus qu'elles eftiment encore. Et elles font voir, par l'horreur qu'elles ont pour certains defordres, combien elles font coupables de vouloir ébranler des principes, qui font l'unique fondement de tout ordre & de toute juftice.

III. C'eft en effet renverfer entierement toute équité, tout ordre, tout merite, toute fûreté & toute fidelité parmi les hommes, que de donner atteinte à la Religion. Quand on a arraché cette bafe de toute vertu, de toute probité, fi l'on retient encore quelque refpect pour certains devoirs, ce n'eft que par la force de la coutume, ou par la suite de l'éducation, ou par la crainte des loix, ou par caprice. Les suites naturelles de cette impieté n'ont aucunes bornes ; les consequences necessaires menent à tout. Toute distinction entre le juste & l'injuste est ôtée. Tout discernement entre la vertu & le vice est supprimé. Les devoirs les plus inviolables ne sont que d'anciens prejugés. Les plus heroïques vertus ne sont que l'objet de l'erreur & de l'admiration du peuple : l'interêt & la force deviennent les seules regles de la conduite.

IV. Ainsi, quiconque ne craint pas Dieu, & meprise sa propre conscience, est un ennemi public, qui doit avouer que tout le monde a raison de ne prendre en lui aucune confiance, & qui ne peut vivre avec quelque sûreté & quelque honneur parmi les autres hommes, qu'en leur cachant ce qu'il est, & en les trompant par des dehors moins affreux que le fond de son cœur, dont il est obligé lui-même de rougir.

V. Mais ce n'est pas mon dessein d'attaquer ici l'impieté qui a renoncé à toute pudeur, & qui, ayant bien compris les liaisons de ces faux principes avec les plus horribles consequences, n'a pour toute regle & pour toute loi que ses passions. Il est rare que Dieu permette que les hommes qui manquent de respect pour la Religion, se portent à tous les excès qui sont les suites
natu-

naturelles de ce premier égarement. Mais il est fort ordinaire qu'ils se parent alors d'une vertu humaine, qui les trompe les premiers, & qui éblouit ensuite les autres : & qu'ils fassent comparaison de leur probité avec celle que la Religion commande, comme ne perdant rien dans ce parallele, & comme ayant même dans leurs sentimens quelque chose de plus grand & de plus élevé, que ceux qui dependent en tout de la foi & de la pieté.

Article VII.

Parallele de deux grands hommes, l'un infidele, & l'autre chretien.

I. Ce que j'ai dit jusqu'ici, est fort capable, ce me semble, de les detromper: mais il leur sera peut-être encore plus utile de voir leur image dans les vertus d'un grand homme, mais infidele, & celle d'un homme sincerement chretien, dans les vertus d'un autre grand homme, pleinement persuadé de la verité de la Religion.

II. Les portraits de l'un & de l'autre sont de deux bonnes mains. C'est Tacite qui loue l'infidele : c'est S. Augustin qui loue le chretien. Ils verront lequel des deux est plus digne d'admiration ; & si la Religion diminue les vertus, ou si elle les augmente.

III. „ (d) Helvidius Priscus, dit l'Historien, „ avoit naturellement l'esprit grand „ & élevé; & il le cultiva dans sa jeunesse „ par l'étude des plus hautes sciences: non „ dans le dessein de couvrir comme beau- „ coup d'autres, du nom magnifique de sa- „ gesse, une lâche oisiveté, mais pour se „ preparer aux emplois publics, en faisant „ provision de force & de courage contre „ les accidens que la prudence ne sauroit „ prevoir. Il remplit également tous les „ devoirs de citoyen, de Senateur, de mari, „ de gendre, d'ami. Il ne faisoit aucun état „ des richesses. Son attachement à la justi- „ ce étoit invincible. Sa fermeté étoit au „ dessus de toute crainte. Il paroissoit à „ quelques-uns aimer trop la reputation & „ la gloire · mais les plus sages mêmes n'y „ renoncent qu'à l'extrêmité. „

IV. C'est déja une tache que ce desir excessif de gloire. Mais il faut bien l'excuser dans un sage du Paganisme, à qui le nom même de l'humilité étoit inconnu. J'observe seulement, qu'Helvidius n'étoit point sans Religion, quoique celle qu'il professoit ne fût pas la veritable; & que ceux, à qui je
montre

(d) Helvidius Priscus, ingenium illustre, altioribus studiis juvenis admodum dedit non, ut plerique, ut nomine magnifico segne otium velaret, sed quo firmior adversus fortuita Rempublicam capesseret. . . Civis, Senator, maritus, gener, amicus, cunctis vitæ officiis æquabilis, opum contemptor, recti pervicax, constans adversus metus Erant quibus appetentior famæ videretur: quando etiam sapientibus, cupido gloriæ novissima excidit. *Tacit. L. 4. Hist.*

montre son portrait, n'ont pas droit de pretendre qu'il leur ressemble, puisqu'ils ont le malheur de fermer les yeux à la vraye, ou de la negliger.

V. Mais qu'ils examinent bien ce qui manque à l'admirable peinture du Comte Marcellin, qui avoit assisté de la part de l'Empereur, en qualité de Commissaire, à la fameuse conference tenue à Carthage entre les Catholiques & les Donatistes, & qui, par les artifices de ces derniers, fut condamné à perdre la vie, comme complice de la revolte (e) d'Heraclien, quoiqu'il n'y eût aucune part. S. Augustin le connoissoit très particulierement; & voici ce qu'il en dit.

VI. (f) ,, Combien trouvoit-on de pu-
,, reté dans ses mœurs ; de fidelité dans
,, son amitié ; d'amour pour la verité, dans
,, le soin qu'il avoit de s'en instruire ; de
,, sincerité dans sa pieté ! Combien étoit-il
,, chaste dans son mariage, integre dans ses
,, fonc-

___
(e) Heraclien, Gouverneur d'Afrique se révolta contre Honorius en 413. & fut décapité à Carthage en 414. La mort du Comte Marcellin est à peu près du même tems.

(f) Quæ illi probitas in moribus, in amicitiâ fides, in doctrinâ studium, in religione sinceritas, in conjugio pudicitia, in judicio continentia, erga inimicos patientia, erga amicos affabilitas, erga sanctos humilitas, erga omnes caritas, in beneficiis præstandis facilitas, in petendis pudor, in recte factis amor, in peccatis dolor ! Quantum decus honestatis, qui splendor gratiæ, quæ cura pietatis, quæ in subveniendo misericordia, in ignoscendo benevolentia, in orando fiducia ! Quod salubriter sciebat, quâ modestiâ loquebatur ! Quod inutiliter nesciebat, quâ diligentiâ scrutabatur ! Quantus in eo contemptus rerum præsentium ! Quanta spes & desiderium bonorum æternorum ! August. Epist. 151. ad Cæcilianum. n. 8.

„ fonctions de juge, patient envers ses en-
„ nemis, commode avec ses amis, humble
„ avec les saints, charitable envers tous, prêt
„ à faire plaisir, reservé à en demander!
„ Combien les bonnes actions lui don-
„ noient-elles de joie, & les mauvaises
„ d'indignation & de douleur! Quelle hon-
„ nêteté, quelle grace ne voyoit-on point
„ reluire dans toutes ses actions! Combien
„ étoit-il exact à s'acquitter de tous les de-
„ voirs de la Religion; compatissant & se-
„ courable, promt à pardonner, plein de
„ confiance en Dieu, & appliqué à la prié-
„ re! Avec quelle modestie parloit-il des
„ verités salutaires dont il étoit le mieux
„ instruit; & quel soin n'avoit-il point d'ap-
„ prendre & de penetrer tout ce qui man-
„ quoit encore à son instruction; combien
„ avoit-il de mepris pour toutes les choses
„ de cette vie, & combien étoit-il plein de
„ l'esperance & du desir des biens éter-
„ nels! „

VII. Je demande, en mettant à part les vertus chretiennes qui ont un rapport immediat à la Religion, ce qui manquoit dans ce grand homme à celles que le monde admire? En quoi étoit-il inferieur à Helvidius, par exemple, & à tout autre? Ne remplissoit-il pas tous les devoirs de citoyen, de Magistrat, de mari, de gendre, d'ami? N'étoit-il pas invinciblement attaché

ché à la justice, & intrepide pour sa défense? Ne joignoit-il pas au courage, une bonté, une douceur, un desir d'obliger, qui lui attiroit l'amour & la confiance de tout le monde? Sa fidelité n'étoit-elle pas à toute épreuve ; son desinteressement hors de tout soupçon, son mepris pour toutes les choses de cette vie, au-dessus des promesses & des menaces? De ce côté, tout est donc égal entre lui & les plus grands hommes que le monde admire.

VIII. Mais voici qui est tout different: Marcellin savoit à qui il devoit ses vertus, & quelle en étoit la fin. Il savoit pourquoi il les pratiquoit, quel en étoit le veritable usage, quels en étoient les vrais motifs, quelle en seroit un jour la recompense. Il rendoit graces pour les avoir reçues : il prioit pour en obtenir la conservation & le progrès : il en reservoit la gloire à qui elle étoit due. Il ne faisoit pas servir la verité & la justice à la vanité & à l'orgueil. Il ne s'établissoit pas le principe & la fin de sa vertu. Il n'usurpoit pas la place de Dieu, en se montrant aux hommes au lieu de lui, & en s'efforçant d'attirer leur admiration, & de la borner à soi-même, par une idolâtrie plus criminelle que celle qui substitue au vrai Dieu des images de bronze ou de bois.

IX. Il ne sacrifioit pas à une chose aussi vaine

vaine que la reputation, des biens auſſi ſolides que la connoiſſance & l'amour de la juſtice. Il ne bornoit pas à une vie de quelques momens, des vertus qui ſont le prix de l'immortalité, parce qu'elles ſont elles-mêmes immortelles. Il ne ſe contentoit pas dans ſa patience & dans ſon courage d'avoir quelques hommes pour temoins ; il étoit attentif au temoin inviſible, qui connoiſſoit l'innocence & la pieté, qu'il lui avoit données ; qui le conſoloit dans ſa priſon & dans ſes liens ; & qui l'aſſuroit intérieurement, & par ſes Ecritures, que l'eſpérance du juſte ne ſauroit perir.

X. Voilà les differences eſſentielles, capitales, infinies que la Religion met entre les vertus dont elle eſt la ſource, & celles qui ont une autre racine. Helvidius & Marcellin ſont ſemblables par le déhors en beaucoup de choſes. Ils ſont morts l'un & l'autre calomniés, après avoir mené une vie non ſeulement irrepréhenſible, mais éclatante en vertus. Mais la Religion fait que Marcellin & ſes vertus triomphent de la mort : au lieu que la mort d'Helvidius a été celle de ſes vertus ; & que lui & elles ſeront éternellement dans l'oubli.

CHAPITRE VII.

La Religion doit être precieuse au Prince pour des raisons particuliéres, & pour des interêts personnels. Sa dignité, ses revenus, sa sureté en dependent. Elle fait un devoir de prier pour lui. Elle conserve ses Etats. Elle lui donne pour tous les emplois des serviteurs fideles.

ARTICLE I.

La Religion donne à la dignité Royale une origine divine.

I. Saint Paul, écrivant à Timothée, lui dit, „ que (g) la pieté est utile à „ tout, & que c'est à elle que les biens de „ la vie presente, & ceux de la vie future, „ ont été promis. „ Cela est encore plus vrai des Rois que des autres hommes: car leur état, même temporel, est principalement fondé sur la Religion: & c'est elle qui en fait la gloire & la sureté.

II. Sans elle, la puissance souveraine n'a rien que d'humain: elle paroît dépendre du peuple, & n'avoir d'autre appui que la possession & la force.

III. Mais ce n'est point ainsi que la Religion la represente. Elle remonte jusqu'à
son

(g) Pietas ad omnia utilis est, promissionem habens vitæ, quæ nunc est, & futuræ. 1. Timoth. C. IV. v. 8.

son origine, & elle nous oblige de la regarder comme divine. (*h*) C'est Dieu, selon elle, qui établit les Rois. (*i*) C'est lui qui leur confie son autorité : (*k*) c'est lui qui les choisit pour ses ministres, & qui leur soumet les autres hommes : (*l*) c'est aller contre son ordre, que de resister aux Puissances : (*m*) c'est lui desobeir à lui-même, que de leur refuser l'obéissance & le respect.

IV. Combien ces lumieres changent-elles les idées ordinaires ? Quelle veneration n'attirent-elles point aux Souverains ? Quelle majesté n'ajoutent-elles pas à l'éclat exterieur qui les environne ?

V. Quelle imprudence seroit donc la leur, s'ils respectoient peu une Religion qui les rend si respectables ; s'ils renonçoient à la gloire qu'ils reçoivent d'elle ; s'ils se degradoient, en ne reconnoissant eux-mêmes rien que d'humain dans leur autorité ; s'ils consentoient que leurs sujets meprisassent l'auguste caractere qui rend leur personne sacrée, en leur apprenant par leur exemple à mepriser la Religion, de qui seule ils le tiennent ?

VI. Ils

(*h*) Non est potestas nisi à Deo : quæ autem sunt, à Deo ordinatæ sunt. *Rom.* C. *XIII v.* 1.
(*i*) Dei Minister est tibi in bonum *v* 4.
(*k*) Qui resistit potestati, Dei ordinationi resistit. *v.* 2.
(*l*) Ministri regni Dei. *Cap. VI. v.* 5.
(*m*) Subjecti estote omni humanæ creaturæ, propter Deum : sive Regi, quasi præcellenti : sive Ducibus, tamquam ab eo missis ; quia sic est voluntas Dei. 1. *Pet.* C. II. v. 13. 14. 15.

VI. Ils s'avilissent necessairement dès qu'ils renoncent à la pieté : & si leurs sujets étoient assez injustes pour en être aussi peu touchés qu'eux, ils ne les regarderoient plus comme (*n*) une seconde majesté après celle de Dieu, & comme tenant sa place ; & ils ne verroient dans leur autorité que ce que les Princes y verroient eux-mêmes, c'est-à-dire une domination fastueuse, qui ne connoîtroit, ni son prince, ni sa fin.

ARTICLE II.

Elle fait une obligation de payer les tributs.

I. Il en seroit ainsi des tributs, dont on chercheroit à s'exempter par mille voies que l'on croiroit permises, & qu'on ne payeroit que parce qu'on y seroit contraint : car il n'y a que la Religion qui gouverne les hommes par la conscience ; & il n'y a que la Religion qui fasse un devoir de conscience de payer exactement les tributs. Si l'Apôtre ne disoit pas : „ (*o*) Il est necessaire
„ que vous vous soumettiez, non seulement
„ par la crainte du châtiment, mais aussi
„ par le devoir de la conscience. Rendez
„ à chacun ce qui lui est dû : le tribut à
„ qui

(*n*) Religio secundæ majestatis, *disoit Tertullien, Apolog. C.* 35.

(*o*) Necessitate subditi estote, non solùm propter iram, sed etiam propter conscientiam. Reddite omnibus debita: cui tributum, tributum; cui vectigal, vectigal. *Rom. C. XIII. v.* 5. *&* 7.

„ qui vous devez le tribut ; les impôts y à
„ qui vous devez les impôts. „ Combien y
auroit-il de personnes à qui ces verités
demeureroient inconnues ; & qui regarderoient comme une liberté naturelle, celle
qu'ils se procureroient par une infinité de
moyens ?

II. Aujourd'hui même que la doctrine
des Apôtres est proposée à tout le monde
comme une regle indispensable, combien
est-il rare qu'on l'observe, qu'on en sente
la justice, qu'on ne s'y soûmette pas en
murmurant ? Que seroit-ce donc si cette
lumière étoit éteinte, & si l'on ne voyoit
dans l'imposition des tributs que l'autorité
seule d'un homme, & les seules menaces
de sa colére ?

III. (*p*) Vous devez vous appercevoir,
disoit Tertullien aux Empereurs, combien,
depuis la Religion chretienne, les revenus
publics sont augmentés par notre fidelité
à payer les tributs. Nous croirions faire
un larcin, que de n'avoir pas sur ce point
une entiére exactitude : & ce ne seroit pas,
selon nous, conserver notre bien ; ce seroit
voler le public.

IV. Quelle consolation ne seroit-ce point
pour un Prince, si tous ses sujets étoient
aussi fideles & aussi religieux que les premiers

(*p*) Vectigalia gratias Christianis agent ex fide depen-
dentibus debitum, qui alieno fraudando abstinemus. Tertul. Apol. C. 42.

miers chretiens, à s'acquitter des charges publiques; s'ils mêloient la piété à l'obéissance; s'ils faisoient une action de Religion, de ce qui n'est pour les autres qu'une pure nécessité, s'ils convertissoient en oblation volontaire, ce qui coûte aux autres tant de gemissemens & tant de larmes?

V. Mais seroit-il juste que les sujets du Prince respectassent tellement la Religion, qu'ils n'eussent aucune peine à lui sacrifier une partie de leurs biens, parce qu'elle le leur commande, & que le Prince lui-même refusât à la Religion le tribut qu'elle exige de lui? Auroit-il droit de se plaindre, si l'on suivoit son exemple; & si l'on étoit aussi injuste à son égard, qu'il le seroit à l'égard de Dieu? Il lui doit, comme il lui est dû. Il a une loi, comme le peuple en a une. Il doit payer en conscience un certain tribut, comme ses sujets lui en doivent payer un par le motif de la conscience. Ne consent-il pas qu'on ne s'acquitte de rien à son égard, s'il manque à s'acquitter de ce qu'il doit? Et peut-il, sans rougir de confusion, insister sur la loi de Dieu qui commande la fidelité à payer les tributs, dans le tems qu'il rejette lui-même la loi de Dieu, & qu'il refuse le plus juste & le plus indispensable tribut, qui est celui de la reconnoissance & de l'amour?

Article III.

Elle rend la personne des Rois inviolable, & coupe la racine à toute revolte.

I. Il n'y a que la Religion qui rende la personne des Rois inviolable, & qui établisse leur sûreté sur des fondemens qu'aucun accident ne peut ébranler : car elle défend, sans exception, toutes les revoltes, de quelque prétexte qu'on les puisse colorer : toutes les guerres civiles : tous les desseins de changer de maître : tous les moyens de remedier aux defauts, ou véritables, ou pretendus, du gouvernement public, contraires à la soumission & à l'obéissance.

II. „ (*q*) Avertissez les fideles, dit S. Paul à Tite son disciple, „ d'être soumis „ aux Princes & aux Magistrats, & de leur „ obéir ponctuellement. (*r*) Que toute per„ sonne, dit le même Apôtre aux Romains, „ soit soumise aux Puissances supé„ rieures : car il n'y a point de Puissance „ qui ne vienne de Dieu, & c'est lui qui „ a ordonné celles qui sont sur la terre. „ C'est pourquoi celui qui s'oppose aux „ Puis-

---

(*q*) Admone illos principibus & potestatibus subditos esse, dicto obedire *ad Tit. C.* 1

(*r*) Omnis anima potestatibus sublimioribus subdita sit non est enim potestas nisi à Deo quæ autem sunt, à Deo ordinatæ sunt Itaque qui resistit potestati, Dei ordinationi resistit. *Rom. C. XIII. v.* 1. & 2.

„ Puissances, resiste à l'ordre de Dieu: &
„ ceux qui y résistent, attirent la condamna-
„ nation sur eux-mêmes. „

III. C'est aussi la doctrine du premier
des Apôtres dans sa premiére Epitre. (s)
„ Soyez soumis, parce que Dieu l'ordon-
„ ne, à tout homme qui a du pouvoir sur
„ vous, soit au Roi, comme au souverain,
„ soit aux Gouverneurs, comme étant en-
„ voyés de sa part. Car c'est ainsi que Dieu
„ veut que par votre bonne vie vous fer-
„ miez la bouche aux ignorans & aux in-
„ sensés. „

IV. Cette doctrine, qui est indubitablement divine, est absolue, sans limitation,
sans reserve. Elle est enseignée à tous les
fideles, sans exception de rang ni d'état.
Elle est mise en pratique par les deux Apôtres, dont le pouvoir dans l'Eglise étoit le
plus grand: & elle est publiée sous Néron,
le plus méchant de tous les Princes, & persécuteur cruel de la Religion chretienne,
afin qu'on sût, que ni l'infidélité, ni les
mœurs corrompues, ni la persécution la
plus inhumaine & la plus ardente de la vertu & des gens de bien, ne devoient jamais
servir de pretexte à aucune revolte, & n'ô-
teroient jamais aux entreprises contre le
Sou-

(s) Subjecti estote omni humanæ creaturæ propter Deum: sive Regi, quasi præcellenti, sive Ducibus, tanquam ab eo missis quia sic est voluntas Dei, ut benè facientes obmutescere faciatis imprudentium hominum ignorantiam. 1. ttr. C. II. v. 13.

Souverain la tache & le crime de revolte contre Dieu même.

V. Les disciples des Apôtres le comprirent ainsi, & ils eurent un tel soin d'en instruire les fidéles, que pendant plus de trois cens ans que les persécutions ont duré, les Chretiens ne se sont jamais élevés contre les maîtres que la Providence leur avoit donnés, & n'ont causé aucun trouble dans aucune partie de l'Empire.

VI. Ils discernoient toujours dans le Prince l'autorité qu'il avoit reçue de Dieu, quoiqu'il en abusât contr'eux. Ils voyoient toujours en lui le caractére que Dieu y avoit mis, quoiqu'il le dehonorât par ses actions; & ils ne croyoient pas qu'il leur fût permis de méconnoître la Majesté divine sous les dehors étrangers de la superstition & du vice. (*t*) „Nous respectons „dans les Empereurs, dit Tertullien, le „jugement de Dieu, qui les a établis sur „les nations. Nous desirons qu'ils conser„vent ce que nous savons que Dieu leur „a donné: & nous ne pouvons manquer „de veneration pour le Prince, que Dieu „lui-même a choisi, & qui par-là est bien „plus à nous qu'à ses autres sujets.„

VII. De-

(*t*) Nos judicium Dei suspicimus in Imperatoribus, qui gentibus illos præfecit Id in eis scimus esse, quod Deus voluit, ideoque & salvum volumus esse quod Deus voluit. *Tertul. Ap. C* 32.
Imperatorem necesse est ut suspiciamus, ut eum quem Dominus noster elegit. Et meritò dixerim: noster est magis Cæsar, à nostro Deo constitutus. *C.* 35.

VII. De-là venoit leur invincible patience au milieu des traitemens les plus indignes, & des plus cruels supplices : car ils ne manquoient d'ailleurs, ni de courage, ni de forces : & il est aisé de comprendre quelles revolutions eussent pû causer dans l'Etat des hommes qui ne tenoient à rien, qui meprisoient la mort, & qui, par l'étroite union qu'ils avoient entr'eux, auroient bientôt formé de nombreuses armées, dont les chefs & les soldats eussent été invincibles. „ (v) Une seule nuit, dit leur Apologiste, „ ne pourroit-elle pas „ nous venger, & ne pourrions-nous pas „ avec peu de flambeaux mettre le feu dans „ la ville, si parmi nous il étoit permis de „ faire le mal pour le mal ? Et si nous vou- „ lions agir en ennemis déclarés, man- „ querions-nous de troupes & d'armées ? „ Les Maures & les Marcomans, & les
„ Par-.

(v) Vel una nox pauculis faculis largiter ultionis posset operari, si malum malo dispungi penes nos liceret. Si & hostes notos, non tantum vindices occultos agere vellemus, deesset nobis vis numerorum & copiarum ? Plures nimirùm Mauri & Marcomani, ipsique Parthi, vel quantæcumque, unius tamen loci, & suorum finium, gentes, quàm totius orbis Hesterni sumus, & vestra omnia implevimus, urbes, insulas, castella, municipia, conciliabula, castra ipsa, tribus, decurias, palatium, senatum, forum. Sola vobis relinquimus templa. Cui bello non idonei, non prompti fuissemus, etiam impares copiis, qui tam libenter trucidamur, si non apud istam disciplinam magis occidi liceret, quàm occidere ? Potuimus inermes, nec rebelles, sed tantummodò discordes, filios, divortii invidiâ adversus vos dimicasse. . Suffudisset utique dominationem vestram tot qualiumcumque amissio civium. . Expavissetis ad solitudinem vestram, ad silentium rerum, & stuporem quendam quasi mortui orbis. Apol. C. 37.

„ Parthes mêmes, & toute autre nation
„ particuliére, se trouveroient-ils en plus
„ grand nombre que nous, qui remplissons
„ toute la terre ? Il n'y a que peu de tems
„ que nous paroissons dans le monde ; &
„ déja nous remplissons vos villes, vos is-
„ les, vos châteaux, vos assemblées, vos
„ camps, les tribus, les décuries, les pa-
„ lais, le barreau, la place publique. Nous
„ ne vous laissons que les temples seuls. A
„ quelle guerre ne serions-nous pas dispo-
„ sés, quand nous serions en nombre iné-
„ gal au vôtre, nous qui endurons si ré-
„ solument la mort ; si ce n'étoit que no-
„ tre doctrine nous prescrit plutôt d'être
„ tués que de tuer ? Nous pourrions mê-
„ me, sans prendre les armes, & sans re-
„ bellion, vous punir en vous abandonnant.
„ Votre solitude alors & le silence du mon-
„ de vous feroient horreur ; les villes vous
„ paroîtroient mortes ; & vous seriez ré-
„ duits, au milieu de votre Empire, à cher-
„ cher à qui commander. „ Il vous demeureroit plus d'ennemis que de citoyens ; car vous avez maintenant moins d'ennemis, à cause de la multitude prodigieuse de Chretiens.

VIII. „ (*x*) Aucun de nous, dit-il ailleurs, „ ne se trouve mêlé dans les fac-
„ tions

___
(*x*) Nunquam Albiniani, nec Nigriani, vel Cassiani inveniri potuerunt Christiani. *Tertul. ad Scapul.* p. 85. & *Apol.* C. 35.

„ tions qui divisent l'Etat. Aucun de nous
„ n'a suivi le parti de ceux qui ont pris les
„ armes contre l'Empereur. (*y*) Nous som-
„ mes souvent accusés & punis : mais ce
„ n'est jamais que pour notre seule Reli-
„ gion. Parmi ceux qui sont coupables de
„ veritables crimes, on ne trouve aucun
„ Chretien, ou il n'est plus reconnu pour tel.

IX. „ (*z*) Pour combien devriez-vous
„ compter, dit-il encore, d'avoir dans les
„ Chretiens, je ne dis pas des hommes qui
„ prient pour vous, & qui chassent les dé-
„ mons, (ce sont choses qui vous touchent
„ peu) mais des hommes dont vous n'ayez
„ rien à craindre, & dont la fidélité soit
„ à toute épreuve. „

X. Cette doctrine, attestée par la patience & le sang des martyrs des trois premiers siécles, a été celle des siécles suivans. Les Empereurs Ariens, & ceux qui ont employé les derniéres violences contre les Catholiques, pour leur faire recevoir les erreurs dont ils s'étoient declarés les protecteurs, ont trouvé dans tout l'Empire la même soumission & la même fidélité que les Princes les plus religieux.

XI. Julien

(*y*) Tot à vobis nocentes variis criminum elogiis recensentur . . Nemo illic Christianus, nisi hoc tantum, aut si & aliud, jam non Christianus. *Ap. C.* 44.
Quod aliud negotium patitur Christianus, nisi suæ sectæ ? *Tertul. ad Scapul. C.* 4.
(*z*) Quanti habetis, non dico jam qui de vobis dæmonia excutiant, non dico jam qui pro vobis vero Deo præsternant, sed à quibus nihil timere possitis. *Apol. C.* 43.

XI. Julien l'apostat, quoique couvert de honte par son apostasie, étoit regardé par les Chrétiens comme le seul maître légitime. Ils remplissoient ses armées: ils marchoient à son ordre: & excepté le seul point de la Religion, ils lui obéissoient dans tout le reste. Les paroles de S. Augustin sur cela sont très remarquables. „ (*a*) Les sol-
„ dats chrétiens ne quittoient point le ser-
„ vice, quoique l'Empereur qui les com-
„ mandoit fût infidéle. Lorsqu'il étoit ques-
„ tion de la Religion, ils ne connoissoient
„ point d'autre maître que celui qui est
„ dans le ciel : mais lorsque le Prince leur
„ ordonnoit de combattre, ou de marcher
„ contre tel ou tel ennemi, ils obéissoient
„ sur le champ. Ils distinguoient ainsi,
„ quand il le falloit, le Roi éternel du
„ Prince temporel : & neanmoins ils de-
„ meuroient soumis au Prince temporel,
„ parce que le Roi éternel le leur comman-
„ doit. „

XII. Excepté donc un seul point, l'obéissance est toujours commandée : & c'est à Dieu même qu'on obéit, quand on demeure soumis à un Prince, non seulement infidéle, mais apostat & persécuteur, tel qu'étoit

---

(*a*) Milites Christiani, servierunt Imperatori infideli. Ubi veniebatur ad causam Christi, non agnoscebant nisi illum qui in cœlo erat. Quando autem dicebat. producite aciem : ite contra illam gentem ; statim obtemperabant. Distinguebant Dominum æternum à Domino temporali, & tamen subditi erant propter Dominum æternum, etiam Domino temporali. *S. Aug. Enarr. in Ps.* CXXV. *n.* 7.

toit Julien. Par-là les fondemens d'une paix inalterable font établis : & la Religion coupe par la racine tous les pretextes qu'une fauſſe politique ou une fauſſe pieté pourroient ſuggerer pour inquiéter les Souverains.

XIII. Ne ſeroient-ils donc pas bien mal conſeillés d'ébranler eux-mêmes les premiers ces fondemens éternels de la tranquillité publique, & de leur propre ſureté, en ne s'attachant pas inviolablement à la Religion, & en laiſſant affoiblir dans les autres le reſpect pour elle?

XIV. Leur intérêt perſonnel & la pieté ſont inſeparables. Ils doivent être ſoumis à Dieu par un culte ſincére, puiſque c'eſt lui qui leur ſoumet tout : & ils ne peuvent manquer d'obéiſſance & de fidélité à ſon égard, ſans meriter que leurs ſujets ne leur obéiſſent plus, & que la revolte ſoit le châtiment de leur ingratitude.

XV. Leurs ſujets ſeroient coupables, même alors : car de leur côté, ils doivent toujours être ſoumis, puiſque Dieu ne fait point dépendre leur ſoumiſſion de la vertu des Princes, mais de ſa volonté ſeule, qui leur ſert de loi. Mais le crime des ſujets deviendroit la punition du crime des Princes : & c'eſt ainſi que la juſtice divine exerce ſouvent ſes jugemens ſur les hommes, en puniſſant les injuſtes par d'autres injuſtes.

Article IV.

La Religion fait un devoir de prier pour les Rois.

I. La divine Providence, dont les desseins sont fort au-dessus de nos pensées, conserve quelquefois de la tranquillité dans l'Etat, quoique le Prince qui le gouverne n'ait aucune pieté, ou n'en ait qu'une apparente : mais elle laisse rarement une telle ingratitude impunie, même dès cette vie. Les guerres étrangéres, des malheurs publics, des conseils imprudens, des passions qui deviennent funestes, & au Prince, & à son Royaume, sont des châtimens & des suites du peu de Religion du Prince & de ses sujets.

II. Les priéres publiques auroient pu détourner ces malheurs, si elles avoient été faites avec ardeur & avec instance : mais lorsque le Prince ne prend aucun interêt à la pieté, il ôte lui-même aux priéres publiques l'activité & la ferveur ; & il se prive de l'un des plus puissans secours que l Religion lui offroit.

III. C'est une de ses premiéres loix q ' de prier pour les Princes : „ (b) Je vous „ conjure avant toutes choses, dit S. Paul à „ Timo-

---

(b) Obsecro primum omnium fieri obsecrationes, orationes, postulationes, gratiarum actiones, pro omnibus hominibus. pro Regibus, & omnibus qui in sublimitate sunt, ut quietam & tranquillam vitam agamus in omni pietate, & castitate. 1. *Tim. C. II. v.* 1. *& 2.*

„ Timothée, que l'on fasse des supplica-
„ tions, des priéres, des demandes & des
„ actions de graces pour tous les hommes,
„ pour les Rois, & pour tous ceux qui
„ sont élevés en dignité, afin que nous me-
„ nions une vie paisible & tranquille en
„ observant en toute maniére la pieté &
„ la chasteté. „

IV. Les Princes alors étoient infidéles, ennemis de toute pieté; mais leur conversion étoit promise aux priéres de l'Eglise, & elle en devoit être le fruit. Leurs cruautés contre elle ne diminuoient point sa charité, & elles servoient au contraire à redoubler ses instances. „ (c) Nous deman-
„ dons, dit Tertullien, la conservation &
„ le salut des Empereurs au Dieu éternel,
„ au Dieu vivant & veritable, de qui seul
„ ils dependent, & à l'égard de qui ils
„ sont les seconds, & après qui ils sont les
„ premiers. (d) Nous demandons pour eux
„ une longue vie, que l'Etat soit en paix,
„ que les Officiers du palais soient fidéles,
„ que les armées se comportent avec cou-
„ rage, que le senat demeure dans le de-
„ voir, que le peuple soit réglé, que l'u-
„ nivers

(c) Nos pro salute Imperatorum Deum invocamus æternum, Deum verum, Deum vivum, in cujus solius potestate sunt, à quo sunt secundi, post quem primi. Tertul. Ap. C. 30.

(d) Oramus pro Imperatoribus, vitam illis prolixam, imperium securum, domum tutam, exercitus fortes, senatum fidelem, populum probum, orbem quietum, & quæcunque hominis & Cæsaris vota sunt. Ibid.

„ nivers soit tranquille, & generalement
„ tout ce que le Prince peut defirer, &
„ comme particulier, & comme Empe-
„ reur. (e) Ouvrez nos livres, continue-
t-il, „ où la parole de Dieu est écrite, &
„ vous y verrez que c'est pour nos enne-
„ mis & nos perfécuteurs que nous prions,
„ & en particulier pour les Rois & les Prin-
„ ces, qui sont expressément nommés. Ainsi
„ que faites-vous en nous ôtant la vie, si-
„ non de vous priver de ceux qui offrent
„ à Dieu de continuelles priéres pour vous?
„ (f) Eh bien! continuez donc aussi, fa-
„ ges Gouverneurs, à arracher par des
„ supplices une ame, qui en expirant in-
„ voque encore Dieu pour l'Empereur. „

V. Combien un Prince qui a de la raison & de la reconnoissance doit-il s'attacher à une Religion qui est si pleine d'attention pour lui, si occupée de ses besoins,
si sensible à ce qui le regarde, pour cette
vie & pour l'autre, & qui oblige tous les
fideles à prier sans relâche pour lui?

VI. Les priéres des premiers Chrétiens
ont obtenu la conversion des Princes infideles, quoiqu'elle fût sans vraisemblance.
&

(e) Inspice Dei voces, litteras nostras .. Scitote ex il
lis præceptum esse nobis, etiam pro inimicis Deum ora
re & persecutoribus nostris bona precari sed et no
minatim, atque manifestè orate, inquit, pro Regibus
& pro Principibus, & potestatibus, ut omnia tranquill.
sint vobis Ap. C. 31

(f) Hoc agite, boni Præsides extorquete animam Deo
supplicantem pro Imperatore. Ap. C. 30.

& les priéres publiques feroient encore auſſi efficaces que les anciennes, ſi les Princes ſavoient profiter de la grace que Dieu leur a faite en les éclairant.

VII. Ils ne pouvoient point s'unir au peuple fidele lorſqu'ils étoient incrédules; mais maintenant, c'eſt à eux à donner de l'ardeur aux priéres publiques; c'eſt aujourd'hui la pieté du Prince qui les anime. Elles languiſſent, & elles tombent, quand il ne les ſoutient point par une grande foi: & Dieu punit ſon indifference, par celle où tombent tous ſes ſujets à ſon égard.

VIII. On continue à la vérité de prier pour lui : mais c'eſt avec peu de ſentiment, avec peu d'eſperance d'être écouté, avec peu de deſir de l'être· & une eſpéce d'engourdiſſement general ſe répand dans toutes les priéres, lorſque le Prince s'en rend indigne.

IX. Elles ſont alors très differentes de celles que nous decrit Tertullien. (g) „Nous „formons un ſeul corps, dit-il, dont la „perſuaſion de la même Religion, la con„formité des mêmes regles, l'eſperance „des mêmes biens, ſont les liens & l'unité. „Nous nous uniſſons tous comme en un „ſeul.

―――――――――

(g) Corpus ſumus de conſcientiâ religionis, & diſciplinæ unitate, & ſpei fœdere, coimus ad Deum quaſi manu factâ, precationibus ambiamus, hæc vis Deo grata eſt. Oramus pro Imperatoribus, pro miniſtris eorum, ac poteſtatibus, pro ſtatu ſæculi, pro rerum quiete, pro morâ finis. *Tert. Apol.* C. 39.

„ seul bataillon, pour appuyer auprès de
„ Dieu, par cette union, les priéres que
„ nous lui faisons : & cette violence lui est
„ agréable. C'est ainsi que nous prions
„ pour les Empereurs, pour leurs Ministres,
„ pour la tranquillité de l'Etat, pour la du-
„ rée de l'Empire : (*b*) & nous ne nous
„ contentons pas de prier simplement,
„ mais nous regardons nos priéres comme
„ un sacrifice dont le St. Esprit est comme
„ la flamme, & dont la chasteté du corps
„ & la pureté de l'ame sont la matiére. „

X. Qui pourroit donc estimer la perte que fait un Prince, quand il se sépare des priéres que la Religion ordonne de faire pour lui ; quand il y prend peu de part ; quand il y met obstacle par sa négligence & par sa tiédeur ; quand il en arrête l'effet par ses pechés ; quand il ôte la confiance & l'ardeur aux fideles, en leur laissant peu d'espérance d'être exaucés pour lui ?

ARTICLE V.

La Religion conserve les Etats du Prince, même temporellement.

I. Il ne sait pas de quelle conséquence il est pour lui que la pieté ne s'éteigne pas dans ses Etats, & que la vertu y soit respectée.

(*b*) Ei offero opimam hostiam, orationem de carne pudicâ, de animâ innocenti, de Spiritu sancto profectam. C. 30.

pectée. (*i*) Si dix juſtes s'étoient trouvés dans Sodome, la miſéricorde de Dieu l'eût épargnée à cauſe d'eux. Si un ſeul ſe fut trouvé dans Jéruſalem au tems de Jérémie, elle n'auroit pas été reduite en cendres par le Roi de Babylone. „(*k*) Faites une re-
„cherche exacte dans toutes les rues de
„Jéruſalem, dit le Seigneur : voyez &
„conſiderez, cherchez dans toutes ſes pla-
„ces, ſi vous trouverez un ſeul homme
„qui agiſſe ſelon la juſtice, & qui cher-
„che la vérité : & je pardonnerai à toute
„la ville. „

II. C'eſt pour les élus que le monde ſubſiſte. C'eſt eux que Dieu a principalement en vûe dans la conduite des Royaumes : & quand il n'a plus de ſerviteurs dans une ville, ou dans un Etat, il en retire ſa protection ; & les ſuites d'un tel abandon ne peuvent être que très funeſtes.

III. Il faut donc, pour conſerver même ſon Empire, que le Prince y faſſe fleurir la vertu ; qu'il l'y mette en honneur ; qu'il la préfere à tout ; & qu'il multiplie, autant qu'il pourra, les juſtes, puiſque c'eſt eux qui ſuſpendent la colére de Dieu, & qui attirent ſa miſericorde ſur le reſte du peuple.

F 4   IV. Mais

(*i*) Non delebo, propter decem (juſtos.) *Gen. C. XVIII. v. 32.*

(*k*) Circuite vias Jeruſalem, & aſpicite, & conſiderate, & quærite in plateis ejus, an inveniatis virum facientem judicium, & quærentem fidem · & propitius ero ei. *Jerem. C. V. v. 1.*

IV. Mais comment un Prince y réussira-t-il, s'il est lui-même injuste ; si c'est lui qui attire sur ses sujets la vengeance divine ; si son exemple est scandaleux ; s'il deshonore la pieté par sa conduite?

ARTICLE VI.

La Religion donne au Prince, pour tous les emplois, des serviteurs fideles.

I. Il doit s'attendre à ne trouver dans toutes les conditions & dans tous les emplois que des hommes injustes & infideles, s'il ne prend un soin continuel de faire respecter la Religion, & s'il n'y contribue par son exemple. Les finances seront mal gouvernées : la justice mal rendue : les places mal remplies : les ouvrages publics mal conduits : les armées sans discipline : les Gouverneurs & les Intendans sans attention au bien public : le peuple sans bonne-foi & sans probité.

II. Tous ces maux sont les suites nécessaires du mépris de la Religion & de la pieté : & il n'y a presque dans tout l'Etat que le Prince qui soit capable de s'opposer à ce mépris, en témoignant un respect infini pour la loi de Dieu, & en regardant comme les ennemis de sa personne, de son bien, de sa gloire, de son Etat, & de son service, tous ceux qui le seront de la vertu.

III. Il

III. Il n'y a que ce moyen d'efficace, & si le Prince le néglige, il s'affligera inutilement de ne trouver presque nulle part, ni fidelité, ni reconnoissance, ni integrité, ni amour pour la justice, ni zéle pour le bien public. Ce sera lui qui en sera la principale cause, en témoignant peu d'attachement à la Religion, qui est la source de toutes les vertus, qui seule est bien instruite des interêts des Princes & des peuples, & qui seule peut conduire les uns & les autres par la conscience.

CHAPITRE VIII.

Obligation du Prince de s'instruire des volontés de Dieu. La source de la lumiere qui doit l'éclairer, est l'Ecriture sainte, qui est presque toute destinée à l'instruction des Rois. Dans quelles dispositions il doit la lire. Les extraits qu'on en feroit pour lui, seroient de peu d'usage. Ce qu'il y doit principalement remarquer.

ARTICLE I.

Obligation des Princes de s'instruire des volontés de Dieu.

I. Lorsque le respect pour la Religion est sincére, il porte nécessairement à s'instrui-

'instruire de ce qu'elle prescrit: car on l'aime, & on veut lui obéir: & l'on seroit très affligé si l'on ne connoissoit pas ce qu'elle commande.

II. Les devoirs du Prince, par rapport à Dieu & par rapport au peuple, sont en très grand nombre, & plus cachés qu'on ne pense. Il faut les approfondir, les comparer, en établir les principes, en tirer les conséquences. Il seroit dangereux d'en omettre une partie, de n'en voir quelques-uns que dans l'éloignement & l'obscurité, de n'avoir sur cette matiére importante que des lumiéres humaines.

III. Nous avons vu ailleurs, avec quelle peine la vérité approche des Princes; de combien de voiles elle demeure couverte à leur égard, si eux-mêmes ne s'appliquent à les lever; & combien il est rare qu'on la leur dise dans le tems où ils en ont le plus de besoin.

ARTICLE II.

La source de la lumiere qui doit l'éclairer, est dans l'Ecriture Sainte.

I. Il faut que de bonne heure ils s'en instruisent immédiatement, & par leurs propres soins; & que non-seulement ils la reçoivent de la bouche des hommes, mais qu'ils la cherchent dans les Ecritures saintes

tes qui en font la fource : & qui étant pleines de l'efprit de Dieu, joindront à la vérité une efficace & une perfuafion que les hommes ne fauroient communiquer.

II. Long-tems avant qu'il y eût des Rois dans Ifraël, Dieu avoit ordonné que le premier foin de celui qui feroit choifi pour l'être, „ (*l*) fût de transcrire de fa main „ toute la loi, fur un exemplaire fidele, „ qu'il recevroit des Prêtres de la tribu de „ Levi : & Dieu avoit ajouté, que le Prince „ auroit toujours avec lui cette éxacte co- „ pie, & qu'il en feroit fa lecture ordinaire „ tous les jours de fa vie, afin qu'il apprît „ à craindre le Seigneur fon Dieu, à gar- „ der toutes les paroles de fa loi, & tout „ ce qu'elle prefcrit ; à ne point s'élever „ par orgueil au-deffus de fes fréres ; & à „ ne s'écarter jamais, ni à droite, ni à „ gauche, afin qu'il regnât long-tems fur „ Ifrael, & que fes enfans regnaffent après „ lui. „

III. Dieu ne fe contente pas que le Prince foit inftruit par les prêtres. Il veut qu'il s'inftruife lui-même. On pourroit ne lui pas

---

(*l*) Poftquam federit in folio regni fui, defcribet fibi Deuteronomium (*Heb.* duplum) legis hujus in volumine, accipiens, exemplar à Sacerdotibus Leviticæ tribus, & habebit fecum, legetque illud omnibus diebus vitæ fuæ, ut difcat timere Dominum Deum fuum, & cuftodire verba & ceremonias ejus, quæ in lege præcepta funt ; nec elevetur cor ejus in fuperbiam fuper fratres fuos, neque declinet in partem dexteram, vel finiftram, ut longo tempore regnet ipfe, & filii ejus fuper Ifrael. *Deutor. C. XVII. V. 18, 19. & 20.*

pas dire tout; lui cacher par des vûes d'interêt certaines véiités ; lui diminuer ses obligations.

IV. Il veut que ce soit dans sa loi qu'il s'instruise. Elle seule est une regle sûre. Les interprétations peuvent l'alterer. Les nouveaux usages peuvent l'obscurcir. Elle demeure toujours la même; & c'est toujours à elle qu'il faut revenir.

V. Dieu veut que le Prince l'écrive de sa main, & qu'on ne lui épargne point cet honorable travail. Il comprendra mieux ce qui aura été long-tems sous ses yeux & sous sa main. Il en pesera avec plus de maturité toutes les paroles. Il sera moins distrait que si l'on ne lui en faisoit qu'une simple lecture : car rien ne doit échapper à quiconque écrit.

VI. Dieu veut encore que la copie de sa loi soit faite sur un exemplaire que le Prince recevra de la main des prêtres. Celui qu'un homme sans autorité lui donneroit, pourroit être defectueux, alteré, chargé de notes & d'observations qui affoibliroient le texte. Les prêtres sont les depositaires publics de la loi. C'est d'eux seuls qu'il en faut recevoir l'original.

VII. Mais le sacerdoce peut être usurpé: les fausses divinités ont aussi leurs prêtres. Pour aller au-devant de toute méprise, Dieu veut que ce soit des prêtres de la tribu de Lévi,

Lévi, & non d'aucune autre, que le Prince reçoive un exemplaire de sa loi qui ne puisse être suspect.

VIII. Le dessein de Dieu, dans toutes ces précautions, est que le Prince soit certain qu'il a dans toute sa pureté la loi qu'il doit suivre; (*m*) qu'il la lise sans cesse: & qu'il porte toujours avec lui le volume qui la contient. Ce n'est point une étude d'un jour, ni une lecture de curiosité, ni un simple exercice de memoire; c'est une sérieuse & continuelle méditation · c'est une régle consultée à chaque pas · c'est un oracle qu'on interroge à tout moment.

IX. Le fruit d'une lecture si assidue est (*n*) que le Prince apprenne à craindre Dieu, à observer tout ce qu'il a dit, & à faire tout ce qu'il a commandé. Il n'y a que la crainte de Dieu qui puisse retenir les Rois dans le devoir. Ils sont au-dessus des loix humaines; & personne n'a droit de leur demander compte de leurs actions. Mais cette crainte de Dieu, qui doit leur servir de frein & les tenir dans la moderation, ne s'établit qu'à force de soins & de precautions. Il faut qu'ils se rapprochent sans cesse de la loi souveraine qui doit les juger, qu'ils se comparent sans cesse avec elle, &

qu'ils

(*m*) Et habebit illud secum, legetque omnibus diebus vitæ suæ

(*n*) Ut discat timere Dominum Deum suum, & custodire verba, & ceremonias, (*Heb.* statuta) ejus, quæ in lege scripta sunt.

qu'ils combattent l'impreſſion continuelle que leur grandeur & les reſpects exceſſifs des hommes font ſur eux, par une crainte qui les tienne toujours abattus devant Dieu.

X. Cette crainte n'eſt point une ſimple terreur, ou un tremblement inutile. C'eſt un amour qui craint de deplaire, & qui eſt attentif à tout. Une parole lui eſt precieuſe. Aucun commandement n'eſt leger à ſon égard : tout eſt important pour lui, dès qu'il eſt commandé.

XI. Cet amour fidéle & reſpectueux empêche le Prince (o) de s'élever par orgueil au-deſſus de ſes freres. Il ſe contente d'être au-deſſus d'eux par l'autorité que Dieu lui a confiée ; & il ſait que c'eſt pour leur bien qu'il l'a reçue, & non pour les traiter avec empire.

XII. (p) Il ne s'écarte, ni à droite, ni à gauche. Il ſuit en tout le ſentier étroit de la juſtice & de la vertu. Il reforme ſur la loi de Dieu tous ſes ſentimens & tous ſes deſirs ; & quoiqu'il ſoit ſur le thrône, il obéit toujours ; ne commandant utilement aux hommes, qu'autant qu'il eſt ſoumis aux volontés de celui qui le fait régner.

ARTI-

(o) Nec elevetur cor ejus in ſuperbiam ſuper fratres ſuos
(p) Neque declinet in partem dexteram, vel ſiniſtram.

ARTICLE III.

L'Ecriture sainte est presque toute destinée à l'instruction des Rois.

I. Lorsque Dieu fit ce commandement aux Rois qui seroient un jour établis sur son peuple, il n'y avoit point d'autres Livres divins que ceux que Moyse venoit d'écrire: mais depuis, le S. Esprit y en a ajouté beaucoup d'autres, qui paroissent regarder les Rois plus directement que les autres hommes, & qu'il est par conséquent de leur interêt de lire avec un soin particulier.

II. Les quatre Livres des Rois sont pour eux une leçon perpétuelle. Ils voient dans les bons & les mauvais Princes ce qu'ils doivent imiter ou fuir. L'application de tout leur est aisée ; car c'est de leurs égaux dont il s'agit ; & ils n'ont aucun prétexte pour détourner à d'autres, des avis qui les regardent personnellement.

III. Les deux Livres des Annales, (*q*) qui sont comme un supplément aux Livres des Rois, contiennent des instructions admirables pour les Princes, & sur-tout le second Livre, dont ils ne doivent pas perdre une parole.

IV. Josué & les Juges sont des modéles pour tous ceux qui ont l'autorité publique ; Moyse lui-même est le plus parfait

---

(*q*) *Ou Paralipomenes.*

fait qu'on puisse suivre. Job est un Prince digne d'être l'exemple de tous. Les Pseaumes de David apprennent aux Rois à penser & à prier comme lui. Les Livres qui portent le nom de la Sagesse, sont des recueils de maximes qui regardent également la Religion & la politique, & dont un Prince qui veut se rendre habile dans l'une & l'autre, doit faire un continuel usage.

V. Les Prophétes parlent presque toujours aux Rois, ou des Rois, de leurs Etats, des changemens qui doivent y arriver, des causes de ces changemens. Les particuliers ne sont instruits qu'en écoutant ce que les Prophétes disent aux Princes & aux chefs du peuple.

VI. Ainsi, presque toute l'Ecriture est faite pour eux; & si S. Paul a dit de tous les fidéles: „ (r) que tout ce qui a été écrit, „ l'a été pour leur instruction; „ ne peut-on pas dire que les Rois, & les instructions qu'il a plu à Dieu de leur donner, font une des principales parties des Livres divins, & que les Princes ont un interêt particulier à profiter de tout ce que la Providence a fait écrire pour eux.

ARTI-

___
(r) Quæcunque scripta sunt, ad nostram doctrinam scripta sunt. *Rom. c. xV. v. 4.*

Article IV.

Dans quelles dispositions le Prince doit la lire.

I. Ils doivent seulement prendre garde à ne mêler à cette lecture, ni curiosité, ni vanité, ni temerité. Elle leur seroit pernicieuse alors, au lieu de leur être utile : car elle doit être le reméde des passions, & non les entretenir.

II. Le S. Esprit demande un cœur pur & docile · qui adore également dans les Ecritures, ce qu'il entend & ce qu'il n'entend pas : qui soit toujours preparé à soumettre ses foibles lumiéres à l'autorité salutaire de la foi : (s) qui ne pretende point expliquer par son propre esprit ce qu'il a plû à Dieu de reveler par ses Prophétes : qui n'usurpe point ce qui est reservé à l'Eglise, seule dépositaire des vérités & des traditions utiles au salut ; & qui cherche seulement à s'édifier & à se nourrir, & non à approfondir des mystéres qu'il est défendu à la raison de sonder.

III. La simplicité & la foi marchent par tout en sûreté : mais les piéges sont semés presque par tout pour l'orgueilleux. (t) Ce qui

---

(s) Hoc primùm intelligentes quòd omnis prophetia Scripturæ, propriâ interpretatione non fit. Non enim voluntate humanâ allata est aliquando prophetia sed Spiritu Sancto inspirati locuti sunt sancti Dei homines. 2. *Per.* C. I v. 20

(t) Fiat mensa eorum coram ipsis in laqueum, & in scandalum, obscurentur oculi eorum. *Psal. LXVIII.* v. 23 & 24.

qui devroit le nourrir, lui ôte la vie & l'étouffe. Cela est prédit : & l'expérience le verifie tous les jours. (*v*) Les petits sont éclairés & instruits : les sages & les prudens sont abandonnés à leur fausse sagesse. Dieu se manifeste aux humbles : & il se cache aux autres.

IV. Il seroit fort utile au Prince d'avoir un guide lisant l'Ecriture, qui le rendît attentif à certains endroits, qui lui en expliquât d'autres, qui lui montrât l'Evangile caché dans l'ancien Testament, & qui lui découvrît Jesus voilé sous diverses figures. J'ai tâché de le faire, lorsque j'ai parlé des preuves de la Religion : mais je n'ai pu m'étendre : & il reste une infinité de choses sur cette matiére, dont le fond est presque inépuisable : car Jesus-Christ est l'unique but de la loi & des Prophétes ; & des yeux clairvoyans le découvrent presque par tout.

V. Ce seroit aussi un grand avantage pour le Prince, que le guide dont je parle, eût une connoissance non commune de la Religion, & qu'il lui en fit voir les liaisons, les rapports, qu'il sût en faire remarquer les principes & les preuves ; qu'il eût approfondi la morale, & qu'il en fit observer les regles dans les lieux où elles sont pro-

---

(*v*) Confiteor tibi, Pater, quia abscondisti hæc à sapientibus & prudentibus, & revelasti ea parvulis. Ita, Pater, quoniam sic placitum ante te. *Matth. C.* XI. *v.* 25.

propres & naturelles; & qu'il joignît à toutes ces qualités une grande foi & une grande pieté, afin qu'il pût communiquer non-seulement ses lumiéres, mais ses dispositions & son amour pour la vertu.

VI. Sans cette derniére qualité, les autres me sont suspectes. Je me defie de tous ceux qui passent pour éclairés en matiére de Religion, si leur pieté n'est vive & tendre: & leur pieté même ne me rassure pas, toute tendre qu'elle est, si elle n'est fort humble. Le siécle present est plein d'esprits témeraires, qui mesurent tout à la raison, & qui prennent pour la raison les plus vaines conjectures.

VII. Il vaut mieux marcher sans guide que d'en avoir de tels: car si l'on s'égare étant seul, c'est en tremblant, c'est sans aimer l'erreur, c'est avec une secrete disposition à revenir à la vérité, dès qu'elle sera montrée. Mais quand on s'égare sur la foi de son guide, c'est avec la confiance qu'on ne s'égare point, & (*x*) avec un attachement à l'erreur, plus grand quelquefois que n'étoit celui du guide qui nous a trompé.

VIII. Avant donc que le Prince donne toute sa confiance à quelqu'un sur la Religion,

(*x*) Væ vobis! Scribæ & Pharisæi, hypocritæ quia circuitis mare & aridam, ut faciatis unum proselytam. & cum fuerit factus, facitis eum filium gehennæ, duplo quàm vos. *Matth.* C. XXIII. *v.* 15.

gion, & en particulier sur l'Ecriture, il doit l'éxaminer sévérement & long-tems: voir, s'il est sage & prudent dans sa conduite : s'il prend dans les choses ordinaires le bon parti: si, quand il s'agit de sciences humaines, il en parle sensément si ses raisonnemens sur toutes sortes de sujets sont justes, équitables, moderés : car s'il lui trouve les défauts opposés, il peut s'assurer qu'il en a encore de plus grands par rapport à la Religion, & il doit se fermer absolument à lui: comme au contraire, s'il reconnoît en lui toutes les qualités dont j'ai parlé, il peut espérer qu'il ne recevra de lui que de sages conseils, & d'utiles leçons pour l'intelligence des Ecritures.

ARTICLE V.

Les extraits qu'on en feroit pour lui, seroient de peu d'usage.

I. Il ne faut point que le Prince se décharge sur le soin d'un autre pour en faire des extraits. Ces morceaux détachés, dont il ne verroit pas la liaison & la suite, ne l'instruiroient point à fond. Il en seroit peu touché; & il en feroit peu d'usage.

II. Il faut que le Prince lui-même fasse ses observations : qu'il voye les choses dans les sources & dans leur place naturelle, liées avec ce qui précéde & ce qui suit; qu'il se fasse

faſſe à lui-même les applications de ce qu'il lit, (y) qu'il amaſſe lui-même ſon treſor; qu'il recueille lui-même la manne & le pain qui le doit nourrir ; qu'il glane dans le champ des Ecritures, des épis qui échapperoient a d'autres mains que les ſiennes, & qu'il ne rougiſſe pas d'imiter la diligence & le travail de (z) Ruth, qui doit lui ſervir d'exemple.

III. Un Prince qui lira ſouvent, & avec des intentions pures, les Livres divins, y découvrira infiniment plus de choſes qu'il n'en verroit dans des abregés, où l'on omettroit peut-être ce qui lui ſeroit plus neceſſaire, & que l'on rempliroit au contraire de ce qui ſeroit moins conforme à ſes beſoins.

IV. L'eſprit de Dieu, qui eſt le maître de ſes dons, attache ſa grace à ce qui lui plaît. C'eſt en liſant tout, qu'on rencontre les endroits qu'il veut animer par un ſouffle de vie, & l'on éprouve ſouvent que ce ſont ceux auxquels on s'attendoit le moins.

V. Il y a d'ailleurs toute une autre conſolation à lire les Ecritures telles que Dieu les a inſpirées, qu'à les conſiderer par des extraits, qui n'en conſervent, ni

la

(y) Iſte eſt panis quem Dominus dedit vobis. Colligat unuſquiſque ex eo quantùm ſufficit ad veſcendum. *Exod.* C. XVI. v. 15 & 16.
(z) Colligebat ſpicas, poſt terga metentium. *Ruth.* C. ql. v. 3.

la beauté, ni l'onction. Ils font utiles pour faire reffouvenir de ce qu'on a lu, mais ils ne peuvent tenir lieu de ce qu'on doit lire.

Article VI.
Ce que le Prince doit particuliérement remarquer en lifant l'Ecriture Sainte.

I. Parmi les verités falutaires & fans nombre que le Prince trouvera dans les Ecritures, il doit donner une attention particuliére à celles qui ont rapport à fon état, & les reduire à certains chefs. Je vais marquer ici les plus effentielles pour l'avertir, plutôt que pour lui fervir de modéle : & je le ferai en peu de mots, fans apporter, ni preuves, ni exemples, parce qu'autrement je deviendrois infini, & que j'irois directement contre ce que je viens de dire, en faifant des extraits que le Prince doit faire lui-même.

II. Il doit obferver avec foin dans les divines Ecritures, tout ce qui fert à lui donner une haute idée de la majefté de Dieu, de fa puiffance, de fa fageffe, de fon être immenfe & infini : devant qui toutes les nations ne font que comme une goute d'eau, comme un grain de pouffiére, comme n'étant point ; devant qui le ciel & la terre difparoiffent : devant qui les Rois de la terre ne font que foibleffe.

III. Il doit remarquer tout ce qui sert à démontrer la Providence divine, son étendue, & son application aux plus petites choses, aussi-bien qu'aux plus grandes : la manière dont tout est concerté, tout est pesé : comment tout est réglé par une sagesse infinie, qui embrasse tout, & qui ne laisse rien au hazard : comment elle fait rentrer dans l'ordre tout ce qui s'en écarte, & fait servir à l'execution de ses desseins tout ce qui sembloit y être un obstacle : & quelle persuasion ont eu les grands hommes dont l'Ecriture fait l'éloge, que la volonté de Dieu préside à tous les événemens, sans qu'aucun lui soit, ou indifferent, ou inconnu.

IV. Il doit profiter de tous les endroits qui lui apprennent que Dieu, en chargeant les Rois de conduire les peuples, demeure toujours leur maître immediat ; que tout n'est qu'à lui ; que le Prince est, comme les autres, sous sa main ; qu'il n'a rien, & n'est rien que par sa dépendance ; qu'il n'est pas son Ministre & son Lieutenant, de la manière dont un Officier l'est à l'égard du Prince, en le déchargeant d'une partie de ses soins, mais comme un instrument dans la main de celui qui s'en sert, & qui l'applique à ses usages.

V. Il écoute avec un respect infini ce que Dieu lui dit par ses Prophétes, que c'est lui qui met sur le throne qui il lui plaît ;

& pour autant de tems qu'il lui plaît ; qu'il tire, quand il veut, de la poussiére, un berger, un inconnu à qui l'on n'auroit jamais pensé, pour le faire régner ; & qu'il en fait descendre des Rois, dont la puissance paroissoit la mieux affermie ; qu'il marque aux Maisons régnantes les bornes qu'elles ne passent point ; qu'il change, transfére, divise, ébranle, affermit, dissipe les Royaumes avec une facilité infinie ; & qu'il en est autant le maître, que le potier l'est de l'argille, qu'il pairrit & qu'il figure comme il lui plaît.

VI. Que c'est lui qui tient les peuples unis, & les nations en paix ; que c'est de lui que viennent le respect & la fidélité que les sujets ont pour leurs Princes ; que quand il retire sa protection, tout s'ébranle & s'agite : tous les esprits deviennent inquiets : tous se désunissent & se séparent ; qu'il permet la revolte & la fait prédire ; qu'il inspire au contraire le consentement & l'obéissance, lorsque tout y paroissoit opposé ; qu'il est le maître des volontés des hommes ; & qu'il dispose de celles des Rois avec la même autorité & la même facilité qu'on fait couler l'eau, ou qu'on la retient, en ouvrant ou fermant les conduits qui la distribuent.

VII. Que c'est lui qui inspire le courage aux armées, ou qui l'ôte ; qui donne de la prudence aux Generaux, ou qui les livre à un esprit d'étourdissement ; que la plus grande Politique, sans lui, n'est que folie ; que les plus fortes villes, sans sa protection, sont ouvertes à l'ennemi ; que les précautions qu'il ne benit pas, se convertissent en piéges, & ont un effet tout contraire à celui qu'on en avoit esperé.

VIII. Que dans le tems où la situation des Princes & des Royaumes est la plus tranquille & la plus heureuse, leur chûte est souvent prochaine ; que Dieu tient en reserve, pour les humilier, des hommes dont on paroît n'avoir rien à craindre ; qu'il appelle des peuples éloignés pour ruiner un pays, ou pour y établir une domination nouvelle, & que ces peuples partent au premier signal qu'il leur en donne, sans qu'ils connoissent le principe secret qui les pousse, ni la main invisible qui les conduit.

IX. Que le luxe, l'abondance, les délices, le soin de bâtir des maisons superbes & de les embellir, sont ordinairement la marque de la decadence des Empires, & d'une prochaine humiliation ; que lorsque Dieu ne les livre pas à des étrangers, ce qu'il fait quelquefois, il y cause presque la même desolation, par la stérilité, la famine, la mortalité, l'excès de tributs, la durée des guerres, où perissent la plûpart des chefs des grandes maisons, & qui épuisent les autres.

X. Que Dieu exige des Princes plus de soumission, de reconnoissance & de Religion que des autres: parce qu'ils sont immediatement entre lui & le peuple · que c'est à eux à qui il donne ses premiers ordres, afin qu'ils les fassent executer, & que leur fidelité ou leur négligence ont des suites universelles.

XI. Qu'il les punit plus sévérement que les autres hommes, parce qu'ils n'ont point de juges sur la terre; qu'ils ont deshonoré sa Providence, dont ils devoient justifier la conduite; & qu'ils sont plus inexcusables, voulant que leur autorité soit respectée, punissant les moindres désobéissances, exigeant des hommes, qui sont leurs égaux, une espece d'adoration, & méprisant eux-mêmes leur Souverain, de qui vient toute leur autorité.

XII. Que ce qui lui déplaît davantage en eux, & qui attire le plus promptement son indignation, est leur orgueil, qui les porte à se regarder comme indépendans, comme les principales causes de leur succès, comme plus sages & plus éclairés que les autres hommes, comme arbitres de la paix & de la guerre, comme méritant les honneurs excessifs qui leur sont rendus.

XIII. Que

XIII. Que le châtiment le plus terrible de leur orgueil, est que Dieu permette qu'ils s'y livrent, sans les rappeller à lui par l'humiliation, ou en souffrant qu'ils s'endurcissent, au lieu d'en profiter.

XIV. Que c'est une suite de cette punition également terrible & secréte que de ne pouvoir souffrir la verité, & d'être toujours seduits par la flatterie ; que ce caractére a toujours été celui des mauvais Princes, qui ont tous été ennemis de la sainte liberté des vrais Prophétes, & qui ont tous écouté les séducteurs qui les trompoient.

XV. Que les Rois sont principalement établis pour rendre la justice, & pour empêcher que les foibles ne soient opprimés par ceux qui ont la force & l'autorité ; que leur négligence sur ce point cause des désordres infinis, ébranle tous les fondemens de la société, & ruine le plus ferme appui de leur thrône, & qu'ils répondront de tous les maux que leur indifférence pour la justice aura causés.

XVI. Que Dieu leur a confié particuliérement les pauvres, les étrangers, les veuves, les orphelins, toutes les personnes qui n'ont ni protection, ni azile, qui attendent tout de la Providence, & par conséquent du Prince qui la represente, & qui en est le Ministre.

XVII. Qu'ils sont beaucoup plus coupables que les autres quand ils tombent dans quelque injustice, même à l'égard d'un seul particulier; qu'ils doivent reprimer leurs desirs, parce qu'étant les maîtres, ils ne s'arrêtent pas aux seuls desirs ; & qu'une chose aussi peu importante que la vigne de Naboth, (a) peut attirer sur eux une punition aussi terrible que celle d'Achab.

XVIII. Que les interêts du Prince & du peuple sont inseparables : que l'un est souvent puni pour les crimes de l'autre ; & qu'il ne suffit, ni au Prince, ni au peuple, d'avoir la vertu separément · mais qu'ils doivent se réunir, par une conspiration mutuelle, au bien, composée du Pére & de ses enfans.

XIX. (b) Que lorsque Dieu est irrité contre un Etat, la premiére chose qui le déclare, est l'imprudence qui régne dans les conseils publics; mais que cette imprudence passe alors pour sagesse ; & qu'on croit prendre des mesures justes, lorsqu'on court au précipice, ou qu'on s'égare.

XX. Le Prince joindra à ces observations, celles qui feront sur lui une impression particuliére ; & il ne s'arrêtera pas seulement

aux

___

(a) 3. Reg. C XXI.
(b) Les exemples en sont frequens dans l'Ecriture, & les Payens ont reconnu cette vérité Prævalebant jam fata consilijs, omnemque animi aciem præstrinxerant, quippe ita se res habet, ut plerumque fortunam mutaturus Deus, consilia corrumpat. Vellejus Paterculus. (p. 73. edit. Lips.)

aux verités qui regardent les Rois, mais il y joindra celles qui apprennent à tous les hommes à craindre Dieu, & à le servir; car leurs devoirs sont aussi les siens : & il doit réunir dans sa personne toutes les grandes qualités d'un Roi, & toutes les vertus d'un excellent chretien.

CHAPITRE IX.

Ce n'est point la connoissance seule de la verité qui justifie les hommes. Différence de la loi nouvelle & de l'ancienne. Besoin de la grace, fondement de la priére, qui elle-même est un don. Les motifs qui portent les autres à prier, deviennent plus puissans à l'égard des Princes, & il y en a de particuliers pour eux. Priére au milieu des affaires & des soins, soutenue par d'autres régles en certains tems. La priére est l'exercice des principales vertus. Dispositions qui doivent l'accompagner.

ARTICLE I.

Ce n'est point la connoissance seule de la verité qui justifie les hommes.

I. CE n'est point la connoissance seule de la verité qui justifie les hommes; & si le Prince s'en contentoit, sans y joindre une priére humble & fervente, il tomberoit dans la même présomption que les Juifs, qui pensoient n'avoir besoin que d'être bien instruits de ce que Dieu exigeoit d'eux, pour l'accomplir; & il éprouveroit bien-tôt, comme eux, que la loi, en apprenant à l'homme ce qu'il doit être, ne change pas ce qu'il est.

II. Avant que Dieu la publiât sur la montagne de Sinaï, il ordonna à Moyse de parler ainsi à tout le peuple : „ (c) Vous
„ avez vu ce que j'ai fait aux Egyptiens, &
„ comment je vous ai portés à travers la
„ mer, comme sur les aîles des aigles ; si
„ vous écoutez ma voix, & si vous gardez
„ mon alliance, vous serez, entre tous les
„ peuples de la terre, qui toute entiére est
„ à moi, mon peuple particulier, une na-
„ tion sainte, un Royaume sacerdotal. Tout
„ le peuple répondit d'une seule voix à Moi-
„ se ; Nous ferons tout ce que le Seigneur
„ a dit : nous accomplirons toutes les con-
„ ditions. Et Moise ayant rapporté à Dieu
„ la réponse du peuple, Dieu ajouta : Je
„ viendrai donc à vous dans l'obscurité d'un
„ nuage, afin que le peuple entende ce que
„ je

(c) Vos ipsi vidistis quæ fecerim Ægyptiis, quomodo portaverim vos super alas aquilarum, & assumpserim mihi. Si ergo audieritis vocem meam, & custodieritis pactum meum, eritis mihi in peculium de cunctis populis mea est enim omnis terra. Et vos eritis mihi in regnum sacerdotale, & gens sancta. Responditque omnis populus simul cuncta quæ locutus est Dominus, faciemus. Cumque retulisset Moyses verba populi ad Dominum, ait ei Dominus : Jam nunc veniam ad te in caligine nubis, ut audiat me populus loquentem ad te, & credat tibi in perpetuum. Exod. C. XIX. v. 4. & suiv.

„ je vous dirai ; & qu'il vous croie toujours
„ à l'avenir. „

III. Voilà sur quoi fut fondée l'ancienne alliance : le peuple promit d'obéir : & il ne reconnut d'autre besoin que celui d'apprendre de Dieu ce qu'il vouloit.

IV. Le succès répondit à cette temerité. Moïse étoit encore sur la montagne pour écouter Dieu & recevoir ses ordres, que le peuple étoit déja tombé dans l'idolâtrie. (*d*) Il avoit substitué un veau d'or au Dieu immortel ; & il lui disoit, en l'adorant, que c'étoit à lui qu'il devoit sa délivrance de l'Egypte. Moïse fut témoin, en descendant de la montagne, d'une telle impieté, si insensée d'un côté, & de l'autre si contraire aux paroles dont lui-même avoit été le porteur. (*e*) Il jetta de colére les deux tables de pierre sur lesquelles Dieu venoit d'écrire sa loi ; & en les brisant, il fit voir que l'alliance étoit aussi rompue ; & que celle qui n'avoit d'autre fondement que la foiblesse & l'orgueil de l'homme, seroit aussi fragile que lui.

V. Les deux tables furent rétablies, mais aux mêmes conditions. Le peuple, après une telle expérience de sa foiblesse, n'en eut pas moins de confiance en ses forces. (*f*) Il

___

(*d*) Exod. C. XXXII. v. 4
(*e*) Iratus valfé, projecit de manu tabulas, & confregit eas ad radicem montis.
(*f*) Exod. C. XXXIV. v. 1.

se soumit sans crainte à toutes les maledictions qu'il prononça lui-même par l'ordre de Dieu contre les violateurs de la loi; & il n'y eut ainsi rien de réel dans un tel traité, que la malediction; (g) Dieu étant fidéle dans ses menaces, comme le peuple étoit infidéle dans ses promesses.

VI. Saint Paul nous apprend, que de tous les Juifs qui ont esperé garder la loi par leurs seules forces, il n'y en a eu aucun qui l'ait gardée; & il cite le Prophéte, qui n'en excepte pas un seul: (h) „Aucun n'est juste: aucun ne fait le bien: Il n'y en a pas un seul qui le fasse."

VII. Et le même Apôtre tire de-là cette conséquence, que (i) tous ceux qui ont attendu leur justice de leurs efforts & de leur fidélité à garder la loi, sans invoquer par la foi celui qui pouvoit seul leur en inspirer l'amour, sont tombés dans la malediction prononcée contre ceux qui ne l'observeroient pas: la foi seule obtenant les secours necessaires pour l'accomplir.

VIII. La premiére alliance s'est donc terminée à convaincre l'homme de son orgueil

&

(g) *Deuter.* C. XXVII. & XXVIII. *Josue.* C. VIII v. 33. & 34

(h) Sicut scriptum est · non est justus quisquam, non est qui faciat bonum, non est usque ad unum. *Rom* C III. v 10 & 12. *S. Paul cite le Ps.* XIII. v 3

(i) Quicumque ex operibus legis sunt, sub maledictione sunt Scriptum est enim Maledictus omnis, qui non permanserit in omnibus quæ scripta sunt in libro legis, ut faciat ea. Quoniam autem in lege nemo justificatur apud Deum, manifestum est quia justus ex fide vivit. *Ad Gal.* C. III. v. 10. 11.

& de sa présomption ; & à le déclarer soumis à toutes les maledictions portées par la loi contre les prevaricateurs.

ARTICLE II.
Différence de la loi nouvelle & de l'ancienne.

I. (*k*) Elles seroient toujours demeurées sur nous ces maledictions, & nous en eussions été accablés, si Jesus-Christ ne s'y étoit soumis pour nous en delivrer : ayant bien voulu être attaché au bois que Dieu avoit maudit, & le rendre pour nous une source féconde de benedictions & de graces.

II. Il nous a obtenu par sa croix, l'esprit de grace & d'amour, qui nous fait accomplir saintement la loi : car la loi seule donne la mort ; (*l*) elle est la lettre qui tue : mais c'est l'esprit qui donne la vie. Elle aigrit les passions, en y mettant un obstacle exterieur, sans en être le principe. Elle donne, contre son intention, une nouvelle force à la cupidité, en lui défendant tout, & ne la corrigeant pas. Elle enflamme les injustes desirs, en n'en permettant aucun, & ne servant par cette sévérité qu'à ren-

(*k*) Christus nos redemit de maledicto legis, factus pro nobis maledictum, quia scriptum est. Maledictus omnis qui pendet in ligno. ut in gentibus benedictio Abrahæ fieret in Christo Jesu, ut pollicitationem Spiritûs accipiamus per fidem. *Gal. C. III. v. 13. & 14.*

(*l*) Littera occidit, spiritus autem vivificat. 2. *Cor. C. III. v. 6.*

rendre l'homme (m) plus attentif à des desirs qu'il connoissoit peu, avant qu'ils lui fussent interdits.

III. (n) Au lieu de cette loi, dont Moïse a été le mediateur & le ministre, Jesus-Christ en a établi une nouvelle, qui consiste dans la connoissance & l'amour de la vérité, qui persuade l'esprit, & qui change le cœur : qui fait aimer ce qu'elle commande.

IV. Cette nouvelle loi est la nouvelle alliance que Dieu avoit promise par ses Prophêtes en ces termes : „ (o) Bientôt il vien-
„ dra un tems, où je ferai une nouvelle
„ alliance avec la maison d'Israël & la mai-
„ son de Juda ; non selon l'alliance que je
„ fis avec leurs peres, au jour que je les
„ pris par la main pour les faire sortir de
„ l'Egypte, parce qu'ils ont violé cette
„ alliance, & que j'ai acquis contre eux un
„ pou-

(m) Concupiscentiam nesciebam, nisi lex diceret non concupisces. Peccatum, occasione acceptâ per mandatum, seduxit me, & per illud occidit. Ut fiat supra modum peccans, peccatum per mandatum. *Rom. C. VII. v. 7. 11. 13.*
(n) Lex per Moysen data est, gratia & veritas per Jesum Christum facta est. *Joan. C. I. v. 17.*
(o) Ecce dies veniet, dicit Dominus ; & feriam domui Israel, & domui Juda fœdus novum : non secundùm pactum quod pepigi cum patribus eorum, in die quâ apprehendi manum eorum, ut educerem eos de terrâ Ægypti ; pactum, quod irritum fecerunt, & ego dominatus sum eorum. Sed hoc erit pactum, quod feriam cum domo Israel post dies illos, dicit Dominus, dabo legem meam in visceribus eorum, & in corde eorum scribam eam : & ero eis in Deum, & ipsi erunt mihi in populum. Et non docebit ultra vir proximum suum, & vir fratrem suum, dicens cognosce Dominum : Omnes enim cognoscent me, à minimo eorum usque ad maximum. *Jerem. C. XXXI. v. 31. & suivans. S. Paul aux Hebr. Ch. VIII. v. 8. & suiv.*

„ pouvoir abfolu de les punir. Mais voici
„ l'alliance que je ferai avec la maifon
„ d'Ifrael, après que ce tems-là fera venu,
„ dit le Seigneur: J'imprimerai ma loi dans
„ leur cœur. Et je ferai leur Dieu, & ils
„ feront mon peuple. Et chacun d'eux
„ n'aura plus befoin d'enfeigner fon pro-
„ chain & fon frére, en difant: Connoif-
„ fez le Seigneur, parce que tous me con-
„ noîtront, depuis le plus petit jufqu'au
„ plus grand, dit le Seigneur. „

V. Dans cette nouvelle alliance, ce n'eft plus l'homme qui promet à Dieu fa fidélité & fon obéïffance: mais c'eft Dieu qui promet à l'homme de le rendre fidéle & obéïffant. Et c'eft pour cela que cette alliance eft éternelle, parce qu'elle eft fondée fur la mifericorde de Dieu, & fur le pouvoir de fa grace: & non fur les efforts prefomptueux de la volonté humaine, qui ne connoît, ni fa captivité fous le peché, ni fon impuiffance pour le bien.

VI. Ce n'eft plus l'homme qui pretend être la lumiére de l'homme, & qui croit pouvoir rendre fon frére meilleur, en l'exhortant à connoître Dieu, & à le craindre: mais (*p*) c'eft Dieu lui-même qui eft le maître intérieur de l'homme, qui l'éclaire & l'inftruit en fecret, qui lui infpire

G 6 la

(*p*) Eft fcriptum in Prophetis, & erunt omnes docibiles Dei. *Joan. C. VI. v. 45*
Univerfi filii tui docti à Domino. *Ifai. C. LIV. v. 13.*

la docilité & la foi, pendant que ses ministres annoncent extérieurement sa verité, (q) sans pretendre d'autre gloire que celle d'arroser & de planter, & reservant à Dieu seul celle de donner l'accroissement.

VII. L'homme ne dit plus à Dieu : Commandez ce qu'il vous plaira ; je suis preparé à tout executer : mais c'est Dieu qui dit à l'homme : Vous m'obéirez en tout, parce que je vous ferai obéir. Vous accomplirez mes volontés, parce que je vous les ferai accomplir. „ (r) Je vous donnerai un
„ cœur nouveau, dit-il par son Prophéte,
„ & je mettrai un esprit nouveau au milieu
„ de vous. J'ôterai de votre chair le cœur
„ de pierre, & je vous donnerai un cœur
„ de chair. Je mettrai mon esprit au mi-
„ lieu de vous : je ferai que vous marche-
„ rez dans la voie de mes préceptes, que
„ vous garderez mes ordonnances, & que
„ vous les pratiquerez. „

ARTICLE III.

Besoin de la grace, fondement de la priére.

I. Voilà d'où vient l'obéissance utile & salutaire de l'homme. Il aime : mais c'est Dieu

---

(q) Neque qui plantat est aliquid, neque qui rigat : sed, qui incrementum dat, Deus 1 Cor. c III., v. 7
(r) Dabo vobis cor novum, & spiritum novum ponam in medio vestri ; & auferam cor lapideum de carne vestrâ, & dabo vobis carneum & Spiritum meum ponam in medio vestri, & faciam ut in præceptis meis ambuletis, & judicia mea custodiatis, & operemini. Ezech. c. XXXVI, v. 26. & 27.

Dieu qui lui donne un cœur nouveau pour aimer. Il s'attendrit par la pieté; mais c'est Dieu qui lui ôte le cœur de pierre. Il ne juge plus des choses par les passions : mais c'est Dieu qui lui donne un esprit nouveau, qui l'éclaire & le détrompe. Il marche dans la voie des commandemens du Seigneur : mais c'est le Seigneur même qui l'y fait marcher. Il garde ses ordonnances, & les met en pratique : mais c'est sa grace qui les lui fait observer.

II. L'amour de la volonté de Dieu vient de lui seul. (s) La charité vient de Dieu, dit l'Apôtre bien-aimé : & la charité n'est autre chose que l'amour de Dieu & de sa loi. Elle est le plus précieux de ses dons, & aussi le plus gratuit : & c'est par elle que l'homme commence à sortir de ses iniquités, commençant à les hair, & à se déplaire à soi-même, comme Dieu nous l'apprend par le Prophéte Ezéchiel, que je viens de citer : „ (t) Vous vous ressouvien-
„ drez alors, c'est-à-dire lorsque je vous
„ aurai donné un esprit & un cœur nou-
„ veau, de vos voies toutes corrompues,
„ & de vos affections déréglées : vos ini-
„ quités & vos crimes vous déplairont. Ce
„ n'est

(s) Charitas ex Deo est.
(t) Et recordabimini viarum vestrarum pessimarum, studiorumque non bonorum & displicebunt vobis, iniquitates vestræ, & scelera vestra. Non propter vos, ego faciam, ait Dominus Deus notum sit vobis Confundimini, & erubescite super viis vestris, domus Israel. *Ezech.* C. XXXVI. v. 31. & 32.

„ n'est point aussi pour vous, c'est-à-dire
„ pour vos merites, que je vous ferai cet-
„ te grace, dit le Seigneur notre Dieu:
„ & comprenez le bien. Soyez confus,
„ & rougissez de honte pour les excès de
„ votre vie, maison d'Israel. „

III. Lorsque ces vérités sont bien com-
prises, on entend sans peine que le principal exercice d'un homme à qui Dieu a
donné de la foi, & un desir sincére de lui
plaire, est de le prier de lui conserver &
d'augmenter en lui ce desir. L'homme ne
peut, ni se donner la foi, ni le premier
commencement d'une bonne volonté· mais
dès qu'il a reçu ces precieux dons, il est
porté à demander qu'ils surmontent tous
les obstacles au salut, & qu'ils deviennent
l'unique principe de ses actions.

IV. Le premier effet de la vie spirituelle est de soupirer & de gemir. Lorsqu'on
est mort, on est muet. On n'a rien à demander lorsqu'on est insensible. Mais lorsque la grace commence à faire sentir à
l'homme son injustice, & à lui découvrir la
beauté de la vertu, il s'afflige de ce qu'il
est, & il desire de devenir ce qu'il n'est pas.

V. Sa guerison ne se fait pas en un moment; & il n'est pas delivré, dès qu'il souhaite sa liberté. Il éprouve que (*v*) son
an-

(*v*) Condelector legi Dei secundùm interiorem hominem: video autem aliam legem in membris meis, repug-
nantem legi mentis meæ. *Rom. C. VII. v.* 22.

ancienne volonté est plus forte & plus profondément établie qu'il ne pensoit. Son opposition à la justice subsiste avec l'amour qu'il a pour elle. Son cœur partagé entre deux amours contraires, ne peut se réunir pleinement dans un seul. Il craint encore la santé, quoiqu'il la demande. Il prie, & est assez malheureux, pour souhaiter en secret de n'être pas sitôt exaucé.

VI Ce combat intérieur devient une nouvelle matière de gémissemens & de prières. L'homme plus convaincu qu'il ne peut rien contre son propre cœur, (*x*) pousse des cris vers celui qui a commencé à le changer, & il le conjure de le delivrer du danger où l'expose sa foiblesse. A proportion de ce que ses cris sont sincéres & humbles, ils sont écoutés; & la grace surmontant enfin tout ce qui empêchoit l'amour de la justice d'être le maître, elle le rend libre, & le met en état de commander & de se faire obéir.

VII. Mais (*y*) ses ennemis subsistent, quoique vaincus. (*z*) La cupidité ne régne plus; mais elle est pleine de vie. Un moment, une négligence, une occasion peut

(*x*) Infelix ego homo, quis me liberabit de corpore mortis hujus. Gratia Dei per Jesum Christum Dominum nostrum *Rom C VII* ⅴ. 24. & 25.

(*y*) Scio quia non habitat in me, hoc est in carne meâ, bonum *Rom C. VII. v.* 18.

(*z*) Caro enim concupiscit adversùs spiritum, spiritus autem adversùs carnem, hæc enim sibi invicem adversantur, ut non quæcunque vultis, illa faciatis. *Gal. C. V. v.* 17.

peut lui donner de nouvelles forces, & la mettre en état de vaincre. Elle subsiste dans les sens, où elle se retranche, & même dans le cœur, quoiqu'elle n'y domine pas. Elle lui est naturelle depuis sa corruption, & tous les objets extérieurs contribuent à la nourrir. Le danger est donc encore, & present, & continuel; & la priére devient aussi continuelle.

ARTICLE IV.
La priére elle-même est un don.

I. L'Esprit de Dieu, qui est dans le cœur des justes, les porte sans cesse à prier, parce qu'ils sont sans cesse exposés, & qu'ils ont besoin à tout moment d'un secours qui les soutienne & qui les delivre: „ (a) L'Esprit de Dieu, dit S. Paul,
„ nous soulage & nous aide dans notre
„ foiblesse: car nous ne savons ce que
„ nous devons demander à Dieu dans nos
„ priéres, pour le prier comme il faut,
„ mais le S. Esprit lui-même prie pour nous
„ par des gemissemens ineffables; & celui
„ qui penétre le fond du cœur, entend bien
„ quel est le desir de l'esprit, qui demande
„ pour les saints ce qui est conforme à la
„ volonté de Dieu. „

II. L'Apô-

(a) Spiritus adjuvat infirmitatem nostram nam quid oremus, sicut oportet, nescimus. sed ipse Spiritus postulat pro nobis gemitibus inenarrabilibus. Qui autem scrutatur corda, scit quid desiderat spiritus. quia secundum Deum postulat pro sanctis. *Rom. C. VIII. v. 26. & 27.*

II. L'Apôtre dit, que c'est le S. Esprit lui-même qui prie; pour nous apprendre que c'est lui qui est la source de la priére, & qui en inspire la volonté & le sentiment: car étant Dieu, il ne peut prier lui-même, parce qu'il est le principe & la cause de la priére.

III. Mais il faut bien remarquer que, selon S. Paul, la vie des justes consiste presque toute entiére dans un gemissement continuel, si tendre, si vif, si profond, si diversifié selon les occasions & les besoins, qu'on ne sauroit l'expliquer; que les plus saints ne sont point plus en sureté que les autres, & que c'est eux au contraire, dont les gemissemens sont ineffables; que sans le mouvement de l'Esprit de Dieu, ils ne sauroient, ni ce qu'il faut demander, ni comment il le faut demander, & que l'efficace de leurs priéres vient de ce que Dieu en connoît le principe & la source, & que c'est son Esprit qui les forme & qui les suggére.

IV. Ainsi la priére, qui doit obtenir tous les autres dons, est un don elle-même. „ (*b*) Je répandrai, dit le Seigneur, „ sur la maison de David, un esprit de „ grace & de priére. (*c*) C'est par les pre-
„ mices

___
(*b*) Effundam super domum David spiritum gratiæ & precum *Zach. C. XII. v.* 10
(*c*) Primitias spiritûs habentes, ipsi intra nos gemimus. *Rom. C. VIII. v.* 25

„ mices de l'esprit qu'on est porté à gemir.
„ (d) C'est lui qu'on demande ; & c'est par
„ lui qu'on demande. „

V. On ne peut donc assez estimer le mouvement de chaleur & de vie que le S. Esprit communique au cœur pour le porter à la priére. Cette premiére misericorde contient en semence toutes les autres. Elle est la racine d'où naissent les plus grandes vertus. Et comme tout est promis à la priére, quiconque sait prier, peut tout espérer, & peut tout pretendre.

VI. Mais je n'examine point encore les dispositions qui doivent accompagner la priére : je ne suis attentif qu'à sa necessité ; & après l'avoir établie sur des principes essentiels à la Religion chretienne, & communs par consequent à tous les fidéles, je reviens au Prince, pour lui en faire l'application.

Article V.

Les motifs qui portent les autres à prier, deviennent plus pressans à l'égard des Rois.

I. Il sait desormais que c'est l'amour qui observe la loi de Dieu, & que c'est la grace seule qui inspire cet amour. Il sait que cet amour est comme étranger en cette vie, & que l'amour injuste de soi-même & des
biens

(d) Pater voster de cœlo dabit spiritum bonum petentibus se. *Luc. C. II. v. 13.*

biens visibles, est comme naturel au cœur depuis sa dépravation; qu'il y conserve des liaisons secrétes, & qu'il en demeure si proche qu'il lui est aisé d'y rentrer.

II. Il sait que l'impression continuelle de la cupidité est fortifiée par celle de tous les objets qui l'environnent : au lieu que celle de la charité est combattue par une conspiration du dedans & du dehors presque universelle, & il sait ce que sa place ajoute aux dangers communs, & aux tentations communes.

III. Il sait que la vie du juste consiste dans un gemissement continuel. Il sait que ce gemissement est formé par l'Esprit de Dieu, & que, sans lui, ou l'on ne prieroit point du tout, ou l'on ne prieroit point comme il faut. Il sait enfin, que c'est par grace & par misericorde que l'Esprit de Dieu, (e) qui souffle où il veut, & quand il veut, inspire le desir & l'affection même de la priére.

IV. Et il veut bien que je lui demande après cela, ce qu'il pense de ses besoins, de ses dangers, de son obligation à la priére, de l'estime qu'il doit faire des mouvemens qui l'y portent, des précautions qu'il doit prendre pour les conserver & pour les rendre plus fréquens, & des tems qu'il doit donner à un exercice d'ou dépendent

(e) Spiritus ubi vult spirat. *Joan. C. III. v. 8.*

pendent sa vie intérieure, sa justice aux yeux de Dieu, l'observation de sa loi, le principe & le motif de toutes ses actions, la perseverance dans le bien, la sagesse de sa conduite, le bonheur de son peuple, & le salut éternel.

V. Il est certain que toutes les raisons qui doivent porter les autres hommes à prier souvent, ou même à le faire sans cesse, comme Jesus-Christ l'ordonne (*f*) en termes exprès, sont plus fortes & plus pressantes par rapport au Prince, & qu'il en a de particuliéres, dont il doit être fort touché.

ARTICLE VI.

Des motifs particuliers aux Rois. Premier motif. Ils sont chargés des devoirs des autres.

I. Il est le chef d'un grand Royaume, à qui il doit donner le mouvement: tous les devoirs des autres le regardent: il est chargé de tout ce qui se fait, & de ce qui ne se fait point; & que peut-il par lui-même? (*g*) Que sont les pensées d'un homme, pour grand qu'il soit, quand elles ne sont qu'humaines? Quel conseil peut-on prévoir? Quelle sagesse peut éviter tous les écueils? Quelle lumiére peut decouvrir les écueils?

(*f*) Oportet semper orare & non deficere. *Luc C. XVIII. v. 1.*

(*g*) Cogitationes enim mortalium timidæ, & incertæ providentiæ nostræ. *Sap. C. IX. v. 14.*

écueils ? Quelle lumiére peut découvrir les desseins & les volontés de Dieu ? A peine connoît-on ce qui est à notre portée. (*h*) Les choses purement temporelles sont pleines d'obscurités & de ténébres. Comment donc, Seigneur, le Prince sera-t-il instruit de ce que vous exigez de lui, si vous ne le lui revelez pas, en lui faisant part de votre sagesse ? Comment l'executera-t-il, si vous ne lui donnez pas votre esprit, & si vous ne reformez pas ce qu'il y a d'injuste dans ses sentimens par l'infusion de votre grace, qui le guerisse & le delivre ? Et comment attirera-t-il votre sagesse & votre esprit, s'il ne les desire & les demande avec ardeur, & s'il n'imite l'exemple de celui qui parle ainsi dans vos Ecritures. „ (*i*) Dans ma plus grande jeunesse,
„ avant que l'erreur & les passions pussent
„ me séduire, j'ai fait une publique pro-
„ fession de chercher la sagesse, & de la
„ demander à Dieu dans mes priéres. Je
„ la

(*h*) Difficile æstimamus quæ in terrâ sunt. & quæ in prospectu sunt invenimus cum labore. Quæ autem in coelis sunt, quis investigabit ? Sensum autem tuum quis sciet, nisi tu dederis sapientiam, & miseris Spiritum sanctum tuum de altissimis. & sic correctæ sint semitæ eorum, qui sunt in terris, & quæ tibi placent didicerint homines ? Nam per sapientiam sanati sunt quicumque placuerunt tibi, Domine, à principio. *Ibid. v.* 10 & *si iv.*

(*i*) Cum adhuc junior essem, priusquam aberrarem quæsivi sapientiam palam in oratione meâ. Ante templum postulabam pro illâ, & usque in novissimis inquiram eam & efflorui tamquàm præcox uva. Lætatum est cor meum in eâ Ambulavit pes meus iter rectum, à juventute meâ investigabam eam. *Eccl. C. LI. v.* 11, 19. 20.

,, la lui demandois à l'entrée de son tem-
,, ple; & je ne cesserai de la chercher jus-
,, qu'à la fin de ma vie, quoiqu'elle m'ait
,, été accordée, plutôt même que je ne
,, pensois, & comme un fruit précoce.
,, Elle a fait la joie de mon cœur; & par-
,, ce que je l'ai cherchée dès ma jeunes-
,, se, mon pied ne s'est point détourné du
,, droit chemin. ,,

II. Il ne s'agit point ici, comme il est visible, d'une sagesse qui apprenne seulement au Prince ses devoirs extérieurs, qui l'instruise de ce que sont les hommes, & qui lui enseigne tous les secrets d'une profonde Politique. Cette sorte de lumière est necessaire; & sans elle le Prince feroit beaucoup de fautes contre le bon gouvernement: mais de quelle utilité seroit-il pour lui, qu'il fût prudent pour les autres, s'il se perdoit lui-même? Et quelle seroit cette sagesse, qui ne lui apprendroit pas à être sage pour son propre interêt.

III. Celle qui est si souvent recommandée dans les Ecritures, est (*k*) l'étude des volontés de Dieu, la crainte de lui deplaire, & un amour sincére de ce qu'il ordonne; & le Prince qui en connoît mieux desormais le prix, fait à Dieu avec une nouvelle ardeur cette priére du Sage: ,,(*l*)
,, Vôtre

(*k*) Doctrix est disciplinæ Dei, & electrix operum illius. *Sap. C. VIII. v.* 4.
(*l*) *Sap. C. IX. v.* 9. *& suiv.*

,, Votre sagesse, Seigneur, est avec vous;
,, elle entend tous vos ouvrages : elle étoit
,, avec vous quand vous avez fait le mon-
,, de ; elle savoit ce qui vous plaisoit, &
,, ce qui étoit droit dans tous vos com-
,, mandemens. Envoyez-la moi des cieux,
,, afin qu'elle soit toujours, & travaille tou-
,, jours avec moi, & que je connoisse ce
,, qui vous est agréable : car elle sait tout :
,, elle me fera observer un juste tempera-
,, ment dans toutes mes actions, & me
,, gardera par sa puissance, & ma conduite
,, vous plaira, & je gouvernerai votre peu-
,, ple avec justice. ,,

Article VII.

Second motif particulier aux Rois. Difficulté d'unir les vérités & les devoirs qui paroissent incompatibles.

I. Ces paroles du Sage : ,, Elle sait tout :
,, elle me fera observer un juste tempera-
,, ment dans toutes mes actions, & elle me
,, gardera par sa puissance, ,, meritent beaucoup de reflexion.

II. Ce qu'il y a de plus difficile, n'est pas de connoître certaines verités détachées, & certains devoirs separés. La grande difficulté même ne consiste pas à connoître toutes les verités, & tous les devoirs : elle consiste à les unir, & à trouver un juste tem-

temperament qui les allie, & qui les conserve.

III. Plus un homme est élevé, plus ses devoirs se multiplient, & paroissent se combattre en se multipliant. Il sait en general, qu'il doit être ferme & se faire obéir : il sait aussi en general, qu'il doit avoir de la douceur, & dissimuler certaines choses. Mais jusqu'où ira la fermeté ? Quelles seront les bornes de la douceur ? Quel sera le milieu qui les unira ? C'est ce qui est couvert de ténébres.

IV. Il en est ainsi du zéle : il doit être ardent, & n'être pas excessif : chacune de ces verités separées est fort claire : mais le temperament qui les doit allier, est inconnu.

V. Le Prince doit donner quelque chose à la majesté intérieure, &. à l'éclat qui sert à la faire respecter : il doit aussi aimer la modestie, & être ennemi du faste : ces devoirs sont évidens, quand on ne veut pas les unir : mais ils paroissent incompatibles, dès qu'on veut les reduire & n'en faire qu'une seule vertu.

VI. Il faut être prudent, précautionné, actif, vigilant : ce seroit tenter Dieu que d'omettre aucun des soins légitimes ; cela est certain. Il faut, d'un autre côté, s'abandonner à Dieu, n'attendre de succès que de lui seul, ne rien espérer des moyens humains ; cela est encore certain. Comment faut-

faut-il accorder des dispositions, dont les unes semblent rallentir les autres? Dieu le sait : mais l'homme ne le sait point.

VII. Et quand je dis que l'homme ne le sait point, je n'entens pas qu'il ne puisse avoir sur tous les points que j'ai proposés, & sur une infinité d'autres pareils, beaucoup d'observations, de reflexions, d'exemples. Il peut, s'il le veut, composer des volumes sur ces matiéres : mais il n'en fera pas moins de fautes dans la pratique. Il n'en sera pas moins dominé par ses passions. Il n'en éprouvera pas moins les bornes étroites de l'esprit humain.

ARTICLE VIII.

Troisiéme motif particulier aux Rois. Ils ne sauroient éviter tous les inconvéniens par une sagesse purement humaine.

I. Il en est de même de tous les inconvéniens qui assiégent en foule une sagesse purement humaine. En voulant éviter l'un, on se jette dans un autre. Le present cache l'avenir. En portant ses vûes dans l'avenir, on ne voit pas ce qui est à ses pieds. On fait une alliance, elle devient la source d'une guerre. On se brouille avec un voisin ; il eût été un appui.

II. Mais par rapport au salut, de quels piéges n'est-on point environné? Quelle action, legére en apparence, ne peut pas avoir de grandes suites? Quelle parole est indifferente? Quel dessein, quelle pensée, n'entre point dans cette chaîne d'évenemens, ou salutaires, ou funestes, qui se termine au bonheur ou au malheur éternel?

III. Il n'y a que Dieu seul, à qui tous les tems sont presens, & qui voit les liaisons de tout, qui puisse conduire sûrement un homme, qui marche comme les yeux bandés, au milieu des piéges qui lui sont tendus, & sur le bord des precipices. Il n'y a que sa main capable de le soutenir & de le delivrer. Il n'y a que sa protection continuelle qui écarte les dangers, ou qui en retire.

IV. Aussi l'homme fidele ne se repose que sur les soins paternels que Dieu prend de lui: mais il ne s'y repose point comme un homme endormi. Il s'en rendroit indigne s'il n'en sentoit pas le besoin, & s'il n'invoquoit à chaque moment celui qui peut seul l'empêcher à chaque moment de perir.

V. Il dit avec le Prophete: „ (m) Mes „ yeux sont toujours élevés vers le Sei-„ gneur,

---

(m) Oculi mei semper ad Dominum, quoniam ipse evellet de laqueo pedes meos. Respice in me, & miserere mei, quia unicus & pauper sum ego. Tribulationes cordis mei multiplicatæ sunt: de necessitatibus meis erue me. Vide humilitatem meam, & laborem meum, & dimitte universa delicta mea Custodi animam meam, & erue me. Non erubescam, quoniam speravi in te. *Psal.* XXIV. v. 25. & suiv.

,, gneur, & toujours attentifs à lui, parce
,, que lui seul peut me delivrer des piéges
,, qui me sont tendus. Regardez-moi,
,, Seigneur, & prenez pitié de moi, par-
,, ce que je suis seul, & pauvre. Les per-
,, plexités & les detresses de mon cœur
,, sont en grand nombre · delivrez-moi de
,, ce qui m'assiége & m'afflige. Conside-
,, rez ma bassesse & mon travail; & par-
,, donnez-moi tous mes pechés · gardez
,, mon ame, & delivrez-moi. Que je ne
,, sois point couvert de honte & de con-
,, fusion, puisque je n'espere qu'en vous.
,, (n) Faites-moi connoître le chemin où
,, je dois marcher, parce que je tiens mon
,, ame élevée vers vous. Apprenez-moi à
,, faire votre volonté, puisque vous êtes
,, mon Dieu. Votre Esprit, qui est la
,, source de la bonté & de la miséricorde,
,, me conduira dans une terre où régne la
,, justice. Vous me donnerez la vie en me
,, communiquant votre justice, & vous le
,, ferez pour la gloire de votre nom. ,,

VI. Quand on est vivement touché de ses besoins & de sa foiblesse, on est dans une disposition continuelle de priére, & l'on regarde sans cesse celui qui est tout à
la

(n) Notam fac mihi viam in quâ ambulem, quia ad te levavi animam meam. Duce me facere voluntatem tuam, quia Deus meus es tu. Spiritus tuus bonus deducet me in terram rectam · propter nomen tuum Domine, vivificabis me in æquitate tuâ. *Psal.* CXLII. v. 8. 9. 10. 11.

la fois la lumiére, la force, le guide, le liberateur, de ceux qui l'invoquent. Le particulier que Dieu a déchargé du soin des autres, ne doit point sortir de cette disposition : il prie toujours, s'il est toujours humble ; parce qu'il est toujours en danger.

ARTICLE IX.

Quatriéme motif particulier aux Rois. Besoin que portent avec eux le soin & la conduite de leur Etat.

I. Et l'on voit parlà quelle doit être la priére de celui qui porte dans son sein un peuple immense dont Dieu l'a chargé, & dont il lui ordonne de prendre soin avec une tendresse semblable à celle d'une mére pour son fils. Il a toujours quelque nouvelle grace à demander pour cette multitude infinie, dont les besoins sont devenus les siens. Il a toujours quelque nouveau sujet de gemissement. Il se trouve à tout moment dans quelque nouvelle perplexité; & il est contraint de recourir sans cesse à Dieu, & de lui dire avec Moyse :

II. ,, (o) Pourquoi laissez-vous votre ,, serviteur dans l'affliction & la douleur ?
,, Pour-

(o) Cur afflixisti servum tuum ? Quare non invenio gratiam coram te ? Et cur imposuisti pondus universi populi hujus super me ? Numquid ego concepi omnem hanc multitudinem, vel genui eam, ut dicas mihi Porta eos in sinu tuo, sicut portare solet nutrix infantulum, & defer in terram, pro quâ jurasti patribus eorum ? Non possum solus sustinere omnem hunc populum, quia gravis est mihi
sin

,, Pourquoi ne trouvai-je pas grace auprès
,, de vous ? Pourquoi m'avez-vous chargé
,, du poids accablant de tout ce peuple ?
,, Est-ce moi qui suis le Pére de cette mul-
,, titude infinie ? Et comment donc m'or-
,, donnez-vous de la porter dans mon sein,
,, comme une nourrice y porte l'enfant
,, qu'elle allaite ? Je ne saurois soutenir seul
,, un tel fardeau. Ou consolez-moi par une
,, protection visible, ou delivrez-moi de
,, la vie, & de la nécessité d'être témoin
,, de tant de maux, dont le reméde n'est
,, pas en mon pouvoir. (*p*) Marchez vous-
,, même devant moi, & servez-moi de gui-
,, de; ou dispensez-moi de la conduite de
,, ceux que vous paroissez abandonner.
,, Car à quelle autre marque, & moi, &
,, le peuple que vous me confiez, pouvons-
,, nous reconnoître que nous avons trouvé
,, grace devant vous, que dans le soin que
,, vous prendrez de nous conduire en tout ?
,, Sans cette faveur particuliére, de quelle
,, utilité seroit une protection purement
,, exterieure ? Et quel avantage aurions-
,, nous sur les peuples infideles, si vous
,, n'étiez notre Roi, que comme vous êtes

,, le

fin aliter tibi videtur, obsecro ut interficias me, & inveniam gratiam in oculis tuis, ne tantis afficiat malis. Num C. XI. v. 12. & suiv.

(*p*) *Si non tu ipse præcedas, ne educas nos de loco isto. In quo enim scire poterimus, ego & populus tuus, invenisse nos gratiam in conspectu tuo, nisi ambulaveris nobiscum, ut glorificemur ab omnibus populis qui habitant super terram? Exod. C. XXXIII. v. 15. & 16.*

„ le leur? „ C'est la Religion qui fait notre gloire. Diſtinguez-nous donc par la pieté & par des avantages qui ne puiſſent être communs aux Nations qui ne vous connoiſſent pas: & puiſque vous êtes notre Dieu, par une miſericorde particuliére, faites auſſi que nous ſoyons votre peuple, par une fidelité & une conſécration qui répondent à une telle faveur.

ARTICLE X.

Plus les ſoins d'un Prince paroiſſent accablans, plus ſon application à la priére doit redoubler.

I. Plus les ſoins d'un Prince paroiſſent accablans, plus ſon application à la priére doit redoubler. Car où trouveroit-il ailleurs la conſolation qui doit les lui adoucir? Quelle ſource de patience, de courage, de foi, trouveroit-il ailleurs? A qui déchargeroit-il ſon cœur, avec une confiance égale à celle qu'il a en Dieu? Devant quel autre temoin repandroit-il ſon ame avec la même liberté? De qui entendroit-il ces paroles de vie que Dieu lui dit en ſecret?

II. Moins ſes affaires lui donnent de relâche, plus il eſt attentif à menager tous les momens où la priére lui eſt permiſe: & dans ces momens heureux il ſe hâte de prendre des forces contre tout ce qui l'en détourne dans les autres tems.

III. Il

III. Il se nourrit avec avidité, comme n'ayant pas le loisir de le faire avec autant de tranquillité que les autres. Il se plonge dans la source d'eau vive, au lieu d'y boire comme ceux qui sont moins pressés que lui. Il se livre tout d'un coup à l'esprit de grace & de priére, de peur que le moindre retardement ne le lui enléve : & il conserve une ardente soif, lors même qu'il lui est permis de la satisfaire, parce qu'il lui semble que ses soins le rappellent toujours avant qu'il soit pleinement desalteré.

ARTICLE XI.

Sa priére intérieure doit être presque continuelle.

I. Pour se consoler de ces interruptions, qui troublent ses saints délices, il tient en secret son cœur toujours élevé vers le Dieu de son cœur. Au milieu de ses plus importantes occupations il l'adore, il le consulte, il demeure dans le respect devant lui. (q) Il le considére comme étant toujours à sa droite, afin qu'il ne soit point ébranlé. Il lui offre un continuel sacrifice sur un autel invisible, & c'est lui-même qui est la victime qu'il offre. (r) Il est plein de desirs &
de

(q) Providebam Dominum in conspectu meo semper, quoniam à dextris est mihi, ne commovear. *Ps. XV. v.* 8.
(r) In me sunt, Deus, vota tua, quæ reddam, laudationes tibi. *Ps. LV. v.* 12.

de vœux : & il n'a pas besoin de témoigner par des signes extérieurs, le culte sincére qu'il rend (s) en esprit & en verité à un (t) Dieu qui voit dans le secret, & qui est essentiellement esprit & verité.

ARTICLE XII.
Elle doit être soutenue par d'autres, reglées en certains tems.

I. Mais outre cette priére, qui est l'ame de toutes ses actions, & qui est comme la respiration intérieure de son cœur, il se prescrit des tems réglés, pour n'avoir que le seul exercice de la priére, sans y mêler d'autres soins. David en cela lui sert de modéle. Il étoit Roi, comme lui, remplissant tous les devoirs de son état, & conservant une attention continuelle à Dieu : mais il déclare lui-même, (v) qu'il destinoit à la priére sept tems differens dans chaque jour ; & (x) qu'il interrompoit son sommeil pour louer Dieu, lui rendre graces, & lui demander son secours.

II. Sans cette précaution, l'amour s'affoiblit, & vient même à s'éteindre. Il a besoin

---

(s) Spiritus est Deus, & eos, qui adorant eum, & in spiritu & veritate oportet adorare. *Joan C.* IV. *v* 6
(t) Tu cùm oraveris, intra in cubiculum tuum, & clauso ostio, ora patrem tuum in abscondito · & pater tuus, qui videt in abscondito, reddet tibi. *Matth. C.* VI. *v.* 6.
(v) Septies in die laudem dixi tibi, super judicia justitiæ tuæ. *Ps* CXVIII *v.* 164.
(x) Mediâ nocte surgebam ad confitendum tibi. *Ibid v.* 62.

foin de nourriture, & c'est de la priére dont il vit : celle qui n'est pas absolument libre, le console & le soutient un peu ; mais elle ne peut remplir la faim qui le consume. Il se replie sur soi-même, & se dévore, s'il n'a un aliment plus fort & plus plein de suc : & semblable au feu, il se dissipe, & se détruit par son agitation, s'il n'est continuellement réparé par une matiére propre à l'entretenir & à le renouveller.

III. Car, (*y*) malgré son attention à ne point perdre Dieu de vûe, les affaires & les soins lui en enlévent souvent la presence. Les sens, par leur continuelle impression, émoussent son ardeur, & répandent des nuages sur la lumiére ; & la cupidité, qui augmente dès que l'amour des veritables biens diminue, croît jusqu'à l'étouffer, si une priére un peu longue ne rappelloit l'homme tout entier à son cœur, ne le separoit de tout commerce avec les choses sensibles, & ne remettoit sous le joug de l'amour de Dieu, tous les desirs qui commençoient à s'affoiblir : car il y a peu loin de l'affoiblissement à la tiédeur ; & la tiédeur, quand elle est négligée, conduit infailliblement à une entiére extinction.

IV. Les

(*y*) Ideò ab aliis curis atque negotiis, quibus ipsum desiderium quodammodo tepescit, certis horis ad negotium orandi mentem revocamus, verbis orationis nos ipsos admonentes, in id quod desideramus intendere, ne quod tepescere cœperat, omnino frigescat, & penitùs extinguatur, nisi crebrius inflammetur. *S. Aug. Ep.* 130. *ad Prob. C.* 9.

IV. Les Pseaumes sont la prière de l'Eglise, & le Prince doir avoir un respect particulier pour ces cantiques sacrés, qui sont pleins des mystéres de Jesus-Christ dont David étoit le Prophéte; & qui contiennent, d'une maniére divine, tout ce qu'une ame fidéle, en toute sorte d'états, peut désirer pour elle-même, & pour les autres.

V. Il doit sur tout bien comparer son amour, sa confiance, sa foi, son humilité, son attente des biens futurs, avec les dispositions de ce saint Roi : & ne point quitter la prière, sans avoir tâché de faire passer dans son cœur, les sentimens dont sa bouche prononçoit les paroles. Car, selon la remarque de S. Augustin „ (z) nous
„ ne prions vocalement à de certaines heu-
„ res reglées, qu'afin que les paroles que
„ nous disons, nous rappellent ce que nous
„ devons désirer, & que, rentrant en nous
„ mêmes, & nous comparant avec ce que
„ nous disons, nous puissions connoître si
„ nous avançons dans l'amour des choses
„ celestes, & que nous tâchions de le ren-
„ dre plus vif & plus ardent : car c'est par
„ l'ardeur du desir que se mesure l'effet de
„ la prière. „

VI. Nous

(z) Ideò per certa intervalla horarum & temporum, etiam verbis rogamus Deum, ut illis rerum signis nos ipsos admoneamus, quantumque in hoc desiderio profecerimus, nobis ipsis innotescamus, & ad hoc augendum nos ipsos acrius incitemus. Dignior enim sequetur effectus, quem ferventior præcedit affectus. *S. Aug. ibid.*

VI. Nous portons naturellement dans le cœur un secret engourdissement par rapport aux biens invisibles, qui ne céde pas à une priére passagére. Il faut quelque tems pour le dissiper, & pour réchauffer le cœur; les verités les plus touchantes ne le pénétrent qu'avec lenteur, & souvent elles s'arrêtent à la surface. Cependant il y a une proportion, connue de Dieu, entre les biens que nous lui demandons, & nos desirs: & quand nos desirs ne répondent point au prix infini de ce qui en est l'objet, ils nous laissent dans notre indigence; & nous demeurons dans notre misére, parce que nous n'en sommes pas assez touchés.

ARTICLE XIII.

La priére est l'exercice des principales vertus.

I. La priére met en mouvement & en exercice toutes les vertus intérieures. Elle les anime, elle les fait croître, elle les applique à leur objet, & sans elle, les plus grandes & les plus divines demeureroient comme mortes, & sans vie. (*a*) C'est elle qui attache la foi à ce qu'elle doit croire; l'espérance à ce qu'elle doit attendre; la charité à ce qu'elle doit desirer. Sans elle, les louanges divines, l'action de graces, l'adoration, la religion, seroient comme éteintes.

(*a*) In ipsâ fide, & spe, & charitate, continuato desiderio semper oramus. *S. Aug. Ibid.*

tes. C'est par elle que l'ame s'humilie devant Dieu, qu'elle lui offre le sacrifice d'un esprit abattu & d'un cœur brisé, qu'elle l'invoque, qu'elle lui expose ses besoins, qu'elle confesse son indignité, sa dépendance, sa foiblesse. En un mot, c'est supprimer tout, que de supprimer la priére : c'est affoiblir tout, que de l'affoiblir : c'est tarir la source de tous les biens, que de négliger l'unique moyen de les obtenir.

Article XIV.

Dispositions qui doivent accompagner la priére, dont la premiére est la foi.

I. Il importe donc infiniment au Prince, qui n'a de veritable ressource que la priére, de la rendre la plus pure & la plus parfaite qu'il lui sera possible, & de réunir dans son cœur toutes les dispositions qui concourent à la rendre telle.

II. La premiére, & qui lui sert comme de base, est la foi ; non celle qui se contente de croire les verités revelées, sans y prendre un vif interêt ; mais celle que définit S. Paul en ces termes : „ (b) La foi est la „ réalité & solidité des choses que l'on es- „ pére : une claire démonstration de ce qui „ ne se voit point. „ L'Apôtre savoit que notre foiblesse nous porte à diminuer la réalité

(b) Est autem fides sperandarum substantia rerum, argumentum non apparentium. *Hebr. C. XI. v. 1.*

réalité des biens invisibles, à les regarder dans un éloignement qui les fait comme disparoître, & à compter ce qui n'est pas vû, comme n'étant pas. Il oppose à cette foiblesse, qui vient de notre incredulité, deux effets contraires de la foi. Elle nous rend réel, dit-il, & solide, ce qui est invisible: elle le dévoile & le rend present. Elle fait toucher, comme avec la main, ce qui sembloit n'être qu'une ombre: elle met sous les yeux, ce qui étoit couvert d'obscurités.

III. C'est d'une telle foi que doit partir la priére pour être efficace: car si la foi chancelle, non par des doutes de l'esprit, mais par une secréte défiance du cœur, il y a long-tems que S. Jacques nous a assuré que la priére, appuyée sur un fondement si peu ferme, n'obtiendra rien: „(c) Si quel-„qu'un de vous, nous dit-il, manque de „sagesse„ (& quel est l'homme qui en ait assez pour n'avoir pas besoin d'en demander?) „qu'il la demande à Dieu, & la sa-„gesse lui sera donnée. Mais qu'il la de-„mande avec foi, sans hésitation, & sans „aucun doute: car celui qui doute, est sem-„blable au flot de la mer, qui est agité & „emporté çà & là par la violence du vent.
„Il

(c) Si quis vestrûm indiget sapientiâ, postulet à Deo, & dabitur ei. Postulet autem in fide, nihil hæsitans: qui enim hæsitat, similis est fluctui maris, qui a vento movetur & circumfertur. Non ergo æstimet homo ille, quod accipiat aliquid à Domino. Vir duplex animo, inconstans est in omnibus viis suis. *Jacob.* C. I. v. 5. & suiv.

„ Il ne faut pas que celui-là s'imagine qu'il
„ obtiendra quelque chose du Seigneur.
„ L'homme qui a l'esprit partagé, est incon-
„ stant en toutes ses voies. „

IV. Plusieurs sont dans la disposition que cet Apôtre condamne, sans penser qu'ils y sont. Ils croient avoir beaucoup de foi, parce qu'ils sont pleinement soumis à tout ce qui est revelé : mais les choses invisibles leur sont si peu presentes, elles font sur eux une si foible impression, & quand ils veulent les considerer fixement, ils sont si peu faits à ce spectacle, que tout leur semble tourner autour d'eux, & qu'ils ne savent alors, ni ce qu'ils voient, ni ce qu'ils font eux-mêmes. Leur cœur tremble & palpite : & le mouvement des vagues poussées par le vent, est l'image de leur ame éblouie & chancelante, qui voit un moment les biens spirituels, & qui les perd de vûe dans l'instant.

V. Il faut être mieux affermi dans la foi, pour prier avec succès. Il faut être accoutumé à la mettre à la place des sens : voir avec distraction ce qui est visible, & considerer fixement ce qui ne l'est pas : compter pour peu de chose ce qui est present, & ne regarder comme réel & solide que ce qui est promis.

VI. Il y a divers degrés dans cette disposition : & l'on prie utilement, quoiqu'on
n'en

n'en ait pas atteint la perfection. Mais il nous est permis de la desirer, & commandé même d'y tendre. Et il convient au Prince, qui est le chef du peuple, d'avoir, s'il est possible, autant de foi que Moïse, dont l'Ecriture dit, que (d) Dieu, tout invisible qu'il est, lui étoit aussi present que s'il l'eût vû des yeux du corps.

ARTICLE XV.

Seconde disposition ; la sincérité.

I. A une grande foi, il faut joindre une grande sincérité dans la priére · & cette sincérité est la droiture même du cœur, qui désire véritablement ce qu'il demande. „ (e) Ecoutez, Seigneur, disoit le Prophéte, „ la priére que je vous fais avec des „ lévres exemptes de duplicité „, qui répondent exactement à mes sentimens intérieurs, & qui ne sont point désavouées par la disposition de mon cœur. Je n'attends que de vous seul ce que je vous demande. Je ne l'espére, ni de moi, ni d'un autre. Je suis persuadé de mon besoin : je le suis de votre puissance & de votre bonté. Mon cœur, en vous priant, est sur mes lévres : mes paroles sont les mêmes que mes desirs.

II. Il

(d) Invisibilem tamquam videns sustinuit. *Hebr. C. XI.* v. 27.
(e) Auribus percipe orationem meam, non in labiis dolosis. *Ps. XVI. v. 1.*

II. Il eſt facile d'être ſincére, quand on demande les biens temporels; on les aime, & ſouvent avec trop d'ardeur; & la priére n'eſt point démentie par une diſpoſition oppoſée.

III. Mais quand il s'agit des veritables biens, de ceux dont la cupidité eſt ennemie, de ceux que les ſens ne connoiſſent point, il eſt rare que la priére parte d'un cœur droit & ſimple, & qu'elle ne ſoit pas combattue par des deſirs plus ſincéres que les ſiens.

IV. On ne connoît pas ordinairement cette oppoſition ſecrette entre ſa priére & ſes veritables ſentimens. On eſt trompé par ſes penſées, qui couvrent un fonds très different. On prend une volonté foible, mais preſente, pour une volonté ferme, & qui domine ſur toutes les autres. On croit aimer uniquement ce qu'on craint en effet, & dont l'on eſt ennemi.

V. Mais Dieu voit cette duplicité que nous ne voulons point approfondir; & il eſt peu attentif à des priéres, où le langage des lévres n'eſt pas celui du cœur. (*f*) Il faut le chercher avec un cœur ſimple pour le trouver. (*g*) Son eſprit ne ſe communique point à l'hypocrite, ou trompeur, ou trompé, ou artificieux, ou aveugle. Et le moyen de par-

(*f*) In ſimplicitate cordis quærite illum. *Sapien. C. I. v. 1.*
(*g*) Spiritus ſanctus diſciplinæ effugiet fictum. *Ibid. verſ. 5.*

parvenir à la sagesse, est *(h)* de la desirer pleinement & sans partage : ne souhaitant pas sa lumiére, pendant qu'on craint ses repréhensions · ne voulant pas connoître certains devoirs, & demeurer tranquille dans l'ignorance de plusieurs autres : ne bornant pas la justice & la pieté à ce qui nous plaît, à ce qui est facile, à ce qui peut s'allier avec des passions qu'on ne veut pas vaincre : ne desirant pas en secret que Dieu excuse ce que nous excusons, & qu'il juge de nos défauts avec la même indulgence que nous.

VI. Ce n'étoit point ainsi que prioit le Prophéte, quand *(i)* il demandoit à Dieu qu'il l'éprouvât, qu'il examinât ce qu'il y avoit en lui de plus caché, & qu'il portât la lumière & le feu jusques dans les plus secrets replis de son cœur. Il craignoit avec raison de ne se point connoître assez, de conserver des attachemens qu'il pensoit avoir vaincus, de déplaire à Dieu, sans en savoir le sujet. Il le supplie de ne pas attendre pour le guérir, qu'il lui demande la santé. *(k)* Vous connoissez tout, lui dit-il : & je ne sais de moi-même que ce que vous m'en découvrez. Entrez vous-même dans mon cœur, plus avant que je ne saurois

---

(h) Sapientiam sine fictione didici. *Sap. C.* VIII *v.* 13.
(i) Proba me, Domine, & tenta me : ure renes meos & cor meum. *Ps. XXV v.* 2.
(k) Proba me Deus, & scito cor meum Interroga me, & cognosce semitas meas : & vide si via iniquitatis in me est, & deduc me in viâ æternâ. *Ps.* CXXXVIII. *v.* 23. *&* 24.

rois faire. Sondez des profondeurs qui me sont inconnues. Examinez tout ce qui échappe à mes yeux & à mes recherches. Reformez dans mes actions, & dans leurs motifs, tout ce qui s'écarte de votre loi. Faites tout rentrer dans l'ordre & le devoir : & conduisez-moi au salut, en vous rendant absolument le maître de ce que je suis, sans attendre que je vous expose en détail, ou mes besoins, ou mes imperfections, que mes ténébres me cachent, & dont je ne serois peut-être pas touché, quand j'en serois mieux instruit.

VII. C'est-là cette sincérité dont je parle. Nous ne savons point ce que nous sommes : mais nous nous presentons à Dieu dans la priére, tels qu'il nous voit. Nous lui demandons tout : nous n'excusons rien : nous ne cachons rien, nous n'exceptons rien de ce qu'il lui plaira de nous commander. Nous ne doutons pas que nous ne conservions beaucoup d'obstacles secrets à ses volontés : mais nous le conjurons de les surmonter par sa grace ; & nous lui decouvrons avec ingenuité les miséricordes qu'il nous a déja faites, & celles que nous attendons encore de lui : ce qu'il nous a donné, & ce qui nous manque : la santé que nous avons reçue, & les maladies qui nous restent à guerir.

ARTI-

ARTICLE XVI.
Troisiéme disposition; l'humilité & les sentimens d'un pauvre.

I. Une telle disposition conduit à l'humilité, qui fait le principal mérite de la priére; & qui consiste à se regarder comme pauvre, & comme indigne d'être écouté.

II. Le Prince, tout grand qu'il est aux yeux des hommes, n'est devant Dieu qu'un pauvre à qui tout manque, & qui n'a droit à rien. Il doit oublier dans le tems de la priere toutes les distinctions qui mettent entre lui & les pauvres une si grande distance, & regarder leur état comme une image du sien, & une image même très imparfaite, parce que ses besoins sont bien differens des leurs, & qu'il n'y a aucune comparaison à faire entre leur indigence & la sienne. (*l*) „Je suis pauvre, & je n'ai „rien, disoit David. Seigneur, assistez-moi. „(*m*) Je suis un mendiant, disoit-il encore, „reduit à l'indigence: mais Dieu prend „soin de moi." C'est à sa bonté que je dois tout ce que j'ai, même dans l'extérieur: car quel autre que lui me donne la vie & me nourrit? Je suis aussi dependant de ses soins que les plus pauvres; & s'il m'abandonnoit un moment, je tomberois dans

---

(*l*) Ego verò egenus & pauper sum *Ps.* LXIX. *v.* 6.
(*m*) Ego autem mendicus sum & pauper: Dominus solicitus est mei *Ps.* XXXIX. *v.* 18.

dans une misére plus grande que la leur. Mais du côté des biens invisibles, quel avantage ai-je au-dessus des autres hommes? Quel droit y ai-je? Quel principe en trouvai-je en moi? En quoi suis-je distingué des plus pauvres & des plus petits? Je suis mendiant comme eux: & je n'ai, comme eux, d'esperance qu'en la misericorde de Dieu, qui prend soin d'eux & de moi.

III. „ (*n*) Tous, tant que nous sommes, dit S. Augustin, „ lorsque nous prions, „ nous sommes à l'égard de Dieu comme „ des mendians, qui nous tenons devant la „ porte du grand Pére de famille, ou plu- „ tôt, qui y demeurons prosternés, gé- „ missant, suppliant, désirant d'obtenir quel- „ que chose; & ce que nous voulons obte- „ nir, c'est Dieu même. „

IV. Celui entre tous ces pauvres prosternés, qui a le cœur plus humble, est celui que le Pére de famille distingue des autres, & à qui il donne davantage. (*o*) Il rejette l'orgueil joint à la misére, & il laisse dans l'indigence tous ceux qui pensent y être moins que les autres. (*p*) Les riches ne reçoivent

---

(*n*) Omnes, quando oramus, mendici Dei sumus ante januam magni patris familias stamus, imo etiam prosternimur supplices ingemiscimus, aliquid volentes accipere, & ipsum aliquid, ipse Deus est. *S. Aug. Serm.* 83. C. 2.

(*o*) Odit anima mea pauperem superbum. *Eccli. C. XXV. v.* 3. & 4.

(*p*) Edent pauperes & saturabuntur. *Ps. XXI.* Esurientes implevit bonis, & divites dimisit inanes. *Luc. C. I. v.* 53. *Matt. C. XV.* 27.

çoivent rien, pendant que ceux qui ont faim, sont rassasiés & remplis de biens. Le pauvre qui se contente des miettes qui tombent de la table des enfans, est preferé aux enfans mêmes, s'ils oublient qu'ils ne le sont que par grace : & toute l'Ecriture ne promet rien qu'aux pauvres, ne console que les pauvres, & ne fait état que de la priére des pauvres.

V. Les Rois peuvent être de ce nombre, & ceux qui ne sont rien dans le siécle, peuvent en être exclus. Mais il est plus difficile aux Rois de se mettre au rang des pauvres, qu'à ceux qui sont nés dans la bassesse : & le miracle qui détache les riches de leurs richesses, est moins rare que celui qui fait oublier aux Rois leur grandeur. Car on renonce plus aisément aux biens extérieurs qu'à l'orgueil, sur tout quand il est accompagné de la souveraine puissance, & qu'on ne s'humilie qu'autant qu'on veut. Mais ce qui est impossible aux hommes, est facile à Dieu : & quand il veut, il donne aux Princes des sentimens aussi humbles dans la priére, qu'à la (q) Cananéenne & au (r) Centenier ; dont la premiére se comparoit aux chiens, & le second se croyoit indigne de prier lui-même.

ARTI-

(q) Etiam, Domine, nam & catelli edunt de micis, quæ cadunt de mensâ dominorum suorum. *Matt. C XV. v. 27.*
(r) Me ipsum non sum dignum arbitratus, ut venirem ad te. *Luc. C. VII. v. 7.*

Article XVII.

Quatriéme disposition; la persévérance.

I. La preuve la plus certaine que l'on prie avec humilité, est quand on le fait avec persévérance. L'orgueil se lasse des délais, & s'irrite quand on le refuse : mais l'humble & le pauvre attendent avec patience les momens du maître. Il s'estime heureux d'être souffert à sa porte. Il sait qu'on pouvoit l'en chasser. Il sait que la volonté d'y venir lui a été inspirée; & que c'est une miséricorde qu'il y soit venu. Il y demeure prosterné jusqu'à ce qu'on l'ouvre. Il y frappe de tems en tems, pour avertir que ses besoins sont pressans, mais il ne la quitte point. Il sait que celui qui a tout promis à la priére, est fidéle. Il se repose sur sa vérité, & il vit de la foi, en attendant ce qu'il espére.

II. Il se souvient de cette parole de Jésus-Christ. ,, qu'il (s) faut toujours prier, ,, & ne se lasser jamais de le faire; ,, & de l'exemple qu'il donne lui-même de cette veuve, qui par son importunité força un juge qui n'aimoit point la justice, à la lui rendre. Il est persuadé que tous les délais de Dieu sont justes : qu'ils servent à augmenter les désirs; & qu'ils préparent l'ame

---

(s) Oportet semper orare, & non deficere. *Luc.* C. XVIII. v. 1. & suiv.

me aux biens qu'elle attend, en la rendant plus humble, & plus patiente.

III. Il est convaincu qu'aucun de ses gemissemens n'est perdu, mais que Dieu seul connoît combien de tems il faut gemir avant que d'être éxaucé. Il sait qu'on lui a commandé (*t*) de prier, de chercher, de frapper à la porte, en l'assurant qu'il ne le feroit point en vain ; mais qu'on ne lui a point dit en quel tems on accorderoit à sa priére & à ses instances, ce qu'il avoit demandé. Il a lu dans le Prophete, que (*v*) celui qui invoque, viendra certainement ; qu'il faut perseverer jusqu'à sa venue, que les retardemens qui paroissent longs à la foiblesse humaine, ne sont que pour affermir la foi du juste ; & il est résolu de prier & d'esperer jusqu'à la mort, & de ne donner point d'autres bornes à sa patience & à son attente.

Article XVIII.

Cinquiéme disposition, l'ardeur & l'instance.

I. Mais cette disposition, qui paroît tranquille, n'empêche pas que la priére ne soit vive & accompagnée d'ardeur & (*x*) d'instance.

(*t*) *Matt C* VII. *v.* 7.
(*v*) Apparebit in finem, & non mentietur si moram fecerit, expecta illum qui veniens veniet, & non tardabit Justus in fide suâ vivet *Habacuc. C.* II. *v.* 3 *& 4.*
(*x*) Orationi instantes. *Rom. C.* XII. *v.* 12. *Joan. Cap.* IV. *v.* 14.

stance. Elle n'obtiendroit rien, si elle étoit froide & languissante. Elle est le cri d'un cœur pressé par le sentiment de ses besoins. Elle est l'amour même, privé de son bien, & qui s'élance vers lui. Elle est un désir inspiré par la grace, & qui remonte avec impetuosité jusqu'à son origine. Elle est cette source d'eau vive, qui, selon Jésus-Christ, rejaillit jusques dans la vie éternelle.

II. Les hommes se trouveroient importunés par les cris des pauvres qui les suivroient, & ils seroient blessés de leurs priéres, si elles étoient vives & pressantes : mais il n'en est pas ainsi de Dieu, qui aime les priéres ardentes, & (*y*) qui n'écoute que celles qui partent du cœur. (*z*) On est muet à son égard, lorsque le cœur est muet. L'on commence à parler, quand on commence à aimer. L'on pousse des cris, lorsqu'on aime avec ardeur. Ce cri intérieur peut tout obtenir : & s'il ne se rallentit point, il obtiendra certainement tout · car toutes les promesses sont faites à la priére dont un grand amour est le principe. (*a*) ,, Mettez votre joie dans le Seigneur, ,, dit l ,, Pro

(*y*) Ad cor hominis, aures Dei, sicut aures corporal ad os hominis, sic cor hominis ad aures Dei. *S. A Enarration in Ps.* CXIX.
(*z*) Frigus charitatis, silentium cordis est · flagrantia ch ritatis, clamor cordis est. *Idem Enarr. in Ps* XXXVIII
(*a*) Delectare in Domino, & dabit tibi petitiones dis tui. Revela Domino viam tuam, & spera in eo ipse faciet. Subditus esto Domino, & ora eum. *Ps.* XXX *v.* 4. 5. & 7.

Prophête, „ & il vous accordera tout ce „ que demande votre cœur. Découvrez-lui „ votre voie, & esperez en lui, & il fera „ tout. Soyez soumis au Seigneur, & priez-„ le „ sans vous lasser de ses retardemens : c'est l'abrégé de ce que j'ai dit, quoique l'ordre soit un peu différent. Et l'on voit dans ces paroles de l'Esprit de Dieu, qu'une priére fidéle, sincére, humble, persévérante, inspirée par l'amour, & féconde en désirs, sera toujours écoutée.

CHAPITRE X.

Il est nécessaire que le Prince connoisse les dangers de son état, & les difficultés qu'il renferme pour le salut. Idée générale de ses dangers. Détail plus exact. La vertu des Rois doit être solidement fondée; soutenue par la priére, affermie par de sérieuses réfléxions dans les tems qu'ils se réservent; animée par des entretiens propres à nourrir la foi. Elle doit être éminente, & par conséquent fort humble.

ARTICLE I.

Il est nécessaire que le Prince connoisse les dangers de son état, & les difficultés qu'il renferme pour le salut.

I. L'Un des plus puissans motifs qui doivent porter le Prince à la priére, & à la rendre autant qu'il pourra continuelle, com-

comme S. Paul (*b*) y exhorte tous les fideles, est la connoissance des dangers de son état pour le salut. J'en ai deja parlé dans le Chapitre précedent, & dans beaucoup d'autres, où je n'ai pu representer au Prince ses devoirs, sans lui montrer en même tems ses perils : mais il est d'une grande conséquence pour lui, de les envisager de plus près, (*c*) afin qu'étant utilement allarmé de la crainte de se perdre, il ne mette pas sa confiance dans ses forces, mais en Dieu seul, qui peut rendre la vie aux morts, & dont la protection peut délivrer de tous les périls.

II. Les plus saints emplois sont exposés à de grands dangers. L'Episcopat en est environné : le ministére Ecclésiastique en est plein. S. Paul en voyoit de très grands dans l'Apostolat : & il reconnoissoit, que l'auguste fonction d'annoncer Jesus-Christ à tous les peuples, étoit (*d*) comme un tresor caché dans un vaisseau de terre, dont la fragilité l'avertissoit de mettre en Dieu sa confiance, & de ne rien attendre de sa propre foiblesse.

III. Ce n'est donc pas une preuve qu'un état

(*b*) Sine intermissione orate. 1. *Thessal.* C. V v 17.
(*c*) Ut non simus fidentes in nobis, sed in Deo, qui suscitat mortuos ; qui de tantis periculis nos eripuit, & eruit . in quem speramus, quoniam & adhuc eripiet 2 *Cor.* C. I. v 9
(*d*) Habemus thesaurum istum in vasis fictilibus, ut sublimitas sit virtutis Dei, & non ex nobis. 2. *Cor.* C. IV. v. 7.

état soit mauvais, de ce qu'il est dangereux: mais c'est une necessité, quand on y est engagé par la Providence, d'en bien connoître tous les dangers, pour les pouvoir éviter. La presomption ne les craint point assez: le découragement les craint trop: & l'un & l'autre porte à ne les point considerer, quoique par des motifs differens. La veritable vertu fait unir l'humilité au courage. Elle craint, & elle espére même plus qu'elle ne craint · autrement elle abandonneroit tout. Et comme elle ne voit aucune proportion entre sa propre foiblesse & les perils de son état, elle voit aussi qu'il n'y a aucune comparaison à faire entre le secours d'un Dieu tout-puissant, & les dangers où l'on ne s'expose que pour lui obéir.

IV. Ce seroit une temerité de s'y exposer par son propre choix: mais ce seroit aussi une lâcheté, que d'en être trop frappé, quand la volonté de Dieu est marquée. (e) S. Pierre a tort d'être plus attentif aux flots de la mer, & à la violence du vent, qu'à la presence de Jesus Christ qui l'appelle, & qui le dispense du moyen necessaire aux autres hommes. Une grande foi l'eût soutenu. C'est une peur excessive du danger, qui l'y plonge.

(e) Descendens Petrus de naviculâ, ambulabat super aquam, ut veniret ad Jesum. Videns verò ventum validum, timuit, & cum cœpisset mergi... Jesus ait illi. Modicæ fidei, quare dubitasti: *Marc.* C. XIV. v. 29. 30. 31.

Article II.
Idée generale de ses dangers.

I. L'état de cet Apôtre, marchant la nuit sur une mer agitée par un vent violent, est une image fort naturelle de celui d'un Roi, qui a sous ses pieds un abîme, qui marche sans appui visible, qui est continuellement battu par le vent violent de ses propres passions & de celles des autres, qui ne peut se servir des moyens ordinaires pour se mettre en sûreté, & qui est obligé d'être continuellement soutenu par une main invisible, au dessus des flots prêts à l'engloutir.

II. S. Pierre avoit un corps comme les autres hommes, qui par son poids naturel ne pouvoit demeurer suspendu sur la surface de l'eau. La mer étoit à son égard, ce qu'elle étoit pour tous. Il ne pouvoit s'enfoncer sans perdre la vie. La barque, où les autres étoient en sûreté, ne pouvoit lui servir d'azile. Tous les moyens humains lui étoient refusés. La tempête ajoutoit aux autres dangers un nouveau peril. Il falloit se roidir contre un vent impétueux. Les vagues de la mer entr'ouverte n'offroient à l'imagination que l'idée du naufrage. Il étoit nuit. Jesus-Christ étoit à une certaine distance. Il ne tenoit pas son Apôtre par la main. Voilà dans une peinture sensible, quelle est la situation d'un Prince selon la verité.

III. Il a les mêmes panchans que les autres hommes. Il porte la même cupidité dans le sein. Les objets extérieurs font sur lui la même impression. Par son poids naturel il est entraîné vers tout ce qui flatte ses sens : & néanmoins il est obligé de vivre au milieu de tout ce qui est capable de séduire les hommes. Il est environné de tout ce qui enflamme la cupidité : il est le maître de tous les objets qu'elle désire : & l'on dit au Prince, de demeurer insensible à tout, de se tenir en l'air, d'être suspendu au dessus de tout ce qu'il aime naturellement ; de ne toucher que legérement, & en passant, le monde qui est sous ses pieds, & de n'y mettre jamais sa confiance & son amour.

IV. Le monde est pour lui aussi pernicieux que pour les autres. Il y perira, s'il s'y enfonce, & il y sera submergé, s'il commence à l'aimer. Dès qu'il aura perdu le contrepoids qui le soutient, rien ne l'empêchera de descendre jusques dans l'abîme : & il ne lui sera pas permis de s'arrêter, s'il ne se tient sévérement sur la surface, en méprisant toujours ce que Dieu a mis sous ses pieds, & en conservant son cœur libre, pour les seuls biens qui sont dignes de lui.

V. Il ne lui est pas permis de recourir à la barque où les autres sont en sûreté. La retraite lui est interdite : il ne peut abandonner un seul moment la conduite de l'Etat : il est obligé de recevoir les respects de tous, & de se les faire rendre. La magnificence & l'appareil de sa grandeur le suivent par-tout. Il ne lui est pas libre de fermer pour quelques momens les yeux au spectacle de la vanité, ni de revenir à son propre cœur, en écartant tous les objets qui l'agitent & qui le dissipent.

VI. Au milieu de ses dangers, aucun ne lui tend la main, ne lui rappelle les verités de la foi, ne lui tient un langage qui le console. Il est seul. Il est nuit. Sa foiblesse est en même tems exposée aux plus grands dangers, & destituée de tout secours.

VII. Une violente tempête l'agite au dehors, & l'affoiblit au-dedans. Il n'entend louer que ce qu'il ne doit point estimer. Il voit tous les hommes empressés pour des biens qu'il ne doit point aimer. On lui parle sans cesse de sa grandeur, de son pouvoir, de ses perfections. La flatterie, les mauvais conseils, le bruit des passions des autres, commencent à exciter les siennes. Le vent est violent. Le siécle agité est plein de scandales. Qui soutiendra le Prince au milieu de tant de perils réunis ? Qui l'empêchera de commencer à tomber ? Qui l'avertira de ses premiers affoiblissemens ? Qui lui tendra la main, & le préservera du naufrage, avant qu'il soit entier ?

S. Pier-

S Pierre eut peur lorsqu'il sentit qu'il enfonçoit, & il s'écria· „ Seigneur, sauvez-„ moi ! „ Mais lorsqu'un Prince commence à s'affoiblir, il commence à se rassurer, & la première chose qui s'affoiblit en lui, est la priére.

VIII. Il doit se regarder, quand il juge sainement de son état, comme un homme qui marche dans un lieu dont la pente est en précipice, qui ne peut s'écarter d'un sentier étroit sans se briser, & qui est perpétuellement obligé de se roidir contre un vent impetueux qui le pousse vers l'abîme.

IX. Il doit même ajouter à cette idée, celle d'un homme dangereusement malade, & qui ne peut sortir du lieu infecté qui sert à entretenir sa maladie d'un homme blessé, & qui est contraint de guérir ses blessures au milieu de ce qui est capable de les rouvrir : d'un homme qui a eu l'imprudence de toucher à des fruits empoisonnés, & qui ne trouve presque pour vivre que les mêmes fruits.

Article III.

Détail plus circonstancié de ses perils.

I. Il est très difficile de conserver de la moderation & de l'humilité, au milieu de tout ce qui nourrit l'orgueil, & de se regarder comme égal aux autres hommes, selon

lon la nature, ou même comme inférieur à plusieurs, selon la vertu, quand on les voit toujours abattus à ses pieds, qu'on élève & qu'on abaisse qui l'on veut, qu'on dispose de tout en Souverain, qu'un mot, qu'une volonté, décide du sort d'une Province, qu'un simple ordre assemble ou congedie les armées; & qu'on est, par une autorité indépendante, comme (f) le Dieu des autres hommes.

II. Et néanmoins c'est aux Princes, aussi-bien qu'aux autres hommes, que le Saint Esprit (g) défend d'avoir d'eux mêmes une autre opinion; & qu'il commande (h) de ne se point distinguer intérieurement des personnes qui sont dans le dernier rang, & de les regarder même comme supérieurs aux yeux de Dieu.

III. Il est très difficile de ne pas s'attribuer une puissance dont on paroît toujours le maître, de ne pas se l'incorporer pour ainsi dire, de ne la pas considerer comme propre & naturelle, de l'exercer comme une simple commission, de ne l'avoir que comme un dépôt, qu'on est toujours prêt de remettre à celui qui l'a confié pour un tems.

IV. Il est très difficile de resister toujours
à l'im-

(f) *Pf.* LXXXI. v 6 & *Joan.* C. X v 34
(g) Non alta sapientes, sed humilibus consentientes. *Rom* C. XII. v. 16.
(h) In humilitate superiores sibi invicem arbitrantes. *Phil.* C. II. v. 3.

à l'impression que les jugemens des autres font sur nous: de ne pas se regarder avec les mêmes yeux dont ils nous regardent: de ne pas être ébloui de ce qui les éblouit: de ne pas mettre sa complaisance dans les choses qu'ils admirent: de se défendre toujours avec la même attention de leurs erreurs, de leurs séductions, de leurs flatteries: de ne pas s'accoutumer à leur langage: de n'aimer pas à la fin ce qu'on avoit condamné dans le commencement.

V. Il est très difficile de ne pas mettre sa confiance dans les biens dont on est environné, de ne les pas considerer comme un appui, de n'y mettre aucun repos: de se contenter d'un usage reglé par la nécessité, sans y attacher, & sans y unir son cœur, sans en faire dépendre son bonheur; d'écouter toujours avec docilité cet avis de l'Apôtre: (1) ,, Que ceux qui usent de ce mon- ,, de, le fassent comme n'en usant point, par- ,, ce que la figure de ce monde passe. ,,

VI. Il est très difficile de se regarder comme exilé, quand on est sur le thrône; & comme voyageur, quand on y est bien affermi. Il est très difficile, qu'étant Roi à Babylone, on soupire après Jerusalem; qu'on n'aime pas mieux une gloire présente, que celle qui est invisible; qu'on ne préfére

___
(1) Reliquum est, ut & qui utuntur hoc mundo, tamquam non utantur: præterit enim figura hujus mundi. 1 Cor. C. VII. V. 30.

fére pas le plaisir de commander seul, à l'espérance de rentrer un jour dans sa patrie.

VII. Nous sommes si malheureux que nous nous faisons des amusemens de tout, & que nous ne pensons qu'à embellir le lieu de notre exil. Quel est donc le danger d'un Prince qui trouve un Royaume hors de sa patrie, où il est aimé, craint, respecté jusqu'à l'adoration; où il est heureux, & rend les autres heureux selon les sens; où tout le porte à oublier la maison paternelle; & où tout paroît, à sa corruption, plus réel & plus solide que l'heritage dont il est privé.

VIII. C'est un grand prodige quand la grace l'éléve au dessus de tant d'obstacles de son salut, qu'elle le garantit de cet (k) enchantement universel, qui fait préferer des biens frivoles au bonheur qui nous est promis, & qu'elle grave dans son cœur ces paroles du premier des Apôtres: „ (l) Je „ vous conjure, mes bien-aimés, de vous „ abstenir, comme étant étrangers & voya„ geurs en ce monde, de toutes les pas„ sions charnelles qui combattent contre „ l'ame, „ & qui sont opposées à ses véritables interêts.

IX. Mais la grace a fait ce prodige pour tous les Princes qui se sont sauvés. Elle

(k) Fascinatio nugacitatis obscurat bona. *Sap. c.* IV *v.* 12
(l) Charissimi, obsecro vos tamquam advenas & peregrinos, abstinete vos à carnalibus desideriis, quæ militant adversus animam. 1. *Pet. c.* II. *v.* 11.

l'a fait pour David, qui difoit à Dieu: (*m*) „ Je fuis étranger en ce monde, ne me „ cachez pas vos commandemens „ : & qui le prioit ainfi dans un autre Pfeaume: „ (*n*) Exaucez ma priére, Seigneur: écou- „ tez la voix de mes larmes · ne refufez „ pas de me répondre · car je fuis devant „ vous un étranger & un voyageur, com- „ me l'ont été tous mes péres. „

X. Par ces péres il entendoit Abraham, Ifaac & Jacob, à qui la terre dont il étoit Roi, avoit été promife, mais (*o*) où Dieu ne leur avoit donné quoi que ce foit, pas même de quoi affeoir le pied; & (*p*) où ils avoient demeuré comme dans une terre étrangére, habitant fous des tentes, & ne daignant pas y bâtir des maifons, parce qu'ils attendoient cette cité, bâtie fur un ferme fondement, dont Dieu même eft le fondateur & l'architecte.

XI. Je fuis Roi, ô mon Dieu, difoit David, du pays que vous aviez promis à Abraham, à Ifaac & à Jacob, & où ces

___

(*m*) Incola ego fum in terrâ, non abfcondas à me mandata tua. *Pf.* CXIV. *v.* 19.

(*n*) Exaudi orationem meam, Domine: auribus percipe lachrymas meas. Ne fileas, quoniam advena ego fum apud te, & peregrinus, ficut omnes patres mei. *Pf.* XXXVIII. *v.* 13.

(*o*) Non dedit illi (Abrahamo) hæreditatem in eâ, nec paffum pedis. *Act.* C. VII. *v.* 5.

(*p*) Fide demoratus eft in terrâ repromiffionis, tamquam in alienâ, in cafulis habitando cum Ifaac & Jacob, cohæredibus repromiffionis ejufdem. Expectabat enim fundamenta habentem civitatem, cujus artifex & conditor Deus. *Hebr.* C. XI. *v.* 9, 10.

hommes pleins d'esperance pour d'autres biens, ne voulurent rien posseder : mais (*q*) je n'y suis pas moins étranger qu'eux. Vous m'avez mis sur le thrône, au lieu qu'ils habitoient sous des tentes; mais je ne suis pas moins voyageur qu'eux, moins preparé à tout quitter, moins affligé de mon éxil, moins occupé de ma patrie. Vous leur avez tout refusé, dans une terre dont vous m'avez rendu le maître : mais elle n'est point mon héritage, comme elle n'étoit pas le leur. Ils n'y ont rien possedé, & j'y ai tout. Ils n'y ont point voulu bâtir, & j'y bâtis. Mais il n'y a que le dehors de different : le cœur est le même : je soupire comme eux; mes larmes ont la même source que les leurs : ce qui ne les a pas consolés, ne me consoleroit point. Vous seul étiez leur bien : vos promesses temporelles n'étoient pour eux que des figures d'autres promesses plus sublimes : c'est aussi vous seul que je desire; & je ne considere le Royaume que vous m'avez donné, que comme une figure & un gage de celui que j'attens. Les hommes admirent ma puissance & ma gloire : mais vous savez, Seigneur, où est mon tresor. Si je leur parlois de mon détachement, ils ne me croiroient pas : mais vous le connoissez,

puis-

(*q*) Exaudi orationem meam, auribus percipe lachrymas meas · quoniam advena ego sum apud te, & peregrinus, sicut omnes patres mei. *Ps.* XXXVIII. *v.* 13.

puisque c'est vous qui me l'avez inspiré.

XII. Ces sentimens étoient dans le fond du cœur de David. Il les avoit eus toute sa vie; & peu de jours avant sa mort, il repeta les paroles que je viens d'expliquer.

» (r) Nous ne faisons que passer dans cette
» vie, comme des voyageurs; ô mon
» Dieu, nous ne sommes ici que des étran-
» gers, comme l'ont été tous nos péres:
» & vous savez, Seigneur, que ce sont nos
» dispositions. En effet, ajoutoit-il, nos
» jours s'évanouissent comme une ombre,
» & passent aussi rapidement: » Et nous ferions bien imprudens de nous contenter de ce qui dure si peu, pouvant esperer ce qui durera toujours.

XIII. Mais la presence des objets a un étrange pouvoir sur nous; & quand elle est jointe à la nouveauté, il est rare qu'elle n'ébranle pas les plus fermes. Un jeune Prince n'a point encore éprouvé, ni les amertumes inséparables d'une fausse felicité, ni les soins & les inquiétudes qui accompagnent la souveraine puissance, ni le vuide & le faux qui se trouvent dans tout ce qu'admire la cupidité.

XIV. Il est tenté d'essayer, avant que de croire. Il veut éprouver, à condition après cela d'être plus retenu. Il espere

trou-

___

(r) Peregrini sumus coram te, advenæ, sicut omnes patres nostri. Dies nostri quasi umbra super terram, & nulla est mora. 1. Paralip. C. XXIX. v. 15.

trouver plus de solidité & moins de péril qu'on ne lui a dit. Il veut juger de tout par lui-même, & par son expérience : & il ne sait pas combien cette expérience est funeste à plusieurs, & ce qu'il en a coûté à Eve & à toute sa posterité, pour avoir mieux aimé connoître le mal par sa faute, que de l'éviter par son obéissance.

XV. Je suppose néanmoins que Dieu, par une miséricorde signalée, le conduise par la main au milieu des écueils, où une jeunesse imprudente & curieuse fait ordinairement naufrage ; combien aura-t-il besoin, après une telle protection, que Dieu lui en accorde une continuelle, afin qu'il use toujours bien de l'autorité qu'il lui a confiée ; qu'il n'accorde rien aux sollicitations injustes ; qu'il ne donne les emplois qu'à ceux qui les méritent ; qu'il n'écoute jamais les delateurs ; qu'il soit toujours ennemi de la flatterie ; qu'il ne souffre dans aucun cas que l'innocence soit opprimée, qu'il ait contre le vice un zéle inflexible, qu'il ne s'engage jamais témerairement dans aucune entreprise ; qu'il ne desire point ce qui n'est pas à lui ; qu'il ne se laisse point éblouir par l'apparence d'une fausse gloire ; qu'il soit humble dans sa vertu, plein de crainte & de modération dans les succès, soumis & patient dans les afflictions, rapportant tout à Dieu, & le regardant comme l'unique fin de toutes ses actions.

XVI. Il lui est utile de considerer de près cette multitude de devoirs & de dangers, afin qu'il sache à quelles conditions il est Roi, & qu'il passe toute sa vie dans un saint tremblement, en faisant reflexion sur l'unique chemin qui peut le conduire au salut, sur les obstacles insurmontables à la foiblesse humaine qu'il y rencontrera, & sur la varieté, la facilité, & la pente de tous les chemins propres à l'égarer.

ARTICLE IV.

La vertu des Princes doit être solidement fondée.

I. Le premier usage qu'il doit faire d'une telle vûe, est de comprendre que sa vertu doit être solidement fondée, & établie, selon le langage de l'Ecriture, sur un rocher ferme & inébranlable : car il doit s'attendre aux plus fortes & aux plus continuelles épreuves. „ (s) Les vents, les pluies, les
„ torrens débordés, fondront sur la maison
„ qu'il aura bâtie ; & ils la renverseront, si
„ le fondement n'en est immobile. „ C'est Jésus-Christ qui l'a dit de tous ceux qui écoutent sa parole ; & le Prince doit connoître par-là, combien il doit s'appliquer
à fon-

(s) Descendit pluvia, & venerunt flumina, & flaverunt venti, & irruerunt in domum illam, & non cecidit, fundata enim erat supra petram. *Matth. C. VII. v. 25.*

à fonder sur la pierre, l'édifice qu'il prétend élever; puisque les épreuves des autres ne sont presque rien, en comparaison de celles auxquelles il doit se preparer.

II. Si le Prince demande quel est ce fondement sur la pierre ferme, je le prie d'écouter la réponse que lui fait S. Paul, & d'en bien peser les paroles: (*t*) „Continuez, dit-il, „à vivre en Jesus-Christ notre Sei„gneur, selon l'instruction que vous en avez „reçue: étant enracinés en lui, & édifiés „sur lui: vous affermissant dans la foi qui „vous a été enseignée.„

III. Ce n'est point sur une resolution humaine, ni sur les forces de l'homme, que l'édifice de la vertu doit être fondé: (*v*) Jesus-Christ est la pierre ferme, fondamentale, angulaire. (*x*) Aucun autre fondement ne peut être établi. C'est bâtir sur le sable, que de bâtir sans lui; c'est vouloir être écrasé sous les ruines, au lieu de construire un édifice solide.

IV. Mais Jesus-Christ n'est le fondement de la vertu, que lorsqu'elle est (*y*) enracinée dans lui, qu'elle tire de lui son suc & sa force, qu'elle est pleine de sa vie &
de

(*t*) Sicut accepistis Jesum Christum dominum, in ipso ambulate, radicati, & superædificati in ipso, & confirmati fide, sicut & didicistis Coloss. C. II. v. 6. & 7.
(*v*) 1. Pet. C. II. v. 7.
(*x*) Fundamentum aliud nemo potest ponere, præter id quod positum est, quod est Christus Jesus. 1. Cor. C. III. v. 11.
(*y*) Radicati in ipso.

de son esprit. Et il faut pour cela ne point degenerer de la foi des Apôtres ; (z) connoître Jesus-Christ comme ils nous l'ont enseigné; vivre selon les maximes qu'ils nous ont prescrites ; ne pas altérer la simplicité de l'Evangile par des adoucissemens inconnus à S. Paul.

V. Le même Apôtre s'explique encore plus clairement & plus fortement dans l'Epître aux Ephésiens, où il fait pour eux cette priére : „ (a) Je flechis les genoux „ devant le Pére de notre Seigneur Jesus- „ Christ, afin que, selon les richesses de „ sa gloire, il vous fortifie dans l'homme „ intérieur par son saint Esprit : qu'il fasse „ que Jesus-Christ habite par la foi dans „ vos cœurs ; & que vous soyez enracinés „ & fondés dans la charité. „

VI. Il demande à Dieu que, par les richesses de sa grace, il fortifie l'homme intérieur : car le danger vient de l'homme extérieur & sensuel. L'homme spirituel & regeneré lui doit resister : mais s'il n'est puissamment soutenu, il se lasse de combattre ; & c'est par la presence de l'Esprit de Dieu, par l'amour qu'il lui inspire, par la consolation qu'il verse dans son cœur,

qu'il

(z) Sicut accepistis Jesum Christum sicut didicistis.
(a) Flecto genua mea ad Patrem Domini nostri Jesu Christi, ut det vobis, secundùm divitias gloriæ suæ, virtute corroborari, per spiritum ejus, in interiorem hominem : Christum habitare per fidem in cordibus vestris, in charitate radicati & fundati. *Ephes.* C. III. v. 14. 16. 17.

qu'il est fortifié & soutenu.

VII. L'Apôtre demande aussi à Dieu „ Qu'il fasse que Jesus-Christ habite par la „ foi dans nos cœurs: „ parce que l'édifice spirituel ne ressemble point aux bâtimens extérieurs, dont le fondement n'est point uni aux autres pierres par un principe de vie: au lieu que Jesus-Christ n'est le fondement de l'édifice spirituel, qu'autant qu'il reside dans le cœur, qu'autant qu'il l'anime, & qu'il lui inspire la fecondité & la vie.

VIII. Et c'est pour cela que S. Paul ajoute: „ Et que vous soyez enracinés & fondés dans „ la charité „. Car on n'est enraciné & fondé en Jesus-Christ, qu'autant qu'on l'est dans la charité; c'est-à-dire, qu'autant qu'on aime sa loi & ses exemples, autant qu'on désire les biens qu'il nous a merités, autant qu'on méprise, pour l'amour de lui, tout ce qui s'oppose à l'obéissance que nous lui devons. Voilà comme on est fondé sur la pierre ferme, & comment on peut éviter que les vents & les inondations ne renversent la maison qu'on édifie.

ARTICLE V.

Leur vertu doit être soutenue par une prière continuelle.

I. Mais il n'en est pas de la solidité de l'édifice de la vertu, comme des édifices maté-

matériels. On peut être tranquille à l'égard de ceux-ci, quand on a pris les précautions neceffaires pour en affurer les fondemens, & qu'on a obfervé dans tout le refte les régles de l'Architecture. La maifon fpirituelle la mieux fondée, peut être ébranlée & s'entr'ouvrir, fi la priére ne lui fert continuellement d'appui, & fi elle ne l'affermit contre les violentes tentations, qui deviennent bientôt fupérieures quand elles font négligées.

II. J'ai tâché, dans le Chapitre precedent, de faire voir au Prince, par combien de motifs il eft intereffé à prier fans ceffe. J'ajoute dans celui-ci, le dénombrement de fes perils, afin qu'il en comprenne encore mieux la neceffité, & que fe voyant battu des flots, & prêt à être fubmergé, il dife à Jéfus-Chrift comme les Apôtres : (b) ,, Sauvez-nous, Seigneur, car nous periffons ,, : & qu'il repéte fouvent ces priéres ardentes de David (c) ,, Affermiffez & conduifez mes ,, pas dans vos fentiers, afin que mes pieds ,, ne foient point ébranlés. (d) Employez, ,, pour me fauver, vos mifericordes les plus ,, miraculeufes, vous qui fauvez tous ceux ,, qui efpérent en vous. ,, Mes dangers ne font pas comme ceux des autres. J'ai befoin

auffi

(b) Domine, falva nos, perimus Matth C VIII v. 25.
(c) Perfice greffus meos in femitis tuis, ut non moveantur veftigia mea Pf XVI. v 5
(d) Mirifica mifericordias tuas, qui falvos facis fperantes in te. Ibid. v 7.

aussi de secours extraordinaires. Ce n'est pas moi qui me suis placé dans le lieu orageux où je suis : c'est vous, Seigneur, qui m'avez mis dans le peril : il n'y en a aucun dont il ne vous soit facile de me délivrer ; & quiconque espére en vous, est sauvé : (*e*) Gardez-moi comme la prunelle de l'œil ; couvrez-moi de votre protection. Environnez-moi de défenses. Souvenez vous qu'un seul coup, & même assez leger, peut m'ôter la vie. (*f*) N'attendez pas, que j'aie fait naufrage, pour venir à moi. (*g*) Hâtez-vous, à proportion de ce que je suis en danger, & de ce que je suis foible.

III. On sait, ô mon Dieu, que je fais profession de vous craindre : le scandale sera grand, si je cesse de le faire. Ne couvrez pas de honte, à mon occasion, & la pieté, & ceux qui l'aiment. (*h*) Ne découragez pas par ma chûte ceux qui espérent en vous. (*i*) Ne m'exposez pas aux railleries de ceux qui se sont attendus que je ne persevererois pas, & qui, après m'avoir tendu des piéges pour me faire tomber, insulteront à ma fragilité. Mon espérance est

(*e*) Custodi me ut pupillam oculi *Ibid* v. 8.
(*f*) Non me demergat tempestas aquæ. *Ps* LXVIII v. 16
(*g*) Velociter exaudi me *Ibid* v. 18
Deus meus, ne tardaveris. *Ps.* XXXIX. v. 18.
(*h*) Non erubescant in me, qui expectant te, Domine *Ps.* LXVIII. v. 7
(*i*) Qui tribulant me, exultabunt si motus fuero. Ego autem in misericordiâ tuâ speravi. *Ps.* XII v. 5.

est en vous seul, & je ne la fonde que sur votre miséricorde. (*k*) Cette espérance n'a jamais trompé personne ; & vous ne souffrirez pas, Seigneur, qu'elle soit vaine pour moi seul.

IV. C'est ainsi que le Prince conserve sa force, en avouant devant Dieu son impuissance & sa fragilité, & (*l*) en se retirant sous ses aîles, pour y trouver un azile contre la tempête & les perils qui l'assiégent.

V. Mais il ajoute à la priére toutes les autres précautions qui sont compatibles avec ses devoirs. Il se nourrit de saintes lectures, pour ranimer sa foi. (*m*) Il cherche dans l'Evangile, & dans les autres livres de l'Ecriture, le contrepoison de toutes les erreurs & de toutes les passions capables de le séduire, & quoiqu'il ne refuse jamais aux affaires le tems dont elles ont besoin, il ne s'en laisse pas accabler, & il se reserve toujours quelques momens pour de serieuses réflexions, qu'on ne fait bien que lorsqu'on est seul.

(*k*) Deus meus, in te confido, non erubescam etenim universi, qui sustinent te, non confundentur. *Ps* XXIV. *v.* 1. & 2.

(*l*) In umbrâ alarum tuarum sperabo, donec transeat iniquitas. *Ps.* LVI. *v.* 2.

Fortitudinem meam ad te custodiam. *Ps.* LVIII. *v.* 10.

(*m*) Enutritus verbis fidei, & bonæ doctrinæ. 1. *Timoth.* C. IV. *v.* 6.

ARTICLE VI.

Elle a besoin de sérieuses reflexions, & de que[l]ques tems destinés à cela.

I. Il y auroit de l'imprudence, à cor[n]seiller au Prince de se rendre invisible pou[r] des tems considérables, & de paroître e[n]nemi du grand monde & du grand jou[r.] Il est Roi pour se montrer, & tout ce q[ui] auroit un air de singularité, ou qui ma[r]queroit qu'il fuit la compagnie, & qu'il [a] dans l'esprit quelque chose de sombre [&] de particulier, ne lui convient en aucun[e] sorte. Il doit porter sur son front la sé[]rénité, avoir en tout des maniéres grande[s] & ouvertes, & mettre sa joie à rendre le[s] autres heureux par sa presence.

II. Mais il est pour lui d'une extrêm[e] conséquence, qu'il (*n*) ne se livre point ab[]solument aux occupations extérieures, quoi[]qu'elles soient toutes légitimes, & qu'el[]les paroissent toutes nécessaires. (*o*) Il gé[]miroit peut-être au commencement sou[s] leur poids : mais ensuite il s'y accoûtume[]roit. Il y trouveroit même enfin une es[]pece de repos ; & il deviendroit incapabl[e] d[e]

(*n*) Non totum te, nec semper, des actioni[bus] S. Bern[.] *L. 1. de Consid. C. 7.*

(*o*) Primùm tibi importabile videbitur, paulò post [non] leve senties, paulò post nec senties, paulò post etiam de[]lectabit. Ita paulatim in cordis duritiam itur. *S. Bern[.] Lib. 1. de Consid. C. 2.*

de rentrer jamais dans lui-même, par la nécessité qu'il se seroit faite d'avoir toujours un appui sensible qui soutînt son esprit, & qui le portât.

III. Il perdroit ainsi par degrés le goût de la priére, & de tout ce qui nourrit la piété. (*p*) Il y deviendroit chaque jour moins sensible ; & son cœur n'étant plus attendri, ni touché, tomberoit dans un endurcissement, dont il seroit affligé pendant qu'il se formeroit, mais dont il se consoleroit quand il seroit formé, & qui seroit sans reméde.

IV. Il ne connoîtroit plus alors les pertes intérieures qu'il feroit. Les premiéres le prepareroient à de plus grandes. Les principes manquant, l'édifice même extérieur s'ébranleroit ; ou si le corps des actions demeuroit encore réglé, ce ne seroit plus que pour observer les bienséances, par habitude, par des vûes humaines, & non par les véritables motifs de la vertu.

V. Le seul moyen pour éviter ce malheur, qui est le comble de tous, est (*q*) de reserver pour soi-même & pour son propre cœur, quelques momens, où il repare ce
que

(*p*) Multò prudentius te occupationibus subtrahas, vel ad tempus, quàm patiare trahi ab ipsis, & duci paulatim quò tu non vis. Quaris quo ? Ad cor durum. Nec pergas quærere, quid illud sit : si non expavisti, tuum hoc est. *Idem Ibid.*

(*q*) Multùm in se recedendum est : conversatio enim dissimilium, benè composita, disturbat, & renovat affectus, & quidquid imbecillum in animo, nec percuratum est, exulcerat. *Senec. Lib. de Tranquill. animæ C.* 15.

que les occupations lui ont fait perdre, où il retablisse ce que la vûe du monde a affoibli, où il efface les impressions que le discours & les passions des hommes ont faites sur l'imagination, & peut-être même sur le cœur.

VI. Il est incroyable combien les opinions des autres, leurs interêts, leurs mouvemens, se communiquent, & de quelle contagion le seul spectacle du monde est infecté. Des hommes distraits, & pleins eux-mêmes de passions, ne sentent pas cet effet : mais quiconque est attentif à se conserver pur éprouve qu'il ne se montre presque jamais sans s'affoiblir, & qu'il a besoin de remédier en secret, par de serieuses reflexions, au changement que la vûe du public a causé dans ses dispositions.

VII. Les Princes sont infiniment plus exposés à cela que les autres hommes : car c'est eux qui sont le centre du monde. C'est sur eux que tous les yeux sont arrêtés. C'est d'eux dont toutes les passions des hommes ont besoin. C'est eux qui sont l'objet de tout ce qui peut seduire. C'est contre leur vertu que tout est mis en usage. Peuvent-ils penser qu'ils sont invulnerables à tant de traits ? Se croient-ils au dessus des louanges, ou fausses, ou vraies ? N'ont-ils rien à craindre pour leur vertu au milieu de tant d'erreurs, & de tant de corruption ?

VIII. Un

VIII. Un Prince éclairé par la foi, & qui a joint à cette lumiére une étude sérieuse de sa foiblesse, n'est pas dans cette illusion. Il craint tout; parce qu'il est effectivement sensible à tout: & dès qu'il est en liberté de se demander compte de soi-même à soi-même, (r) il corrige, il efface, il rectifie, tout ce qui lui paroît altéré dans ses sentimens, tout ce que l'erreur publique y a introduit d'étranger, tout ce que sa propre corruption, fortifiée par celle des autres, y a mêlé d'injuste.

IX. Il tâche alors de s'affermir dans l'humilité, dans la crainte de Dieu, dans la persuasion que le monde ne juge sainement de rien, & que tout ce qu'il admire, n'est qu'une vaine apparence; & que l'Evangile, au contraire, est une lumiére sûre, qui fixe le prix véritable de chaque chose, & qui en marque le légitime usage Et pour guérir cette vaine enflure que l'orgueil commençoit à former dans son cœur, il se represente vivement ses dangers, sa foiblesse, le besoin continuel d'être assisté par la grace, le compte immense dont il est chargé, la redoutable justice de Dieu, l'incertitude de son salut, l'obligation unique d'y travailler; & par là il revient à ses premiéres dispositions, qu'il fortifie par ces nou-

---

(r) Hæc est sapientia, eo restitui, unde publicus error expulerit. *Senec. Ep.* 94.

nouvelles pensées, & qu'il met en sûreté par une si sage défiance.

Article VII.
Utilité de quelques entretiens propres à nourrir la foi.

I. Si le Prince peut joindre à ses propres réflexions l'entretien de quelques personnes qui ayent une solide vertu, & qui soient vivement touchées de tout ce qui a rapport à la Religion; les dangers de son état, & les difficultés dont il est plein, m'intimideront beaucoup moins.

II. Mais qu'il prenne garde, s'il lui plaît, à qui il donnera sa confiance. Qu'il ne se laisse pas éblouir par les apparences de la pieté. Qu'il ne s'ouvre pas, sans être bien certain qu'il peut le faire avec sûreté. Qu'il ne prenne pas des discours pour des preuves. Qu'il ne pense pas qu'on soit touché, parce qu'on parle d'une maniére touchante. L'hypocrisie & l'ambition se prêtent mutuellement la main. Les Princes sont trop puissans, pour avoir beaucoup de personnes qui les servent pour eux. Les gens de bien sont rares: ceux qui le sont, ont rarement une vertu à toute épreuve; & quand cela n'est pas, ils s'affoiblissent par la confiance dont le Prince les honore, au lieu de lui être utiles, & de le soutenir dans la pieté.

III. Mais

III. Mais ce qui est rare, se peut trouver, & il ne faut pas que le Prince perde l'esperance de trouver quelques serviteurs de Dieu, (s) pleins de foi & du St. Esprit, qui n'aiment point le monde, & qui n'y pretendent rien, ni pour eux-mêmes, ni pour les autres; qui soient brûlés d'une ardente soif de la justice, qui se regardent ici comme dans un désert, qui soupirent sans cesse vers la source des véritables biens; qui soient pleins de zéle & d'amour; qui soient capables d'exhorter & de consoler les autres (t) par l'abondante consolation que Dieu leur communique. & qui aient reçu de lui (v) une langue savante, pour soutenir par leurs discours, ceux qui sont foibles & abattus.

IV. Quand le Prince ne trouveroit qu'une seule personne de ce caractére, il en recevra de grands secours pour conserver le goût de la pieté, & pour s'affermir dans l'amour de toutes les vertus: car la foi & le zéle se communiquent: les paroles & les exemples pénetrent un cœur bien disposé; & ce qu'on entend d'un homme vivement per-

---

(s) Anima quædam sancti, ignea, & desiderans regnum Dei, in istâ solitudine peregrinans, atque sitiens, & fontem æternæ patriæ suspirans *S. Aug. in Epist. Joan. tr.* 9. n 8 & Tract 10 in Joan n 4

(t) Per exhortationem, quâ exhortamur & ipsi à Deo. 2. Cor. C. I. v. 4.

(v) Dominus dedit mihi linguam eruditam, ut sciam sustentare eum qui lassus est, verbo. *Isai. C. L. v.* 4.

persuadé, a toute une autre force que ce que l'on se dit à soi-même.

Article VIII.

Etre persuadé qu'on est obligé à avoir une vertu éminente.

I. Je dois néanmoins avertir le Prince, que les plus édifians discours ne feront sur lui qu'une médiocre impression, s'il n'est pleinement convaincu, que son état exige une grande perfection, & que sa vertu, pour le soutenir, doit être heroïque: autrement il rabattra toujours de ce qu'on lui dira, & il croira faire beaucoup, en demeurant néanmoins au dessous de ses devoirs.

II. Je sais que le monde ne juge point de l'état des Rois, ni de la vertu qui leur est nécessaire: mais de quoi le monde juget-il comme il faut? Et sur quelle matiére a-t-il de plus grandes erreurs, que sur le saint usage de la souveraine puissance?

III. Il suffit au Prince, pour ne point se regler sur les fausses idées du monde, de bien savoir deux choses: l'une, que l'Evangile est sa regle, comme celle de ses sujets; l'autre, que son état réunit tous les obstacles au salut, & le prive de presque tous les secours extérieurs dont les particuliers

culiers peuvent user. Car il est dès lors visible que sa vertu doit être au-dessus de tous les obstacles, & independante de presque tous les moyens dont celle des autres a besoin; & qu'elle doit être par conséquent très parfaite & très sublime.

IV. Quand il en sera bien persuadé, il trouvera dans cette persuasion même un secours très réel: car il ne pensera point à des mitigations, & à des interprétations de la loi de Dieu, quand il aura bien compris avec quelle exactitude il doit y être fidele. Il se dira à lui-même, ce que se doit dire un Evêque, & quiconque est pleinement consacré au service de Dieu, que la voie la plus parfaite est la sienne, & que tout ce qu'il y a de plus pur & de plus saint, le regarde. non à la vérité, pour suivre exterieurement les conseils de l'Evangile, mais pour en avoir dans le cœur tous les sentimens· & il ne sera point étonné, quand on lui repetera ce qu'un Archevêque disoit au jeune Constantin, fils de l'Empereur Alexis Comnene, dont il avoit été le précepteur, que (x) sa vertu & sa pieté ne doivent ceder en rien à celles des Evêques & des Ministres uniquement consacrés à la Religion; & que la perfection la plus sublime

___
(x) Ne sacerdotes quidem ac sacrorum antistites pietate in Deum verâ sibi præstare patiatur, adeò verbo semper atque opere religiosus, ubique istud officium tueatur. *Theophylact. Archiep. Bulg. Instit. reg. part 2. c. 12.*

blime lui convient comme à eux, & fait partie de son état.

ARTICLE IX.

S'humilier à proportion de l'élevation & des dangers de son état.

I. Une telle vûe redoublera ses craintes, & le portera à s'humilier profondément sous la main de Dieu: car il comparera de nouveau ses devoirs à ses dangers; l'éminente vertu qui lui est commandée, aux obstacles qu'elle doit vaincre; la necessité d'être parfait, à la privation de presque tous les moyens propres à le devenir, & sentant vivement le besoin d'être assisté par un puissant secours, il tâchera d'exclure de son cœur tous les sentimens d'orgueil qui l'en rendroient indigne, & qui l'exposeroient sans force & sans défense à ses ennemis.

II. C'est l'utile conseil que lui donne S. Augustin. „ (*y*) Plus les Princes sont „ élevés, leur dit-il, plus leur état est „ dangereux, & c'est pour cela qu'ils doi„ vent s'humilier sous la main de Dieu, „ à proportion du rang éminent qu'ils ont „ au dessus des autres hommes. „

___

(*y*) Quantò altior imperii sublimitas, tantò periculosior. Ideoque Reges, quantò sunt in majore sublimitate terrení, tanto magis humiliari Deo debent. *S. Aug. in Ps.* CXXXVII. *n.* 9.

CHAPITRE XI.

L'humilité neceſſaire aux Princes. Fauſſes idées de cette vertu. Ce qu'elle eſt veritablement. Erreurs ſur l'orgueil. Il a honte de ſoi-même, & ſe cache. On ne le connoît qu'en lui reſiſtant. ce qu'on ne fait point avec ſuccès par les forces naturelles. La grace, qui en eſt le remède, ne le guérit point parfaitement en cette vie. Reflexions propres à inſpirer aux Princes l'humilité. Exemples de Princes punis pour leur orgueil, dans l'Ecriture. Nouveaux motifs d'humilité, pris des choſes ſurnaturelles. Interêt qu'ont les hommes, & ſur-tout les Princes, à être humbles. Marques de leur humilité.

ARTICLE I.

L'humilité neceſſaire aux Princes : Fauſſes idées de cette vertu.

I. EN finiſſant le dernier Chapitre, j'ai dit un mot de l'humilité, & du beſoin que le Prince avoit de s'abaiſſer profondément ſous la main de Dieu, en conſidérant d'un côté, les dangers de ſon état, & de l'autre, ſes obligations. Mais cette matiére eſt trop importante, pour n'être pas traitée avec un peu d'étendue : & elle demande, plus qu'aucune autre, l'attention du Prince & ses reflexions.

II. Avant tout, il doit avoir une juste idée de l'humilité, & écarter les faux préjugés qui la rendent méconnoissable à la plûpart des gens du monde, & sur tout à ceux qui sont dans quelque élevation.

III. Ils la prennent ordinairement pour une sorte de bassesse, contraire aux grandes qualités de l'esprit & du cœur, qui aime les ténébres & la solitude, qui voit du danger à tout, qui n'ose rien entreprendre d'éclatant, qui ne sait point commander, ni se faire obéir, & qui n'est propre qu'à se laisser usurper l'autorité, sans avoir le courage & la fermeté pour la defendre.

IV. Ils la regardent encore comme une disposition foible, crédule, ouverte à la séduction, dont des esprits artificieux peuvent aisément abuser, & qui préfere souvent des conseils obscurs, donnés par des devots de profession, à des maximes sages & salutaires, que des hommes d'Etat, s'ils étoient consultés, lui fourniroient.

V. Enfin, ils la considerent comme une pieuse méthode de feindre des defauts, ou de les exagerer, pour avoir de quoi s'abaisser, pendant qu'on sait en sa conscience qu'on en est exempt : & ils méprisent avec raison ce pueril artifice, contraire

traire à la droiture & à la sincérité, & qui n'est propre qu'à gâter l'esprit.

VI. Mais ils se méprennent en tout : & rien n'est plus different de l'humilité, que les fausses idées qu'ils s'en sont formées.

ARTICLE II.

Ce que c'est que l'humilité.

I. Cette vertu n'est autre chose que la connoissance & l'amour de la vérité ; non de la vérité en général, mais de celle qui nous regarde, qui nous apprend ce que nous sommes, qui nous fait discerner ce qui nous est étranger, de ce qui nous est propre ; qui nous instruit de nos defauts ; qui nous montre l'origine des dons qui sont en nous ; qui nous en enseigne l'usage & la fin.

II. L'humilité ne consiste point dans la connoissance seule : c'est la moindre partie que la lumiére. La principale est l'amour ; & j'entends par l'amour, le sentiment.

III. Tout ce que la vérité dit de nous, nous le disons avec elle. Nous formons tous nos jugemens sur les siens. Nous condamnons en nous, tout ce qu'elle y condamne : voilà la premiére partie.

IV. La vérité nous marque notre place : & nous nous y mettons. Elle ne nous laisse que ce qui vient de notre fonds ; & nous ne nous attribuons rien au-delà. Elle nous porte à rendre graces de ce que nous avons reçu : & nous remercions. Elle nous apprend qu'il peut nous être ôté : & nous tremblons. Elle nous montre ce qui est en nous de vicieux & de dereglé. & nous en gemiffons. Elle nous decouvre ce qui manque à notre vertu : & nous le demandons avec inftance. Voilà la feconde partie.

V. Uniffez la lumiére à l'amour, la connoiffance au fentiment, la vûe de la vérité à l'obéiffance à la vérité : c'eft l'humilité. Et je demande maintenant à tous ceux qui s'en étoient fait une fauffe peinture, s'il y a rien de plus grand qu'une telle vertu. Et au cas qu'on y puiffe atteindre, s'il y a aucune élevation plus fublime, qui fait tant d'honneur à l'homme, & qui mette une plus grande diftance entre lui & tous ceux qui ne voient point la vérité, ou qui la voient pour leur honte & leur fupplice en la voyant fans l'aimer, & fans en devenir meilleurs.

ARTICLE III.
Erreurs fur l'orgueil.

I. Les mêmes perfonnes qui ne connoiffent point l'humilité, connoiffent auffi rarement l'orgueil. Ils ne donnent ordinairement ce nom qu'à l'imprudence qu'on de le montrer. Dès qu'il est caché, il leur est inconnu. Et ceux qui en sont remplis, comprennent moins que les autres qu'on puisse en avoir.

II. Il faudroit, disent-ils, être bien foible pour s'élever de quelque chose. Ne se connoît-on pas ? Ne sent-on pas le peu qu'on vaut ? Pour peu qu'on ait de raison, peut-on s'estimer au-delà de ce qui convient ? Et à l'égard des choses exterieures, valent-elles la peine qu'on s'y attache ? Etre placé un peu plus haut, ou un peu plus bas ; avoir un peu plus d'autorité & de biens, ou en avoir moins ; sont-ce des distinctions dont un homme d'esprit soit touché, dès qu'il y fait réflexion ? Les hommes nés dans la bassesse, sont étonnés & éblouis quand ils voient l'élevation des autres : mais ceux qui y ont toujours été, y sont insensibles. Leur grandeur leur est naturelle, & ne les occupe point. On les y rendroit attentifs, en voulant les rendre humbles. Ils le sont plus sûrement en n'y pensant point : & c'est avoir mauvaise opinion de la bonté de leur esprit, & de leur grandeur d'ame, que de craindre pour eux l'orgueil, qui n'est qu'une frivole vanité, & une déplorable foiblesse.

III. Ceux qui raisonnent ainsi, sont dans de grandes erreurs, & ils connoissent bien peu les choses dont ils parlent. Ils croient que parce que l'orgueil est une foiblesse, quiconque en a cette idée, en est exempt. Ils comptent l'avoir méprisé réellement, parce qu'ils le trouvent méprisable : & ils se persuadent que c'est l'avoir vaincu, que de l'avoir connu.

IV. De tels hommes seront long-tems le jouet de l'orgueil, s'ils ne l'attaquent d'une autre sorte. Qui doute que l'orgueil ne soit une foiblesse, & qu'il ne mérite le mépris ? Mais le mépris seul en est-il le remède ? Celui qu'il méprise, en est-il moins dominé ? Lui obéit-il moins, quoiqu'il en comprenne la vanité & l'injustice ? Et n'est-ce pas en cela que consiste son crime, d'être attaché à une chose dont il connoît la vanité, & dont il se rend néanmoins l'esclave par la corruption de son cœur ?

Article IV.

L'orgueil rougit de l'orgueil. Il ne veut, ni se connoître, ni être connu.

I. L'orgueil rougit de l'orgueil : mais la honte qu'il a de soi-même, est un orgueil nouveau, qui l'entretient & le fortifie. Il voudroit pouvoir se dissimuler à soi-même, & éviter ses propres yeux, parce qu'il veut être tranquille. Il craint les réfléxions & la lumiére, parce qu'il ne veut, ni se connoître, ni être connu : & il est toujours
pié-

préparé à désavouer son nom, & à parler fortement contre soi-même, pourvû qu'il subsiste & qu'il soit le maître.

II. Plus il est instruit de ce qui le peut faire découvrir, plus il est appliqué à retrancher tous les dehors qui le déceleroient. Il dédaigne l'orgueil grossier, comme mal-habile, & contraire à l'esprit, à la politesse, aux bienséances, & comme lui faisant perdre l'approbation des honnêtes gens.

III. Son dessein est de plaire à tous, de s'attirer l'attention & l'admiration de tous, de s'attacher des personnes de toutes sortes de caractéres, de se montrer par tous les endroits capables d'inviter & de séduire, de préparer par tout un hameçon secret où l'on ne puisse éviter d'être pris, & de couvrir cet art d'un air de simplicité & de modestie qui éteigne l'envie, & qui rende l'estime plus universelle & plus sincére.

IV. Mais plus il affecte de ressembler à la vertu qui lui est opposée, plus il devient criminel; parce qu'il est alors plus faux, & plus ennemi de la verité, dont il ne prend la couleur & la teinture, que pour en embellir le mensonge. Et ce qui fait alors sa plus grande injustice, n'est pas de s'établir la fin & le centre de tout : car tout orgueil a ce caractére : mais de vouloir que rien ne lui échappe, & de se couvrir des apparences

de

de la vertu, pour ufurper l'honneur qui n'eſt dû qu'à elle, & fe nourrir en fecret d'un tel larcin, & du plaiſir de l'impoſture.

V. Il ne faut pas croire que tout cela fe faſſe avec un deſſein connu, & que l'orgueil convienne alors de ce qu'il eſt. Peu de perſonnes, en agiſſant par ſon principe, connoiſſent le guide qui les conduit. Pluſieurs ſont ſeduits les premiers, avant que de travailler à ſeduire les autres · & l'orgueil, quand il n'eſt pas combattu, ne paroît ſe mêler de rien, quoiqu'il faſſe tout.

ARTICLE V.

On ne le connoît que lorſqu'on penſe à lui reſiſter.

I. Ce n'eſt que lorſqu'on veut lui reſiſter, qu'on apprend à quel point il eſt le maître. Tant qu'il eſt obéi, tout eſt en paix. Il precéde, l'on ne ſent pas qu'on le ſuive, parce qu'on le ſuit toujours, ſans croire être mené : mais quand il continue à marcher, & qu'on ceſſe d'aller vers le même côté que lui, on commence à ſentir qu'on eſt lié, & que l'orgueil avoit infiniment plus de part dans les actions qu'on ne penſoit : que les motifs étoient dominans : que c'étoit par eux qu'on eſt foible dès qu'on n'a plus de temoins : que tout ce qui doit être ignoré, ſe fait avec langueur · &

qu'on

qu'on ne peut s'empêcher de regarder comme perdu, tout ce qui n'a point d'approbateurs.

II. On éprouve qu'on étoit porté, lorsqu'on se croyoit libre ; & que tous les appuis dont on ne sentoit pas le besoin, parce qu'on s'y reposoit, étoient necessaires. Tout paroît manquer, dès qu'on veut s'en priver, & l'on chancéle à chaque pas, dès que personne ne donne la main.

ARTICLE VI.

On ne lui resiste point avec succès par les seules forces naturelles.

I. Si l'on s'affermit contre cette foiblesse, c'est souvent par une autre plus dangereuse. On retombe dans soi-même, à proportion de ce qu'on fait effort pour se délivrer d'une servitude étrangére. On veut se suffire à soi-même, & se contenter de son seul témoignage, en méprisant celui des autres : & l'on ne sait pas, que ce qu'il y a de plus criminel dans l'orgueil, est de mépriser tout, excepté soi-même.

II. Mais ce n'est même alors qu'une vaine ostentation : car l'homme est trop misérable pour être content de soi long-tems, & trop vain pour se reduire à une approbation si bornée. Il a un desir infini pour la gloire, & quand il est assez malheureux pour

pour la chercher ici, rien ne peut lui être indifferent. Il eſt au pouvoir de tous, de lui plaire, ou de l'affliger. Le plus leger mépris le pénétre ; les plus frivoles louanges lui donnent quelque mouvement de joie. Il veut, par fierté, s'élever au deſſus de tout ; mais par la crainte du mépris, il demeure eſclave de tout le monde.

III. L'homme, en perdant l'innocence & ſe détachant de Dieu, eſt retombé dans lui-même ; & l'amour qu'il ſe porte, n'étant plus ſoumis à celui de Dieu, eſt devenu le principal mobile de ſes actions, & le principe ſecret de tous ſes ſentimens. Il ne peut ſe quitter, ni ſortir du cercle dont il s'eſt établi le centre. Il ne peut, ni ſe perdre de vûe, ni conſentir qu'on l'oublie. Tout eſt pour lui, ſelon ſon préjugé. Tout doit y avoir rapport ; & ſon application eſt en effet d'y rendre tout le monde attentif.

IV. Il veut pouvoir refuſer les louanges. mais il ne veut pas qu'elles lui ſoient refuſées. Il veut qu'on croie qu'elles lui ſont dûes, mais qu'il y eſt indifferent : & lorſque tout le monde eſt à ſes pieds, il eſt moins touché de ce ſpectacle, que de l'idée flatteuſe qu'il n'en eſt pas ému. Il penſe alors être au-deſſus de ſa grandeur même, & la meriter doublement, & parce qu'elle lui eſt dûe, & parce qu'il n'y eſt pas attaché.

V. De-là vient cette eſpèce d'indolence

& de distraction avec laquelle il reçoit les plus grands honneurs, & qui passe pour moderation, & même pour humilité, quand on ne juge des choses que par la surface. Comme il a ce qu'il désire, il n'est occupé que du soin d'y ajouter: & lorsque tout le monde s'abaisse devant lui, il pense à une autre sorte de gloire, & à se persuader qu'il est peu touché de ce que tout le monde est à ses pieds.

VI. Ainsi, toute cette tranquillité ne vient que d'une fierté nouvelle, & cette pretendue grandeur d'ame, qu'on croit au dessus de tout, & qui éblouit les autres, n'est en effet qu'un plus grand orgueil, qui affecte de méprifer ce qu'il a, quoiqu'il l'aime avec passion, pour s'attirer la louange d'y être indifferent, & d'être supérieur à tout ce qui flatte la vanité des autres hommes.

VII. Il ne faut, pour le détromper, que lui refuser une partie de ce qu'il accepte avec tant de froideur. Son émotion marquera bien-tôt la disposition sincére de son cœur; & il verra, s'il est aussi facile d'être au dessus de tout, qu'il est aisé à l'orgueil de le penser.

VIII. Mais sans venir à cette épreuve, demandez à cet homme si tranquille au milieu de tout ce qui est capable d'enfler le cœur, s'il connoît que c'est Dieu qui lui a assujetti les autres hommes; s'il lui rend
gra-

graces ; s'il ne fe referve rien d'une gloire qui n'eft dûe qu'à lui ; s'il fe regarde comme étranger au milieu des refpects exceffifs que tout le monde lui rend , s'il eſt toujours petit à fes yeux, toujours occupé de fa foibleffe & de fa mifére ? Il avouera, s'il eſt fincére , que ce ne font point là fes difpofitions ; & dès lors il fera contraint d'avouer, qu'il eſt fortement attaché aux chofes mêmes qu'il femble méprifer, qu'il s'y repofe , qu'il y met fa fin, & qu'il en fait par conféquent dépendre fon bonheur.

IX. Il eſt vrai que l'habitude peut émouffer le fentiment , que les reflexions peuvent en découvrir le fiux , & que le vuide qu'on y trouve , peut en caufer le rafasîment & le dégoût ; mais ce n'eſt point alors une preuve qu'on foit fans orgueil; c'en eſt une feulement que l'orgueil n'eſt pas content, & qu'il defire plus qu'il n'a. S'il étoit moins grand, il fe contenteroit moins ; & c'eſt parce qu'il eſt exceffif, que rien ne le fatisfait. Qu'on lui offre quelque chofe de nouveau, ou qu'on lui en donne feulement l'efpérance, & l'on verra quelle fera fon activité. Il n'eſt engourdi que faute de pâture : & fon repos vient de défespoir.

ARTICLE VII.

La grace seule & l'amour de Dieu en font le remède : mais sans le guérir parfaitement en cette vie.

I. Il n'y a que l'amour de Dieu, jusqu'au mépris de soi même, qui soit le remède de l'amour de soi-même, jusqu'au mépris de Dieu. La charité seule est la source de l'humilité. Tous les autres moyens ne font qu'aigrir l'orgueil, au lieu de le guerir : & il se fortifie, par le soin même qu'on prend de le combattre, si l'on n'emploie contre lui que les forces humaines; car il s'applaudit de tout, & même du succès avec lequel on croit l'avoir attaqué. Il cherche les louanges dans le mépris qu'il en fait ; & il n'est jamais si content, que lorsqu'il passe pour modeste · parce que sa joie la plus sensible vient du mensonge pris pour la verité.

II. Lors même que la grace a commencé à convertir le cœur, & à le délivrer de l'amour injuste de soi-même, dont il s'étoit fait une chaîne, l'orgueil tâche d'en demeurer toujours le maître. Il ne céde une chose, qu'en essayant d'en usurper une autre. S'il ne commence pas une action, il espére la finir. S'il n'est pas le principal motif, il s'offre en second. Si on l'exclut de toutes

parts,

parts, il joint sa voix au chant de victoire, & c'est lui souvent qui triomphe, lorsqu'on pense l'avoir vaincu.

III. On ne sauroit empêcher que la louange suive la vertu : on ne sauroit empêcher non plus, qu'une joie pure ne se répande dans la conscience, quand on fait le bien. L'orgueil tâche de se mêler aux louanges les plus légitimes, & de convertir la joie innocente du cœur, en une vaine complaisance : & nous ne savons souvent, si c'est lui qui se réjouit de l'éclat de la vertu, en nous en faisant perdre le fruit, ou si c'est par un motif plus pur que nous sommes consolés dans le bien que nous faisons.

IV. Plus on désire de purifier son cœur & son esprit de ce dangereux poison, plus on éprouve qu'il a penetré par-tout, qu'il a tout infecté & qu'il se conserve dans des reduits d'où il est presque impossible de le chasser.

V. On l'entreprendroit en vain, comme je l'ai dit, par des moyens humains. La grace seule de Jesus-Christ peut nous rendre une parfaite santé. Mais elle nous guerit lentement. Elle nous laisse long-tems gemir sous une servitude honteuse que nous avons choisie : & comme nous avons une secréte pente à nous glorifier de tout ce qui nous coûte peu, elle nous affermit dans l'humilité, par un continuel & pénible combat contre l'orgueil.

Article VIII.

Réflexions propres à inspirer aux Princes l'humilité.

I. Nous avons besoin dans ce combat, qui dure autant que la vie, de faire armes de tout : & nous devons commencer par détromper notre esprit, en opposant aux pensées flatteuses de l'orgueil, les solides réflexions que l'humilité nous fait faire, & qui, étant accompagnées de la grace intérieure de Jésus-Christ, ne sont plus des pensées stériles, mais deviennent des armes puissantes contre l'illusion & le mensonge.

II. La première réflexion que l'humilité suggére à un Prince, regarde sa naissance, & sa mort. Il est né comme les autres hommes ; il mourra comme eux. Il n'a rien apporté en venant au monde ; il n'en emportera rien. La foiblesse a commencé sa vie ; & sa gloire ne le suivra pas dans le tombeau. Toutes ses distinctions sont renfermées dans l'intervalle entre sa naissance & sa mort. Elles n'étoient point avant l'un de ces termes, elles ne seront plus après l'autre. Le point qu'elles occupent n'est presque rien. Quand elles cesseront, elles seront comme n'ayant jamais été. Dans le tems même qu'elles subsistent, elles sont

étran-

étrangéres : elles ne font point le Prince, elles en font tout au plus comme l'habit. Peut-il, fans fe tromper, les regarder comme inféparables de fa perfonne ? Et s'il la connoît bien, peut-il s'en glorifier ?

III. Il eft né Prince, & fur le thrône; mais qui l'y a mis ? S'y trouve-t-il par fon choix ? A-t-il été confulté fur fa naiffance ? Son élevation vient-elle de lui ? Ignore-t-il qu'une difpofition d'événemens l'auroit placé dans un autre rang, & que les événemens qui l'ont mis où il eft, ont uniquement dépendu de la Providence, à qui feule il doit, & la gloire de la maifon où il eft né, & celle de l'Etat qu'il gouverne.

IV. Il n'a pu fe donner aucune qualité naturelle, ni pour l'efprit, ni pour le corps. Il ne fauroit y en ajouter aucune. Ni la figure, ni la fanté, ni même fa taille, ne dépendent de lui. Excepté ce qu'il a reçu, il n'a rien. Il eft, comme les autres hommes, une indigence univerfelle.

V. Comme le principe de la vie n'eft point à lui, fa durée n'eft point à lui non plus. Dieu tient entre fes mains fa refpiration, & peut, à chaque moment, la fupprimer. Le moindre accident eft capable de lui tout enlever, en lui ôtant la vie. Le moindre déconcertement dans les reffors dont il eft compofé, & dont aucun ne dépend de lui, peut le mettre au tombeau.

Die

Dieu n'a qu'à commander, & il ne sera plus: est-on raisonnable quand on ose s'élever devant une telle majesté, qui n'a qu'à retirer sa main pour nous laisser briser en tombant?

VI. Le plus grand Prince du monde, le plus autorisé, ne sauroit arrêter l'impression d'une douleur corporelle, ni moderer un moment un mouvement d'esprits qui lui ôte le sommeil, & qui l'agite par des images inquiétantes. Il commande d'ailleurs, & il est obéi. Il commande à ce qu'il est, & sa voix n'est point respectée. Cette expérience du peu d'efficace de ses volontés, lorsqu'il désire le plus qu'elles soient executées, ne doit-elle pas le convaincre de sa foiblesse, & lui faire avouer qu'il n'y a qu'un seul maître à qui tout obéit.

VII. Dans le tems d'une sécheresse qui fait perir tous les fruits, le Prince n'a pas le pouvoir de faire tomber une goutte de rosée: & lorsque tout est inondé par des pluies continuelles, il ne peut pas en arrêter le cours. Il ne peut pas former un atôme. Il ne peut ôter l'être à aucun. De quoi donc s'éleveroit-il? Et comment oublieroit-il que toute sa puissance lui est étrangère, puisqu'elle ne s'exerce que sur ce que Dieu lui a soumis, & qu'au-delà elle n'est rien?

VIII. Dans les choses mêmes où le Prince en a une absolue, c'est Dieu qui fait tout,

&

& le Prince ne fert qu'à couvrir fa Providence. C'eſt Dieu qui lui foumet les peuples dont il l'établit Roi. C'eſt lui ſeul qui fait reſpecter le pouvoir qu'il lui donne. C'eſt lui ſeul qui conſerve la fidélité & l'obéiſſance dans une partie des ſujets, pour reduire les rebelles. S'il permettoit que la deſobéiſſance fût univerſelle, le Prince demeureroit ſeul. La crainte & la perſuaſion ne dépendent pas de lui. Les volontés des hommes ne ſont aſſujetties qu'à Dieu. C'eſt lui qui les tourne & qui les fléchit; & le Prince qui conduit un Etat tranquille, doit toujours ſe ſouvenir de cette parole de David: „(z) Dieu „ eſt mon protecteur, c'eſt en lui que j'eſpé- „ re: & c'eſt lui qui fait que mon peuple „ m'eſt ſoumis. „

IX. Il eſt évident, par le détail où je ſuis entré, & qui doit ſervir d'occaſion à une infinité de reflexions pareilles, que tout ce qu'a le Prince, lui eſt donné d'en-haut; que rien n'eſt veritablement à lui; & que dans les choſes même temporelles, l'Apôtre a droit de lui dire: „ (a) Qui eſt-ce „ qui vous diſtingue des autres ? Qu'avez „ vous que vous n'ayez reçu ? Et ſi vous „ l'avez reçu, pourquoi vous en glorifiez „ vous, comme ſi vous ne l'aviez pas reçu?

(z) Protector meus, & in ipſo ſperavi, qui ſubdit populum meum ſub me. *Pſ.* CXLIII. *v.* 2.
(a) Quis te diſcernit ? Quid autem habes quod non accepiſti ? Si autem accepiſti, quid gloriaris quaſi non ceperis. 1. *Cor. C.* IV. *v.* 7.

ARTICLE IX.

Exemples de Princes punis pour leur orgueil, dans l'Ecriture.

I. Lorsque le Prince oublie cette salutaire leçon, il se rend indigne de la bonté de Dieu, & il mérite de perdre par l'orgueil, ce que l'humilité eût conservé. Il y en a de grands exemples dans l'Ecriture : & comme ils n'ont été écrits que pour notre instruction, il est utile de les considerer, non comme des histoires éloignées, mais comme des leçons subsistantes, qui nous apprennent à connoître Dieu, & à le craindre.

II. Le Roi de Babylone, après de grandes conquêtes, jouissant d'une profonde paix, & s'applaudissant de la magnificence & de la gloire où il avoit porté la capitale de ses Etats, dans le tems même où il prononçoit ces paroles · „ (b) N'est-ce pas là „ cette grande ville que j'ai rendue le siége „ de mon Empire, & que j'ai comblée de „ riches-

---

(b) Nonne hæc est Babylon magna, quam ego ædificavi in domum regni, in robore fortitudinis meæ, & in gloriâ decoris mei? Cumque sermo adhuc esset in ore Regis, vox de cœlo ruit Tibi dicitur, Nabuchodonosor Rex, Regnum tuum transibit à te, & ab hominibus ejicient te, & cum bestiis & feris erit habitatio tua fœnum quasi bos comedes, & septem tempora mutabuntur super te, donec scias quod dominetur Excelsus in regno hominum, & cuicunque voluerit, det illud Eâdem horâ sermo completus est super Nabuchodonosor, & ex hominibus abjectus est, & fœnum ut bos comedit, & rore cœli corpus ejus infectum est, donec capilli ejus in similitudinem aquilarum crescerent, & ungues ejus quasi avium. *Dan. c. IV. v. 27. & suiv.*

,, richesses & de gloire? il entendit une vo[ix]
,, du ciel, qui rabattit ainsi sa fierté : L'Em[-]
,, pire te sera ôté. Tu seras chassé de la com[-]
,, pagnie des hommes. Tu habiteras a[vec]
,, les animaux, & avec les bêtes farouche[s.]
,, Tu paîtras l'herbe comme un bœuf ; & t[u]
,, passeras ainsi sept années, jusqu'à-ce qu[e]
,, tu apprennes que c'est le Très-haut q[ui]
,, est le maître des Royaumes des homme[s,]
,, & qu'il les donne à qui il lui plaît. Ce[t]
,, arrêt fut executé sur l'heure. Nabuchod[o-]
,, nosor fut chassé de la compagnie des ho[m-]
,, mes, & reduit à paître l'herbe comme [un]
,, bœuf. Son corps fut trempé de la ros[ée]
,, du ciel. Ses cheveux crûrent comme l[es]
,, plumes des aigles ; & ses ongles de[vin-]
,, rent comme les griffes des oiseaux ,,

III. Ce Prince si étrangement humil[ié]
avoit toujours été aussi dépendant de Di[eu]
dans son plus grand éclat, que lorsqu'il [fut]
abaissé jusqu'à la condition des bêtes : m[ais]
il ignoroit sa dépendance, & il pensoit q[ue]
c'étoit sa main qui avoit tout fait ; au li[eu]
qu'il devoit tout à la bonté & à la pr[o-]
tection de Dieu.

IV. C'est pour cela que tout lui est ô[té.]
Il s'étoit cru fort sage, & avoir réussi [par]
sa prudence : il perd la raison. Il oubli[e]
qu'il étoit homme : il est reduit au r[ang]
des bêtes. Il pensoit être bien affermi [sur]
le thrône : il en est renversé dans un m[o-]
m[ent]

ment. Il regardoit Babylone comme son ouvrage, & sa magnificence lui enfloit le cœur: il est relégué dans les forêts. Il ne savoit pas à qui il devoit son Royaume: il l'apprendra après sept années de la plus profonde humiliation. Il unissoit à sa personne l'éclat & la gloire qui l'environnoient, comme en étant inseparables; & il rampe sur ses mains, broute l'herbe comme les bêtes, n'a point d'autre retraite qu'elles, & leur devient en partie semblable par la figure.

V. Dans cet étrange état, il est aux yeux de Dieu moins insensé, & moins digne de mépris, que lorsque l'ingratitude & l'orgueil l'avoient privé de la raison. Il étoit sur le throne sans reflexion & sans lumiére, puisqu'il y étoit sans reconnoissance. Ses pensées étoient déja folles & extravagantes, quoiqu'il parût sage aux autres hommes; & (c) le cœur de bête lui est donné, parce qu'il ne lui manquoit que leurs inclinations, en ayant déja l'aveuglement & la stupidité.

VI. Antiochus, plus orgueilleux encore que Nabuchodonosor, & plus impie, oubliant qu'il étoit homme, & (d) ,, pré,, tendant, selon l'expression de l'Ecritu,, re,

(c) Cor feræ detur ei. *Dan* C IV. v. 13.
(d) Sibi videbatur etiam fluctibus maris imperare, supra humanum modum superbia repletus, & montium altitudines in staterâ appendere. 2. *Macc.* C. IX. v. 8.

„ re, commander à la mer, & peser dans
„ une balance les montagnes les plus hau-
„ tes, (e) fut frappé d'une plaie incurable
„ & invisible, dont Dieu étoit l'auteur, „
dans le moment même qu'il protestoit
qu'il raseroit Jerusalem; & qu'il en feroit
le tombeau de tous les Juifs: car „ dans
„ l'instant il fut attaqué de douleurs d'en-
„ trailles insupportables. „ Et comme sa
fierté ne se rendit pas à ces premiers
coups, la justice divine y en ajouta d'autres plus accablans & plus propres à briser son orgueil. „ Car (f) il sortoit des
„ vers du corps de cet impie comme d'u-
„ ne source. Il étoit dechiré par des dou-
„ leurs continuelles; & sa chair gangre-
„ née s'écoulant en pus, rendoit une odeur
„ insupportable à toute l'armée. „

VII. (g) Alors commençant à rabattre
„ de son orgueil, & à se connoître, & ne
„ pouvant plus lui-même soutenir son in-
„ fection; Il est juste, dit-il, que l'homme
„ soit soumis à Dieu, & qu'un mortel ne
„ s'égale pas à lui. „

VIII.

(e) Dominus Deus Israel percussit eum insanabili & invisibili plagâ Ut enim finivit hunc ipsum sermonem, apprehendit eum dolor dirus viscerum, & amara internorum tormenta Ibid v. 5.

(f) Ita ut de corpore impii vermes scaturirent, ac viventis in doloribus carnes ejus efflueret, odore etiam illius & foetore exercitus gravaretur Ibid v. 9.

(g) Tunc cœpit, ex gravi superbiâ deductus, ad agnitionem sui venire, divinâ admonitus plagâ Et cum ipse jam foetorem suum ferre posset, ita ait Justum est subditum esse Deo, & mortalem non paria Deo sentire Ibid. v. 11. & 12.

VIII. Il ajouta à cet aveu forcé beaucoup de promesses & de vœux, qui auroient pû tromper les hommes, mais dont Dieu connoissoit la racine : „ (h) d'orner de dons „ le Temple de Jérusalem, de fournir de „ ses revenus la dépense des sacrifices, de „ se faire Juif, & de parcourir toute la „ terre pour publier la puissance de Dieu. „ De telles promesses n'avoient point d'autre cause, que l'amour passionné de la vie; & l'Ecriture nous apprend „ que (i) ce sce„ lerat prioit ainsi le Seigneur, de qui il „ ne devoit point recevoir miséricorde. „

IX. Il est utile de considerer ce Prince dans les deux états, & de les comparer. Qu'étoit-il, lorsqu'il étoit si fier? A quoi est-il reduit, quand il est devenu insupportable à lui-même? Dieu n'a-t-il commencé à être puissant, que lorsqu'il a commencé à l'humilier? Ne pouvoit-il pas le mettre en poudre à tous les instans? Ne pouvoit-il pas, lorsque cet insensé osoit s'égaler à lui, le déchirer par les douleurs, & le consumer par la pourriture, dès le premier moment de sa frénesie? Quelle force peut opposer cet impie à la main invisible qui le frappe? Quel remede a-t-il contre des douleurs aigues qui croissent à chaque moment?

(h) Templum etiam sanctum opimis donis ornaturum, &c. *Ibid. v.* 16. *&* 17.
(i) Orabat autem hic sceleftus Dominum, à quo non esset misericordiam consecuturus. *Ibid. v.* 13.

ment? Que fait-il en s'humiliant, qu'il n'ait pas dû faire toujours? Quelle ressource a-t-il, que la clémence de celui qu'il a méprisé? S'il étoit mort d'une maniére plus tranquille & plus naturelle, comblé de gloire & regretté de ses sujets, en seroit-il moins tombé entre les mains d'un Dieu vivant? Et ce qu'il a éprouvé ici de sa justice, est-il comparable à ce que nous en devons craindre dans l'autre vie? Ses priéres forcées, & dont l'amour de soi-même étoit le principe, apprennent aux Princes à s'humilier dans le tems où ils peuvent être orgueilleux, & à conserver pendant la santé, une crainte dont les plus fiers ne sauroient s'empêcher d'être saisis en mourant.

X. On pourroit penser, en lisant ce que je viens de dire de Nabuchodonosor & d'Antiochus, que leur orgueil étant monté jusqu'à l'impieté, il n'est pas étonnant que Dieu, jaloux de sa gloire, les ait profondément humiliés. Mais nous allons voir dans l'exemple de David, jusqu'où Dieu exige des Princes qu'ils soient humbles, & combien un sentiment d'orgueil peu connu & peu déclaré, est capable de l'irriter.

XI. David, après de longues & de continuelles guerres, désira de savoir à quoi se montoit ce qui lui restoit de sujets: il méla un orgueil secret à cette curiosité peu
nécess

nécessaire. Et Dieu, pour l'en punir, lui (k) envoya le Prophete Gad, avec ordre de lui proposer le choix, ou d'une famine de trois ans, ou d'une guerre qui l'obligeroit à fuir devant ses ennemis pendant trois mois, ou d'une peste de trois jours. David, pénétré alors de douleur, pour un dénombrement dont il n'avoit pas vû d'abord les conséquences, choisit la peste, & dans un seul jour elle emporta soixante-dix mille personnes. La pénitence de David, & celle des sénateurs, empêcha qu'elle ne continuât les deux autres jours; & la miséricorde de Dieu, à qui il s'étoit abandonné, se laissa fléchir par le sacrifice qui lui fut offert dans l'aire d'Ornan, comme il l'avoit commandé.

XII. David ne s'étoit pas défié d'une secrete joie de commander à un peuple nombreux; & il en est puni par un retranchement de soixante-dix mille personnes, qui auroit été porté beaucoup plus loin, si l'humilité de ce Prince n'eût arrêté le châtiment dû à son orgueil. Et observez, s'il vous plaît, dans quelle dépendance sont les Rois avec leurs Etats, & avec quelle facilité Dieu dispose de tout. Lorsque son Prophete porta ses ordres à David, il n'y avoit aucun soupçon de peste: mais tout

d'un

(k) Displicuit Deo, quod jussum erat, & locutus est Dominus ad Gad, videntem Davidis, &c. L. 1. Paral. C. XXI. v. 7. 13. 14. 26. & 27.

d'un coup la pureté de l'air est corrompue, & dans un seul jour la mortalité devient générale.

XIII. Si ce Prince eût choisi la guerre, il auroit aussi-tôt paru des ennemis plus puissans que lui, devant qui il eût toujours été obligé de fuir, sans trouver aucune sûreté nulle part, pendant trois mois. Et où étoient pour lors ces ennemis ? Où étoient leurs forces ? Dieu seul le savoit; & c'étoit lui qui tenoit tout dans l'ordre & le respect, jusqu'à ce qu'il lui plût d'en disposer autrement.

XIV. Le saint Roi Ezechias, dont l'Ecriture loue si fort d'ailleurs la pieté & la Religion, après une convalescence miraculeuse, dont le retardement du soleil fut le gage, reçut avec une joie qui ne fut pas assez moderée, les Ambassadeurs que le Roi de Babylone lui envoya, pour le féliciter sur le rétablissement de sa santé, & (*l*) pour le prier de l'instruire exactement du prodige qui en avoit été la preuve. Il montra à ces Ambassadeurs, avec une secrete complaisance, ses richesses, & tout ce qu'il avoit de precieux & de rare ; & il ne pensoit pas qu'il y eût aucun mal de faire voir à des étrangers, de quels biens le Dieu d'Israël l'avoit comblé.

XV. Mais

(*l*) Ut interrogarent de portento quod acciderat super terram. *L. 2. Paral. C.* XXXII *v* 31

XV. Mais Dieu discernoit l'orgueil qui se mêloit aux sentimens légitimes de ce Prince; & il lui envoya dire par le Prophete Isaïe, que (*m*) tout ce qu'il avoit montré aux Ambassadeurs du Roi de Babylone, deviendroit la proie des Rois de Babylone; & que les Princes qui naîtroient de lui, seroient leurs esclaves.

XVI. La faute, selon nos idées, paroît bien legére, & la punition bien sévére; mais rien ne déplaît tant à Dieu que l'orgueil, dans les Princes qu'il comble de ses bienfaits, & dont l'humilité doit faire la principale partie de leur reconnoissance. (*n*) Ezechias, dit l'Ecriture, ne répondit pas aux graces de Dieu comme il devoit: car son cœur s'en éleva, & il attira son indignation par une vaine complaisance en ses dons, au lieu de les rapporter à sa gloire.

XVII. (*o*) Cette enflure secrete du cœur d'Ezechias lui seroit toujours demeurée inconnue, & par conséquent sans reméde, si Dieu ne lui avoit donné occasion de découvrir

---

(*m*) Audi sermonem Domini auferentur omnia, quæ sunt in domo tuâ, in Babylonem: non remanebit quidquam, ait Dominus, sed & de filiis tuis, qui egredientur ex te, tollentur, & erunt Eunuchi in palatio regis Babylonis. *L. 4 Reg. C. XX v.* 17.

(*n*) Exaudivit eum Dominus, & dedit ei signum: sed non juxta beneficia, quæ acceperat, retribuit, quia elevatum est cor ejus, & facta est contra eum ira. *L. 2. Paralip. C. XXXII. v.* 24. & 25.

(*o*) In legatione principum Babylonis, dereliquit eum Deus, ut tentaretur, & nota fierent omnia quæ erant in corde ejus. *Ibid. v.* 31.

couvrir ses sentimens les plus cachés, par l'Ambassade du Roi de Babylone. Il vit alors, par l'épanchement de sa joie, & par le cas qu'il faisoit de ses richesses, qu'il n'usoit pas aussi bien de la prosperité que de l'affliction; qu'il oublioit qu'il avoit tout reçu, & qu'il commençoit à croire qu'il l'avoit mérité; & les menaces qui lui furent faites par le Prophete Isaïe, servirent à le rappeller entiérement à son devoir.

XVIII. C'est une grande grace que Dieu fait aux Princes, quand il en use ainsi, & que, par de légéres fautes, où il permet qu'ils tombent pour leur découvrir leur orgueil, il les rend plus timides & plus humbles, & les empêche ainsi de se précipiter dans l'abîme, sur le bord duquel ils marchoient.

XIX. Ceux qui sont traités avec plus de sévérité, vivent dans un continuel orgueil, sans le connoître, sans en gemir, & sans l'expier; & la vengeance divine éclate enfin sur eux comme un coup de foudre, lorsqu'ils y pensent le moins, & que leur vanité est la plus satisfaite.

XX. L'histoire des Actes rapporte, que ce fut ainsi qu'Hérode Agrippa fut puni. Il haranguoit les Tyriens & les Sidoniens qui lui demandoient la paix. Ces peuples corrompus par l'idolâtrie, & flatteurs par intérêt,

térêt, lui difoient dans leurs acclamations: (*p*) Ce n'eſt point là le difcours d'un homme; c'eſt celui d'un Dieu! Et ce Prince recevoit avec joie ces acclamations impies, lorſque l'Ange du Seigneur le frappa, pour le punir de ce qu'il ne rendoit pas gloire à Dieu, & avant que d'expirer, il fut rongé de vers.

XXI. Il eſt remarquable que ce malheureux Prince étoit le premier qui s'étoit ouvertement déclaré le perſécuteur des chrétiens; qu'il avoit fait décapiter l'Apôtre S. Jacques, & qu'il avoit fait empriſonner S. Pierre, pour lui ôter la vie · ſans que l'épée du Seigneur, ſuſpendue ſur ſa tête, l'eût puni de ces grands crimes. Il eſt remarquable auſſi, que, lorſque l'Ange du Seigneur le frappa, ce n'eſt pas le ſang des juſtes répandu qui en eſt le principal motif: c'eſt parce qu'il n'a pas rendu gloire à Dieu, & qu'il n'a pas rejetté des acclamations où l'on oſoit le comparer à lui. Il eſt infiniment important pour les Princes, qu'ils apprennent de là combien Dieu déteſte l'orgueil, & combien il eſt irrité par des flatteries impies, dont il eſt très ordinaire qu'ils ne faſſent aucun ſcrupule.

ARTI-

(*p*) Populus autem acclamabat · Dei voces, & non hominis! Confeſtim autem percuſſit eum Angelus Domini, eo quod non dediſſet honorem Deo · & conſumptus à vermibus, expiravit. *Act*. C. XII. v. 22. & 23.

Article X.

Nouveaux motifs d'humilité pour les Princes par rapport aux choses surnaturelles.

I. Je ne les ai consideré jusqu'ici que du côté des choses temporelles : & tout neanmoins a servi à les convaincre de la necessité de s'humilier sous la main de Dieu, à l'égard de qui ils sont dans une dépendance absolue & universelle.

II. Que sera-ce donc, si on les considére par rapport aux choses surnaturelles ? Et combien les Princes se croiront-ils obligés à s'abaisser devant Dieu plus profondément que les autres hommes, s'ils se souviennent de ce qui a été dit de leurs dangers, du besoin infini qu'ils ont de secours, & de la privation où ils sont de la plûpart des moyens utiles au salut.

III. Quand ils trouveroient dans leur état toutes les facilités que la retraite & la solitude fournissent à des particuliers, qui leur apprendra s'ils sont dignes d'amour ou de haine ? Qui les tirera d'un doute qui anéantit tout orgueil, & qui laisse dans l'ame une crainte qui modére tous ses autres sentimens.

IV. S'ils se rassurent en jugeant de leur cœur par leurs œuvres, qui peut leur promettre la perseverance, & les délivrer de la juste inquiétude où ils sont, par rapport au terme qui seul décide de tout? Les Princes ont-ils sur cela quelques priviléges? Ne doivent-ils pas, au contraire, plus trembler que les autres, en voyant de combien d'ennemis & de piéges le sentier où ils marchent, est rempli? Et s'ils tremblent veritablement parce qu'ils ignorent quel sera leur sort éternel, quelle chose en cette vie peut les consoler de cette incertitude, & de quelle vanité ce salutaire contrepoids ne les doit-il pas preserver?

V. (*q*) Les particuliers, confondus dans la foule, trouveront facilement grace au jugement de Dieu, parce que leur vie s'est passée dans le travail & l'humiliation, & que (*r*) la plûpart de leurs fautes ont été expiées dans la fournaise de la misére. Mais les Princes seront jugés dans la rigueur, parce qu'ils n'ont point ici de juges, & que leurs fautes sont impunies. C'est le S. Esprit qui les en avertit en des termes très effrayans : „ (*s*) Ecoutez, leur dit-il, & com-
„ prenez-le bien : c'est le Seigneur qui vous
„ a donné la puissance que vous avez, &
„ ce sera lui aussi qui examinera vos ac-
„ tions,

(*q*) Exiguo conceditur misericordia. *Sap. C. IV. v.* 7
(*r*) Elegi te in camino paupertatis. *Isaï. C. XLVIII. v.* 10
(*s*) Audite, Reges, & intelligite, quoniam data est à Domino potestas vobis, qui interrogabit opera vestra, & cogitationes scrutabitur. Horrendè & citò apparebit vobis quoniam judicium durissimum his, qui præsunt, fiet. Exiguo enim conceditur misericordia: potentes autem potenter tormenta patientur. *Sap. C. VI. v.* 2. 4. 6. 7.

„ tions, & qui fondera vos penſées. Bientôt il ſe montrera à vous d'une maniére
„ terrible ; car le jugement qu'il exercera
„ ſur ceux qui ſont en autorité, ſera très
„ ſevére. Il aura compaſſion des petits,
„ mais les perſonnes puiſſantes ſeront puiſ-
„ ſamment tourmentées. „

VI. „ (t) On redemandera beaucoup, dit le Fils de Dieu, „ à celui à qui l'on aura
„ donné beaucoup ; & l'on fera rendre un
„ plus grand compte à celui à qui l'on au-
„ ra confié plus de choſes. „ C'eſt donc être fort imprudent de ſe réjouir de ce qu'on a beaucoup reçu, ſans penſer au compte qui en ſera demandé. Un Prince vain s'applaudit de ſa puiſſance. mais un Prince ſérieux la regarde comme un poids. Il craint l'exactitude du Maître qui la lui a confiée ; & il ne met ſa ſûreté que dans ſa vigilance, & dans l'eſpérance de couvrir beaucoup de fautes par la penitence & l'humilité.

VII. Il conſerve dans tout ce qu'il fait, le ſouvenir de l'éternité, & cette penſée le tient courbé devant Dieu. Il compare ſans ceſſe ce qu'il a de grandeur, avec ce qu'il eſpére ou ce qu'il craint après la vie, & il reprime ſevérement la vaine complaiſance qui s'éléve dans ſon cœur, en penſant que

(t) Omni autem cui multùm datum eſt, multùm quæretur ab eo ; & cui commendaverunt multùm, plus petent ab eo. *Luc.* C. XII. v. 48.

que l'orgueil peut lui faire perdre tout ce qu'attendent les humbles, & le separer pour toujours de la societé des saints, en le précipitant dans des gouffres preparés à l'orgueil & à l'ingratitude.

VIII. L'exemple de Jesus-Chrift, humilié pour nous jusqu'à la mort, & jusqu'à la mort de la croix, est toujours present à sa memoire. Il sait qu'il est principalement le modéle des Rois, puisqu'il est lui-même le Roi éternel, le Roi de gloire, le Roi des Rois. Il a honte, sous un chef couronné d'épines, de porter la tête haute & élevée; & il lui dit avec sincérité. „(v) Vous sa-
„ vez, Seigneur, que mon cœur ne s'eft
„ point enflé d'orgueil, que mes yeux ne
„ se sont point élevés, & que je ne me suis
„ point entretenu de penfées fastueuses &
„ au dessus de moi. „

IX. Il sait que Jesus-Chrift a reduit presque tout l'Evangile à la seule humilité; (x) qu'elle est presque la seule vertu qu'il veuille qu'on apprenne de lui; (y) que les verités salutaires sont cachées aux sages, & revelées aux petits; (z) que le seul moyen de devenir grand, est de s'abaisser; qu'en tout
état,

(v) Domine, non est exaltatum cor meum, neque elati sunt oculi mei, neque ambulavi in magnis, neque in mirabilibus super me. *Pf.* CXXX. v. 1. & 2.
(x) Difcite à me, quia mitis fum, & humilis corde. *Matt.* C. XI. v. 29.
(y) Abfcondifti hæc sapientibus & prudentibus, & revelafti ea parvulis. *Ibid* v 25.
(z) Qui voluerit inter vos primus esse, erit vester servus. *Matt.* C. XX. v. 27.

état, & dans toute condition, (*a*) il faut avoir la simplicité & l'humilité d'un enfant, pour entrer dans le Royaume de Dieu; que (*b*) tous ceux que Jesus-Christ appelle heureux, ont des caractéres directement opposés à l'orgueil; qu'il dit lui-même, (*c*) que l'amour de la gloire humaine est un obstacle à la foi; qu'il n'a parlé fortement que contre ceux qui, sous les dehors d'une vie réguliére, cachoient un secret desir de l'estime & de l'approbation; qu'il a reçu tous les autres pécheurs avec bonté; & que c'est l'orgueil des faux justes qui l'a mis en croix.

X. Il sait que tous les mystéres de sa vie, qui ont tous été humilians, ont eu pour but d'expier l'orgueil de l'homme & de le guerir. Il s'offre à lui pour en recevoir l'impression & l'effet; & il ne lui demande rien avec tant d'instance dans la priére, que de n'être pas livré à un esprit de presomption & de fierté, à une seduction intérieure, qui lui cacheroit ses défauts; à une vaine complaisance dans sa justice, à une fausse sécurité dans un bonheur temporel, à un amour injuste de l'approbation & des louanges, au desir de plaire à un autre qu'à lui, & d'avoir un autre temoin que lui

(*a*) Nisi efficiamini sicut parvuli, non intrabitis in regnum coelorum. *Matt. C*. XVIII. *v* 3.
(*b*) Beati pauperes spiritu. Beati mites. Beati qui lugent. Beati qui esuriunt. *Matt. C. V. v.* 3 *& suiv.*
(*c*) Quomodò vos potestis credere, qui gloriam ab invicem accipitis; & gloriam, quæ à solo Deo est, non quæritis? *Joan. C. V. v.* 44.

lui de ses actions, un autre juge, & une autre recompense.

ARTICLE XI.

Interêt qu'ont les hommes, & sur-tout les Princes, à être humbles.

I. Il comprend que non seulement il doit être humble, parce qu'il lui est commandé de l'être, & qu'il est juste qu'il le soit; mais parce que tous ses interêts le portent à le devenir, & que l'humilité lui peut tout obtenir, & lui conserver tout : au lieu que l'orgueil seroit un obstacle à ce qui lui manque, & lui feroit perdre ce qu'il a reçu.

II. Il le regarde aussi, non-seulement comme une ingratitude, mais comme une folie, qui porte l'homme à le séparer de la source de tous les biens, dans l'esperance de se les rendre propres, & de les retenir. Il sait qu'il n'en est pas de Dieu comme des hommes. Un Gouverneur établi par un Prince, peut demeurer le maître de son gouvernement, s'il joint à la revolte les moyens de s'y maintenir. Un serviteur infidéle peut enlever les richesses de son maitre, & les garder, s'il peut trouver une retraite sûre. L'ingratitude & l'orgueil ne font rien perdre à l'un ni à l'autre, parce que les biens usurpés ne dépendent pas de la volonté

lonté des maîtres légitimes. Mais à l'égard de Dieu, l'on ne peut rien usurper; la réalité de ses dons dépend toujours de lui, & dès qu'on veut les conserver sans lui, on les perd.

III. Ils ressemblent tous à la lumiére, qui ne peut être separée du soleil, ni subsister sans lui. Ils sont comme le ruisseau d'une fontaine, qui demeure à sec, dès qu'il n'est plus entretenu par la source. Ils ont tous la même dépendance de Dieu, qu'une branche a de sa racine, dont elle ne peut être coupée sans se flétrir, & sans perdre son suc & sa fecondité. Ainsi, c'est une pure extravagance que de se les vouloir attribuer; & c'est renoncer en même tems à ses interêts & à la raison, que de renoncer à l'humilité.

IV. Toute justice, toute verité, toute sainteté vient d'elle. C'est elle qui est le canal de tous les biens: parce qu'elle met l'homme immédiatement au dessous de Dieu, qui est la plénitude de l'être & de la bonté, & qui ne demande qu'à se répandre. C'est elle qui creuse & qui élargit le bassin, que la grace doit remplir. C'est elle qui retient dans de fecondes vallées, tout ce que perdent les montagnes.

V. Elle semble abaisser l'homme, & cependant elle ne travaille qu'à l'élever: car elle entasse dons sur dons, grandeur sur grandeur,

deur, perfections sur perfections. Elle est toujours alterée, & demande toujours. Elle sait profiter de tout, & mettre tout en usage; & elle ne peut se consoler de quelques legéres pertes, qu'en les recompensant par d'autres gains.

VI. Elle soumet l'homme à Dieu, mais à lui seul : car elle méprise encore plus sincérement le monde, qu'elle n'en est méprisée. Elle n'en attend rien; & jamais elle ne fléchira devant lui. L'orgueil est foible, timide, flatteur, parce qu'il cherche l'approbation : mais l'humilité a de l'élevation & de la noblesse, parce qu'elle craint plus les louanges que le mépris. Elle suit sa route, sans tourner la tête. Elle a toujours en vue le but; & elle sait bien que tous les applaudissemens seront pour elle, si elle peut y atteindre.

VII. Elle met sa gloire à s'abaisser profondément devant Dieu; parce que c'est à lui seul qu'appartient l'empire, la gloire & la majesté : parce qu'il tire de la poussiére l'humble & le pauvre, & qu'il couvre d'ignominie le superbe : (*d*) parce qu'il condamne à un opprobre éternel, ceux qui sont assez insensés pour le mépriser.

VIII. Souvent dès cette vie l'humilité est recompensée, quoique ce ne soit pas en
cette

(*d*) Quicunque glorificaverit me, glorificabo eum : qui autem contemnunt me, erunt ignobiles. 1. *Reg. C.* II. *v* 30.

cette vie qu'elle attend ses recompenses; & elle contribue plus qu'une autre vertu à affermir le thrône des Rois, & à conserver le sceptre dans leur maison.

IX. L'orgueil de Saül le fit rejetter, & avec lui toute sa famille, quoique Jonathas son fils eût toutes les qualités nécessaires pour commander. „(e) En désobéissant à „Dieu, lui dit le Prophéte Samuel, vous „vous êtes conduit en insensé. Il vous eût „établi Roi sur Israel pour toujours, si vous „aviez suivi ses ordres : mais l'autorité „Royale ne passera pas à vos enfans. Dieu „s'est choisi un homme selon son cœur, „pour le faire régner sur son peuple, en „punition de ce que vous ne lui avez pas „obéi. „

X. Le même Prophéte, après une seconde désobéissance de ce Prince, lui parla ainsi : „(f) Lorsque vous étiez humble & „petit à vos propres yeux, vous êtes de„venu le chef d'Israel par l'ordre de Dieu. „Pourquoi donc n'avez-vous pas écouté la „voix

(e) Stulte egisti, nec custodisti mandata domini Dei tui, quæ præcepit tibi. Quod si non fecisses, jam nunc præparasset Dominus regnum tuum super Israel in sempiternum sed nequaquam regnum tuum ultra consurget. Quæsivit Dominus sibi virum juxta cor suum, & præcepit ei Dominus ut esset dux super populum suum, eò quòd non servaveris quæ præcepit Dominus I. Reg C. XIII. v 13. & 14.

(f) Nonne cùm parvulus esses in oculis tuis, caput in tribubus Israël factus es? Unxitque te Dominus in Regem super Israël. Quare ergo non audisti vocem Domini? Quasi scelus idololatriæ, nolle acquiescere Pro eo ergo, quòd abjecisti sermonem Domini, abjecit te Dominus, ne sis Rex. Ibid. C. XV. v. 17. 19 22. 23.

„ voix du Seigneur ? C'est un crime pareil
„ à celui de l'idolâtrie, que de refuser de lui
„ obéir ; & puisque vous rejettez ses com-
„ mandemens, il vous rejette aussi ; & il
„ ne veut plus que vous soyez Roi. „

XI. David, au contraire, le dernier de
ses fréres, & (g) le moins consideré, leur
fut preferé par son humilité ; & comme il
conserva cette vertu sur le thrône, Dieu
lui promit par le Prophéte Nathan, de l'y
affermir, & ses descendans, pour toujours :
„ (h) Je vous ai tiré, lui dit-il, de la con-
„ dition de berger, pour vous établir Roi
„ sur mon peuple. Lorsque vos jours se-
„ ront accomplis, j'établirai votre fils après
„ vous, & j'affermirai son régne. Votre
„ maison subsistera toujours : votre régne
„ sera éternel devant moi, & votre thrône
„ sera toujours solidement établi. „ Ces
promesses ont eu leur accomplissement dans
le Messie, dont le régne est veritablement
éternel. Mais elles n'ont pas laissé d'avoir
aussi un grand effet par rapport au régne
temporel des descendans de David, qui ont
tous occupé son thrône jusques à la captivité de Babylone.

XII. Ce

(g) Adhuc reliquus est parvulus, & pascit oves. *Ibid.*
c XVI v 11
(h) Ego tuli te de pascuis, sequentem greges, ut esses
dux super populum meum Israel. Cum completi fuerint
dies tui, suscitabo semen tuum post te, & firmabo regnum ejus Et fidelis erit domus tua, & regnum tuum
usque in æternum ante faciem meam, & thronus tuus erit
firmus jugiter. 2. *Reg.* C. VII. v. 8. 14. 16.

XII. Ce Prince, qui mettoit sa gloire à s'humilier devant Dieu, n'osa porter l'habit Royal, lorsqu'il fit transporter l'Arche d'alliance sur la montagne de Sion. (*i*) Il se contenta d'une tunique de lin, & s'abandonna aux saints transports de sa joie. Il en donna toutes les marques possibles devant le peuple, sans être retenu par ces égards & ces bienséances que les Grands affectent par tout. (*k*) Michol, sa femme, fille de Saul, le regardant par une fenêtre du palais, trouva qu'il s'avilissoit; & elle lui dit, dès qu'elle put lui parler:
„ (*l*) Oh! Que le Roi d'Israel a bien sû
„ garder sa dignité en se montrant sans ap-
„ pareil devant les servantes de ses Offi-
„ ciers, & marchant presque nud, comme
„ un homme de néant qui n'auroit d'autre
„ emploi que de divertir le peuple! „

XIII. Cette raillerie, qui venoit d'une petitesse d'esprit inséparable de l'orgueil, attira à la Princesse une réponse dont les Rois doivent toujours se souvenir. „ (*m*) Oui,
„ lui

(*i*) David saltabat totis viribus ante Dominum, accinctus ephod lineo. *Ibid* C. VI v 14.
(*k*) Michol, filia Saul, prospiciens per fenestram, vidit Regem David saltantem coram Domino, & despexit eum in corde suo. 2. *Reg* C. VI v 16.
(*l*) Quàm gloriosus fuit hodie Rex Israel, discooperiens se ante ancillas servorum suorum, & nudatus est, quasi si nudetur unus de scurris. *Ibid* v. 20.
(*m*) Ante Dominum, qui elegit me, potiùs quàm patrem tuum, & quàm omnem domum ejus, præcepit mihi ut essem dux super populum Domini in Israel, & ludam, & vilior fiam plus quàm factus sum & ero humilis in oculis meis: & cum ancillis, de quibus locutus es, gloriosior apparebo. *Ibid.* v. 22.

„ lui dit David, je me suis humilié devant
„ le Seigneur, qui m'a preferé à votre Pé-
„ re, & à toute sa maison, pour me don-
„ ner la conduite de son peuple : & je m'hu-
„ milierai encore plus que je n'ai fait de-
„ vant lui, & je serai méprisable à mes yeux;
„ & je tiendrai à gloire d'être aussi petit
„ devant lui, que les servantes dont vous
„ venez de parler. „

XIV. C'étoit entendre ce que l'humilité lui avoit valu, & combien l'orgueil avoit coûté cher à Saul. C'étoit dire en deux mots, que l'humilité l'avoit fait Roi, & que c'étoit l'orgueil qui avoit déthrôné Saul. Michol éprouva elle-meme ce que l'exemple de son pére auroit dû lui apprendre. (*n*) Sa raillerie fut punie par la stérilité : & pour avoir refusé de soumettre sa grandeur à celle de Dieu, elle ne l'eut que pour des momens, sans la pouvoir transmettre à ses héritiers.

XV. Ce fut l'humilité qui remit Nabuchodonosor sur le thrône, comme c'étoit son orgueil qui l'en avoit précipité : & il est beau d'entendre comment en parle ce Prince dans le recit qu'il nous en fait. „ (*o*) Lors-
„ que

(*n*) Igitur Michol filiæ Saul non est natus filius usque in diem mortis suæ 2 *Reg. C.* VI *v.* 23.

(*o*) Post finem dierum, oculos meos ad cœlum levavi, & sensus meus redditus est mihi : & Altissimo benedixi, & viventem in sempiternum laudavi & glorificavi, quia potestas ejus potestas sempiterna, & regnum ejus in generationem & generationem. Et omnes habitatores terræ apud eum in nihilum reputati sunt. Juxta voluntatem enim suam

„ que le tems de mon humiliation fut fini,
„ je levai les yeux vers le ciel ; & dans ce
„ moment la raison me fut rendue. Je be-
„ nis le Très-haut : je louai & glorifiai le
„ Dieu éternel : parce que sa puissance est
„ une puissance éternelle, & que son régne
„ comprend tous les âges & tous les tems.
„ Tous les habitans de la terre ne sont
„ qu'un néant devant lui. Il fait tout ce
„ qu'il lui plaît, & des puissances celestes,
„ & des hommes qui sont sur la terre. Per-
„ sonne ne peut lui resister, ni lui deman-
„ der pourquoi faites-vous ainsi ? Dans le
„ même tems que la raison me fut rendue,
„ je recouvrai aussi l'éclat & la gloire de
„ la dignité Royale ; & ma premiére figu-
„ re revint. Les grands de ma Cour &
„ mes principaux Officiers me cherchérent,
„ & je fus rétabli dans mon Royaume,
„ avec plus d'autorité & de puissance que
„ je n'en avois eu. Maintenant donc je
„ loue le Roi du ciel, & je publie sa
„ grandeur & sa gloire, parce que la vé-
„ rité & la justice éclatent dans toutes ses
„ œuvres, & qu'il a le pouvoir d'humilier
„ quiconque s'éléve. „

suam facit, tàm in virtutibus cœli, quàm in habitatori
bus terræ, & non est qui resistat manui ejus & dicat ei
quare fecisti ? In ipso tempore sensus meus reversus est
ad me, & ad honorem regni mei decoremque perveni
& figura mea reversa est ad me, & in regno meo restitu
tus sum, & magnificentia amplior addita est mihi. Nun
igitur ego Nabuchodonosor, laudo, & magnifico, & glo
rifico Regem cœli, quia omnia opera ejus vera, & vi
ejus judicia, & gradientes in superbià potest humiliare
Dan. C. IV. v. 31. & suiv.

XVI. L'orgueil avoit tout ôté à ce Prince, la raison, la figure humaine, les inclinations naturelles, la societé des autres hommes, l'estime, l'autorité, le rang. Il l'avoit dégradé en tout : & c'est ce qu'il feroit toujours, même dès cette vie, si Dieu n'en suspendoit le châtiment ; car l'orgueil est indigne de tout, & n'est capable que de tout perdre.

XVII. L'humilité, au contraire, trouvant ce Prince plongé dans la derniére bassesse, le releve, le console, lui rend le sens, la réflexion, la sagesse, la religion ; & avec ces biens, qui sont sans prix, elle lui rend aussi la beauté, les richesses, l'estime & l'affection de ses peuples, & le rétablit sur le thrône avec plus d'autorité & de gloire qu'il n'en avoit eu.

XVIII. Qu'on méprise après cela, si l'on ose, une vertu à qui les Princes doivent tout : car ne n'est point un évenement particulier & sans suite que l'humiliation & le rétablissement de Nabuchodonosor. C'est la manifestation des desseins de Dieu sur tous les Grands : c'est la révélation de ce qu'il pense sur leur sujet. L'humilité seule attire sa protection : & l'orgueil doit s'attendre aux accidens les plus tragiques : car ce n'est point seulement pour l'autre vie qu'il est écrit, que (*p*) Dieu a renversé

Tome III.   M   du

―――――――――
(*p*) Deposuit potentes de sede. *Luc.* C. I. *v.* 52.

du thrône les puissans. Ce n'est point seulement par rapport aux vertus intérieures que (*q*) Dieu résiste aux superbes. Ces vérités s'étendent à tout, & les plus grands malheurs des Princes & des Etats n'arrivent que parce qu'ils se confient en leurs propres forces; qu'ils ne rendent point graces des biens dont ils sont comblés ; qu'ils dédaignent de s'humilier sous le Très-haut, qui seul commande au ciel & à la terre; & qu'ils espérent réussir par une sagesse humaine, dans des desseins que l'humilité seule eût fait prosperer. „ (*r*) Ils édifieront, „ dit le Seigneur, & moi je détruirai ce „ qu'ils édifient. „

ARTICLE XII.

Où l'orgueil est le plus grand, la misére est la plus grande : où l'humilité est parfaite, la grandeur est à son comble.

I. L'orgueil est nécessairement joint à la misére; & quand il est grand, à une misére infinie. L'humilité, au contraire, est nécessairement jointe à la grandeur ; & quand elle est parfaite, à une grandeur infinie.

II. Il ne faut, pour le comprendre, que considerer Jésus-Christ, & Satan. L'humilité

(*q*) Deus superbis resistit, humilibus autem dat gratiam. 1. Pet. C. V. v. 4.

(*r*) Illi ædificabunt, & ego destruam. Mal. C. I. v. 4.

lité dans Jésus-Christ est sans bornes, & il est Dieu. L'orgueil dans Satan est à son comble, & il est la créature la plus vile & la plus méprisable que nous puissions concevoir.

III. Quel spectacle, s'il étoit bien entendu ! L'homme parfaitement humble est dans le sein du Pére, il est son fils : il est personnellement uni à son Verbe & à sa sagesse. L'Ange, & peut-être le premier de tous, est précipité dans un abîme sans fond, parce qu'il a follement affecté l'independance. Jésus-Christ, tout Dieu qu'il est, s'est abaissé pour nous jusqu'à la croix : & Satan, contre son propre interêt, a refusé de se soumettre à Dieu qui venoit de le tirer du néant. Mais tout genou fléchit devant Jésus-Christ humilié : & Satan sera couvert d'opprobres & chargé de malédictions dans tous les siécles.

IV. Lorsque l'humilité du Prince est véritable, & qu'elle est jointe par conséquent à la lumiére & à la prudence, elle s'allie sans peine avec toutes les bienséances qu'il est obligé de conserver : & elle n'affoiblit en rien son autorité ni son pouvoir, dont elle lui découvre seulement l'usage & la fin.

Article XIII.

Marques & preuves de l'humilité dans les Princes.

I. Cette vertu, attentive à se cacher, se produit néanmoins par de certaines marques, dont la première est le profond respect qu'elle inspire pour Dieu, pour son culte, pour tout ce qui a rapport à la Religion. Elle paroît en tremblant dans son sanctuaire, où elle n'entre qu'avec une sainte frayeur, où elle porte intérieurement les sentimens du Publicain qui n'osoit lever les yeux vers le ciel, & où les terribles mystéres que l'on y offre, font en même tems son admiration, sa confiance, & sa crainte.

II. On la connoît à une seconde marque, qui est l'obéïssance exacte à la loi de Dieu, sans chercher des prétextes pour s'en dispenser, sans l'affoiblir, sans l'expliquer, sans être attentive aux coutumes & aux exemples qui l'ont obscurcie. Cette loi est à son égard toujours nouvelle, toujours son unique régle, toujours le principe de sa sagesse & de sa lumiére. Elle ne sait point raisonner quand Dieu commande. (s) Elle est simple pour le mal : & il lui suffit d'en être avertie, pour l'éviter. Elle n'éxamine

(s) *Volo vos sapientes esse in bono, & simplices in malo.* Rom. C. 16. v. 19.

mine que le bien, parce qu'elle pourroit s'y tromper, & que tout ce qui en a l'apparence, n'en a pas toujours la vérité.

III. Une troisiéme marque d'une humilité sincére, est quand on aime à recevoir des avis, & qu'on en profite, qu'on ne fait point consister son autorité à ne rien écouter, & à ne pas changer de sentiment: qu'on se rend sans peine à ce qui est juste, quoiqu'on ne l'eût pas vû d'abord, & que la lumiére qui le découvre, vienne d'ailleurs; quand on ne veut jamais donner sa seule volonté pour régle, & qu'on croiroit faire injure à la raison, si l'on pretendoit conduire les hommes sans la consulter & sans la suivre.

IV. Une quatriéme marque, est la crainte des louanges, qui affoiblissent presque toujours ceux-mêmes qui les méritent, s'ils n'ont la précaution de les éviter, ou en les défendant absolument, quand ils en ont l'autorité, ou en les moderant; & s'ils ne sont fideles à les rapporter promptement à Dieu, à qui seul la gloire appartient, parce qu'il est seul le principe & la fin de tout ce qui peut la mériter. „(t) „Tout ce qui excelle, & qui est parfait, „est un don qui vient d'en-haut, & qui des- „cend du Pére des lumiéres „; & il est juste qu'il

(t) Omne donum optimum, & omne donum perfectum desursum est, descendens à Patre luminum. *Jacob.* c. I. v. 17.

qu'il remonte jusqu'à son origine, & que l'homme ne s'attribue pas ce qui ne vient point de l'homme.

V. (v) Il a néanmoins une forte inclination à vouloir qu'on s'arrête à lui, qu'on le respecte & qu'on l'aime pour lui ; & c'est à cette injuste inclination que l'humilité est opposée. Elle la regarde comme une secrete idolâtrie, comme l'ennemie de la crainte & de l'amour chaste qu'on doit à Dieu ; & elle est véritablement allarmée lorsque la tentation extérieure des louanges vient se joindre à celle qui étoit déja préparée dans le cœur, de peur qu'elles ne lui enlévent le trésor qu'elle tâche de conserver, & qui est d'une garde très difficile.

VI. Une cinquiéme marque de sa sincérité, est l'amour de la simplicité & de la modestie ; n'accordant à la magnificence que ce qui est nécessaire à l'autorité, souffrant même avec peine cette nécessité, utile aux autres, mais dangereuse pour elle; ne se consolant point de ce qu'il ne lui est pas permis de ressembler à Jésus-Christ dans l'exterieur, comme elle tâche d'en avoir l'esprit & les sentimens ; (x) faisant, comme

---

(v) Timeri & amari velle ab hominibus, non propter aliud, sed ut inde sit gaudium, misera vita est, & fœda jactantia, hinc fit vel maxime, non amare te, nec caste timere te. *S. Aug. L.* 10. *Conf. C.* 36.

(x) Majores divitias æstimans thesauris Ægyptiorum, improperium Christi. *Hebr. C.* XI. *v* 26.

me Moïse, plus d'état sans comparaison, de ses opprobres & de ses ignominies, que de tout le trésor de l'Egypte; & (y) regardant, comme Esther, non-seulement avec affliction, mais avec une espéce d'horreur, tout ce qui ne sert qu'à la pompe & à l'éclat, quoiqu'il soit d'ailleurs excusé par le besoin qu'en ont les peuples.

VII. De telles dispositions sont rares : mais aussi l'humilité n'est pas une vertu commune : & c'est pour cela même que le Prince doit la desirer avec ardeur, puisqu'elle est un don si excellent & si parfait que peu de personnes y arrivent; & qu'elle sera pour lui la plus honorable distinction qu'il puisse avoir, s'il est assez heureux pour y atteindre, & pour meriter qu'on dise un jour de lui, ce que S. Ambroise a dit du grand Théodose. ,, (z) J'ai aimé ce Prin-
,, ce parce qu'il étoit plein de bonté & de
,, compassion, qu'il étoit humble sur le thrô-
,, ne, que son cœur étoit pur, que ses in-
,, clinations le portoient toutes à la dou-
,, ceur, & qu'il avoit toutes les vertus que
,, Jesus-Christ aime. ,,

VIII. On

(y) Tu scis, Domine, necessitatem meam, quòd abominer signum superbiæ & gloriæ meæ quod est super caput meum in diebus ostentationis meæ, & detester illud quasi pannum menstruatæ, & non portem in diebus silentii mei. *Est. C* XIV. *v.* 16.

(z) Dilexi virum misericordem, humilem in imperio, corde puro, & pectore mansueto, qualem Dominus amare consuevit. *S. Ambr. de obitu Theodosii.* n. 33.

VIII. On sait (a) avec quelle humilité ce Prince se soumit à la penitence publique, pour expier une faute que la promptitude & les mauvais conseils lui avoient fait commettre : combien il parut penetré de douleur devant le peuple : avec quels sentimens il demanda les priéres des fidéles, qui fondoient en larmes en le voyant prosterné, & quelle reconnoissance il conserva toute sa vie pour S. Ambroise, qui avoit exigé de lui cette satisfaction publique.

IX. Mais ce ne fut point dans cette seule occasion, que ce Prince veritablement grand fit paroître de l'humilité. Il en donna beaucoup d'autres preuves, que son histoire fournit. Mais je me contente du témoignage que S. Ambroise lui rend, dans la réponse qu'il fit à la lettre que ce Prince lui avoit écrite après la défaite du Tyran Eugéne. „ (b) Dieu regarde veritable-
„ ment avec bonté l'Empire Romain „ (dit ce grand Evêque, qu'on ne soupçonnera pas d'être flatteur) „ puisqu'il lui a donné
„ un Prince, qui joint à la souveraine puis-
„ sance

(a) Quid fuit ejus religiosâ humilitate mirabilius, quandò ecclesiasticâ coercitus disciplinâ, sic egit pœnitentiam, ut imperatoriam celsitudinem, pro illo populus orans, magis fleret videndo prostratam, quàm peccando timeret iratam. S. Aug. l. 5. de Civit. Dei. c. 26.

(b) Verè Dominus propitius est imperio Romano, quandoquidem talem principem elegit, cujus virtus & potestas in tanto imperii constituta culmine triumphali, tantâ sit humilitate subnixa, ut virtute Imperatores, humilitate vicerit sacerdotes. S. Amb. Ep. 61. ad Imp. Theod. n. 6.

„ fance une valeur qui triomphe de tous fes
„ ennemis, & qui releve l'une & l'autre par
„ une telle humilité, que dans le tems qu'il
„ furpaffe les autres Princes par fes gran-
„ des actions, il furpaffe les Evêques mêmes
„ & les autres Miniftres de Jefus-Chrift par
„ l'humilité de fes fentimens. „

X. Rien n'eft plus grand, ni plus digne de l'ambition d'un Prince qu'un tel éloge, qui fert au moins à prouver, que l'humilité reléve les plus auguftes qualités, bien loin de les obfcurcir : & qu'il eft permis à un Roi qui furpaffe les autres en fageffe, en puiffance & en valeur, de pretendre encore à la gloire de furpaffer les plus vertueux en moderation, en douceur & en humilité.

CHAPITRE XII.

Le Prince doit être fortement persuadé qu'un chretien, en toute condition & en tout état, doit vivre dans l'innocence, & loin du crime : Etre saint : Mener une vie digne de l'Evangile, & digne de Dieu : Etre revêtu de Jesus-Christ : Etre crucifié, & ressuscité avec lui : Qu'il n'est plus à soi, mais à Jesus-Christ, dont il est la conquête : Qu'il doit vivre comme lui : N'être point du monde, & n'aimer point ce qui est dans le monde; Ne point s'affoiblir par les mauvais exemples, mais se conserver pur de la corruption du siécle.

ARTICLE I.

Le Prince doit être fortement persuadé qu'un chretien doit vivre dans l'innocence, & loin du crime.

I. SI le Prince est veritablement humble, il ne peut manquer d'attention à la loi de Dieu, ni de fidélité à l'observer: (c) tous les pechés commencent par l'orgueil : & (d) l'orgueil lui-même commence par l'amour de l'indépendance, & le desir de se soustraire à l'ordre de Dieu.

II. Mais

(c) Initium omnis peccati est superbia. *Eccl. C X. v 15*
(d) Initium superbiæ hominis, apostatare à Deo. *Ibid. v. 14.*

II. Mais les humbles sont preparés à écouter avec docilité tout ce qui peut augmenter en eux la crainte de déplaire à Dieu; & plus ils aiment sa loi, plus ils désirent d'en être instruits, selon cette parole du Sage : „ (*e*) Ceux qui craignent le Sei-
„ gneur, rechercheront avec soin tout ce
„ qui peut lui plaire, & ceux qui l'ai-
„ ment, se rempliront de la connoissance
„ de sa loi. „

III. C'est aux humbles que s'addressent ces paroles du S. Esprit dans le Prophéte :
„ (*f*) Venez, mes enfans, écoutez-moi : je
„ vous enseignerai la crainte du Seigneur.
„ Qui d'entre vous aime la vie, & désire
„ que ses jours soient heureux ? Qu'il se
„ détourne du mal, & fasse le bien; qu'il
„ recherche la paix, & qu'il travaille pour
„ l'acquerir : car le Seigneur tient ses yeux
„ arrêtés sur les justes, & ses oreilles sont
„ attentives à leurs priéres; mais il re-
„ garde avec un visage irrité les mé-
„ chans. „

IV. La premiére partie de cette instruction est, d'éviter le mal : la seconde, de faire le bien. On passe de l'une à l'autre.

M 6 Mais

(*e*) Qui timent Dominum, inquirent quæ beneplacita sunt ei, & qui diligunt eum, replebuntur lege ipsius. *Eccl*. C. II v 10

(*f*) Venite, filii, audite me. timorem Domini docebo vos. Quis est homo, qui vult vitam, diligit dies videre bonos? Diverte à malo, & fac bonum. inquire pacem, & persequere eam. Oculi Domini super justos, & aures ejus in preces eorum. Vultus autem Domini super facientes mala. *Ps*. XXXIII. v. 12. *& suiv*.

Mais avant tout, il faut être innocent, & avant que d'avoir les mains pleines de bonnes œuvres, il faut les avoir pures. Dieu ne peut souffrir le mélange du bien & du mal. Ses yeux ne sont arrêtés avec complaisance que sur les justes. Il n'accorde la paix qu'à la bonne conscience. Il regarde avec colére tous ceux qui commettent l'iniquité; & l'on espéreroit en vain de le rendre moins attentif au mal, en essayant de le couvrir par quelque bien.

V. On lui doit tout : & il n'y a point de compensation à faire avec lui. Le premier & le plus indispensable devoir est, de lui obéir, & sur-tout quand il défend. (g) Il ne peut pas se renoncer soi-même pour devenir capable de dissimuler nos injustices. Il est la sainteté essentielle : & autant qu'il aime ces perfections, qui sont le fond de son être, autant il condamne tout ce qui s'en écarte & qui les combat.

VI. ,, (h) Vous nous avez donné des Com-
,, mandemens, dit son Prophéte, & vous
,, voulez qu'ils soient observés avec une exac-
,, titude infinie. (i) Aussi, continue-t-il, je
,, conserve avec soin, & je cache dans mon
,, cœur, toutes vos paroles, afin que je ne
,, com-

(g) Ille fidelis permanet negare se ipsam non potest. 2. Timoth. C II v 13.
(h) Tu mandasti mandata tua custodiri nimis. Ps. CXVIII. v. 4.
(i) In corde meo abscondi eloquia tua, ut non peccem tibi. Ibid. v. 11.

commette aucun peché contre vous. (*k*) Mais vous-même, Seigneur, daignez conduire tous mes pas, & régler toutes mes actions sur vos paroles, afin qu'aucune injustice ne me surmonte. „

VII. La sainte sollicitude du Prophéte paroît dans ces expressions. Il sait avec quelle exactitude Dieu veut être obéi. Il cache dans son cœur tout ce qu'il connoît de sa loi. Il ne s'en fie point à sa memoire. Il met ce précieux depôt dans le lieu le plus secret & le plus sûr. Il le confie à l'humilité & à l'amour : mais il connoît sa foiblesse · il demande du secours, & il le demande continuel. Donnez-moi, Seigneur, ce que vous me commandez : votre parole doit être la régle de mes actions, reglez vous-même mes actions sur votre parole. Ce n'est que par vous que je puis éviter toute injustice : sans vous, je tomberai dans l'une, en croyant en éviter une autre.

VIII. C'est cette sollicitude même, & cette crainte religieuse de tomber dans quelque faute, qui est le caractére de la vraie pieté, & que Dieu recommande en termes exprès par un autre Prophéte. „ (*l*) Je vous ap-
„ pren-

(*k*) Gressus meos dirige secundùm eloquium tuum, ut non dominetur mei omnis injustitia. *Ibid. v.* 133.
(*l*) Indicabo tibi, ô homo, quid sit bonum, & quid Dominus requirat à te, utique facere judicium, & diligere misericordiam, & sollicitum ambulare cum Deo tuo. *Mich. C. VI. v.* 8.

„ prendrai, ô homme, en quoi consiste le
„ veritable bien, & ce que le Seigneur exi-
„ ge de vous: c'est de faire justice, & d'ai-
„ mer la misericorde, & de marcher avec
„ le Seigneur votre Dieu dans une conti-
„ nuelle sollicitude „ : c'est-à-dire, avec
une attention continuelle à lui plaire, une
étude continuelle de ses volontés, & une
extrême crainte de l'offenser.

IX. Il semble que cet excellent abregé de la vertu ait été fait pour le Prince: car c'est à lui proprement à faire justice & miséricorde. Mais je n'examine maintenant que les devoirs de Religion qui lui sont communs avec tous les fideles; & je le supplie de bien peser ces paroles: que ce que le Seigneur exige de lui, est qu'il marche en sa présence, en le regardant toujours, en l'observant toujours, en étudiant à chaque moment ce qui peut lui plaire, & craignant infiniment de s'y méprendre.

Article II.
Obligation de marcher en la présence de Dieu.

I. C'est le sens de cette grande parole que Dieu dit à Abraham: „ (*m*) Je suis le Dieu
„ tout puissant: marchez devant moi, &
„ soyez parfait. „ Il n'y a de Dieu que moi: c'est moi seul qui ai tout fait: c'est de moi seul que vous tenez tout. Vous n'avez

(*m*) Ego Deus omnipotens : ambula coram me, & esto perfectus. *Gen. C. XVII. v. 1.*

n'avez nul besoin que de moi, tous vos interêts se réunissent à moi seul, vous n'avez rien à craindre ni à esperer d'une autre puissance que de la mienne; & vous n'avez aucun prétexte de diviser vos soins & votre attention entre moi & une autre divinité.

II. Ne pensez donc qu'à me plaire, puisque vous ne dépendez que de moi, & que vous en dépendez pour tout. N'étudiez que ma volonté, puisqu'elle est seule votre régle. Ne suivez point d'exemple contraire à mes ordres, puisqu'un tel exemple est un crime. Je suis attentif à toutes vos actions, dont aucune ne peut m'être inconnue · soyez de votre côté attentif à n'en faire aucune qui me déplaise. Je vois non seulement vos mains, mais votre cœur, qu'il soit donc juste à mes yeux. Je suis seul pour vous, au milieu d'un pays infidéle; soyez aussi seul pour moi; & marchez devant moi, comme si tout le reste n'étoit pas, & n'avoit avec vous aucun rapport.

III. Ne donnez donc point de bornes à votre vertu, puisque je n'y en mets point. Mesurez-la sur ce que vous me devez, sur ce que vous avez reçu, sur ce que vous esperez de ma bonté. Ma volonté est la sainteté même; & c'est ma volonté qui est la régle de vos devoirs. Soyez parfait, puisque c'est moi que vous servez, & que c'est moi qui vous conduis.

ARTI-

Article III.

Obligation de vivre dans la sainteté.

I. Ce que Dieu dit à Abraham, il le dit à tous. Les raisons sont les mêmes pour tous : & si la docilité étoit égale, tous les devoirs intérieurs seroient égaux.

II. „ (*n*) Soyez saints, disoit Dieu à tous les Israelites, „ parce que je suis saint, & „ que je suis le Seigneur votre Dieu „ Apprenez ce que vous devez être, en voyant ce que je suis. Comparez votre vie à ma sainteté : pensez qu'elle est votre modéle, & comprenez bien que je ne suis votre Dieu, qu'autant que vous m'imitez.

III. C'est l'application que l'Apôtre S. Pierre donne à ces paroles : „ (*o*) Soyez „ saints, dit-il à tous les fidéles, dans tou„te la conduite de votre vie, comme ce„lui qui vous a appellés est saint ; selon „ qu'il est écrit: Soyez saints, parce que „ je suis saint. „

IV. Prenez garde, s'il vous plaît, à cette expression. *Dans toute la conduite de votre vie;* & à cette autre : *Comme celui qui vous a appellés est saint.* Par la premiére,
l'Apô

(*n*) Loquere ad omnem coetum filiorum Israel · Sancti estote, quia ego sanctus sum, Dominus Deus vester *Lev* C. XIX. *v.* 2.

(*o*) Secundùm eum, qui vocavit vos sanctum, & ipsi in omni conversatione sancti sitis, quoniam scriptum est Sancti eritis, quoniam ego sanctus sum. 1. *Pet.* C. 1. *v* 15. & 16.

Apôtre n'excepte rien : c'est la vie entiére qui doit être sainte; & par la seconde, il ne donne point d'autre modéle de sainteté à l'homme que celle de Dieu même.

V. Nous bornons ordinairement la Religion à ce qui nous plaît. Nous lui faisons sa part; & après certaines heures & certaines actions, nous croyons être les maîtres du reste. Nous nous trompons : tout est à la Religion, puisque tout est à Dieu. Nous n'avons droit de nous rien réserver, puisque tout doit être saint.

VI. Nous pensons aussi que la perfection est arbitraire, & qu'il est libre de s'arrêter où l'on veut, sans porter plus loin ni ses vûes ni ses désirs. Nous nous trompons encore. Ce n'est pas notre choix qui est notre régle : la sainteté de Dieu est le modéle de tous. Quiconque se contente d'une légére imitation, est coupable. On ne lui a point dit, vous irez jusques-là, on vous dispense du reste. On lui a dit au contraire, efforcez-vous d'atteindre ce qui vous surpassera toujours infiniment ; & si votre progrès est borné, que vos désirs au moins soient infinis.

ARTICLE IV.

Obligation d'être parfait.

I. Jésus-Christ, qui est la vérité même, & incapable par conséquent d'exagération,

nous

nous a commandé en termes précis (*p*) „ d'être parfaits, comme notre Pére cé„leſte eſt parfait. „ Il n'a mis entre ſon Pére & nous aucun intervale. Il ne nous a point donné l'Ange pour modéle, ni aucune créature, pour ſublime qu'elle fût. Il n'a point dit aux Apôtres, que c'étoit par un privilége particulier qu'il les deſtinoit à une ſi haute perfection, & que les autres ne pouvoient y prétendre. Il n'a point permis à ceux qui manqueroient de courage, de ſe contenter de moins. Il n'a point excepté les conditions dont les ſoins & les inquiétudes ſont inséparables. Il a tout compris ſous cette loi générale: „ Soyez parfaits „ comme votre Pére cé„leſte eſt parfait. „

II. C'eſt-là proprement le fond de la vocation au Chriſtianiſme. (*q*) Jéſus-Chriſt eſt venu nous faire connoître ſon Pére, & nous inſtruire de ſes volontés: nous apprendre ce qu'il veut, & ce qu'il approuve : nous découvrir ce qui lui déplaît & l'offenſe : nous manifeſter ſa ſainteté & ſa juſtice. Il nous a appellés par ſa grace, pour lui obéir, & lui être fideles : & c'eſt pour cela que nous ſommes Chrétiens.

ARTI-

(*p*) Eſtote ergo vos perfecti, ſicut & Pater veſter cæleſtis perfectus eſt. *Mat. C V. v.* 48.

(*q*) Hæc eſt vita æterna, ut cognoſcant te ſolum Deum verum, & quem miſiſti Jeſum Chriſtum. Ego te clarificavi ſuper terram, manifeſtavi nomen tuum hominibus. Verba quæ dediſti mihi, dedi eis. *Joan. C. XVII. v.* 3. 4. 6. 8.

ARTICLE V.

Obligation de vivre d'une maniére digne de notre vocation.

I. Que nous ferviroit-il donc de l'être devenus, si nous ne répondions pas à une si sublime vocation, par une vertu qui fût digne d'elle ; & si nous n'écoutions pas cette exhortation si preffante de S. Paul, „ (r) Je vous conjure, moi qui fuis dans „ les chaînes pour le Seigneur, de vous „ conduire d'une maniére qui foit digne de „ l'état auquel vous avez été appellés. „

ARTICLE VI.

D'une maniére digne de l'Evangile.

I. Cette expreffion ne peut être obfcure pour quiconque a bien compris l'éminence de l'état du Chriftianifme : mais si elle a befoin d'explication, le même Apôtre nous la donne ailleurs. „ (s) Ayez foin, nous dit-il, „ de vous conduire d'une maniére „ qui foit digne de l'Evangile de Jéfus- „ Chrift. „ Vous favez quelle eft la pureté de l'Evangile : de quelles vertus Jéfus-Chrift nous a donné les régles : quel chemin à la per-

---

(r) Obfecro vos, ego vinctus in Domino, ut digni ambuletis vocatione qua vocati eftis. *Ephef. C. IV. 1.*
(s) Dignè Evangelio Chrifti converfamini. *Phil. C. I. v. 27.*

perfection il nous a montré : combien [sa] vie & ses exemples ont ajouté à ses prece[p]tes. Vivez d'une maniére qui réponde à [sa] doctrine & a sa vie, soutenez dignem[ent] l'honneur d'être ses disciples; soyez la gloi[re] de l'Evangile, comme il est la vôtre. Vo[i]là votre vocation, & votre état : & vou[s] en devenez indignes, si vous dégénerez d[e] la sainteté de l'Evangile.

ARTICLE VII.

D'une maniére digne de Dieu.

I. Si ces lumiéres si pures & si pénétr[an]tes ne suffisent pas pour dissiper les fa[ux] préjugés, dont le monde est plein, con[tre] l'obligation indispensable de mener une v[ie] non-seulement exempte de crime, mais vé[-]ritablement sainte en bonnes œuvres, qu'o[n] écoute ce que dit l'Apôtre. „ (t) Nous n[e] „ cessons point de prier pour vous, & d[e] „ demander à Dieu qu'il vous remplisse d[e] „ la connoissance de sa volonté, en vou[s] „ donnant toute la sagesse & toute l'intel[-] „ ligence spirituelle, afin que vous vou[s] „ conduisiez d'une maniére digne de Dieu, „ tâchant de lui plaire en toutes choses, „ portant des fruits de toutes sortes de „ bon

(t) Non cessamus pro vobis orantes, & postulantes ut impleamini agnitione voluntatis ejus, in omni sapientiâ & intellectu spirituali, ut ambuletis dignè Deo, per omni[a] placentes, in omni opere bono fructificantes, & crescen[-]tes in scientiâ Dei. *Coloss. C. 1. v. 9. & 10.*

bonnes œuvres & croissant en la connoissance de Dieu. „

II. Peut-il être douteux désormais que nous ne soyons obligés à vivre d'une maniére digne de Dieu? Et que ne renferme point cette expression? C'est se remplir de la connoissance de sa volonté; c'est croître tous les jours en sagesse & en lumiére, pour discerner avec plus d'exactitude ce qu'il exige de nous: c'est n'etre occupé que du soin de lui plaire: c'est porter avec abondance des fruits de toutes les espéces de vertus. L'Apôtre vient de nous dire tout cela en termes clairs · & c'est lui-même qui a expliqué le sens de cette grande parole que nous devions vivre d'une maniére digne de Dieu.

III. Ce n'étoit point par un excès de zéle qu'il parloit ainsi à tous les fideles, sans aucune distinction: c'étoit le fond même de la doctrine Apostolique qu'il annonçoit aux fideles en les établissant: „(v) Vous „ êtes témoins, disoit-il aux Thessaloniciens, „ & Dieu l'est aussi, combien la ma-„ niére dont je me suis conduit envers vous, „ qui avez embrassé la foi, a été sainte, „ juste & irreprochable: car vous savez
„ que

(v) Vos testes estis, & Deus, quàm sanctè, & justè, & sine querelâ, vobis qui credidistis, fuimus, sicut scitis, qualiter unumquemque vestrûm (sicut pater filios suos) deprecantes vos, & consolantes testificati sumus, ut ambularetis dignè Deo, qui vocavit vos in suum regnum, & gloriam. 1. *Thessal. C. II. v.* 10. 11. 12.

„ que j'ai agi envers chacun de vous, com-
„ me un pére envers ses enfans, vous ex-
„ hortant, vous consolant, & vous con-
„ jurant de vous conduire d'une maniére di-
„ gne de Dieu, qui vous a appellés à son
„ Royaume & à sa gloire. „ L'abregé de
tout ce que S. Paul enseignoit, le but de ses
exhortations, le fruit de sa charité paternelle, étoit qu'on se conduisît d'une maniére digne de Dieu. Lui-même rapporte
à cela seul tous ses discours, & toutes ses
peines : & il ne croyoit réussir, qu'autant
qu'il persuadoit les fideles de cette verité.

IV. Elle ne paroît si extraordinaire qu'à
ceux qui sont imparfaitement instruits de
l'Evangile, & qui ne savent pas à quelle
condition l'on devient chretien, ni à quelle sainteté l'on s'engage en le devenant. Ils
ne s'occupent que de la foiblesse humaine,
incapable de la perfection que je viens d'exposer ; & ils ne peuvent croire qu'on demande tant de vertu, à des hommes si do-
minés par les sens, & si appesantis par la
corruption de la chair.

ARTICLE VIII.

*Eminence du Christianisme. Le chretien est re-
vêtu de Jesus-Christ.*

I. Ils ignorent que dans le batême ils
ont été revêtus de Jesus-Christ, selon cette

parole de S. Paul : (x) ,, Vous tous qui avez été batisés en Jesus-Christ, vous avez été revêtus de Jesus-Christ ; ,, & que par conséquent Jesus-Christ a pris en eux la place de l'ancien homme ; qu'il les a délivrés de la domination des sens & de la corruption de la chair, par la puissance de son Esprit ; qu'il a gueri leur foiblesse par sa force ; qu'il vit & qu'il agit en eux ; qu'il les a comme incorporés & transformés en lui ; & qu'il n'est pas étonnant qu'on exige d'eux une vie spirituelle & celeste, puisque c'est Jesus-Christ dont ils sont revêtus, qui en est le principe.

II. Mais cette verité, que dans le batême on a été revêtu de Jesus-Christ, toute essentielle qu'elle est à la Religion, trouve peu de créance dans les esprits ; ou elle y demeure enveloppée de tant de nuages, qu'on n'y voit rien de distinct ni de précis ; & qu'on la regarde plutôt comme une pensée mystérieuse & allégorique, que comme le fond de la morale chretienne.

III. Il en est ainsi de beaucoup d'autres verités aussi solides, mais aussi peu approfondies par le commun des fidéles ; qui leur découvriroient, si elles étoient bien penetrées, à quelle sainteté ils sont appellés, combien l'état d'un chretien est grand & subli-

(x) Quicumque in Christo baptizati estis, Christum induistis. *Gal.* C. III. v. 17.

sublime, & combien l'idée qu'on s'en fait ordinairement, est éloignée de sa dignité.

ARTICLE IX.

Explication de quelques principes de S. Paul dont l'intelligence est necessaire pour bien entendre la dignité & les devoirs du chrétien.

I. Comme j'ai eu dessein de l'expliquer dans ce Chapitre, je vais entrer dans l'éclaircissement de ces verités : mais je m'estimerai très heureux, si, au lieu d'en instruire le Prince, il m'a déja prevenu, & s'il ne fait que reconnoître ses propres reflexions en lisant les miennes.

II. S. Paul, écrivant aux Romains, leur parle ainsi : (y) Ne savez-vous pas que nous „ tous qui avons été batisés en Jesus-Christ „ nous avons été batisés en sa mort ? Car „ nous avons été ensevelis avec lui par le „ batême, pour mourir (avec lui) afin que „ comme Jesus-Christ est ressuscité d'entre „ les morts par la gloire & la puissance „ de son Pére, nous marchions aussi dans „ une nouvelle vie. „

III. L

(y) An ignoratis, quia quicunque baptizati sumus in Christo * Jesu, in † morte ipsius baptizati sumus ? Consepulti enim sumus cum illo per baptismum in mortem, ut quomodo Christus surrexit à mortuis per gloriam Patris ita & nos in novitate vitæ ambulemus. *Rom. C. VI. v. 3.*
* *Il y a dans l'original,* In Christum Jesum.
† In mortem ipsius ; *comme il est dit dans la suite, per baptismum in mortem. Ce qui est une preuve que c'est la mort de Jesus-Christ que s'entendent également ces termes.*

III. Le batême, au tems de S. Paul, ne se donnoit pas ordinairement par la simple effusion de l'eau sur la tête : on le recevoit étant plongé dans l'eau, & y étant absolument caché. C'étoit une image naturelle de la mort & de la sepulture; & lorsqu'on sortoit de l'eau, c'étoit comme une espéce de resurrection.

IV. L'Apôtre fait allusion à cet usage : mais il ne pretend pas que le batême ne soit qu'une representation mystérieuse de la mort & de la sepulture de Jesus-Christ. Il va bien plus loin que la figure; & il nous enseigne, que par le batême nous mourons veritablement avec Jesus-Christ, parce que nous ne le recevons que pour mourir avec lui; pour entrer (z) dans sa mort, si l'on peut parler ainsi; pour expirer avec lui, & être mis avec lui dans le tombeau : ce qui ne signifie pas seulement que nous sommes batisés, pour recevoir le fruit de sa mort; ce qui est très vrai, & ce qui, en un sens, dit tout : mais que nous sommes batisés pour mourir avec Jesus-Christ même, & pour être ensevelis avec lui.

V. L'intelligence de ces expressions, & des verités importantes qu'elles renferment, dépend de quelques autres principes de S. Paul qu'il faut éclaircir.

VI. Jesus-Christ, selon cet Apôtre, nous repre-

―――――――――――
(z) In mortem ipsius baptizati sumus. Consepulti cum illo per baptismum in mortem.

représentoit tous dans sa chair mortelle, (a) semblable à la nôtre, excepté le peché. Elle étoit non seulement sainte, mais sanctifiante, & néanmoins, parce qu'elle (b) étoit passible & mortelle, comme la nôtre, & qu'elle n'avoit rien au dehors qui la distinguât de celle des autres hommes, elle paroissoit semblable à celle des pecheurs, & elle étoit propre à les representer, quoiqu'intérieurement elle fut infiniment éloignée de leur corruption.

VII. Jesus-Christ, en offrant à la justice divine cette chair pure, & innocente, mais que rien au dehors ne distinguoit de la nôtre, nous a tous offerts à la même justice. Il l'a exposée à tout ce que meritoient nos crimes, & il nous y a tous exposés en même tems, parce qu'elle tenoit notre place, & que ce qui lui arriveroit, devoit necessairement arriver aux pécheurs.

VIII. Cette chair si sainte les representant tous, a été condamnée aux douleurs, & à la mort. (c) Toutes les maledictions prononcées contre eux dans la loi, sont tombées sur elle. Elle a expiré dans les
tour-

(a) Pro similitudine, absque peccato. *Heb C. IV. v. 15.*
(b) Deus filium suum mittens in similitudinem carnis peccati, de peccato damnavit peccatum in carne *Rom. C. VIII v. 3.* Traduisez ainsi : *Dieu ayant envoyé son Fils, revêtu d'une chair semblable à celle du peché, a condamné le peché (en l'abolissant) par la condamnation du peché, dont la chair de Jesus-Christ portoit extérieurement l'image*
(c) Christus nos redemit de maledicto legis, factus pro nobis maledictum quia scriptum est. Maledictus omnis qui pendet in ligno. *Gal. C. III. v. 13.*

tourmens; la loi a été satisfaite; & toute ressemblance du peché a été abolie par la mort & la sepulture de la chair mortelle de Jesus-Christ.

IX. A la place de cette chair, semblable en tout à la nôtre, excepté le peché, il en est ressuscité une nouvelle, differente dans ses qualités de la nôtre, quoique la même pour la nature, qui ne ressemble en rien à celle des pécheurs, & qui ne doit rien à la justice divine.

X. Les pécheurs qui croient en Jesus-Christ, pour être justifiés, sont obligés de mourir avec lui, parce qu'il est mort en leur nom. Ils doivent entrer avec lui dans le tombeau, pour y laisser une chair criminelle, comme Jesus-Christ y a laissé la chair semblable extérieurement à la leur. Ils doivent abandonner le vieil homme à la colére de Dieu, & aux maledictions de la mort: comme Jesus-Christ a livré à la justice de son Pére, une vie qui venoit d'Adam, sans en reprendre une pareille en ressuscitant.

XI. Le pécheur & le peché étant morts & ensevelis, ce qui ressuscite est une créature nouvelle, qui ne doit rien à l'ancienne; qui a une origine differente, & un autre principe de vie; & qui se garde bien de toucher à la dépouille du mort, parce qu'elle seroit aussitôt enveloppée dans son châtiment.

Article X.

Le chretien est crucifié, mort & enseveli avec Jesus-Christ.

I. Voilà les principes de la doctrine de S. Paul; & l'on entendra déformais sans peine ce que ce grand Apôtre va nous apprendre de la sainteté du Christianisme.

II. Il faut pour cela retourner à ce qu'il disoit dans l'Epître aux Romains: „ Ne sa-
„ vez-vous pas que nous tous qui avons
„ été batisés en Jesus-Christ, nous avons
„ été batisés (d) en sa mort (c'est-à-dire
„ pour mourir avec lui?) Car nous avons
„ été ensevelis avec lui par le batême, pour
„ mourir (avec lui:) afin que, comme
„ Jesus-Christ est ressuscité d'entre les morts
„ par la gloire & la puissance de son Pé-
„ re, nous marchions aussi dans une nou-
„ velle vie. „

III. „ (e) Car si nous avons été entés
„ en lui, continue l'Apôtre, par la confor-
„ mité de sa mort, nous y serons aussi en-
„ tés par la ressemblance de sa resurrection:
„ sachant que notre vieil homme a été cru-
„ cifié avec lui, afin que le corps du peché
„ soit

(d) In mortem.
(e) Si enim complantati facti sumus similitudini mortis ejus, simul & resurrectionis erimus. Hoc scientes, quia vetus homo noster simul crucifixus est, ut destruatur corpus peccati, & ultrà non serviamus peccato. Qui enim mortuus est, justificatus est à peccato. *Rom. C. VI. v. 3. 4. 5. 6.*

, soit détruit, & que désormais nous ne „ soyons plus asservis au peché. Car celui „ qui est mort, est justifié du peché. „

IV. Remarquez, s'il vous plaît, ces quatre choses. 1. Que nous sommes entés en Jesus-Christ, en mourant avec lui. que nous ne faisons avec lui qu'un tout ; que nous éprouvons ce qu'il a éprouvé ; & que sa mort devient la nôtre par le batême. 2. Que notre vieil homme a été crucifié avec lui, c'est-à-dire que Jesus-Christ l'a crucifié lui-même dans sa chair, l'a attaché à la croix, par les mêmes cloux qui l'y ont attaché. Ce vieil homme, c'est l'homme tel qu'il est avant que Jesus-Christ le guérisse ; c'est Adam & toute sa postérité ; c'est tout ce qui vient de lui, & qui a part à sa condamnation ; c'est la nature humaine corrompue, sensuelle & reprouvée. 3. Que le corps du peché est détruit par le crucifiement du vieil homme que Jesus-Christ a lui-même attaché à la croix, en consentant que sa chair, semblable au peché, y fut attaché. Il n'a de son côté crucifié que la ressemblance du peché ; mais du nôtre, il a crucifié la réalité & le corps même du peché ; & il n'a consenti à faire mourir la ressemblance du peché, que pour en abolir le corps & la verité. 4. Que celui qui est mort, est justifié ; c'est-à-dire que le nouvel homme, qui succéde au vieil homme qui est mort, n'a rien de commun avec lui; que les mauvaises inclinations de l'un, ne sont point celles de l'autre; & que les iniquités du mort lui sont imputées à lui seul, sans souiller l'innocence du nouvel homme, à moins qu'il n'ait l'imprudence d'y prendre part.

Article XI.

Le chrétien est aussi ressuscité avec Jesus-Christ.

I. Ces deux hommes, dont l'un est mort & l'autre est vivant, subsistent ensemble pendant cette vie, & c'est pour cela qu'on dit d'une même personne, qu'elle n'est morte qu'en partie, ni ressuscitée qu'en partie. Mais le divorce entre le mort & le ressuscité doit être entier & general : comme le ressuscité est établi le maître du mort, il ne doit prendre aucune part à sa corruption, mais seulement s'en affliger.

II. ,, (*f*) Si vous êtes ressuscités avec Jé-
,, sus-Christ, (dit S. Paul à tous les fidéles
dans la personne des Colossiens) recher
,, chez ce qui est assis à la droite de Dieu.
,, N'ayez d'affection que pour les choses du
,, ciel, & non pour celles de la terre. car
,, vot-

(*f*) Si consurrexistis cum Christo, quæ sursum sunt quærite, ubi Christus est in dexterâ Dei sedens quæ sursum sunt sapite, non quæ super terram. Mortui enim estis, & vita vestra est abscondita cum Christo in Deo. Cùm Christus apparuerit, vita vestra, tunc & vos apparebitis cum ipso in gloriâ. Mortificate ergo membra vestra quæ sunt super terram, expoliantes vos veterem hominem cum actibus suis, & induentes novum. *Coloss. C. III.* 2. 3. 4. 5. 9. 10.

„ vous êtes morts, & votre vie est cachée
„ en Dieu avec Jesus-Christ. Lorsque Jesus-
„ Christ, qui est votre vie, viendra à paroî-
„ tre, vous paroîtrez aussi avec lui dans la
„ gloire. Faites donc mourir les membres
„ de l'homme terrestre qui est en vous. Dé-
„ pouillez le vieil homme avec ses œuvres,
„ & revêtez-vous du nouveau. „

III. L'Apôtre dit en même tems, que les chrétiens sont morts, & pleins de vie, qu'ils s'appliquent à faire mourir ce qui est déja mort, & à renouveller ce qui est déja nouveau.

IV. Ces choses ne sont point opposées, leur vie n'est point pleine & parfaite: parce que leur mort n'est point encore entiére. L'homme nouveau n'a point encore atteint en eux les forces d'un âge parfait: parce que le vieil homme conserve encore du mouvement. Le premier est victorieux; mais le second fait encore quelque resistance, qui doit s'affoiblir & diminuer tous les jours.

V. Nous ne sommes chrétiens qu'autant que nous sommes ressuscités & renouvellés; & il ne s'agit ici que de cela: les combats de l'homme spirituel contre l'homme sensuel ayant été expliqués ailleurs (g).

VI. Or quelle idée S. Paul nous donne-t-il d'un homme ressuscité ? Ses pensées &

ses

(g) Chap. IX. de cette troisiéme Partie, Article 9.

ses desirs sont uniquement pour le ciel. Il n'a de goût ni d'affection que pour les choses éternelles. Il est mort pour toutes celles du monde. Sa vie est cachée en Dieu avec Jesus-Christ. Il attend sa venue, comme le jour de sa naissance & de sa liberté. Il ne veut point d'autre gloire que celle qu'il recevra de lui ; & il s'applique avec un soin continuel à reprimer, à retrancher, à mortifier tout ce qui s'oppose à son amour & à son espérance.

ARTICLE XII.

C'est Jesus-Christ même qui vit dans le chrétien.

I. L'homme nouveau, qui est en lui, est Jesus-Christ même. C'est lui qui est ressuscité dans son cœur. C'est lui qui est le principe de sa vie, comme S. Paul le dit de lui-même dans ces admirables paroles.
„ (b) Je suis mort à la loi, par la loi mê-
„ me, afin de ne vivre plus que pour Dieu.
„ J'ai été crucifié avec Jesus - Christ ; &
„ maintenant que je vis, ce n'est plus moi
„ qui vis · mais c'est Jesus-Christ qui vit en
„ moi. Si donc je vis maintenant dans ce
„ corps mortel, j'y vis en la foi du Fils
„ de

(b) Ego per legem, legi mortuus sum, ut Deo vivam Christo confixus sum cruci Vivo autem, jam non ego vivit verò in me Christus. Quod autem nunc vivo in carne : in fide vivo Filii Dei, qui dilexit me, & tradidit semet ipsum pro me. Gal. C. II. v. 19 & 20.

„ de Dieu, qui m'a aimé, & qui s'eſt li-
„ vré lui-même à la mort pour moi. „

II. La Loi étoit pleine de malediction contre le pécheur. Elle demandoit ma mort : elle a ce qu'elle demandoit. Je ſuis mort. J'ai été attaché à la croix avec Jéſus-Chriſt. L'homme pécheur qui étoit en moi, a expiré quand Jeſus-Chriſt eſt mort. Il a été mis dans le tombeau avec lui. Je l'abandonne à la ſevérité de la loi, & je conſens qu'elle exerce contre lui tout ſon pouvoir. Pour moi, je ne lui dois plus rien. Je ne ſuis plus ce que j'étois. Je ſuis une créature nouvelle. Ce n'eſt plus moi qui vis : c'eſt Jeſus-Chriſt qui vit en moi. Je ſuis à la verité retenu pour quelques momens dans un corps mortel : mais je n'y vis que de la foi que j'ai en Jeſus-Chriſt. Je n'y vis que de l'amour de celui qui m'a aimé juſqu'à ſe livrer pour moi. Il s'eſt mis à ma place, pour expier mes péchés : il eſt auſſi à ma place pour vivre dans la juſtice.

III. Il eſt évident que ces paroles ſont dites au nom de tous les chrêtiens, & qu'elles ſont fondées ſur des principes qui conviennent à tous : car il eſt vrai de tous, qu'ils ſont morts à la loi par la loi même, & qu'ils ont été attachés à la croix avec Jeſus-Chriſt : & par conſéquent il doit être vrai de tous, que ce n'eſt plus eux qui vivent, mais que c'est Jesus-Christ qui vit en eux : & que durant le tems qu'ils sont retenus dans une chair mortelle, ils ne doivent vivre que de son esprit & de son amour.

ARTICLE XIII.

Le chrétien est une créature nouvelle, en qui Jesus-Christ est toutes choses.

I. Il ne faut plus qu'ils se souviennent de ce qu'ils ont été avant leur mort & leur resurrection. Ils sont une créature nouvelle, regenerée avec Jesus-Christ, & née, comme lui, dans le sein du tombeau, par la puissance de son Pére. Tout ce qui a precedé, est aboli : tout ce qui est ancien, n'est plus : „ (*i*) Quiconque est à Jesus-„ Christ, dit l'Apôtre, est une nouvelle „ créature : ce qui étoit vieux, est passé, „ & tout est devenu nouveau. (*k*) Toutes „ les distinctions de circoncis & d'incircon „ cis, sont abolies & comme inutiles. „ C'est l'être nouveau que Dieu crée en nous, qui fait tout notre prix & tout notre merite & cet être nouveau, ou cette créature nouvelle

---

(*i*) Si qua ergo in Christo nova creatura (*Il seroit mieux de traduire selon l'original,* Si quis ergo in Christo est nova est creatura) vetera transierunt : ecce facta sunt omnia nova 2 *Cor. C. V. v* 17.

(*k*) In Christo Jesu neque circumcisio aliquid valet, neque præputium, sed nova creatura *Gal. C VI. v.* 15.
Ubi non est Gentilis & Judæus, Barbarus & Scytha servus & liber sed omnia, & in omnibus Christus. *Coss. C. III. v.* 11.

velle, est Jésus-Christ même, qui est tout en tous, & qui fait cesser toutes les differences qui étoient entre les hommes avant qu'il les eût transformés en lui.

II. On ne peut relever d'une maniére plus auguste la dignité du chrétien, que de dire que c'est Jésus-Christ qui vit en lui, & qu'il est en lui toutes choses. Mais en même tems l'on ne sauroit rien dire au chrétien qui soit plus capable de l'animer à une haute vertu: car à quoi ne doit-il pas tendre, si c'est Jésus-Christ qui vit en lui ? Et avec quelle sainteté doit-il faire toutes choses, si Jésus-Christ est toutes choses en lui ? Tout ce qu'on pretendroit ajouter à ces idées, seroit au-dessous d'elles; & qui ne se sentiroit pas vivement animé par une si puissante exhortation, le seroit encore plus foiblement par une autre.

Article XIV.
Le chrétien n'est plus à soi, mais à Jésus-Christ.

I. Mais la Religion chrétienne est si féconde en verités, & il nous est si utile de considerer nos devoirs par differentes faces, que, sans prétendre comparer les motifs qui nous y doivent porter, nous ne pouvons rien faire de mieux que de nous en instruire, & de les avoir tous fort presens, à l'esprit,.

II. Saint Paul nous servira en cela de guide & de maître : car c'est toujours lui que nous écoutons. Il conclut de tout ce que nous avons vû jusqu'ici, que nous ne sommes point à nous, mais à Jesus-Christ, qui nous a achetés à un grand prix : que nous ne sommes pas nos maîtres, mais que nous devons obéir en tout à son esprit, à qui nous appartenons, qui reside en nous comme dans son temple, & qui doit disposer absolument de tout ce que nous avons, & de tout ce que nous sommes : „ (*l*) Ne savez-vous
„ pas, nous dit-il, que votre corps est le
„ temple du Saint-Esprit, qui réside en vous,
„ & qui vous a été donné de Dieu ; & que
„ vous n'êtes pas à vous-mêmes ? Car vous
„ avez été achetés à un grand prix. Glori-
„ fiez donc, & portez Dieu dans votre
„ corps. (*m*) Sachant, ajoute S. Pierre,
„ que ce n'a point été par des choses cor-
„ ruptibles, telles que l'or & l'argent, que
„ vous avez été rachetés de la vanité de vo-
„ tre première vie que vous aviez reçue de
„ vos péres, mais par le précieux sang de
„ Jesus-Christ, qui est le véritable Agneau
„ sans tache & sans défaut. „

III. Si

(*l*) An nescitis quoniam membra vestra templum sunt Spiritûs sancti, qui in vobis est, quem habetis à Deo, & non estis vestri ? Empti enim estis pretio magno Glorificate & portate Deum in corpore vestro. 1 *Cor. C. VI. v.* 19. & 20.

(*m*) Scientes quòd non corruptibilibus auro vel argento redempti estis de vanâ vestrâ conversatione paternæ traditionis, sed pretioso sanguine quasi agni immaculati Christi, & incontaminati. 1. *Petr. C. I. v.* 18. & 19.

III. Si vous aviez été achetés par un homme semblable à vous, qui eût payé votre liberté un certain prix, tout votre tems seroit à lui, tout votre travail lui appartiendroit. Vous auriez un maître, & vous ne seriez plus le vôtre ; vous seriez à lui, & non à vous.

IV. Combien est-il plus juste, que vous vous regardiez comme étant à Jesus-Christ qui vous a si chérement achetés ? Qui n'a pas donné de l'or ou de l'argent pour vous réduire en servitude : mais qui a versé tout son sang, pour vous délivrer du honteux esclavage du peché & de la concupiscence, que vous aviez héritée de vos péres. Il vous a donné son esprit, pour être le principe de toutes vos actions, qui désormais lui appartiennent. C'est à lui à ordonner de tout, puisque tout est à lui. Vôtre volonté n'est plus vôtre régle : elle ne doit plus commander, & elle doit toujours obéir.

ARTICLE XV.
Il a acquis par sa mort & par sa résurrection un empire absolu sur la vie & la mort du chrétien.

I. Il ne faudroit qu'être bien persuadé de ce principe, pour comprendre combien la vie d'un chrétien doit être sainte, & combien elle doit l'être en tout.

II. Mais

II. Mais comme il est rare qu'on en pénétre la vérité & l'étendue, faute d'en connoître le fondement, il est utile de l'approfondir, & de bien peser ces paroles de S. Paul : „ (*n*) Nul de nous ne vit pour soi-
„ même : soit que nous vivions, c'est pour
„ le Seigneur que nous vivons : soit que
„ nous mourions, c'est pour le Seigneur
„ que nous mourons : soit donc que nous
„ vivions, ou que nous mourions, nous
„ sommes toujours au Seigneur ; car c'est
„ pour cela même que Jesus-Christ est mort,
„ & qu'il est ressuscité, afin d'acquerir une
„ pleine domination sur les morts & sur les
„ vivans. „

III. Jesus-Christ avoit un empire absolu sur nous, comme créateur ; & il n'y avoit pas une de nos actions qui ne dût lui appartenir en vertu du premier commandement, & de la loi naturelle : mais par une charité incompréhensible, il a donné sa vie, pour avoir droit sur la nôtre. Il est mort, pour devenir notre maître jusqu'à la mort, & après la mort : ç'a été son dessein, en mourant & en ressuscitant, d'acquerir un empire absolu sur nous, & que nous fussions à lui dans tous les tems & dans tous

les

(*n*) Nemo nostrûm sibi vivit, & nemo nostrûm sibi moritur. Sive enim vivimus, Domino vivimus : sive morimur, Domino morimur : sive ergo vivimus, sive morimur, Domini sumus. In hoc enim Christus mortuus est & resurrexit, ut & mortuorum & vivorum dominetur. *Rom. C. XIV. v. 7. 8. 9.*

les états: „ (*o*) Jesus-Christ est mort pour „ tous, dit encore le même Apôtre, afin „ que ceux qui vivent, ne vivent plus pour „ eux-mêmes, mais pour celui qui est „ mort, & qui est ressuscité pour eux. „

IV. Qui oseroit refuser quelque partie de sa vie à celui qui a donné la sienne pour lui ; qui n'a vécu que pour lui, qui ne s'est fait homme que pour lui ; qui n'a parlé, n'a prié, n'a souffert que pour lui ; qui n'a refusé aucune ignominie ni aucune douleur pour lui ; qui n'est mort & n'est ressuscité que pour lui ; & qui a sacrifié une vie & une mort divines, pour acquerir le droit de rendre saintes & la vie & la mort d'un pécheur ; & d'un pécheur qui ne l'en prioit pas, qui ne lui savoit aucun gré, qui ne méritoit que d'être abandonné à son aveuglement ; qui demeurant criminel, ne pouvoit diminuer la gloire de son Seigneur, & qui devenant juste, ne pouvoit l'augmenter ?

V. Il n'y a point d'homme à qui la foi a ouvert les yeux, qui ne se sente ému en pensant à la charité de Jesus-Christ, & qui sachant qu'il est mort en son nom, afin de détruire en lui le peché, & qu'il est ressuscité en son nom, pour lui meriter une nouvelle vie, ne s'estime très honoré de lui rendre vie pour vie, & mort pour mort;

&

(*o*) Pro omnibus mortuus est Christus, ut & qui vivunt, jam non sibi vivant, sed ei, qui pro ipsis mortuus est, & resurrexit. 2. *Cor. V. v.* 15.

& de consacrer à son libérateur, qui a été en même tems sa victime, tout ce qu'il est & tout ce qu'il a ; soit dans le siécle présent, soit dans celui qu'il espére après sa mort. (p) Nous sommes pressés, dit S. Paul, par la charité de Jesus-Christ, lorsque nous comprenons bien, que si un seul est mort pour tous, c'est une suite necessaire que tous soient morts avec lui ; & qu'ils ne vivent plus pour eux-mêmes, mais pour celui qui est mort & ressuscité pour eux.

VI. Il n'y a plus après cela qu'à se demander à soi-même, quelle doit être la vie dont Jesus-Christ ne rougiroit pas, & dont il consentiroit d'être le maître ? Quelles actions peuvent être dignes de lui ? Quelles occupations & quelles pensées répondent à sa sainteté ? Quelle proportion il doit y avoir entre la vie qu'il a toute consacrée à nos usages, & celle que nous consacrons à l'amour & à la reconnoissance que nous lui devons ?

(p) Charitas Christi urget nos, æstimantes hoc, quoniam si unus pro omnibus mortuus est, ergo omnes mortui sunt : ut qui vivunt, jam non sibi vivant, sed ei qui pro ipsis mortuus est, & resurrexit. 2. Cor. C. V. v. 14. & 15.

ARTICLE XVI.

Le chrêtien est la conquête de Jesus-Christ pour le consacrer à la pieté & aux bonnes œuvres.

I. Saint Paul nous aidera à le découvrir, en donnant à la verité que nous venons d'établir, un nouveau jour, & nous apprenant que nous sommes la conquête de Jésus-Christ, & quel dessein il a eu en nous attachant particuliérement à son service : „ (*q*) La grace de Dieu notre sauveur a paru à tous les hommes; & elle nous a appris que, renonçant à l'impieté & aux „ passions mondaines, nous devons vivre „ dans le siécle présent avec tempérance, „ avec justice, & avec pieté : étant tou„jours dans l'attente de la beatitude que „ nous espérons, & de l'avénement glorieux „ du grand Dieu, & nôtre Sauveur Jesus„ Christ · qui s'est livré lui-même pour „ nous, afin de nous racheter de toute ini„ quité, & de nous purifier, pour se fai„ re un peuple particuliérement consacré „ a son service, & fervent dans les bon„ nes œuvres. „

II. Il

(*q*) Apparuit gratia Dei salvatoris nostri omnibus hominibus, erudiens nos, ut abnegantes impietatem, & sæcularia desideria, sobriè, & justè, & piè vivamus in hoc sæculo, expectantes beatam spem, & adventum gloriæ magni Dei & Salvatoris nostri Jesu Christi. qui dedit semetipsum pro nobis, ut nos redimeret ab omni iniquitate, & mundaret sibi populum acceptabilem *, sectatorem bonorum operum *Tit C II v* 11. 12 13 14.
* Peculiarem, *selon la force de l'original.*

II. Il n'y a rien de plus parfait qu'une telle peinture. Le peuple particulier que Jesus-Christ s'est acquis, ne prend aucune part à la corruption du siécle. Il n'a, ni les mêmes espérances, ni les mêmes désirs. Il n'est occupé que des biens futurs qui lui sont promis. Il attend avec impatience l'avénement de Jesus-Christ dont il a continuellement les exemples devant les yeux. Il vit, selon ses preceptes, dans une exacte tempérance. Il observe en tout la justice. Il rapporte, par une sincére pieté, toutes ses vertus à Dieu seul. Il est fécond & fervent en bonnes œuvres, & ce n'est point par intervales qu'il s'y applique : c'est son continuel exercice, & son unique emploi : c'est à cela qu'il est consacré : c'est dans cette vûe que Jesus-Christ se l'est particuliérement acquis.

III. On se tromperoit infiniment, si l'on se contentoit d'admirer un tableau si parfait, sans croire que c'est une leçon réelle pour tous les chrétiens. Les Apôtres, qui étoient les maîtres de l'Eglise & les organes du S. Esprit, ne songeoient point à dire de grandes choses, mais à en dire de vraies. Ils parloient exactement : & si nos mœurs ont dégeneré, il ne faut pas pour cela regarder leur doctrine comme exagerée ; mais tâcher au contraire de revenir au point d'où la corruption du siécle nous a fait décheoir.

IV. Il est vrai aujourd'hui, comme il étoit au commencement de l'Eglise, „ que „ (r) les chrétiens sont la race choisie, „ qu'ils sont tous Rois & prêtres, qu'ils „ sont la nation sainte & le peuple con- „ quis; & que leur emploi est de publier „ les louanges & les grandeurs de celui qui „ les a appellés des ténébres à son admi- „ rable lumiére. „ S. Pierre, qui parloit ainsi, ne prétendoit pas borner à son tems un tel éloge. Il instruisoit les fideles de tous les siécles, & de toutes les conditions; & quiconque a reçu de Dieu un cœur docile, se regarde comme faisant partie de ce peuple conquis, de cette nation sainte, composée de Rois spirituels & de prêtres, qui ne prend plus de part aux ténébres dont elle a été délivrée, qui ne cesse de louer & de benir la miséricorde de Dieu, qui a dissipé son aveuglement, & qui se propose pour unique modéle la vie & l'exemple de Jésus-Christ.

ARTICLE XVII.
Obligation du chrétien de vivre comme Jesus-Christ a vecu.

I. Ce n'est point une chose laissée au choix des chrétiens, que de suivre un tel exem-

---

(r) Vos genus electum, regale sacerdotium, gens sancta, populus acquisitionis, ut virtutes annuntietis ejus, qui de tenebris vos vocavit in admirabile lumen suum. I. Petr. C. II. v 9.

exemple : C'est une nécessité indispensable. „ (s) Celui qui dit qu'il demeure en „ Jésus-Christ, doit marcher lui-même, „ comme Jésus-Christ a marché. „ Il doit avoir les mêmes pensées, & les mêmes sentimens. Il doit juger de toutes choses comme Jésus-Christ en a jugé : mettre le bonheur où il l'a mis : mépriser ce qu'il a méprisé : pratiquer ce qu'il a fait : écouter ses leçons & les suivre : s'attacher aux vertus qu'il a principalement recommandées, & regarder la conduite qu'il a tenue, comme la seule régle des mœurs qui soit sûre & infaillible ; „ car (t) on ne sauroit pecher „ qu'en deux maniéres, comme l'a remarqué S. Augustin, „ ou en désirant ce que „ Jésus-Christ a méprisé, ou en fuyant ce „ qu'il a souffert.

II. „ (v) Quiconque n'a pas l'esprit de „ Jésus-Christ, n'est point à lui, „ dit l'Apôtre : il lui est étranger, & n'est point du nombre de ses brebis ; quelque profession qu'il fasse d'ailleurs de croire en lui, & de le regarder comme son Sauveur & son Dieu.

III. Mais qu'est-ce qu'avoir l'esprit de Jésus-Christ, sinon avoir les mêmes vûes & les

---

(s) Qui dicit se in ipso manere, debet, sicut ille ambulavit, & ipse ambulare 1 *Joan C. II. v 6*

(t) Non enim ullum peccatum committi potest, nisi aut dum appetuntur ea quæ ille contempsit, aut fugiuntur quæ ille sustinuit. *S. Aug de verâ Rel n. 31*

(v) Si quis autem spiritum Christi non habet, hic non est ejus. *Rom. c. VIII v 9*

les mêmes défirs que lui : faire les mêmes actions & par les mêmes motifs: être touché des mêmes choses, affligé des mêmes maux, confolé des mêmes biens : avoir dans le cœur le même efprit de grace & de fainteté qui habite en Jéfus-Chrift avec une entiére plénitude, & qui de lui fe répand fur ceux qui lui font unis ?

ARTICLE XVIII.

De n'être point du monde, comme Jéfus Chrift n'en a pas été.

I. On peut fe flatter fur ce point, quoiqu'il foit difficile de fe tromper, fi l'on compare fes fentimens avec ceux de Jéfus-Chrift, & qu'on en juge par la conformité de fa vie avec la fienne : mais Jéfus-Chrift nous donne un moyen de nous connoître qui n'eft point fujet à l'illufion. Dans la priére qu'il fit à fon Pére peu de tems avant fa mort, pour lui recommander tous fes élus, „ il lui dit deux fois, que (x) fes „ élus ne font point du monde, comme „ lui-même n'eft pas du monde. „

II. Tous ceux qui feront fauvés, auront ce caractére, de n'avoir point été affoiblis par fon exemple, de n'en avoir point defiré l'approbation, de n'en avoir point appréhendé la cenfure, & de l'avoir regardé

com-

___
(v) De mundo non funt, ficut & ego non fum de mundo. *Joan. C. XVII. v. 14. & 15.*

comme (y) l'ennemi de Jésus-Christ, pour lequel il a déclaré lui-même (z) qu'il ne prioit pas.

III. Quelle perfection & quelle pureté de vie ne suppose point cette haine du monde! Et cependant il faut que Jésus-Christ puisse dire de tous ceux qui ne portent point en vain le nom de chrétiens, qu'ils ne sont pas du monde, comme il n'en est pas lui-même. Il faut qu'il le dise des Princes, comme des autres. Il faut qu'il voie dans leur cœur, au milieu du plus grand monde, un sincére mépris de tout ce qui n'est qu'exterieur, & ne fait que passer: qu'il connoisse leur détachement, leur humilité, leur gémissement intérieur au milieu de tous les objets de la cupidité. & qu'il les ait rendu dociles par sa grace à ce salutaire avis de son Apôtre: „ (a) N'ai„ mez point le monde, ni ce qui est dans „ le monde. Si quelqu'un aime le monde, „ l'amour du Pére n'est point en lui. „

(y) Non potest mundus odisse vos, me autem odit. *Joan. C. VII. v. 7.*
(z) Non pro mundo rogo, sed pro his quos dedisti mihi. *Joan. C. XVII v. 9.*
(a) Nolite diligere mundum, neque ea quæ in mundo sunt. Si quis diligit mundum, non est charitas Patris in eo. *1. Joan. C. II. v. 15.*

Article XIX.

De n'aimer aucune des choses qui sont dans le monde.

I. Tous les termes dont se sert le disciple que Jésus aimoit, sont à remarquer. Il ne défend pas seulement d'aimer le monde; il défend aussi d'aimer aucune des choses qui sont dans le monde, parce que c'est aimer le monde, c'est l'autoriser, c'est lui être uni, que d'aimer ce qu'il regarde comme aimable, & que d'en faire dependre, comme lui, son bonheur & son repos.

II. On fait partie du monde, quand on approuve ce qu'il approuve. On a beau s'en séparer en idée; on est compris dans sa malédiction, si l'on a les mêmes inclinations ou les mêmes aversions que lui. C'est le cœur qui décide : & c'est l'amour qui gouverne le cœur.

III. L'Apôtre ne defend pas d'aimer le monde, & ce qui est dans le monde, par un simple conseil de précaution & de prudence, qui mette le salut dans une plus grande sureté; mais il déclare en termes précis, que l'amour du Pére n'est point dans celui qui aime le monde, & qu'il est privé de la charité, qui fait seule la diffeence des élus & des reprouvés; ce qui a été dit en termes encore plus forts par l'Apôl'Apôtre S. Jaques: „ (*b*) Ames adultères, „ ne savez-vous pas que l'amour de ce „ monde est une inimitié contre Dieu? Et „ par conséquent, quiconque voudra être „ ami de ce monde, se rend ennemi de „ Dieu. „

IV. Enfin l'Apôtre ne défend pas seulement d'aimer le monde, & tout ce qu'il aime, mais de s'attacher à aucune des choses qui sont dans le monde. L'exclusion est générale: tous les objets de la cupidité sont interdits: tout est réduit au simple usage dans les choses nécessaires: & tout est défendu dans les superflues. L'Apôtre lui-même s'explique, & nous n'avons qu'à l'écouter: „ (*c*) Si quelqu'un aime le monde, dit-il, „ l'amour du Pére n'est point en lui, „ car ce qui est dans le monde, n'est que „ concupiscence de la chair, ou concupis- „ cence des yeux, ou orgueil de la vie: „ ce qui ne vient pont du Pére, mais du „ monde. Or le monde passe, & la con- „ cupiscence du monde passe avec lui: mais „ celui qui fait la volonté de Dieu demeure „ éternellement. „

V. To*

(*b*) Adulteri, nescitis quia amicitia hujus mundi, inimica est Dei? Quicunque ergo voluerit amicus esse sæculi hujus, inimicus Dei constituitur *Jac. C. IV v.* 4.

(*c*) Si quis diligit mundum, non est charitas Patris in eo. quoniam omne quod est in mundo, concupiscentia carnis est, & concupiscentia oculorum, & superbia vitæ, quæ non est ex Patre, sed ex mundo est. Et mundus transit, & concupiscentia ejus: qui autem facit voluntatem Dei, manet in æternum. *I. Joan. C. II. v.* 16. 17.

V. Tout ce qui est dans le monde se réduit à ces trois chefs : & il importe peu qu'on renonce à l'un, si l'on s'attache à l'autre. L'amour des richesses est aussi criminel que celui de la volupté· & l'orgueil tout seul tient lieu de toutes les autres cupidités. La racine de tous ces amours est la même. Ils naissent tous de l'amour des choses présentes, qui sont les seules que le monde connoisse, & qu'il aime.

VI. C'est imiter son incrédulité & son aveuglement de s'y attacher, au lieu de reserver son amour pour la volonté de Dieu, & pour les biens qu'il nous promet. Le monde passera, & ses injustes desirs périront. Dieu seul est éternel : & l'unique moyen de le devenir, est de n'aimer que lui. C'est pour cela que nous sommes chrétiens : mais on voit désormais à quelles conditions on en mérite le nom.

Article XX.

Obligation du chrétien de ne se laisser point affoiblir par les mauvais exemples, & de se conserver pur de la corruption du siécle.

I. Le nombre infini de ceux qui le deshonorent, ne peut servir d'excuse à ceux qui imitent leur peu de foi. L'Evangile n'a point changé, & ne sauroit le faire. L'Ecriture l'appelle (d) *l'Evangile éternel*, parce qu'il est immuable. Jésus-Christ est attendu pour en demander compte, & non pour y faire des adoucissemens. (e) Sa parole nous jugera, & non celle des hommes. Si nos mœurs avoient besoin d'une régle proportionnée à notre foiblesse, Jesus-Christ n'auroit instruit les hommes que pour un tems, & il faudroit, ou qu'il vînt modérer lui-même ce qui est excessif dans la loi, ou qu'il envoyât un interprête du ciel pour l'expliquer. Mais l'Apôtre nous apprend, que (f) si un Ange venoit du ciel nous annoncer un autre Evangile, nous devrions lui dire anathême; parce qu'il seroit indubitablement un séducteur, qui s'efforceroit de donner atteinte à une alliance scellée du sang de Jesus-Christ, & confirmée par sa resurrection.

II. L'Evangile a trouvé le monde plein d'erreurs & de crimes : au commencement de l'Eglise, tout l'univers étoit incrédule. L'Evangile néanmoins s'est tout assujetti & jamais les Apôtres, qui avoient ordre de le porter par-tout, ne sont entrés dans aucune composition. Il en sera de même jusqu'à la fin des siécles. Les scandales & les

(d) Vidi Angelum habentem Evangelium æternum *Apoc.* C. XIV v. 6.
(e) Sermo, quem locutus sum, ille judicabit eum in novissimo die *Joan.* C. XII v. 48.
(f) Licet nos, aut Angelus de cœlo, evangelizet vobis præter quàm quod evangelizavimus vobis, anathema sit. *Gal.* C. I. v. 8.

pernicieux exemples ne l'affoibliront jamais; & l'unique conseil que l'on puisse donner aujourd'hui aux fidéles, est celui que les Apôtres donnoient à ceux de leur tems, de se separer de la multitude de ceux qui perissent, & d'assurer leur salut, en ne prenant aucune part aux désordres qui inondent presque la terre.

III. „ (g) Sauvez-vous, leur disoit S. Pier-
„ re, de cette race corrompue. (h) La Re-
„ ligion pure & sans tache aux yeux de
„ Dieu notre Pére, leur disoit S. Jaques,
„ consiste à visiter les orphelins & les veu-
„ ves dans leur affliction, & à se conser-
„ ver pur de la corruption du siécle pré-
„ sent. (i) Que la grace & la paix, ajoutoit S. Pierre, „ croisse en vous de plus
„ en plus, par la connoissance de Dieu &
„ de Jesus-Christ notre Seigneur, par qui
„ il nous a communiqué les grandes & pré-
„ cieuses graces qu'il avoit promises, pour
„ vous rendre par elles participans de la
„ nature divine, si vous fuyez la corrup-
„ tion de la concupiscence qui regne dans
„ le

(g) Exhortabatur eos Petrus, dicens: Salvamini à generatione istâ pravâ. *Act. C. II v.* 40

(h) Religio munda, & immaculata apud Deum & Patrem, hæc est visitare pupillos & viduas in tribulatione eorum, & immaculatum se custodire ab hoc sæculo. *Jacob. C. I. v.* 27

(i) Gratia vobis, & pax adimpleatur in cognitione Dei, & Christi Jesu Domini nostri, per quem maxima & pretiosa nobis promissa donavit, ut per hæc efficiamini divinæ consortes naturæ, fugientes ejus, quæ in mundo est, concupiscentiæ corruptionem. 2. *Petr. C. I. v.* 2. *&* 4.

„ le siécle par le déréglement des pas-
„ sions. „

IV. Ces Apôtres savoient que la corruption étoit presque generale, que les bons exemples étoient infiniment rares, & que tout ce qu'on voyoit dans le monde, étoit contraire à la pieté : mais ils espéroient, que la grace de Jesus-Christ soutiendroit les fidéles contre cette dangereuse tentation ; & ils les avertissoient avec soin, de se roidir contre le torrent du monde, & (*k*) de ne se point régler sur ses pernicieux exemples ; de (*l*) vivre d'une maniére conforme à leur foi, & non aux coutumes du siécle : de se remplir de l'esprit de Dieu dans la priére, & de se maintenir dans l'amour de Dieu par son secours, & de hair la corruption de la chair & du siécle, comme un vêtement souillé, qui ne pouvoit que leur causer l'infection & la mort.

V. Les Princes, au tems des Apôtres, étoient non seulement infidéles, mais même persécuteurs de la pieté. (*m*) On demandoit néanmoins pour eux avec instance leur conversion, & l'on ne doutoit pas qu'elle ne fût un jour accordée aux priéres de l'Eglise. On espéroit qu'ils humilieroient

---

(*k*) Nolite conformari huic sæculo. *Rom. C.* XII. *v.* 2
(*l*) Vos autem, charissimi, superædificantes vosmetipsos sanctissimæ vestræ fidei, in Spiritu sancto orantes vosmetipsos in dilectione Dei servate. odientes eam, quæ carnalis est, maculatam tunicam. *Ep. Jud. v.* 20. 21. 23.
(*m*) 1. *Tim. C.* II. *v.* 1. & 2.

roient leur orgueil aux pieds de Jesus-Christ; qu'ils l'adoreroient sur la croix, & qu'ils lui obéiroient avec la même docilité que les plus petites brebis de son troupeau.

VI. Cette espérance n'a pas été vaine. Il y a eu plusieurs Rois aussi humbles, aussi fervens, aussi détachés du monde, que des solitaires, quoiqu'ils demeurassent sur le thrône, & qu'ils se fissent obéir avec beaucoup d'autorité. Je demande à Dieu, pour le Prince à qui j'ai l'honneur de parler, une semblable misericorde : & j'ai cette confiance en sa grace, que mes priéres ne seront pas rejettées. „ (n) A celui qui a le „ pouvoir de vous conserver sans peché, & „ de vous faire comparoître devant le thrô- „ ne de sa gloire pur & sans tache, & com- „ blé de joie : à Dieu notre sauveur, qui „ est le seul sage, soit gloire, magnificen- „ ce, force & empire, maintenant & dans „ tous les siécles des siécles. „

(n) Ei autem, qui potens est vos conservare sine peccato, & constituere ante conspectum gloriæ suæ immaculatos in exultatione (in adventu Domini nostri Jesu Christi) soli sapienti, Deo salvatori nostro (per Jesum Christum Dominum nostrum) gloria & magnificentia, imperium & potestas (ante omne sæculum) & nunc & in omnia sæcula (sæculorum) amen Ep Jud v 24 & 25. Les endroits marqués entre les crochets, ne sont pas dans le Grec, qui ajoute, sapienti.

CHAPITRE XIII.

Quel soin le Prince doit avoir de mener une vie pure & chaste. Motifs généraux & particuliers qui l'y doivent porter. Ce que c'est qu'une exacte chasteté, & quelle est son étendue. Dangers particuliers des Princes par rapport à elle. Moyens propres à conserver une pureté sans tache. L'un de ces moyens est de s'interdire les spectacles.

ARTICLE I.

Quel soin le Prince doit avoir de mener une vie pure & chaste.

I. Après tout ce qui a été dit (a), il est, ce semble, très inutile de representer au Prince le soin qu'il doit avoir de mener une vie pure & chaste, & de se servir pour cela de toutes les précautions & de tous les moyens possibles: car toutes les verités qu'on a établies, sont les principes de cette conséquence; & elles y conduisent toutes necessairement.

II. Mais il est d'une si grande importance pour le salut du Prince & pour le bien public, qu'il ne sorte jamais des regles de la plus exacte chasteté: il est sur ce point expo

_____
(a) Au Chapitre XII.

exposé à tant de dangers, & s'il les évite, toutes ses autres vertus sont dans une telle sûreté, qu'il faut me pardonner la crainte que me donnent ses perils, & l'excès de zele que j'ai, pour une vertu dont dependent toutes les autres.

Article II.

Motifs qui l'y doivent porter.

I. J'imite, ce me semble, en cela l'exemple de la Sagesse éternelle, qui paroît ne recommander a celui qu'elle instruit, que l'amour de la chasteté. „ (*b*) Mon fils, lui dit-elle, „ retenez bien mes paroles, & „ conservez, comme un grand tresor, mes „ avis. Gardez mes commandemens & ma „ loi, comme la prunelle de votre œil, & „ vous aurez la vie. Attachez-les, comme „ des anneaux, a vos doigts, pour les voir „ toujours ; écrivez-les dans votre cœur. „ Dites à la sagesse, vous êtes ma sœur : „ prenez pour votre amie la prudence, afin „ qu'elle vous préserve de toute seduction „ contraire à la pureté, de quelque adresse „ que l'on se serve pour vous séduire.

(*b*) Fili mi, custodi sermones meos, & præcepta mea reconde tibi Fili, serva mandata mea, & vives, & legem meam quasi pupillam oculi tui Liga eam in digitis tuis, scribe illam in tabulis cordis tui Dic sapientiæ, soror mea es & prudentiam voca amicam tuam, ut custodiat te a muliere extranea, & ab aliena quæ verba sua dulcia facit. *Prov* C. VII. v. 1. 2. 3. 4. 5.

II. „ (c) Mon fils, dit-elle encore, con-
„ fervez avec foin les avis que je vous don-
„ ne avec la bonté d'un pére, & la tendref-
„ fe d'une mére. Portez-les toujours dans
„ votre cœur, & regardez-les au dehors,
„ comme un ornement qui vous embellit:
„ qu'ils vous accompagnent par-tout où
„ vous allez: qu'ils veillent à votre garde
„ pendant le fommeil, & que votre pre-
„ mier foin, en vous éveillant, foit de les
„ confulter. Car mon commandement eſt
„ la lampe qui doit vous éclairer: ma loi
„ eſt votre lumiére; & les inſtructions que
„ je vous donne, font le chemin de la vie,
„ afin de vous garantir de tous les attraits
„ & de tous les artifices capables d'affoiblir
„ en vous l'amour de la chaſteté. „

III. Voilà à quoi la Sageſſe même reduit
tous ſes préceptes & toutes ſes exhortations,
c'eſt qu'en effet tout eſt en ſureté, ſi le cœur
eſt chaſte : & ſur-tout, s'il s'agit d'un Prince dont l'on a raiſon de tout eſperer, &
les vertus même les plus heroiques, s'il a
aſſez de dignité & de courage pour ne ſe
laiſſer point dominer par les ſens, & pour
ne point ſouffrir qu'ils uſurpent ſur lui
même

(c) Conſerva, fili mi, præcepta patris tui, & ne di-
mittas legem matris tuæ. Liga ea in corde tuo jugiter,
& circumda gutturi tuo. Cum ambulaveris, gradiantur
tecum: cum dormieris, cuſtodiant te, & evigilans loquere cum eis. Quia mandatum lucerna eſt, & lex lux, &
via vitæ increpatio diſciplinæ: ut cuſtodiant te a muliere mala, & a blanda lingua extranea. *Prov. C VI. 2*
& ſuiv.

même, une autorité qui ne convient qu'à la raison & à Dieu.

IV. La Sagesse éternelle, qui presse si vivement les hommes, dans les Livres de Salomon, de se conserver purs, s'est depuis incarnée: & l'on ne sauroit comprendre à quelle gloire elle a élevé la nature humaine, en l'unissant à sa personne, quelle sainteté elle a répandue sur une chair qui est devenue celle de Dieu même; & quelle injure on feroit au Verbe éternel, qui n'a pas dedaigné de prendre un corps tel que le nôtre, si l'on deshonoroit, par des crimes honteux, une chair qui, dans sa personne, est assise à la droite de son Pére.

V. Depuis l'Incarnation, l'homme est associé de si près à la divinité, & il a avec Jesus-Christ une liaison si étroite, qu'il ne sauroit avoir trop de zéle pour la pureté. L'envie du démon avoit degradé l'homme: mais les Anges l'adorent dans Jesus Christ. Et désormais il doit être aussi spirituel, & aussi ennemi de la corruption de ces esprits bienheureux, qui se prosternent devant celui (d) qui nous reconnoît pour ses fréres.

VI. Par le batême toutes les souillures qui défiguroient en nous l'image de Dieu, ont été lavées. L'homme pécheur est demeuré

(d) Ut sit ipse primogenitus in multis fratribus Rom. C. VIII. v. 29.
Propter quam causam non confunditur fratres eos vocare. Hebr. C. II. v. 11.

meuré sous les eaux. C'est une nouvelle créature qui en est sortie. Jesus-Christ nous a donné pour vêtement son innocence. Lui-même est entré dans notre cœur, pour y devenir le principe de notre justice & de notre vie. Il nous en a donné un nouveau· & lui-même y a écrit sa loi. (e) Nous sommes devenus ses membres, & lui notre chef. C'est à lui seul que l'usage de ce que nous sommes, & de ce que nous avons, appartient· & lui seul a droit d'en disposer, parce que nous sommes le prix de son sang.

VII. Comment seroit-il possible, qu'après de tels bienfaits nous manquassions de reconnoissance pour lui? Qu'après de tels honneurs nous retournassions à la boue dont il nous a lavés? Qu'après une si sainte alliance, nous lui preferassions le tyran & le monde dont il nous a délivrés?

VIII. Que deviendroient alors les promesses si solemnelles que nous lui avons faites, après avoir renoncé à Satan, & à toutes ses œuvres d'iniquité & de ténébres? A qui porterions-nous la robe d'innocence & de justice, qu'on nous avoit ordonné de conserver jusqu'au tribunal de Jesus-Christ? Entre les mains de qui remettrions-nous le dépôt de ces dons précieux & inestimables dont sa bonté nous avoit comblés? Quelle

(e) Nescitis quoniam corpora vestra membra sunt Christi? 1. Cor. C. VI. v. 15.

Quelle fureur & quel aveuglement, de sacrifier tout cela à son ennemi & au nôtre, qui insulte à notre folie, & qui fait que nous ne pouvons attendre de lui que la misére & le désespoir?

IX. Mais si l'on joint à la sanctification du batême, la consécration que le Sacrement de Confirmation y a ajoutée, (*f*) l'onction divine dont notre front a été marqué, le sceau intérieur que le S. Esprit a mis à notre justice, qui pourroit comprendre qu'on fût capable de renoncer à une telle dignité pour quelque passion honteuse?

X. ,, (*g*) Ne savez-vous pas, nous dit ,, l'Apôtre, que votre corps est devenu le ,, temple du S. Esprit qui reside en vous? ,, Les temples matériels ne sont que la figure du temple vivant que chaque fidéle est devenu: l'autel extérieur sur lequel J. C. s'immole, n'est que le signe & l'image de l'autel invisible qui est établi dans le cœur du chrétien les augustes cérémonies qu'on emploie à la dédicace des temples, & à la consécration des autels, & des vaisseaux sacrés, ne sont qu'une imparfaite representation des mystéres qui dédient & qui consacrent l'esprit & le corps de celui que le

___
(*f*) Qui confirmat nos in Christo, & qui unxit nos Deus, qui & signavit nos, & dedit pignus Spiritûs in cordibus nostris 2 Cor C I v. 1 & 2.

(*g*) An nescitis quoniam membra vestra templum sunt Spiritûs sancti, qui in vobis est?

S. Esprit en personne vient habiter. Qui de nous cependant ne fremiroit pas d'horreur, s'il voyoit, ou le temple extérieur, ou l'autel, profané par des impies qui n'en connoîtroient pas la sainteté? Et quel seroit donc le crime de celui qui profaneroit, par des actions indignes, le véritable temple & le véritable autel du Dieu vivant, qu'il seroit lui-même devenu par sa consécration, & dont il seroit établi le Prêtre? Quelle punition ne mériteroit point un tel sacrilége? Et quelle crainte ne doivent point inspirer à quiconque a de la foi, ces paroles de S. Paul : „(h) Ne savez-vous pas que „vous êtes le temple de Dieu, & que l'E-„sprit de Dieu habite en vous? Si quelqu'un „profane le temple de Dieu, Dieu le per-„dra ; car le temple de Dieu est saint, & „c'est vous qui êtes ce temple.

XI. „(i) N'attristez pas l'Esprit saint de „Dieu, nous dit le même Apôtre, dont „vous avez été marqués comme d'un sceau „pour le jour de la redemption." Conservez la joie céleste dont il remplit la conscience, en conservant l'innocence de la pureté. N'affoiblissez pas les saints desirs qu'il vous inspire, en accordant quelque chose

---

(h) Nescitis quia templum Dei estis, & Spiritus Dei habitat in vobis? Si quis autem templum Dei violaverit disperdet illum Deus. Templum enim Dei sanctum est quod estis vos 1 Cor. C. III v. 16 & 17
(i) Nolite contristare Spiritum sanctum Dei, in quo signati estis in diem redemptionis. Ephes. C. IV. v. 30.

chose aux inclinations des sens. Respectez le sceau qu'il a mis sur votre cœur, & ensuite sur vos yeux & sur vos lévres, en vous consacrant à la sainteté. (*k*). N'alterez pas l'empreinte de ce sceau divin, qui sera reconnu au jour de la Redemption, par celui qui vous l'a imprimé, & qui discernera à cette marque ses élus, de tous les autres qui n'auront pas reçu, ou qui n'auront pas conservé ce signe salutaire. Connoissez le prix du gage de l'immortalité, & de l'héritage éternel, qui vous a été donné : & ne perdez pas le titre essentiel qui vous assure la qualité de fils & héritier du Pére celeste.

XII. Sur toutes choses (*l*) n'éteignez pas en vous l'esprit de grace & de priére, qui gemit en vous. Ne renoncez pas, en vous privant de sa présence, aux promesses éternelles dont il est le fondement & la vérité, aussi-bien que le gage & la caution. N'éloignez pas de vous (*m*) l'esprit d'adoption, qui vous donne la liberté & la confiance de parler à Dieu comme à vôtre Pére. Quand il s'agiroit de tout souffrir, & de tout perdre ; souffrez tout & perdez tout, plutôt que de vous degrader, en retournant à la
qua-

―――――――――――――――――――――――――
(*k*) Signati estis Spiritu promissionis sancto, qui est pignus hæreditatis nostræ, in redemptionem acquisitionis, in laudem gloriæ ipsius. *Ephes.* C. I. v. 13 & 14.
(*l*) Spiritum nolite extinguere. 1 *Thessal.* C. V. v. 19.
(*m*) Quoniam estis filii, misit Deus spiritum filii sui in corda vestra, clamantem. Abba, Pater. *Gal.* C. IV. v. 6.

qualité d'esclave du démon. Comptez pour rien, & la vie & la mort, si elles doivent vous séparer de l'esprit de Jesus-Christ. Et à plus forte raison, armez-vous d'un saint courage contre les désirs sensuels, qui s'exhalent d'une chair où la cupidité tâche de se retrancher, après avoir été bannie du cœur par la puissance de la grace.

XIII. Souvenez vous que cette chair est sanctifiée par l'Euchariste; qu'elle est (*n*) unie à celle de Jesus-Christ d'une maniere si intime que selon le langage des Péres, elle est mêlée & confondue avec elle; que (*o*) par cette union, elle est faite participante de sa divinité, qu'elle lui est incorporée par une espéce d'incarnation; qu'elle est devenue, par cet honneur incompréhensible, non seulement sainte & spirituelle, mais divine; & qu'elle doit approcher, autant que la foiblesse de cette vie le peut permettre, de la pureté ineffable de la chair de Jesus-Christ même.

XIV. Concevez une extrême horreur de tout ce qui est capable d'en ternir l'éclat; & souvenez-vous, s'il vous plaît, toujours de cette puissante exhortation de S. Paul:

(*n*) Qui manducat meam carnem, & bibit meum sanguinem, in me manet, & ego in illo. *Joan.* VI. v. 57.
(*o*) Sicut ego vivo propter Patrem, & qui manducat me, & ipse vivet propter me *Ibid.* v. 58.
Ego claritatem, quam dedisti mihi, dedi eis: ut sint unum, sicut & nos unum sumus. Ego in eis, & tu in me, ut sint consummati in unum. *Joan.* C. XVII. v. 22. & 23.

Paul: „ (p) Je vous conjure, mes frères, „ par la miséricorde de Dieu, de lui offrir vos „ corps comme une hostie vivante, sainte & „ agréable à ses yeux, pour lui rendre un „ culte raisonnable & spirituel. „ Au lieu de céder à ce qui reste de foiblesse & de langueur dans votre chair, contraignez la d'obéïr à l'esprit, & de lui être assujettie. Immolez à la pureté tout ce qui s'éléve contre elle. (q) Attachez à la croix de Jesus-Christ tous les désirs qui naissent de la cupidité. Reprimez-les dès leur naissance. Ne pensez point à ce que vous ne devez point désirer : ne désirez point ce que vous ne devez point exécuter. Souvenez-vous de ce que vous êtes, & à qui vous êtes : & (r) puisque c'est Jesus-Christ, qui vit en vous par sa grace & par son esprit, n'écoutez pas un seul moment les inclinations corrompues qui s'opposent à sa loi, & qu'il ne vous laisse qu'afin que la necessité de les combattre vous rende humble & vigilant, & que la victoire que vous remporterez contre elles, soit votre mérite & votre gloire.

XV. (s) Vous êtes enfant de lumiére, (t)
mar-

(p) Obsecro vos, fratres, per misericordiam Dei, ut exhibeatis corpora vestra hostiam viventem, sanctam, Deo placentem, rationabile obsequium vestrum *Rom C XII v 1*

(q) Qui autem sunt Christi, carnem suam crucifixerunt cum vitiis & concupiscentiis suis *Gal. C. V v 24*

(r) Induimini Dominum Jesum Christum, & carnis curam ne feceritis in desideriis *Rom C XIII v. 14*

(s) Omnes vos filii lucis estis, & filii diei. non sumus noctis neque tenebrarum *1 Thess C V v. 5*

(t) Ut filii lucis ambulate. *Gal. C. V. v. 8.*

marchez donc toujours dans la lumiére; (v) Rejettez avec indignation tout ce qui ne peut la souffrir, & qui cherche les ténébres : & combattez avec des armes de lumiére, tout ce que l'esprit de malice prépare contre vous dans le secret & l'obscurité.

XVI. Son dessein est de vous séduire, (x) comme il séduisit Eve ; d'entrer avec vous en raisonnement sur la défense de Dieu, de vous amollir par l'attrait, ou de la volupté, ou de la curiosité, de vous faire douter que la punition soit aussi certaine ou aussi sévére que Dieu l'a dit ; de diminuer ainsi la crainte de ses jugemens & l'horreur du crime : & pendant que par ses artifices il tâchera de vous rendre moins vigilant & moins appliqué, de vous enlever le précieux trésor qui est l'objet de son envie & de sa haine, se preparant à vous restituer la confusion, après avoir tâché de vous l'ôter ; & à faire succéder la terreur & le désespoir à une temeraire crédulité.

XVII. Fortifiez-vous de bonne-heure contre ses perfides insinuations, & contre sa fureur, couverte du masque de la flatterie, par une vive crainte des jugemens de Dieu ; & opposez à l'esprit de séduction & de mensonge, les vérités terribles que l'Apôtre nous apprend dans l'Epître aux Hébreux

(v) Abjiciamus opera tenebrarum, & induamus arma lucis. *Rom.* C. XIII. v. 12.
(x) *Gen.* C. 3. v. 1. & 4.

breux : (y) „ Si nous péchons volontaire-
„ ment, nous dit-il, après avoir reçu la
„ connoissance de la verité, il n'y a plus
„ désormais d'hostie pour les péchés; mais
„ il ne reste qu'une attente effroyable du
„ jugement, & l'ardeur du feu qui doit dé-
„ vorer les ennemis de Dieu. Celui qui a
„ violé la loi de Moise est condamné à mort
„ sans miséricorde, sur la déposition de
„ deux ou de trois témoins : combien donc
„ croyez-vous que celui-là sera jugé digne
„ d'un plus grand supplice, qui aura foulé
„ aux pieds le fils de Dieu ; qui aura tenu
„ pour une chose vile & profane le sang de
„ l'alliance, par lequel il avoit été sanctifié,
„ & qui aura fait outrage à l'esprit de la
„ grace? Car nous savons qui est celui qui
„ a dit : La vengeance m'est reservée, &
„ je la saurai bien faire. C'est une chose
„ terrible que de tomber entre les mains
„ du Dieu vivant. „

XVIII. Il n'y a rien dans ces paroles,
qui (z) sont plus de Jesus-Christ que de
son

(y) Voluntariè enim peccantibus nobis, post acceptam notitiam veritatis, jam non relinquitur pro peccatis hostia, terribilis autem quædam expectatio judicii, & ignis æmulatio, quæ consumptura est adversarios. Irritam quis faciens legem Moisi, sine ullâ miseratione duobus vel tribus testibus moritur : quanto magis putatis deteriora mereri supplicia, qui filium Dei conculcaverit, & sanguinem testamenti pollutum duxerit, in quo sanctificatus est, & spiritui gratiæ contumeliam fecerit? Scimus enim qui dixit, Mihi vindicta, & ego retribuam. Horrendum est incidere in manus Dei viventis. *Hebr. C. X. v. 26 & suiv.*

(z) An experimentum quæritis ejus, qui in me loquitur Christus? 2. *Cor. C. XIII. v. 3*

son Apôtre, qui ne doive porter dans l'ame le saisissement & la frayeur. Mais ce qui doit plus toucher le Prince, est ce qui est dit de l'énormité du crime commis après le batême. Comment pourroit-il se resoudre à fouler aux pieds le Fils de Dieu, qui lui a communiqué sa justice, & même sa divinité ; à traiter le sang de la nouvelle alliance, qui a lavé toutes ses taches, comme impur & souillé ; à chasser de son cœur, avec indignité & avec outrage, l'esprit de grace & de sainteté qui en avoit fait son temple ? Toutes ces horreurs seroient inséparables d'une chûte volontaire ; & c'est par ces horreurs même qu'il doit s'affermir dans la resolution de n'y jamais tomber.

XIX. Le monde, & celui qui en est le *(a)* Prince, tâchent d'affoiblir les idées du crime, & de la justice divine : mais ce n'est pas du monde, *(b)* qui est tout plongé dans l'iniquité, ni de l'esprit impur, qui en *(c)* est le Dieu, qu'un chrétien doit apprendre ce que c'est que le crime, & quelle vengeance lui est preparée, & il doit, au contraire, toujours se souvenir de cette parole de S. Paul. ,, *(d)* Ne vous trompez
,, pas.

(a) Princeps mundi hujus *Joan* C. XIV. v 30
(b) Mundus totus in maligno positus est 1 *Joan* C V v 19
(c) Deus hujus sæculi excæcavit mentes infidelium 2 Cor C IV v 4.
(d) Nolite errare : Deus non irridetur. Quæ enim seminaverit homo, hæc & metet. Quoniam qui seminat in carne sua, de carne & metet corruptionem : qui autem seminat in spiritu, de spiritu metet vitam æternam Gal C. VI v. 7. & 8.

„ pas : on ne se moque point de Dieu.
„ L'homme ne recueillera que ce qu'il au-
„ ra semé : car celui qui séme dans sa chair,
„ recueillera de la chair la corruption : &
„ celui qui séme dans l'esprit, recueillera
„ de l'esprit la vie éternelle. „

XX. Je sai qu'on peut reparer les plus grandes fautes par la penitence, & être rétabli dans la justice, après l'avoir perdue, si l'on retourne à Dieu par un sincére repentir.

XXI. Mais le Prince doit être bien instruit, (e) qu'il est au pouvoir du pécheur de se priver de l'innocence de la vie, mais non d'y renoncer; que (f) la pénitence est un don de Dieu, très libre & très gratuit, qu'il n'a point promis au pécheur, & dont il l'a menacé qu'il le priveroit; que les (g) premiers desirs de la conversion, & même les premiéres pensées, sont des graces d'un prix infini, dont la seule misericorde de Dieu est le principe; que (h) si le Pasteur, que la brebis a quitté, ne la cherche & ne la rapporte sur ses épaules, elle ne reviendra jamais à lui; qu'il faut que, par une clé-

(e) Ecce sanus factus es, jam noli peccare, ne deterius tibi aliquid contingat. Joan C. V. v 14
(f) Converte me, & convertar, quia tu Dominus Deus meus Postquam enim convertisti me, egi pœnitentiam. Jerem C. XXXI. v 18 & 19.
(g) Non sumus sufficientes cogitare aliquid à nobis, quasi ex nobis, sed sufficientia nostra ex Deo est. 2 Cor. C. III. v 5
(h) Erravi, sicut ovis quæ periit quære servum tuum. Ps. CXVIII v 176 Voj. S. Luc C. XV. v 4 & 5.

clémence incompréhensible, il s'attendr[it]
sur l'état d'un ingrat, & d'un orgueill[eux]
qui a méprisé ses dons & sa bonté, & q[ui]
aime encore son injustice ; & qu'il surmon[-]
te par de nouveaux bienfaits, plus grand[s]
que les premiers, & dont le pécheur s'e[st]
rendu absolument indigne, l'aveuglement
& la dureté de cœur d'un esclave fugit[if]
& rebelle.

XXII. Le Prince, qui joint à un senti[-]
ment naturel de generosité & de noblesse,
un respect infini pour Dieu, comprend
mieux que moi quelle lâcheté il y auroit
à l'offenser, dans l'espérance qu'il rappel[-]
leroit par misericorde celui qui l'auroit of[-]
fensé, & à faire servir sa bonté même &
sa misericorde, au mépris qu'on en feroit.

XXIII. Mais quand le Prince seroit assez
heureux pour se repentir, pourquoi se pre[-]
pareroit-il la matière d'une continuelle dou[-]
leur jusqu'à la mort, en tombant dans quel[-]
que faute importante ? (*i*) Quel fruit lui
reviendroit-il un jour, de ce qui seroit pour
lui un sujet de confusion & de honte ? S'il
doit pleurer sa faute, & la pleurer amè[-]
rement, pourquoi la commettroit-il ? S'il
doit l'expier par le sentiment d'un cœur bri[-]
sé, & par de pénibles satisfactions, pour[-]
quoi ne lui préféreroit-il pas la joie & tran[-]
quillité de l'innocence ?

XXIV

(*i*) Quem fructum habuistis tunc in illis in quibus nun[c]
erubescitis. *Rom. C*. VI. *v*. 21

XXIV. Pourquoi seroit-il assez imprudent pour laisser dans sa vie un doute continuel, s'il seroit rentré en grace, & si son peché lui seroit remis ? Le Ministre de Jesus-Christ délieroit ses liens, le consoleroit, lui donneroit l'espérance, mais il ne pourroit lui donner la certitude. Le peché seroit plus certain que la pénitence ; & il seroit toujours douteux si les (*k*) fruits que cette vertu porteroit, seroient de dignes fruits aux yeux de Dieu. Pourquoi s'exposer à une telle inquiétude ? Pourquoi détremper dans une telle amertume toutes les douceurs de la vertu ? Pourquoi mettre dans son cœur un aiguillon & une pointe dont on portera le sentiment inquiétant jusqu'à la mort ?

XXV. Pourquoi le Prince s'ôteroit-il à lui même l'autorité necessaire pour reprendre le vice & le faire punir ? Pourquoi perdroit-il la liberté d'exhorter tout le monde à la vertu, & principalement les jeunes Seigneurs de sa Cour ? Pourquoi s'exposeroit-il, ou à demeurer dans le silence, ou à craindre qu'on n'opposât ses propres actions à ses discours ? Et pourquoi se priveroit-il de cette modeste confiance que donne une chasteté sans tache, & qui fait qu'on la loue, & qu'on l'entend louer sans rougir ?

XXVI.

___

(*k*) Facite fructus dignos pœnitentiæ. *Luc.* C. III. *v.* 8.

XXVI. Pourquoi se charger de toutes les suites de ses fautes, & du scandale qui durera lors même qu'on n'y donnera plus d'occasion ? Une seule action en autorisera une infinité d'autres, dont on sera responsable. La conversion même fera espérer une conversion pareille ; & presque tout le monde sera séduit, ou par le mauvais exemple, ou par l'espérance d'un semblable repentir.

XXVII. On sait d'ailleurs avec quelle facilité le mal se communique, & combien, au contraire, il est rare que le bien soit imité. Le Prince peut établir en un moment la licence & le désordre ; mais il ne peut rappeller utilement personne à son devoir. La corruption est naturelle, mais la vertu est un don ; & il en est de l'ame comme du corps. Il est aisé de tuer, & il y en a mille maniéres, mais la resurrection est un miracle, & tous les hommes n'y peuvent rien.

XXVIII. Quelle affliction pour un Prince, que Dieu avoit mis sur le throne pour servir d'exemple à tout le monde, & pour proteger la vertu, & lui attirer le respect & l'admiration dont elle est digne, d'avoir contribué à la bannir de son Royaume, à la deshonorer, à lui ôter le crédit & l'autorité ? Que ne voudroit-il point faire, lorsqu'il est touché, pour reparer des maux si universels & si publics ? Et combien lui étoit-

étoit-il plus aisé de ne les pas causer, que d'y apporter des remédes, après qu'ils se sont répandus dans toutes les parties de son Etat?

XXIX. En vain un jeune Prince espéreroit de pouvoir couvrir d'un voile secret, ce qui seroit contraire à son devoir. (*l*) Sa condition l'expose necessairement à la vûe de tout le monde. Il attire même une nouvelle attention par le soin de se cacher, & rien n'est plutôt sçû, que ce qu'il veut derober aux yeux de ceux qui l'environnent; qui, jugeant des autres par eux-mêmes, soupçonnent tout ce qui fuit la lumiére, & convertissent en faits certains, les moindres soupçons.

XXX. Il arriveroit même de-là, que l'on se defieroit de tout ce qu'on ne verroit pas, qu'on jugeroit criminel ce qui seroit innocent, & qu'on se croiroit en droit de condamner tout, parce qu'on seroit averti que l'on ne pense pas à être vertueux, mais à cacher le vice.

XXXI. Je suppose neanmoins que le secret soit impénetrable: qu'a-t-on gagné par-là? On a trompé les hommes: on continue de passer dans leur esprit, pour ce qu'on n'est plus· on se joue de leur crédulité.

(*l*) Alia conditio est eorum qui in turbâ latent, quorum vitia tenebras habent. Vestra ficta dictaque rumor excipit: aberrare à fortunâ tuâ non potes: obstet te, & quocunque descendis, magno apparatu sequitur. *Senec. lib. de Clement.* C. 8.

lité. Mais a-t-on pû tromper Dieu? (*m*) Y a-t-il à son égard des ténébres qui lui cachent le crime & le coupable? La plus profonde nuit n'est-elle pas pour lui comme la lumière du midi? (*n*) Ses yeux, dit le Sage, ne sont-ils pas plus pénétrans que la lumière du soleil, & ne percent-ils pas ce qu'il y a de plus secret dans le fond du cœur, bien loin qu'on leur puisse cacher aucune action extérieure.

XXXII. C'étoit lui seul qu'on devoit craindre; & c'est lui seul qu'on méprise. (*o*) On est tranquille, parce qu'on l'a seul pour juge & pour témoin; & l'on ne sait pas que souvent dès cette vie il écarte les ténébres dont on s'étoit enveloppé, & qui rend l'ignominie d'autant plus publique, qu'on avoit eu plus d'affectation à l'éviter. Le secret, dit-il, vous a rendu plus hardi à m'offenser; & moi, j'arracherai les voiles qui vous couvrent, & je ferai retomber sur vous la honte, dont vous avez eu plus de peur que de me déplaire.

XXXIII. Mais indépendamment des autres châtimens dont Dieu punit le crime
dès

(*m*) Quò ibo à spiritu tuo? & quò à facie tuâ fugiam? Tenebræ non obscurabuntur à te, & nox sicut dies illuminabitur. *Ps.* CXXXVIII. *v* 7 & 12.

(*n*) Non cognovit quoniam oculi Domini multò plus lucidiores sunt super solem, circumspicientes omnes vias hominum, & profundum abyssi, & hominum corda intuentes in absconditas partes. *Eccl.* C. XXIII. *v* 28.

(*o*) Tu fecisti in abscondito, ego autem faciam in conspectu solis. 2. *Reg.* C. XII. *v*. 12.

dès cette vie, (p) y en a-t-il un plus sévére que le supplice d'une mauvaise conscience? Comment éviter sa censure? Et comment imposer silence à ce cri intérieur qui s'éleve contre le coupable? Où se peut-il cacher, pour ne se pas voir? Où peut-il s'enfuir, pour s'éloigner de son cœur? Que peut-il opposer à un Juge & à un témoin devant lequel il est muet? Il se hâte de sortir de soi-même; il s'étourdit au dehors en multipliant ses occupations ou ses plaisirs: il évite, comme le souverain mal, d'être seul. Mais (q) une effrayante voix le poursuit par-tout, & se fait entendre au milieu de tout ce qu'il fait pour l'étouffer, & dès qu'il est rendu à lui-même, ou par l'impuissance d'être toujours dissipé, ou par quelque indisposition qui écarte le sommeil, de quels reproches & de quelles terreurs ne se trouve-t-il pas accablé?

XXXIV. N'eût-il pas été sans comparaison plus heureux, si, avec plus de fermeté & plus de courage, il avoit conservé le précieux trésor de l'innocence, & s'étoit épargné ces troubles & ces horreurs, qui

Tome III. P *le*

(p) Non est molestior oculus suo cujusque. Non est aspectus, sive in cælo, sive in terrâ, quem tenebrosa conscientia suffugere magis velit, minus possit. Non latent tenebræ vel seipsas. Se vident, quæ aliud non vident. S. *Bern. L. 5. de Consider. C. 12.*

(q) Horrendis & pœnalibus tenebris omnes, non tantùm carceres, sed etiam inferos vincit, sceleratí hominis conscientia. S. *Aug. Epist. C. 151. ad Cæcilianum. n. 10.*

le poursuivent & qui l'allarment sans le convertir? (r) Il n'y a rien de plus doux que de craindre Dieu en lui demeurant fidele. Il n'y a point de gloire plus solide, que celle de lui obéir & de le suivre. C'est vouloir être miserable, & renoncer au bonheur & à la paix, que de le vouloir avoir pour ennemi: car (s) quel est l'insensé qui puisse esperer d'être en paix, en resistant au Tout-puissant?

XXXV. On s'imagine au commencement qu'on ne s'écartera de sa loi que jusqu'à un certain point, & qu'on rentrera bientôt dans l'ordre & le devoir. Mais qui ne demeure pas ferme dans le chemin, ne s'arrête pas où il veut dans le panchant d'un precipice. Il se prive du secours de Dieu par une premiére faute, & se prépare ainsi à une seconde, qui est suivie de beaucoup d'autres, & il est justement puni de sa témerité & de sa présomption, en demeurant livré au nouveau maître qu'il a choisi.

XXXVI. Il veut alors être plaint, & non repris ; & bientôt même il ne veut plus être plaint. Il évite la vérité, & ceux qui la lui diroient, s'il leur en laissoit la liberté. Il écoute, au contraire, ceux qui l'excusent, ou qui passent même jusqu'à le
Iouer.

(r) Nihil melius est quàm timor Dei, & nihil dulcius, quàm respicere in mandatis Domini. Gloria magna est sequi Dominum. *Eccl.* C. XXXIII. v. 37 & 38
(s) Quis restitit ei, & pacem habuit ? *Job.* C. IX v. 4

louer. Il s'accoûtume insensiblement à la flatterie; & après l'avoir regardée comme une honteuse séduction, il la prefere à tous les conseils qu'on lui avoit donnés, & dont il avoit reconnu la solidité & la justice; & il ne se souvient plus, ni de ses premiéres vûes, ni de ses anciennes résolutions.

XXXVII. Toutes les passions se donnent la main, & une seule suffit pour rappeller toutes les autres. On commence à négliger le bien public, dès qu'on se néglige soi-même. On fait peu d'état de la vertu des autres, quand on n'en a plus. Le mérite n'est plus récompensé, dès qu'on le craint. La profusion vient à la suite de la mollesse & de l'amour pour le plaisir; & la profusion, qui ne peut subsister sans l'avarice, éteint l'humanité & la bonté pour le peuple. Tout se deconcerte & se dément dans la conduite du Prince; & au lieu du bien qu'il s'étoit promis de faire, il ne pense qu'à s'aveugler sur ses devoirs, & à jouir tranquillement de la Souveraineté, & de tout ce qui l'accompagne, sans songer au compte qu'il en doit rendre.

Article III.

Quelle est l'étendue de la chasteté.

I. Pour éviter ce malheur, il ne suffit pas d'être en garde contre le mal exterieur,

& qui porte sa condamnation sur le front. Il faut, pour être toujours chaste, l'être en tout, & l'être avec sévérité. Autrement on est conduit par un affoiblissement à un autre; & les premiers declins préparent à de grandes chûtes.

II. L'étendue de la chasteté est presque infinie. Elle commence par l'interieur, & elle regle dans l'exterieur jusqu'aux moindres actions & aux moindres paroles. Elle établit son siége dans le cœur, dont elle purifie tous les desirs. Elle passe à l'esprit, dont elle rend toutes les pensées sages & modestes. Elle tient en bride, autant qu'elle peut, l'imagination, malgré son indocilité; & elle s'oppose à ses légéretés & à ses indecences, par sa gravité & son improbation, si elle n'est pas la maîtresse de les faire cesser absolument.

III. Elle interdit aux yeux toute curiosité suspecte. Elle ferme les oreilles à tout ce qui seroit séduisant. Elle veille sur toutes les paroles, & n'en laisse échapper aucune qui ne soit pure & édifiante. Elle modére le ris & la joie. Elle est tremblante dans les repas: inquiéte & vigilante dans tout ce qui flatte les sens: modeste jusqu'à la sévérité dans les entretiens des jeunes personnes; repandant sur toutes les actions un air de retenue & de pudeur, qui les annoblit & les sanctifie, & écartant, par l'éclat l'éclat & la majesté de la vertu, tout ce qui pourroit y donner atteinte.

ARTICLE IV.

Combien la chasteté est delicate, & facile à blesser.

I. Sa delicatesse est égale à son étendue. Elle ressemble à l'œil, où la moindre impureté est insupportable; & au cœur, où toutes les blessures sont d'une extrême importance. (t) Un regard peut lui causer la mort. Une pensée peut avoir le même effet.

II. Elle ne peut prendre trop de précautions pour se conserver au milieu des ennemis qui l'assiegent; & elle est établie dans une chair si foible, & où la cupidité s'est conservé tant de retraites, que la fragilité du vaisseau où elle est renfermée, la tient dans une crainte continuelle.

ARTICLE V.

Dangers particuliers des Princes par rapport à elle.

I. Elle en a de nouveaux sujets dans les Princes, qui sont infiniment plus exposés que les particuliers au danger de la perdre.

(t) *Omnis qui viderit mulierem ad concupiscendum eam, jam mœchatus est eam in corde suo.* Marc. C V. v 28
Pepigi fœdus cum oculis meis, ut ne cogitarem quidem de virgine. Job. C XXXI. v. 1.

dre. Comme ils font maîtres de tous les objets de la cupidité, tout le monde s'empresse à leur plaire; & quels piéges ne sont point cachés sous une disposition si universelle? Leur autorité les exempte des loix. Leur Cour est pleine de flatteurs preparés à tout justifier. Ils sont dans l'abondance & les délices, peu favorables à la vertu. Leur état est une tentation continuelle contre l'humilité, qui est le principal azile de la chasteté. Ils ont peu de bons exemples, & ils sont rarement soutenus par des discours édifians. Les soins du gouvernement leur enlévent le tems necessaire aux reflexions & à la priére, à moins qu'ils n'aient une attention particuliére à y consacrer des momens; & ils sont par conséquent obligés de trembler & de veiller plus que les autres, pour conserver un trésor qu'ils portent pour ainsi dire dans les mains, & que tout le monde est prêt à leur enlever.

II. Mais outre ces tentations générales, il y en a d'autres plus dangereuses, dont le Prince doit être bien averti, pour ne pas donner dans des piéges que des hommes artificieux lui tendront.

III. Quelques-uns tâchent de l'amollir, pour le gouverner; & de le dégoûter d'une vie sérieuse, pour se rendre maîtres de son esprit & de son autorité.

IV. D'autres espéreront s'avancer, en
touj-

tournant sa faveur vers certaines personnes; & sacrifieront indignement sa conscience & sa gloire à leur ambition.

V. Quelques autres, jaloux de sa réputation, seront bien aises de l'obscurcir, en y mettant une tache; & seront les premiers à insulter à sa foiblesse, s'ils peuvent réussir à l'affoiblir.

VI. Quelques autres, par la seule haine de la vertu, ou pour attirer au vice la licence & l'impunité, ou pour faire voir que la probité n'est qu'une vaine idée, qui ne se soutient que jusqu'à l'occasion, emploieront tout, pour jetter le Prince dans quelque dangereux engagement; & plus la main qui préparera le piége, sera ennemie, plus elle affectera de cacher sa malignité sous des apparences flatteuses.

VII. Mais je supplie le Prince de se bien souvenir, que quiconque osera le pressentir sur le point dont il est ici question, soit qu'il le fasse avec adresse, ou avec moins de ménagement, est certainement son ennemi; & qu'il ne peut laisser une telle hardiesse impunie, sans s'exposer à écouter un jour ce qu'il aura rejetté avec indignation dans un autre tems.

Article VI.
Moyens propres à conserver une pureté sans tache.

I. Afin qu'il conserve jusqu'à la fin la gloire d'une pureté sans tache, au milieu de tous ses ennemis, qui sont hors de lui & dans son propre sein, il doit se servir de tous les moyens que la sagesse & la Religion lui suggérent.

II. Le premier est, de concevoir une grande estime d'une vertu qui lui fait tant d'honneur; qui le délivre de la captivité des sens, & de la tyrannie des passions, qui le met en état de consulter toujours la raison & de la suivre; qui le garantit de toutes les séductions & de tous les piéges préparés contre sa liberté, son indépendance & son autorité souveraine; qui lui conserve la paix de la conscience, & la joie que donne l'espérance des biens futurs, qui soutient & qui anime ses priéres par une sainte confiance qu'elles ne seront pas rejettées; qui lui donne un libre accès à la sainte Table, & qui lui conserve ainsi la plus douce consolation que puisse avoir un chrétien en cette vie; qui attire sur lui & sur ses Etats une benediction toujours nouvelle; & qui le rend vénérable à tous ses sujets, dont il devient le modéle & l'exemple.

III. Le second moyen est, de la demander à Dieu, & de la lui demander jusqu'aux

derniers momens: car la vraie chasteté est un don de sa grace, & l'un des plus excellens. Ce n'est point l'homme qui se donne un cœur pur: (v) C'est Dieu qui le crée en lui. Ce n'est point l'homme qui se délivre par son propre esprit de la corruption de la chair & des sens; c'est Dieu qui renouvelle dans ses entrailles un esprit de justice & de sainteté. ,, (x) Faites, Seigneur, ,, lui disoit le Prophéte, ,, que mon cœur soit
,, pur, & que je ne m'écarte point de vos
,, commandemens & de vos justices, afin
,, que je ne tombe point dans la confusion.
,, (y) Seigneur, qui êtes mon Pére & le
,, Dieu de ma vie, lui disoit le Sage, ne
,, me livrez point à mon orgueil, & éloi-
,, gnez de moi tous les desirs qui naissent
,, de la concupiscence. Délivrez-moi des
,, passions contraires à la pureté; & ne m'a-
,, bandonnez pas à un esprit dissolu, qui
,, sorte de la régle & du devoir, & qui
,, aime la licence & le désordre. (z) J'ai
,, appris de vous que je ne saurois être
,, chaste

(v) Cor mundum crea in me, Deus, & spiritum rectum innova in visceribus meis. *Ps. L*

(x) Fiat cor meum immaculatum in justificationibus tuis; ut non confundar. *Ps. CXVIII*

(y) Domine Pater, & Deus vitæ meæ, extollentiam oculorum meorum ne dederis mihi, & omne desiderium averte à me. aufer à me ventris concupiscentias, & concubitus concupiscentiæ ne apprehendant me, & animæ irreverenti & impudenti ne tradas me. *Eccli C XXIII v. 4. 5 6*

(z) Ut scivi quoniam aliter non possem esse continens, nisi Deus det, & hoc ipsum erat sapientiæ, scire cujus esset hoc donum, adii Dominum, & deprecatus sum illum. *Sap. C. VIII. v. 21.*

,, chaste si vous ne me donnez la chasteté;
,, & en cela vous m'avez déja fait une gra-
,, ce, que de m'apprendre qu'elle vient de
,, vous. Je vous la demande donc, puisque
,, vous en êtes la source, & je vous supplie
,, d'éteindre en moi tout amour qui s'op-
,, pose à la pureté du vôtre. (a) O chari-
,, té céleste, qui brûlez toujours, embra-
,, sez-moi; ô amour éternel, qui êtes mon
,, Dieu, mettez dans mon cœur la chaste-
,, té que vous me commandez. Donnez-
,, moi ce que vous me commandez, & com-
,, mandez-moi ce que vous voudrez.

IV. Le moyen ordinaire dont Dieu se sert pour mettre à couvert le don précieux de la chasteté, est d'y joindre une vive crainte de ses jugemens. ,, (b) Percez ,, ma chair de votre crainte, disoit le Prophète, ,, & ajoutez ce surcroît à la frayeur ,, que me donnent vos jugemens. ,, Mon esprit est intimidé : mais faites que mes sens le soient aussi. C'est d'eux que vient ordinairement le trouble : tenez les dans le respect, par l'impression de votre crainte.

V. Sans elle, la vertu est comme désarmée; & le sentiment de la volupté peut surmonter sa resistance. Mais l'amour de la con-

---

(a) O amor, qui semper ardes, & nunquam extingueris, charitas, Deus meus, accende me. Continentiam jubes, da quod jubes, & jube quod vis. *S. Aug. L.* 10. *Conf. C.* 27.
(b) Confige timore tuo carnes meas : à judiciis enim tuis timui. *Ps.* CXVIII. v. 120.

continence, appellant à son secours la crainte des jugemens de Dieu, & des suites effroyables de sa colére, triomphe des sens par les sens mêmes, & les force à renoncer à un injuste plaisir par la vive idée d'un supplice éternel.

VI. Cette crainte, dont l'amour fait un si saint usage, doit accompagner par-tout l'homme de bien. Elle lui doit servir de garde, quand il est seul l'accompagner dans tous les lieux où il va : lui tenir lieu de lumiére dans les ténébres, & de témoin dans le secret : lui représenter sans cesse qu'il (c) vit sous les yeux de Dieu, que tout est à nud devant lui ; que les pensées les plus imperceptibles lui sont connues ; qu'il démêle quelle part a la liberté, à des choses qui paroissent involontaires ; & que ce sera devant lui qu'il faudra rendre compte de tout.

VII. Un des principaux effets de cette crainte est de nous porter à résister aux premiers traits de l'ennemi, qui jette de toutes parts des (d) flêches enflammées, comme les appelle S. Paul, & qui espére que la négligence qu'on aura à éteindre quelques-unes d'entre elles, causera un entier

(c) Discretor cogitationum & intentionum cordis & non est ulla creatura invisibilis in conspectu ejus, omnia autem nuda & aperta sunt oculis ejus, ad quem nobis sermo (c'est-à-dire, apud quem nobis erit reddenda ratio.) *Hebr.* C. IV. v. 12. & 13.
(d) Tela ignea. *Ephes.* C. IV. v. 16.

tier embrasement : (e) Il faut les repousser toutes par le bouclier de la foi, & empecher qu'elles ne pénétrent ; les étendre & les écraser, lorsqu'elles tombent à nos pieds, & ne les laisser pas un seul moment dans le voisinage de l'imagination & du cœur, où elles peuvent allumer un feu qui nous consumeroit.

VIII. Dans le commencement de la tentation, toutes les forces de l'ame sont réunies, & la victoire lui coute peu, si elle se hâte de vaincre : mais si elle délibere, si elle est lente, si elle se laisse gagner par une espéce d'engourdissement qui la rende comme spectatrice d'un mal qu'elle auroit dû reprimer dès le premier instant, ses forces se désunissent, l'impression des sens se fortifie, & elle a besoin de faire de grands efforts pour ne pas succomber : au lieu qu'un moment auparavant elle n'auroit presque pas combattu, si elle eût été fidéle. ,, (f) Resistez au démon, nous dit l'Apôtre S. Jaques, ,, & il s'enfuira de vous. ,, C'est nôtre lâcheté qui lui donne du courage. Une prompte résistance le mettroit en fuite : & il faut compter que c'est le moyen le plus efficace pour avoir une chasteté tranquille, que de repousser dans le premier moment tout ce qui l'attaque, sans
avoir

(e) In omnibus sumentes scutum fidei, in quo possitis omnia tela nequissimi ignea extinguere. *Ibid*
(f) Resistite diabolo, & fugiet à vobis. *Jacob*, C. IV. v. 7.

avoir même la curiosité d'examiner ce qui l'attaquoit.

IX. Plus on est humble, plus on est exact à observer cette régle ; car la véritable humilité craint tout, & ne néglige rien. Elle est aussi précautionnée, & même aussi tremblante après plusieurs victoires, que si le danger où elle est, étoit le premier. Elle sait que ses forces viennent d'ailleurs, qu'elles seroient justement refusées à la presomption, qu'on ne peut en esperer de nouvelles, qu'en ménageant avec soin celles qu'on a reçues.

X. Elle est bien instruite, que l'esprit impur est aussi l'esprit d'orgueil, & qu'on ne résiste pas long-tems à la mollesse, quand on s'est laissé corrompre par la vanité, (*g*) que la plus juste punition de l'orgueil est la confusion & la honte ; que les faux sages du paganisme ont été livrés à un sens reprouvé, & aux plus honteuses passions ; & que cette infamie a été la plus juste recompense de leur ingratitude & de leur vanité ; que tous ceux qui s'élevent, & qui ont une haute opinion de leur sagesse, sont menacés d'une pareille ignominie ; (*h*) qu'il n'y

---

(*g*) Dicentes se esse sapientes, stulti facti sunt Tradidit illos Deus in desideria cordis eorum, in immunditiem, ut contumeliis afficiant corpora sua in semetipsis. Tradidit illos Deus in passiones ignominiæ, mercedem, quam oportuit, erroris sui in semetipsis recipientes. *Rom.* C. I. v. 22. 24. 26. & 27.

(*h*) Nemo securus esse debet in istâ vitâ, quæ tota tentatio nominatur : una spes, una fiducia, una firma promissio, misericordia tua. *S. Aug. L.* 10. *Conf. C.* 32.

n'y a de sûreté que dans la priére & la défiance de soi-même ; & que dans l'âge même le plus avancé, l'on ne doit compter que sur la miséricorde de Dieu, & la puissance de sa grace.

XI. Le Sage, instruit par l'esprit de Dieu, & non par une vaine Philosophie, avant que de demander à Dieu la chasteté, lui demande l'humilité. „ (*i*) Seigneur, qui êtes mon „ Pére, lui dit-il, ne me donnez point des „ yeux altiers. „ C'est-à-dire, ne permettez point que je m'éleve : ne me livrez point à mon orgueil. Voilà le plus pressé ; voilà le fondement, après quoi il ajoute : „ Eloi- „ gnez de moi tous les desirs qui naissent „ de la concupiscence : delivrez-moi des „ passions contraires à la pureté. „

XII. C'est déja être tombé, que de croire qu'on tombera difficilement. C'est avoir perdu ses véritables appuis, que de compter sur soi-même. (*k*) C'est le présage d'une pesante chûte, qu'un cœur enflé & content : & l'on n'ira pas loin sans se briser, quand on marche sur la parole de son orgueil.

XIII. Le Prince se gardera bien de choisir un tel guide, & de s'assurer sur ses vaines promesses. Il sera toujours foible & petit à ses yeux. Il craindra tous les dangers, & ne jugera jamais par sa disposition
pre-

(*i*) *Eccl.* C. XXIII.
(*k*) Antequam conteratur, exaltatur cor hominis. *Prov.*
C. XVIII. v. 12.

présente, de celle qui peut lui succeder.

XIV. Il aura toujours dans l'esprit ce conseil de la Sagesse : „ (*l*) Mon fils, em-
„ ployez toutes les précautions & tous les
„ soins possibles pour conserver votre cœur,
„ car c'est de lui que depend votre vie. „
Il aimera mieux conserver sa santé, que de se croire invulnerable. Il pensera que plusieurs Princes d'un esprit excellent, & infiniment éloignés par leur caractére de tout ce qui tient de la mollesse, se sont affoiblis, pour n'avoir pû se persuader qu'ils étoient foibles ; & il tâchera, par une conduite plus humble & plus sage, de ne pas verifier en sa personne, ce que le S. Esprit a dit de beaucoup d'autres, qu'avec (*m*) de grandes qualités & de grands talens, ils se sont laissés seduire par des personnes très meprisables.

XV. Dieu punit ainsi les presomptueux qui esperent „ (*n*) marcher sur les char-
„ bons ardens, sans se bruler, & porter du
„ feu dans leurs habits, sans en sentir de
„ la chaleur. „ Il les abandonne enfin à leur témerité : & au lieu qu'il les auroit conduits par la main au milieu des plus
grands

(*l*) Fili mi, omni custodiâ serva cor tuum, quia ex ipso vita procedit. *Prov.* C. IV *v* 20. & 23.

(*m*) Pretium scorti vix est unius panis : mulier autem viri pretiosam animam capit. *Prov.* C VI *v* 26.

(*n*) Numquid potest homo abscondere ignem in sinu suo, ut vestimenta illius non ardeant ? Aut ambulare super prunas, ut non comburantur plantæ ejus. *Ibid.* v. 27. & 28.

grands dangers, s'ils avoient eu recours à sa protection, il (o) les livre dans sa colére à une passion qui les deshonore, & dont ils sentent enfin eux-mêmes l'ignominie.

XVI. A l'humilité, il faut joindre une continuelle occupation, diversifiée selon les tems & les affaires, mais qui ne laisse point d'intervale absolument perdu, & dont la raison ne fasse pas un bon usage : car (p) dans le loisir même, il faut éviter l'oisiveté, & savoir se reposer, sans être inutile.

XVII. Un esprit serieux passe d'un exercice à un autre, & trouve son delassement dans la varieté de ses actions, & non dans la perte du tems. Un Prince sur-tout doit s'accoutumer à n'en perdre aucune partie, parce que ses devoirs sont infinis, & qu'il ne lui reste pour soi-même que des momens. Sa condition en cela lui donne quelque facilité pour la vertu, elle qui d'ailleurs y met tant d'obstacles : car avec beaucoup de soins, & peu de tems, on est moins exposé à cette foule de pensées qui naissent de l'oisiveté, & qui cedent avec peine à des occupations qui ne sont qu'arbitraires, & independantes de l'état de celui qui les a choisies.

XVIII.

(o) Fovea profunda os alienæ cui iratus est Dominus, incidet in eam. *Prov.* C. XXII. v. 14.
Inveni amariorem morte mulierem. Qui placet Deo, effugit illam, qui autem peccator est, capietur ab illâ. *Eccl.* C. VII. v. 27.
(p) Otium & in otio cavendum est. *S. Bern.* L. 2. *Consid.* C. 13.

XVIII. Afin que le Prince n'ait pas besoin d'un entier repos, il doit éviter tous les exercices violens qui épuisent les forces, & qui demandent du tems pour les rétablir. La chasse doit être un délassement pour lui, & non une affaire. Il n'y doit mêler, ni ardeur, ni passion, non plus qu'à tout ce qu'il fait pour conserver sa santé : & dans tous les exercices du corps, il en doit connoître l'usage & la fin, & s'arrêter à ces bornes.

XIX. Il est important qu'il ne s'abandonne jamais à la mélancolie, ni à un esprit rêveur & particulier. Cette disposition ne convient point à un Roi, qui doit toujours paroître tranquille & serein; & elle a d'ailleurs ses dangers pour la vertu. La tristesse, ou causée par quelque sujet, ou venant du temperament & de l'humeur, engourdit l'ame & l'affoiblit; & elle sert de nuage au tentateur, pour jetter durant cette obscurité quelques traits, qui sont plus mollement repoussés, & dont les suites par conséquent peuvent être funestes.

XX. Ce seroit tomber dans une extrêmité encore plus dangereuse, que de suivre une pente naturelle à la legereté & à la dissipation. Car une telle disposition est directement opposée à la vigilance, qui est principalement chargée du depôt de la chasteté; & elle ouvre indiscretement toutes les

ave-

avenues qui conduisent au cœur, dont nous avons vû que la Sagesse recommande si fortement le soin. Un sage milieu entre ces deux extremités, qui ne retient de la tristesse que la gravité & la modestie, & de la joie que la sérénité & la paix, est la situation que le Prince doit desirer.

XXI. Il seroit inutile de lui parler sérieusement d'aucune vertu, s'il aimoit le vin & la bonne-chére, & s'il étoit capable de se laisser aller à quelque excès sur ce point. Mais quoique je sois persuadé qu'il en est très éloigné, je le supplie de se souvenir, que les delices sont ennemies d'une exacte pureté; que la temperance, au contraire, la conserve & la nourrit; qu'un jeune Prince doit se defier de son âge & de son ardeur, que pour être Roi, il n'est pas dispensé des régles du Christianisme, qui n'accordent rien qu'à la nécessité, & que, pour demeurer toujours le maître de ses sens, il ne faut pas qu'il en suive les inclinations ni qu'il les fortifie au prejudice de la raison & de la vertu.

XXII. Je n'ai pas besoin, après ce que j'en ai dit ailleurs, de le conjurer de n'écouter rien contre la modestie & la pudeur. Les moindres libertés sur cela doivent l'offenser; & il faut qu'on le sache; & que les plus hardis soient retenus par la crainte de lui deplaire. Si quelque exemple est nécessaire

cessaire pour intimider tous les autres, il faut qu'il soit public; & que la disgrace soit sans retour, si c'est une seconde désobéissance qui l'ait méritée.

XXIII. Il y a des esprits que le monde regarde comme agréables & même comme délicats, parce qu'ils savent donner à toutes choses un air d'enjouement qui les embellit, & les rend aimables. Ils doivent être suspects au Prince, lors même qu'il ne leur échappe rien d'ouvertement mauvais; parce qu'il est rare qu'ils demeurent dans la retenue lorsqu'on les a goûtés, & qu'ils n'abusent pas du talent qu'ils ont, de répandre sur ce qui leur plaît, ou un air ridicule qui en cache le véritable prix, ou une espece de fard qui en couvre la difformité & la honte.

XXIV. Les personnes de ce caractére ne pensent qu'à plaire à l'imagination & aux sens. Tout leur esprit consiste dans l'agrément, & sur chaque chose, ils comptent le fond pour rien, & les maniéres pour tout. Il leur importe peu qu'une pensée soit fausse, ou même criminelle, s'ils peuvent lui donner un tour agréable: & comme il est plus aisé de se jouer sur des choses qui plaisent à la cupidité, que sur d'autres où les passions ne prennent aucun intérêt, leur discours tombe presque toujours sur des matiéres qui reveillent l'imagination & les sens,

&

& qui, sous des voiles transparens, n'offrent à l'esprit que l'image du vice.

XXV. Le Prince doit avoir la même sé-verité contre cette fausse politesse, que contre une immodestie plus grossiére, parce ce qu'elle joint l'artifice à la corruption, & qu'elle conserve au poison toute sa maligni-té en le couvrant de fleurs. ,,(q) Qu'on sup
,, prime parmi vous, dit l'Apôtre, jusqu'au
,, nom de tout ce qui est contraire à la
,, pureté, comme il convient à des saints.
,, Qu'on n'entende parmi vous rien de hon
,, teux, ni aucun discours libre & opposé
,, à la sagesse, ni aucune de ces plaisante
,, ries qui passent dans le monde pour spiri
,, tuelles, parce que rien de tel ne convient
,, à votre vocation : mais qu'on n'entende
,, parmi vous que des paroles d'action de
,, graces (r). Que tout ce qui est confor
,, me à la verité, dit ailleurs le même Apô
,, tre, ,, tout ce qui est honnête, tout ce qui
,, est juste, tout ce qui est saint & pur,
,, tout ce qui merite véritablement d'être
,, aimé, tout ce qui est propre à édifier
,, tou

(q) Omnis immunditia nec nominetur in vobis sicut decet sanctos, aut turpitudo, aut stultiloquium aut scurrilitas, quæ ad rem non pertinet, sed magis gratia rum actio. *Ephes. C. V. v. 3. & 4*

* *Le texte original porte,* eutrapelia, *qui signifie une maniere polie de plaisanter*

(r) Quæcumque sunt vera, quæcumque pudica, quæcumque justa, quæcumque sancta *, quæcumque amabilia, quæcumque bonæ famæ, si qua virtus, si qua laudis disciplinæ, hæc cogitate. *Philip. C. IV. v. 8.*

* Pura, *selon le Grec*.

,, tout ce qui eſt vertueux, & tout ce qui
,, eſt louable dans le réglement des mœurs,
,, ſoit l'entretien de vos penſées. ,,

XXVI. Le monde n'approuveroit pas une
ſi grande précaution, s'il étoit conſulté.
Mais ce n'eſt point du monde que nous
avons appris à être chrétiens, & à être
chaſtes : ce ſont les Apôtres qui ont été
nos maîtres, & ce que S. Paul ajoute à ce que
je viens d'en rapporter, nous regarde aujourd'hui, auſſi-bien que les fidéles de ſon
tems · ,, (s) Pratiquez ce que vous avez ap-
,, pris & reçu de moi, ce que vous avez
,, ouï dire de moi, ce que vous avez vû en
,, moi : & le Dieu de paix ſera avec vous. ,,

XXVII. Cet avis comprend tout : & s'il
étoit ſuivi, les détails où l'on eſt obligé
d'entrer, deviendroient inutiles. Mais les
mœurs de la plûpart des chrétiens ont ſi
fort degeneré de la pureté des premiers
tems, qu'on eſt contraint d'oppoſer des
régles particuliéres au relâchement devenu preſque univerſel.

XXVIII. L'une de ces régles eſt de s'interdire abſolument la lecture de tous les
livres qui ſont capables d'amollir le cœur,
dont le deſſein eſt d'embellir le vice, &
de le repreſenter comme aimable ; dont tout
l'art conſiſte à remuer les paſſions ; & dont

la

─────────
(s) Quæ & didiciſtis, & accepiſtis, & audiſtis, & vidiſtis in me, hæc agite ; & Deus pacis erit vobiſcum. *Ibid.* v. 9.

la matiére, ou n'est qu'une vaine fiction, ou un tissu de faits qu'on doit toujours ignorer.

XXIX. C'est s'exposer temerairement au danger, que de suivre sur ce point l'attrait de la curiosité : c'est tenter Dieu, & abuser de sa protection, que de présumer en cela de ses forces : c'est mériter d'être abandonné à sa foiblesse & à son imprudence : c'est se préparer une tentation, ou pour le moment present, ou pour un autre plus dangereux. c'est s'accoutumer insensiblement au vice, que d'en recevoir ainsi des leçons en secret : c'est renoncer déja à la pureté, que de lire ce que l'on dit contre elle : c'est s'exhorter soi-même à imiter ce qu'on lit, & à passer de la lecture au désir, & du désir à l'action.

XXX. On auroit peut-être honte d'un entretien moins libre; & l'on s'en croiroit offensé : mais on souffre en secret qu'un auteur manque à toutes les bienséances. On perd, à son exemple, la modestie & la retenue; & l'on s'accoutume à tout, en lisant tout.

XXXI. Il faut de bonne-heure refuser tout à une injuste curiosité; & ne point laisser entrer dans sa memoire, ce qui en doit être chassé, & qui n'est propre qu'à troubler la paix du cœur, à laisser de pernicieuses traces dans l'imagination, & infecter la pureté de la priére.

XXXI

XXXII. Par la même raison, il ne faut souffrir aucune chose indécente, dont les yeux puissent être blessés. Tout doit être pur dans les palais & les jardins d'un Prince chrétien. Les tableaux, les statues, les tapisseries, doivent être des ornemens, & non des scandales. On répond de toutes les suites d'une criminelle négligence sur cette matière. Dieu demandera compte des impressions mêmes que sa grace aura empêchées, mais que de tels objets auroient dû produire ; & il opposera la charité de Jesus-Christ son fils, qui a versé son sang pour nous, à la cruelle inhumanité d'un Prince, qui aura tué les spectateurs par la vue de la licence & de l'immodestie.

XXXIII. Ce juste juge n'écoutera pas alors la froide réponse que l'on fait aujourd'hui, en disant qu'on regarde tous ces objets avec une parfaite indifférence, & qu'on en est aussi peu ému que de la vûe des arbres : que les autres apparemment n'en sont pas plus touchés ; que s'ils le sont, c'est leur faute, & non celle, ni des objets, ni de celui qui les fait servir à une simple décoration ; & que la délicatesse des personnes qui en sont blessées, marque plutôt une excessive sensibilité, qu'une vertu éclairée.

XXXIV. De telles excuses ne suivront pas le coupable jusqu'au tribunal de Jesus-Christ, qui le confondra & le rendra muet, en lui mon-

montrant que sa pretendue indifference ne venoit que d'une funeste habitude à mépriser la pudeur; qu'il étoit insensible, non à l'immodestie, mais à la vertu; qu'il se repaissoit sans remords d'un spectacle indécent, parce qu'il avoit exclu de son cœur l'esprit de pureté, auquel il auroit été insupportable; qu'il a aimé la licence & la mollesse, jusqu'à en vouloir mettre les images par-tout; & qu'il a si peu connu la pureté, qu'il a cru orner son palais & ses jardins, en exposant aux yeux du public tout ce qui l'outrageoit. Il joindra à cette conviction les reproches que mérite sa cruauté pour les ames qu'il aura égorgées, & un châtiment éternel terminera ces reproches.

XXXV. Les spectacles, que le monde justifie avec tant de soin, parce qu'ils réunissent en abregé tout ce qu'il y a de plus mauvais, sont devant Dieu encore plus criminels que les tableaux & les statues immodestes : car les tableaux ou les statues ne sont que des images mortes, mais les spectacles sont de vives representations de toutes les passions des hommes, & principalement de celle qui cause parmi eux de plus grands désordres.

XXXVI. Les auteurs qui ont le mieux réussi à exciter dans le cœur tous les mouvemens passionnés, sont les plus estimés. Les acteurs qui ont mieux étudié l'art de faire

faire passer dans les esprits le sentiment de ce qu'ils prononcent, sont preferés a tous les autres. On n'est content ni d'une piéce, ni de sa representation, qu'autant qu'on a été remué, & qu'on a éprouvé réellement ce qui n'étoit qu'une imitation & qu'une image. On condamne le spectacle comme froid & insipide, si l'on y a été tranquille. On n'y retourneroit jamais, si l'on savoit qu'on en sortiroit aussi peu touché. On se prepare à l'être: on est ravi quand on l'est: on sait bon gré à ceux qui ont été assez habiles pour troubler notre repos, & nous tirer de notre indifférence, & l'on reçoit ainsi non seulement sans précaution, mais avec avidité, tout ce qui est contraire à cette heureuse paix du cœur, qui est essentielle à l'innocence & à la vertu.

XXXVII. L'imagination & les sens saisissent avec joie tout ce qui les nourrit & leur plaît. Le degoût de tout ce qui les met à la gêne devient plus sensible & plus insupportable. Les lectures serieuses ne causent que de l'ennui. La priére, ou n'est plus qu'une continuelle distraction, ou dégénere en langueur. On la craint comme un exercice pénible & infructueux. On s'accoutume à la négliger: on l'omet enfin; ou si, par bienséance, on en conserve encore quelque vestige, c'est sans l'aimer, & sans en rien attendre.

XXXVIII,

XXXVIII. Il est aisé de comprendre à quoi l'on est conduit par de tels affoiblissemens, & à quoi se termine un tel dégoût de la pieté. Le Prince, de jour en jour, n'est plus le même. Tous ses devoirs l'importunent. Il se lasse même des soins de la Royauté. Il s'en decharge, autant qu'il le peut avec dignité, sur ses Ministres. Il souhaiteroit d'unir l'autorité au repos, & de regner sans interrompre ses plaisirs. Ceux qui le voient de pres, s'étonnent d'abord de ce changement, & pensent ensuite à en profiter, en contribuant encore à l'affoiblir : & enfin tout le monde apprend, que le plus aimable Prince & le plus parfait, lorsqu'il étoit monté sur le thrône, n'est plus qu'une ombre de sa première vertu.

XXXIX. Peu de personnes remontent alors jusqu'à l'origine d'un tel malheur, & peu en accusent les spectacles, qui en sont cependant la véritable cause. Car le monde, qui ne peut souffrir qu'un Prince tombe dans la mollesse & l'amour du plaisir, lui conseille néanmoins tout ce qui le conduit à cette honteuse extremité. Rien n'est dangereux, selon le monde : les spectacles, dit-on, sont innocens ; les jeux & les délices sont pour les Rois ; la magnificence & la pompe sont essentielles à leur état, un Prince aimable n'est point ennemi de la joie sa vertu n'est point celle d'un particulier; on lui fait peur mal à propos, des dangers qui ne le regardent pas; on n'a qu'à se fier à lui, & à sa prudence; il saura user bien de tout, & mieux que ceux qui se mêlent de lui donner conseil. Voilà comme raisonne le monde. Mais si le Prince, en suivant de telles routes, tombe dans le précipice où elles aboutissent, le monde alors insulte à sa fragilité, au lieu de s'accuser soi-même de ses pernicieux conseils, & de le plaindre de ce qu'il les a suivis.

XL. La Religion tient une conduite toute opposée. Elle decouvre au Prince tous ses perils. Elle lui marque un sentier étroit, mais qui méne sûrement au but; & elle l'avertit, que ce n'est pas pour limiter sa liberté qu'elle lui prescrit une voie si étroite, mais parce que tout ce qui s'en écarte, le conduiroit à la mort. Et si après cela le Prince s'égare, pour n'avoir pas suivi ses conseils, la Religion lui tend la main, & le rappelle à son devoir, avec une compassion très differente du mépris qu'en a fait le monde.

CHAPITRE XIV.

La grande vertu d'un Prince est une grande foi. Ce qu'on entend sous ce nom. Raisons & motifs d'une telle foi. Elle n'est point contraire aux sages précautions, ni à la prudence. Ses récompenses, même dès cette vie.

ARTICLE I.

La grande vertu d'un Prince est une grande foi: ce qu'on entend sous ce nom.

I. LA foi dont je veux parler, n'est point une seule vertu : elle en comprend plusieurs autres ; & je ne lui donne ce nom que pour abréger, & parce que la foi est la baze de toutes les vertus. Ce que j'entens donc ici sous ce nom, est une ferme confiance en Dieu, une dépendance de lui en tout, une intime persuasion que c'est lui seul qui gouverne, un abandon sincére, & de soi-même, & de tous les évenemens, à sa sagesse & sa bonté ; une pleine conviction que toute prudence humaine, & tout moyen humain, sont inutiles sans lui ; & que c'est sur lui seul que l'esprit & le cœur doivent s'appuyer.

II. Ce que S. Paul recommande a Timothée, de prêcher aux personnes riches &
puis-

puissantes dans le siécle, a rapport à ce que je veux dire, & sert à l'expliquer : „(t) „ Ordonnez, lui dit-il, aux riches de ce „ monde, de ne point s'enfler d'orgueil, „ & de ne point mettre leur confiance dans „ une chose aussi incertaine que les richesses; mais dans le Dieu vivant, qui nous „ fournit avec abondance ce qui est nécessaire à la vie; d'être charitables & bienfaisans; de se rendre riches en bonnes „ œuvres; de s'acquerir un tresor, & de „ s'établir un fondement solide pour l'avenir, afin de pouvoir arriver à la véritable „ vie. „ L'Apôtre n'ôte pas aux riches leurs biens. Il ne leur défend pas d'en prendre soin il ne les tire point de leur condition & de leur état. Mais il leur apprend à ne pas s'appuyer sur leurs richesses, à n'y pas mettre leur confiance, à ne pas se reposer sur ce qu'ils ont, ni sur le soin qu'ils en peuvent prendre. Un tel fondement, leur dit-il, est trop fragile & trop incertain : ce que vous avez, peut vous échapper : mille événemens imprévus sont capables de vous l'enlever, tout votre travail & toute votre industrie ne sauroient fixer la mobilité & l'inconstance des richesses temporelles. C'est

Dieu

(t) Divitibus hujus sæculi præcipe, non sublime sapere, neque sperare in incerto divitiarum, sed in Deo vivo, qui præstat nobis abundè ad fruendum, bene operari, divites fieri in bonis operibus, thesaurizare sibi fundamentum bonum in futurum, ut apprehendant veram vitam. 1. Timoth. C. VI v. 17. 18. 19.

Dieu seul qui donne tout, c'est lui qui bénit les soins: c'est lui qui fait réussir l'industrie; c'est lui qui détourne les dangers c'est sa protection qui en délivre. C'est donc sur lui seul que vous devez établir votre confiance c'est sur sa bonté seule que vous devez compter. Tout autre appui vous tromperoit, & vous ne devez penser qu'à lui plaire, au lieu de vous enfler d'orgueil, parce que c'est de lui seul que dépendent tous les biens, & de cette vie, & de la vie future.

III. Voilà precisément quelle doit être la disposition des Princes. Quelque solide que soit le fondement de leur thrône, quelque bien établie que soit leur puissance & leur grandeur, quelque sagesse qu'ils aient eux-mêmes, & quelque lumière qu'ils puissent trouver dans leurs Ministres; ils ne doivent point se reposer sur de tels appuis, ni mettre leur confiance en des choses aussi incertaines & aussi foibles que la sagesse & la force humaine; mais la mettre uniquement en Dieu, qui protége ceux qui espérent en lui, & qui est le maître absolu des Empires, & de ceux à qui il en donne la conduite.

IV. Le Saint-Esprit reduit à cette pleine confiance en Dieu tout l'éloge du saint Roi Ezéchias: „(*v*) Il mit son espérance, dit-il, „dans

___

(*v*) In Domino Deo Israel speravit. Itaque post eum non fuit similis ei de cunctis regibus Juda, sed neque in his qui ante eum fuerunt 4 *Rg.* C. XVIII v. 5

„ dans le Seigneur le Dieu d'Ifraël ; aufſi
„ aucun de ſes ſucceſſeurs ne lui a été ſem-
„ blable, ni même aucun des Rois de Juda
„ qui l'ont precedé. „ Louange étonnante,
& que la comparaiſon avec les Rois les plus
ſaints, au-deſſus deſquels il eſt mis, rend
encore plus merveilleuſe ! Mais la confiance en Dieu, quand elle eſt auſſi parfaite que
dans Ezechias, n'eſt pas une vertu ſeule. Elle en comprend beaucoup d'autres, comme je l'ai dit, très ſublimes & très éminen-
tes, & il eſt aiſé de voir, qu'elle eſt inſé-
parable d'une grande Religion, d'une ſincére humilité, d'une pureté de cœur ſans
nuage & ſans paſſion, d'une pleine reſigna-
tion aux ordres de Dieu, d'une vive recon-
noiſſance, & ſur-tout d'une foi inébranlable,
qui voit Dieu en tout, & qui ne voit que lui.

V. C'eſt cette excellente diſpoſition, qui
en réunit tant d'autres, que je ſouhaite au
Prince · & je déſire qu'on puiſſe un jour
dire de lui avec vérité : „ Il a eſpéré au
„ Seigneur, au Dieu vivant & veritable. Il
„ n'a eu en ce point aucun Prince qui l'ait
„ ſurpaſſé. „ Il n'a compté, ni ſur ſa ſageſſe, ni ſur ſes autres biens, & quoiqu'il
ait eu plus de lumiére, plus d'élevation,
plus d'autorité, plus de ſuccès que beaucoup de Rois ſes prédeceſſeurs, il n'a jamais établi ſa confiance que dans la bonté
de celui qui lui donnoit tout.

VI. On ne parvient point tout d'un coup à une foi si pure & si parfaite : mais il faut tous les jours faire quelque progrès, & se convaincre par beaucoup de reflexions, que tout ce qu'on regarde hors de Dieu comme un appui, n'est qu'un (x) fragile roseau, qui se brise sous notre main, & qui la perce en se brisant.

VII. ,, (y) Confiez-vous au Seigneur de
,, tout votre cœur, dit la Sagesse éternelle,
,, & ne vous appuyez point sur votre pru-
,, dence. Pensez toujours à lui dans toutes
,, vos voies, & lui-même conduira vos pas.
,, Ne soyez point sage à vos propres yeux,
,, mais craignez Dieu, & éloignez-vous
,, du mal. ,,

VIII Ce n'est point avoir en Dieu une confiance digne de lui, que de la partager. Il faut que tout le cœur se repose sur lui, & qu'il ne trouve ni ne cherche ailleurs aucune sûreté. Il faut que l'on se défie de tout ce que l'on fait, ou par la lecture, ou par l'expérience, ou par le raisonnement humain; qu'on ne considére que comme des conjectures & des vraisemblances, tout ce que la prudence des hommes peut découvrir; qu'on soumette à Dieu tous ses

---

(x) Ezech C XXIX. v 6 7. & 8
(y) Habe fiduciam in Domino ex toto corde tuo, & ne innitaris prudentiæ tuæ. In omnibus viis tuis cogita illum, & ipse diriget gressus tuos Ne sis sapiens apud temetipsum time Deum, & recede à malo Prov. C II v. 5. 6. & 7.

desseins & toutes ses pensées, qu'on lui avoue sa propre foiblesse & ses ténèbres ; qu'on le supplie de marcher lui-même devant nous, & de nous servir de guide & de protecteur ; & qu'on tâche de se rendre digne de cette grace, en ne formant aucun dessein qui ne soit conforme à ses volontés, & ne cachant dans son cœur aucune secréte espérance, qui ne vienne pas de la Religion & de la foi.

ARTICLE II.

Raisons & motifs d'une telle foi.

I. On ne fait que suivre en cela les lumiéres d'une raison pure & éclairée, car de quoi les hommes sont-ils capables, s'ils sont abandonnés à leur propre conduite ? Quel fondement peut-on faire sur leur prevoyance, & sur leur capacité dans les choses qui ne dépendent pas de leur volonté ? De quel effet sont leurs pensées, quand il s'agit des autres ? Les plus habiles ne parlent de l'avenir qu'en tremblant, & rien ne marque plus un esprit borné, que la présomption & la témérité. Toutes choses ont plusieurs faces. Les raisonnemens les plus sages en matiére de Politique, sont combattus par d'autres qui n'ont guéres moins de vraisemblance. Tous les partis ont des inconvéniens, & souvent on se détermine, plutôt par nécessité que par choix, les périls paroissant assez égaux de part & d'autre.

II. Ce qui a réussi dans une occasion, devient une imprudence dans un autre tems. On se trompe presque toujours quand on veut imiter ce qu'ont fait les autres Princes. Il y a dans les hommes une infinité de ressorts & de mouvemens, qui se succédent sans se ressembler. La fermeté a un certain effet; & le moment d'après elle aigrit & revolte. La bonté & la douceur gâtent quelquefois les affaires, au lieu d'y être utiles. On ne voit ce qu'il falloit faire, que par l'événement, & lorsqu'il n'est plus tems. La vûe des hommes est toujours courte, ils ne découvrent qu'une certaine étendue, & tout le reste leur est inconnu: & dans ce qu'ils découvrent même, que voient-ils de bien certain & de bien sûr, dès qu'ils ne voient point ce qui est caché dans l'esprit & le cœur des autres ? Ainsi, rien n'est plus vrai que ce qu'a dit le Sage. ,, (z) Tou-
,, tes les pensées des hommes sont mêlées
,, de crainte & d'incertitude : & avec tou-
,, te notre prévoyance, nous ne saurions
,, rien établir de certain. ,,

III. Après les délibérations les plus sensées, où tout avoit été pesé avec maturité, & où l'on avoit cru avoir pensé & remédié à tout, il arrive presque toujours quel-

---

(z) Cogitationes mortalium timidæ, & incertæ providentiæ nostræ. *Sap. C. IX. v. 14.*

quelque chose d'imprévû, qui donne aux affaires un autre tour, & qui enléve, pour ainsi dire, à la prudence humaine, tout ce qu'elle avoit concerté. Il faut alors changer de plan & de mesures: & quand, après beaucoup de travail, on a mis les choses dans une nouvelle situation, un nouveau contre-tems y met du dérangement & du désordre : ou pour mieux parler, une main supérieure & invisible, à qui tout obéit, & qui se joue des pensées des hommes qui croient pouvoir quelque chose sans elle, leur arrache des mains les affaires, & leur donne une issue telle qu'il lui plaît, & souvent très opposée à leur premier désir.

IV. (a) C'est l'occasion, dit le Sage, & un certain moment favorable, qui décident de tout. Les hommes, après beaucoup de peines, ne sont ordinairement que spectateurs de ce qui arrive, sans y avoir d'autre part que celle de suivre ce qui les domine & les entraîne. car ils ne peuvent pénétrer l'avenir, ni profiter d'une connoissance imparfaite du passé, pour voir dans le moment présent, ce qu'il seroit utile de faire.

V. Aussi voit-on, quand on est attentif à la Providence, qu'aucune affaire publique ne se termine comme on l'avoit conjecturé;

(a) Omni negotio tempus est, & opportunitas, & multa hominis afflictio : qui ignorat præterita, & futura nullo scire potest nuntio. *Eccl.* C. VIII. v. 6. & 7.

turé ; que l'événement n'est jamais tel qu'on l'avoit prévu ; que la guerre & la paix ont d'autres dénouemens que ceux qu'on avoit imaginé ; & que les peuples, pour se liguer, ou pour se diviser, sont contraints de céder à des décrets qui anéantissent leurs traités, & qui leur donnent pour alliés, ceux qu'ils n'auroient pas choisis, ou pour ennemis, ceux qu'ils regardoient comme leurs protecteurs.

VI. Moins les hommes respectent la Providence, plus elle s'applique à leur prouver que c'est elle qui fait tout : & plus ils sont aveugles, plus elle se rend visible & manifeste, en rendant inutiles tous les moyens humains, & leur en substituant d'autres où leur prevoyance n'a point de part. ,, (b) J'ai ,, toujours observé, dit le plus sage des Rois, ,, que ce n'est point la vîtesse qui fait arri- ,, ver au but, ni la force qui décide des ba- ,, tailles : mais que c'est un événement fa- ,, vorable & imprévû. ,,

VII. Cet événement qui seul est décisif, & qui trompe l'attente des hommes, dépend uniquement de Dieu. Car le hazard est un nom qui ne signifie rien, quoique l'impieté aime mieux le substituer à la Providence, que de l'adorer & de s'y soumettre.

(*b*) V. di nec velocium esse cursum, nec fortium bellum . sed tempus, casumque * in omnibus. *Eccl.* (. IX. v. 11
* *Hebr.* occursum, opportunitatem.

tre. Dès que la cause est inconnue à des hommes vains & temeraires, ils comptent qu'elle n'est point. Ce qu'ils ne voient pas, ce qu'ils n'ont pas conduit, ce qui n'a point dépendu d'eux, ils le regardent comme un événement détaché, sans liaison avec les autres, & sans principe: & ils sont aussi grossiers qu'un sauvage, qui voyant dans un Royaume tous les ordres du Prince executés, mais ne voyant pas le Prince, s'imagineroit que tout se conduiroit au hazard.

VIII. Le conseil de Dieu s'étend à tout: aucun détail n'échappe à son attention: & si un seul événement n'étoit pas réglé par sa volonté, & n'avoit pas sa place marquée dans ses décrets, sa Providence seroit sujette aux mêmes inconvéniens que la prudence humaine, & pourroit tomber en défaut, parce qu'un seul événement imprévu seroit capable de déconcerter tout ce qui auroit été resolu. Le moindre accident, une chute de cheval, une trahison, pourroit terminer la vie d'un Prince, que Dieu destinoit à de grandes entreprises. Une pensée, un avis, le rapport d'un déserteur, pourroient être un obstacle au gain d'une bataille. Un contre-tems, une legére incommodité, un pur caprice, pourroient empécher un mariage dont la naissance d'un Prince dépend. Il est absolument necessaire que Dieu conduise tout, & préside à tout,

tout, pour la sûreté de ses desseins : car les plus grands événemens sont liés aux plus petites circonstances ; & ce qui paroît le plus sérieux & le plus important, n'est certain qu'autant que les détails qui paroissent indifferens, sont réglés & fixés dans le plan general.

IX. Ainsi, quoique les hommes délibérent avec une entière liberté, & qu'ils sentent en eux-mêmes qu'ils sont les maîtres de leurs volontés & de leurs actions, une force & une sagesse supérieures disposent de tout avec une souveraine autorité, & la liberté des hommes demeure toujours soumise à une autre, qui la fait servir à ses desseins. ,, (c) Le cœur de l'homme, dit ,, l'Ecriture, dispose sa voie : mais c'est à ,, Dieu à conduire ses pas. ,, L'homme pense, examine, conclut, mais il le fait sous les yeux de son maître, qui approuve ou rejette ce qui lui plaît, & qui le fait réussir, ou qui y met obstacle.

X. Non seulement dans les actions, mais dans le discours même, l'homme dépend d'une autre sagesse que de la sienne. ,, (d) Il ,, prépare ce qu'il doit dire : mais c'est Dieu ,, qui conduit sa langue. ,, Sans cette protection, il ne dit point ce qu'il a preparé ;

(c) Cor hominis disponit viam suam sed Domini est dirigere gressus ejus *Prov C. XVI v. 9*
(d) Hominis est animam præparare : & Domini, gubernare linguam. *Ibid. v. 1.*

ré, il le dit autrement ; il le dit sans persuader. Un Ministre, d'ailleurs fort habile, omet une raison essentielle dans son avis, quoiqu'elle lui ait été presentée, & qu'il l'ait même écrite. Il y appuie peu ; il l'établit mal ; il répond d'une maniére peu satisfaisante aux difficultés qu'on lui oppose. Le Prince, son Conseil, tous ceux qui écoutent ou qui parlent, sont tous également dans la main de Dieu, aussi-bien que leurs discours ; & le Sage en fait une maxime, qu'il ne faut jamais oublier :
,, (e) Dieu, dit-il, est le guide & le dis-
,, pensateur de la sagesse, & c'est lui qui
,, conduit & qui redresse les sages : car nous
,, sommes tous dans sa main, & nous &
,, nos discours.,,

XI. Plus on présume de sa sagesse, plus on s'expose à prendre un mauvais parti, & à se jetter par son imprudence dans des dangers où l'on succombe · car Dieu confond ordinairement une sagesse présomptueuse, en permettant qu'elle s'égare & qu'elle commette des fautes en matiére de Politique, dont les suites sont funestes & sans reméde. ,, (f) Il reduit à rien, quand
,, il veut humilier un Prince & son Etat, les
,, plus sages & les plus profonds conseils :
,, il

(e) Ipse sapientiæ dux est, & sapientium emendator, in manu enim illius, & nos, & sermones nostri. *Sap* C. VII. v. 15. & 19.
(f) Qui dat secretorum scrutatores, quasi non sint, judices terræ velut inane facit. *Isa*. C. XL. v. 23.

,, il anéantit les Grands de la terre, &
,, leurs Ministres. (g) Il ôte aux Princes
,, l'intelligence & le courage · il exerce sur
,, eux de terribles jugemens. (h) Il répand,
,, & sur eux, & sur les hommes qui ont
,, leur confiance, un esprit de vertige, qui
,, les fait chanceler comme des personnes
,, yvres, & qui leur ôte le discernement &
,, la fermeté nécessaires pour la conduite. ,,

XII. Voilà de quoi nous assure en divers
lieux l'Esprit qui a inspiré les Prophétes, &
l'expérience le vérifie tous les jours. ,, (i) Il
,, n'y a ni prudence ni conseil contre le
,, Seigneur. ,, C'est se priver de la lumiére, que de ne le pas consulter ; c'est vouloir courir au précipice, que de ne le pas
prendre pour guide, c'est ruiner ses propres desseins par le fondement, que de ne
les pas établir sur sa protection, c'est renoncer à la victoire, que de l'espérer d'un
autre que de lui.

XIII. ,, (k) On prépare, dit Salomon, le
,, cheval pour le jour de la bataille mais
,, c'est Dieu seul qui fait vaincre. ,, Sa providence ne veut pas se montrer sans quelques voiles, pour exercer la foi & la pieté
des

(g) Terribilis, qui aufert spiritum principum, terribilis apud reges terræ. Ps LXXV. v. 13.
(h) Dominus miscuit in medio Ægypti spiritum vertiginis, & errare fecerunt Ægyptum in omni opere suo, sicut errat ebrius : Isa C. XIX. v 14
(i) Non est sapientia, non est prudentia, non est consilium contra Dominum. Prov. C XXI. v. 30.
(k) Equus paratur ad diem belli ; Dominus autem salutem tribuit. Ibid. v. 31.

des justes : mais les moyens humains qui lui servent de voiles, ne sont point des moyens pour elle. Elle les applique, sans en avoir besoin : & quand il lui plaît, tout ce que les hommes avoient preparé, s'évanouit en fumée, & un incident auquel on ne s'étoit pas attendu, renverse tous les projets.

XIV. Le monde, qui croit tout, excepté la verité, & qui est disposé à mettre sa confiance en tout, excepté en Dieu, ne connoît d'autre moyen de vaincre, que celui d'être le plus fort. Il compte les escadrons & les bataillons ; il examine leur état, leur discipline, leur expérience, il considére le General & les principaux Officiers, leur conduite, leur valeur, leur application : après cela il ne voit plus rien ; & il regarde comme une foiblesse de porter plus loin ses vûes, & de penser qu'une cause supérieure dispose de tout cet appareil avec un empire absolu. Et néanmoins il arrive souvent des choses si peu attendues, & si éloignées de la vraisemblance, que le monde lui-même, tout aveugle qu'il est, se trouve forcé à reconnoître une autre main que celle des hommes, qui ôte ou donne la victoire, & qui affermit ou ébranle les Empires.

XV. Les hommes sinceres, & qui font plus de réflexion que les autres, reconnoissent en tout cette main puissante, non-seulement

lement dans les prodiges, mais dans les occasions les plus ordinaires, dont le succès depend d'une infinité de choses qu'aucune prudence ne sauroit prevoir. Un faux avis, une terreur subite, un engourdissement dans les troupes & dans leurs Officiers, dont on ne peut rendre raison, un poste mal choisi, mais où l'on comptoit n'être qu'un moment, un ordre donné, mais mal executé, un brouillard, une pluie, enfin tout peut arracher la victoire à un grand Général, & à des troupes très aguerries. Et très ordinairement, après le gain ou la perte de la bataille, on ignore ce qui a été le premier mobile, & comme le principal ressort qui a déterminé l'action générale à l'événement qu'elle a eu. Le Général lui-même, qui n'a pû être par-tout, & qui s'est trouvé quelquefois où ses gens étoient poussés, ne sait au vrai pourquoi il n'a pas été battu : c'est en réunissant les recits particuliers des autres commandans, quelquefois peu exacts, qu'il se forme une idée un peu plus distincte de ce qui lui étoit inconnu ; & il voit alors, que si les ennemis avoient su profiter des fautes qu'on a faites, ou s'ils avoient fait un tel mouvement, ou pris telle précaution, ils seroient demeurés les maîtres ; & que c'est la divine Providence qui a ôté ou donné les pensées, la réfléxion & le courage, selon qu'elle l'a voulu.

XVI.

XVI. David, l'un des plus grands Généraux qu'ait eu l'antiquité, qui (*l*) étoit estimé seul plus que dix mille hommes, & qui joignoit à une rare prudence, une valeur invincible, disoit hautement qu'il ne comptoit, ni sur son expérience, ni sur son courage, ni sur ses nombreuses armées, mais que toute sa confiance étoit en Dieu. „ (*m*) Vous êtes mon Roi, lui disoit-il, &
„ vous êtes mon Dieu. C'est vous seul
„ qui sauvez votre peuple, quoique vous
„ vous serviez en cela de mon ministére.
„ C'est en nous confiant en vous, que nous
„ disperserons & que nous mettrons en fui-
„ te nos ennemis. C'est en votre nom que
„ nous méprisons tous ceux qui nous atta-
„ quent : car ce n'est point en mon arc
„ que je mets mon espérance ; & ce ne se-
„ ra pas mon épée qui me sauvera.

XVII. Il avoit éprouvé plusieurs fois, que sans le secours de Dieu, il eût été accablé par ses ennemis, & que c'étoit à la priére, & à une humble confiance que ce secours avoit été accordé. Car, disoit-il, le moyen d'attirer la protection de Dieu n'est pas de considerer ses propres forces, & d'y faire aucun fonds : c'est en s'humi-

liant

(*l*) Te unus pro decem millibus computaris 2 *Reg.* C XVIII *v.* 3
(*m*) Tu es ipse Rex meus & Deus meus, qui mandas salutem Jacob In te inimicos nostros ventilabimus cornu, & in nomine tuo spernemus insurgentes in nobis Non enim in arcu meo sperabo, & gladius meus non salvabit me. *Ps.* XLIII. *v* 5. 6 7

liant devant lui, en le craignant, en n'espérant rien que de sa miséricorde, qui est victorieux de tout. „ (n) Il n'arrête point
„ ses yeux avec complaisance sur les armées
„ où l'on se fie sur la force de la cavalerie,
„ sur la valeur des gens de pied : mais sur
„ celles où l'on le craint, & où l'on n'at-
„ tend rien que de sa bonté. „

XVIII. Toute l'Ecriture est pleine d'exemples qui le prouvent, mais je me contente d'un seul, qui est rapporté dans le second livre des Annales. Sous le regne d'Asa, Roi de Juda, Zara, Roi d'Ethiopie, vint fondre dans son pays avec une armée prodigieuse, où il y avoit un million d'hommes, & trois cens chariots de guerre. Asa ne perdit pas courage devant ce déluge d'hommes prêt à inonder un aussi petit Etat que le sien, qui n'étoit composé que des seules tribus de Juda & de Benjamin. Il invoqua Dieu dans cette pressante necessité, & l'Ecriture nous a conservé la prière qu'il lui fit. „ (o) Seigneur, dit-
il „ c'est pour vous une chose égale, que
„ ceux que vous protegez soient en grand
„ ou

(n) Non in fortitudine equi voluntatem habebit, nec in tibiis viri beneplacitum erit ei. Beneplacitum est Domino super timentes eum, & in eis qui sperant super misericordiâ ejus. Ps. CXLVI. v. 10 & 11.

(o) Invocavit Dominum Deum, & ait : Domine, non est apud te ulla distantia, utrum in paucis auxilieris an in pluribus : adjuva nos, Domine Deus noster : in te enim, & in tuo nomine habentes fiduciam, venimus contra hanc multitudinem. Domine, Deus noster tu es, non prævaleat contra te homo. L. 2. Paral. C. XIV. v. 11.

„ ou en petit nombre. Venez à notre se-
„ cours, vous qui êtes notre Dieu car ce
„ n'est que sur la confiance que nous avons
„ en votre nom, que nous osons faire tête
„ à une si prodigieuse armée. Seigneur, vous
„ êtes notre Dieu : c'est vous qu'on atta-
„ que, en attaquant votre peuple : ne souf-
„ frez pas que, par notre défaite, l'hom-
„ me paroisse vous avoir vaincu. „ Cette
prière, qui partoit d'une grande foi, fut
écoutée. (p) Dieu répandit l'épouvante parmi les Ethiopiens : ils prirent la fuite en
désordre ; & furent si vivement poursuivis
par l'armée d'Asa, qu'ils périrent presque
tous par le fer : „ Dieu, dit l'Ecriture, les
„ taillant lui-même en piéces, par les mains
„ de ceux dont il étoit le chef invisible. „

XIX. Il semble qu'une si miraculeuse protection ne pouvoit jamais être oubliée, & qu'elle devoit inspirer au Roi de Juda une foi que rien ne fut capable d'ébranler. Il en manqua néanmoins, & dans une occasion assez legére. Baasa, Roi d'Israel, c'est-à-dire des dix tribus qui s'étoient séparées de la maison de David, vint sur les frontiéres de Juda, & fit fortifier une ville, qui eût servi de bride & de barriére aux Etats d'Asa, si les fortifications eussent été mi-

(p) Exterruit Dominus Æthiopes coram Asa & Juda, fugeruntque, & ruerunt usque ad internecionem, quia Domino cædente contriti sunt, & exercitu illius præliante. *Ibid* v. 12. & 13.

mises dans leur perfection. Asa, pour en interrompre l'ouvrage, & pour éloigner de ses frontiéres le Roi d'Israel, engagea par de grands présens le Roi de Syrie, à rompre le traité qu'il avoit fait avec Baasa, & à lui déclarer la guerre. Cette diversion eut l'effet qu'Asa en avoit espéré; & (q) lorsqu'il s'applaudissoit du succès, le Prophéte Hananie vint lui parler ainsi de la part de Dieu: ,, Parce que vous avez mis vo-
,, tre confiance dans le Roi de Syrie, &
,, non dans le Seigneur votre Dieu, la vic-
,, toire qui vous étoit préparée sur l'armée
,, des Syriens, est échappée de vos mains.
,, Ils eussent été vos sujets, si vous ne les
,, aviez pas preferés à Dieu, pour être vos
,, protecteurs. L'armée des Ethiopiens &
,, des Lybiens n'étoit-elle pas plus nom-
,, breuse en cavalerie, & plus formidable
,, par ses chariots de guerre que celle du
,, Roi d'Israel? Et néanmoins Dieu l'a li-
,, vrée dans vos mains, parce que vous cru-
,, tes en lui: car les yeux du Seigneur con-
,, templent toute la terre, pour donner le
,, courage

(q) In tempore illo venit Hanani Propheta ad Asa, & dixit ei. Quia habuisti fiduciam in rege Syriæ, & non in Domino Deo tuo, idcircò evasit Syriæ regis exercitus de manu tuâ Nonne Æthiopes & Lybies multò plures erant quadrigis & equitibus, & multitudine nimia quos, cùm Domino credidisses, tradidit in manu tua Oculi enim Domini contemplantur universam terram, & præbent fortitudinem his, qui corde perfecto credunt in eum Stultè igitur egisti, & propter hoc ex præsenti tempore adversùm te bella consurgent. L. 2. Paral. C XVI. v. 7. 8. & 9.

„ courage & la force à ceux qui croient
„ en lui avec un cœur parfait. Vous vous
„ êtes donc conduit en imprudent & en
„ insensé ; & vous en allez être puni dans
„ le moment, par les guerres qui vont s'ex-
„ citer contre vous. „

XX. Il n'y a rien de plus précieux que les paroles de ce Prophéte, ni qui soit plus capable de faire impression sur le cœur d'un Prince qui a un sincére respect pour les Ecritures, & qui sait bien que le saint Esprit n'a conservé la memoire de ces exemples, que pour instruire tous les siécles. Il ne doit jamais oublier celui d'Asa vainqueur quand il est plein de foi, attaqué de toutes parts & malheureux quand il en manque. mais il doit encore plus se souvenir de ces divines paroles du Prophéte, qui lui reprocha sa confiance aux hommes & en la prudence humaine ; „ Les yeux du
„ Seigneur contemplent toute la terre, sont
„ attentifs à tout ce qui s'y passe, exami-
„ nent les dispositions de tous les hom-
„ mes, pour donner la force à ceux qui
„ croient en lui avec un cœur parfait, qui
„ l'invoquent du fond du cœur, qui ne se
„ fondent que sur son secours. „ Vous avez cru être fort prudent en employant l'argent & les négociations, au lieu de mettre en Dieu votre confiance : „ Et moi je
„ vous déclare, de sa part, que votre sa-
„ gesse

„ gesse est une folie : que vous avez perdu
„ la Syrie par votre politique ; & que le
„ reste de votre régne sera agité par de
„ continuelles guerres, qui vous appren
„ dront à qui vous deviez les succès que
„ vous avez eu, & la paix dont vous avez
„ joui. „

Article III.
Elle n'est point contraire aux sages précautions, ni à la prudence.

I. Il ne faut pas croire que cette foi pleine & parfaite soit contraire aux sages précautions que la prudence doit prendre. Elle ne tente point Dieu, quoiqu'elle ne mette son esperance qu'en lui. Elle lui obéit, en se servant des moyens qu'il lui offre; & elle lui obéit encore, en ne considerant ces moyens comme utiles, qu'autant qu'il lui plaira de les benir; & elle est aussi attentive & aussi vigilante que la prudence purement humaine. Mais elle est plus humble, plus religieuse, plus éclairée; rapportant à Dieu sa vigilance même & ses soins, & n'attendant le succès que de lui.

II. Ezechias, dont la foi est si louée dans l'Ecriture, ne negligea rien de tout ce qui étoit nécessaire à la defense de Jérusalem, lorsque l'armée de Sennacherib étoit occupée au siége des autres places. „ (r) Il
„ fit

(r) 2. Paral. C. XXXII. v. 2. & suiv. & Eccl. C. XLVIII. v. 18.

„ fit boucher quelques fontaines qui étoient
„ aux environs de la ville, pour ôter l'eau
„ aux ennemis, detourna les autres au de-
„ dans, par des aqueducs souterrains, fit
„ reparer les breches des anciennes mu-
„ railles, & y ajouta des fortifications, fit
„ faire une nouvelle enceinte pour les cou-
„ vrir, rétablit la citadelle de la montagne
„ de Sion, remplit l'Arsenal de toutes sor-
„ tes d'armes, donna le commandement
„ de ses troupes à des hommes de cœur,
„ & les anima lui-même par ses paroles &
„ par son exemple. „ Toute la prudence
humaine ne pouvoit rien faire de plus; & un
Prince qui auroit tout attendu des moyens
humains, n'auroit pû en employer d'autres.

III. Ce n'est donc point du côté des soins
qu'est la difference; puisque ce saint Roi
n'en omet aucun. Elle consiste uniquement
dans les dispositions interieures & dans le
cœur. Car Ezechias, en donnant tous ces
ordres, & en prenant toutes ces précautions, n'y mettoit point sa confiance, mais
en Dieu seul: au lieu qu'un Prince qui auroit eu sa prudence, sans avoir sa foi, se
seroit borné à son travail, & en auroit fait
dependre tout le succès. „ (s) Agissez en
„ gens

(s) Viriliter agite, & confortamini nolite timere, nec
paveatis regem Assyriorum, & universam multitudinem
quæ est cum eo multo enim plures nobiscum sunt,
quàm cum illâ. Cum illo enim est brachium carneum:
nobiscum Dominus Deus noster, qui auxiliator est noster,
pugnatque pro nobis. Ibid. v. 7. & 8.

„ gens de cœur, difoit ce Roi fidele à la
„ garnifon & à fes Officiers, & ne vous
„ laiffez point abattre par la peur, en con
„ fiderant la puiffante armée des Affyriens.
„ Avec notre petite troupe nous fommes
„ plus forts qu'eux, & en plus grand nom-
„ bre : car de leur côté ils n'ont qu'un bras
„ de chair : mais le Seigneur notre Dieu
„ eft avec nous, qui nous aide, & qui com-
„ bat lui-même pour nous. „

IV. La plûpart des Officiers de ce Prin
ce étoient moins touchés de fa pieté & de
fa Religion, que de fon application à for
tifier Jérufalem; & c'eft pour cela que l'E
criture, qui (*t*) donne de juftes louanges
à la vigilance d'Ezechias, condamne les
précautions de fes Miniftres, parce qu'el
les n'étoient pas dans eux accompagnées
du même efprit de foi que dans leur mai
tre: „ (*v*) Vous vifiterez l'Arfenal, leur
dit le Prophete Ifaie, „ lorfque les enne
„ mis dont je vous menace, arriveront.
„ Vous examinerez les breches de la for
„ tereffe de David. Vous preparerez des
„ refervoirs d'eau pour le fiége. Vous fe
„ res

(*t*) Dans le 2. Livre des Annales C. XXXII. que je viens
de citer, & dans l'Ecclefiaftique C. XLVIII.
(*v*) Videbitis in die illa armamentarium domus faltus
Et fciffuras civitatis David videbitis, quia multiplicata
funt & congregaftis aquas pifcinæ inferioris & domos
Jerufalem numeraftis, & deftruxiftis domos ad muniendum murum & lacum feciftis inter duos muros ad
aquam pifcinæ veteris & non fufpexiftis ad eum qui fecerat eam, & operatorem ejus de longe non vidiftis.
Ifaiæ. C. XXII v. 8. 9. 10. 11.

„ rez le denombrement des maisons, pour
„ repartir sur les citoyens les travaux pu-
„ blics. Vous ordonnerez la demolition
„ de quelques-unes, pour en employer les
„ materiaux à reparer la muraille. Vous
„ creuserez un grand bassin entre les deux
„ enceintes, pour recevoir les eaux de
„ l'ancienne piscine; & au milieu de ces
„ soins vous n'éleverez point les yeux vers
„ celui qui est le fondateur de Jérusalem,
„ & vous n'aurez aucune attention à celui
„ dont elle est l'ouvrage, & qui peut seul
„ la conserver. „

V. Tous ces soins étoient nécessaires :
mais la foi en devoit être l'ame & sans
elle ils pouvoient devenir inutiles, & meritoient de l'être. C'est ainsi que l'Ecriture
reproche à un Roi de Juda, (x) d'avoir
plus mis sa confiance dans les Médecins
que dans Dieu. Il pouvoit consulter les
Médecins, & user des remèdes : mais il ne
devoit espérer la santé que de Dieu seul :
parce que lui seul peut la donner. La foi
ne néglige donc pas les moyens : mais elle
n'en fait point son appui. Elle s'y soumet,
parce que Dieu l'ordonne : mais elle reserve
pour lui seul sa confiance, parce qu'il n'y
a point d'autre puissance ni d'autre protection que la sienne.

(x) Nec in infirmitate quæsivit Dominum, sed magis in medicorum arte confisus est (Asa.) 2. Paral. C. XVI. v. 12.

Article IV.

Recompenses d'une telle foi, même dès cette vie.

I. Les véritables récompenses preparées à une telle foi sont éternelles : mais dès cette vie elle est la source de la tranquilité & de la paix, & elle calme toutes les inquietudes que l'incertitude des évenemens, & les bornes étroites de la sagesse humaine, sont capables de causer. (y) Un Prince qui ne veut rien d'injuste, qui n'employe que des moyens légitimes, & qui n'en attend d'autre succès que celui qu'il plaira à la Providence, ne se tourmente plus par d'inutiles réflexions. Il espere que Dieu benira les conseils qu'il lui a demandés, & qu'il a soumis à sa puissance & à la sagesse infinies. (z) Il ose se decharger dans son sein de toutes ses inquiétudes, & il attend avec une humble confiance, ce qu'il lui plaira d'ordonner, ne doutant point que sa miséricorde ne choisisse pour lui ce qui sera le meilleur, & qu'elle ne remedie à tout ce que la prudence humaine ne sauroit prevoir.

II. Quelquefois une si sainte disposition, outre la paix du cœur, obtient aussi celle de l'Etat. Car Dieu se rend le protecteur de

---

(y) Jacta super Dominum curam tuam. *Ps.* LIV. v. 1.
(z) Expecta Dominum, viriliter age, & confortetur cor tuum, & sustine Dominum. *Ps.* XXVI. v. 14.

de ceux qui esperent en lui, non-seulement en reduisant leurs ennemis par la force, mais en (*a*) changeant leur jalousie & leur haine en des sentimens plus justes, & en les portant à vivre en bonne intelligence avec le Prince dont il approuve la conduite, & dont il connoît la sincerité & la foi: au lieu que (*b*) sa justice creuse souvent un abîme sous le thrône d'un Prince qui se regarde comme invincible, & comme redoutable à tous ses voisins; & qu'elle lui prépare, au milieu d'une profonde paix, un ennemi, ou méprisable en apparence, ou inconnu, qui servira à humilier son orgueil.

III. Lorsque Dieu permet qu'un Prince qui a mis en lui toute sa confiance, soit attaqué par des ennemis puissans, ce Prince ne se laisse point intimider par la vûe du danger, qui l'avertit seulement de recourir à celui qui peut l'en tirer, & au lieu de ressembler à Achaz, Roi de Juda, dont il est dit, que (*c*) lui & ses sujets furent saisis d'un tremblement pareil à celui des feuilles agitées par le vent, lorsqu'ils apprirent que les Rois de Syrie & d'Israel venoient avec toutes leurs forces contre Jérusalem; il sent alors redoubler son courage,

à l'e-

(*a*) Cum placuerint Domino viæ hominis, inimicos quoque ejus convertet ad pacem. *Prov. C. XVI v. 7*
(*b*) Contritionem præcedit superbia. & ante ruinam exaltatur spiritus. *Prov. C X v 18.*
(*c*) Commotum est cor ejus, & cor populi ejus, sicut moventur ligna silvarum à facie venti. *Isaïe. C. VII v. 2.*

à l'exemple de David; & persuadé, comme lui, que jamais Dieu n'est si présent, que lorsque le danger est extrême, il repete avec confiance ce que disoit ce saint Roi au milieu des plus grands perils: „ (d) Le Sei-
„ gneur est ma lumiére & mon salut, qui
„ seroit donc capable de m'intimider?
„ Quand une armée entiére m'auroit enve-
„ loppé, & assiegé de toutes parts, mon
„ cœur ne seroit point émû de crainte.
„ Quand je serois seul exposé à tous les
„ combattans, dans ce peril même si pres-
„ sant, je serai plein d'esperance. (e)
„ Quand je marcherois au milieu de l'om-
„ bre de la mort, je ne craindrai aucun
„ mal, parce que vous êtes avec moi, ô
„ mon Dieu. (f) Je ne serai point effrayé
„ du nombre de mes ennemis, quelque
„ grand qu'il puisse être, & je me conten-
„ terai, Seigneur, de vous dire: Levez-
„ vous, & hâtez-vous de me secourir. „

IV. Lorsque le secours est différé, & que les choses même paroissent desesperées, la foi s'affermit par une telle épreuve, & elle s'éleve sur les ruines de tous les appuis humains. Comme elle n'étoit pas fondée
sur

(d) Dominus illuminatio mea, & salus mea quem timebo? Si consistant adversùm me castra, non timebit cor meum. Si exsurgat adversùm me prælium, in hoc ego sperabo. Pf. XXVI. v. 3 & 4.
(e) Si ambulavero in medio umbræ mortis, non timebo mala, quoniam tu mecum es. Pf. XXII. v. 4.
(f) Non timebo millia populi circumdantis me: exsurge Domine, salvum me fac, Deus meus. Pf. III. v. 7.

sur eux, elle les voit disparoître sans s'ébranler, & pendant que tous ceux qui n'avoient compté que sur des ressources humaines, ou perdent le tems à s'affliger, ou prennent par désespoir de mauvais partis, elle demeure ferme jusqu'au bout, les derniers momens étant toujours les plus précieux pour elle, & les délais ne servant qu'à rendre sa patience & son attente plus parfaites.

V. Tous ceux qui avoient espéré, au tems d'Ezechias, que les forteresses de Juda serviroient de rempart à Jerusalem contre l'armée de Sennacherib, ou que les soins qu'on avoit pris de munir cette ville, en rendoient le siége impossible, ou que l'armée des Egyptiens & des Ethiopiens venue à son secours, le feroit lever, (g) perdirent absolument courage quand ils se virent trompés sur tous ces points ; & plusieurs d'entre eux, ou se rendirent, ou cherchérent un azile en s'exilant de leur patrie. Mais la foi d'Ezechias, soutenue par celle du Prophéte Isaie, demeura invincible ; & elle ne fut point ébranlée par les railleries qu'en faisoient, & Sennacherib & ses Generaux. (h) Ce Prince porta dans le Temple

———————
(g) Tous ces faits sont prouvés par divers Chapitres de la Prophétie d'Isaie.
(h) Cum accepisset Ezechias litteras de manu nuntiorum, & legisset eas, ascendit in domum Domini, & expandit eas coram Domino, & oravit in conspectu ejus. . Factum est in nocte illâ, venit angelus Domini, & percussit in castris Assyriorum centum octoginta quinque millia. 4. Reg. C. XIX. v 14. & 35.

ple leurs lettres pleines de blasphêmes; & en les exposant aux yeux de Dieu, avec une ferme confiance, que plus on insultoit à l'espérance qu'il avoit en lui, plus son secours étoit près, il obtint ce prodige mémorable dans tous les siécles, qui fit périr en une nuit cent quatre-vingt-cinq mille combattans.

VI. L'Empereur Theodose, plein de la même foi, qui avoit affermi le cœur d'Ezechias contre tous les perils, se trouvant dans le plus grand où il eût été de sa vie, ne conserva du courage & de la presence d'esprit que par elle, & ce fut à elle seule qu'il dût la victoire. (i) Il marchoit contre le tyran Eugéne · son armée descendoit les Alpes · une partie étoit dans la plaine; le reste étoit engagé dans des défilés. Eugéne profita de ce tems pour le charger, & il y causa un tel désordre, qu'il ne paroissoit pas possible de rallier les troupes, ni de donner à celles qui arriveroient, le tems de se mettre en bataille. Mais Theodose, descendant de cheval, & se mettant à la tête de tout, sans considerer qu'il n'étoit suivi de personne; Où est donc, s'écria-t-il, le Dieu de Theodose? Ces paroles dites d'un

(1) Cum locorum angustiis, & impedimentis calonum, agmen exercitûs paulo serius in aciem descenderet, & me quitare hostis morâ belli videretur, desilivit equo princeps, & ante aciem solus progrediens, ait Ubi est Theodosii Deus? Jam hoc Christo proximus loquebatur Quo dicto excitavit omnes, & exemplo omnes armavit S. Ambr. de obitu Theod. v. 7.

d'un ton de Prophéte, & animées du même esprit que celles d'Elisée, soutenues de son exemple & de sa valeur, rappellérent le courage, rétablirent l'ordre, & portérent dans l'armée ennemie la confusion & l'épouvante.

VII. Ce Prince, après la victoire, ne se contenta pas d'en rendre graces à celui qui l'avoit accordée à sa foi ; il écrivit à S. Ambroise, pour l'exhorter à s'unir à sa reconnoissance, & il le fit en des termes si vifs, si touchans & si pleins de Religion, que (*k*) ce grand Evêque, qui savoit par sa propre expérience, de quel mérite est la foi, porta la lettre de ce Prince en allant offrir les saints mystéres, la mit sur l'autel, la tint à la main pendant le sacrifice, & s'estima heureux de pouvoir prêter le ministére de sa voix, à une foi aussi pure & aussi sincére que celle de Théodose. (*l*) Je sais, lui disoit-il, quel est votre cœur & votre mérite : je sais avec quelle verité vous rendez graces : je sais combien le sacrifice offert pour vous est agréable à Dieu, qui connoit vos sentimens. Votre foi & votre pieté en inspirent à ses minis-

R 5

tres,

(*k*) Epistolam pietatis tuæ mecum ad altare detuli, ipsam altari imposui, ipsam gestavi manu, cum offerrem sacrificium, ut fides tua in meâ voce loqueretur S. *Ambr. Epist.* 61 *ad Theodos.* n 5.

(*l*) Pro his gratias me censes agere oportere Domino Deo nostro Faciam libenter, conscius meriti tui Certum est placitam Deo esse hostiam, quæ vestro offertur nomine ; & hoc quantæ devotionis & fidei est ! *Ibid.* n. 4.

tres, qui s'unissent avec joie à une reconnoissance aussi humble & aussi profonde que la vôtre.

VIII. Sans ces dispositions, les actions de graces qu'on rend en public au nom du Prince, n'ont rien de sérieux aux yeux de Dieu ; & elles sont plutôt une cerémonie qui fait partie de leur triomphe, qu'un sacrifice de Religion. Il n'y a qu'une foi sincére qui remercie sincérement. Il faut être persuadé qu'on a tout reçu, pour rendre à Dieu l'honneur de tout. Et il faut n'avoir compté, ni sur ses propres forces, ni sur sa propre sagesse, pour rapporter au Dieu des armées le succès & la victoire.

IX. Aussi voit-on que ce n'est qu'avec reserve qu'on parle de sa protection, quand on croit lui avoir prêté des moyens qu'il n'a fait que mettre en œuvre. On mêle ses propres louanges, à celles qu'on ordonne de lui rendre ; & l'on ne peut s'empêcher de montrer la main de l'homme, dans le tems même qu'on exalte le bras de Dieu, s'efforçant ainsi de partager la gloire avec lui, & ne consentant qu'avec peine à être oublié.

CHAPITRE XVI.

Rien n'est plus opposé à la foi que la curiosité pour l'avenir, dont la tentation est plus ordinaire aux Grands. L'Astrologie judiciaire est un reste d'idolâtrie, défendue par la loi de Dieu; fondée sur des suppositions purement arbitraires, & ne pouvant l'être sur l'expérience. Le désir de connoître l'avenir conduit à l'impiété & à la magie: tous les moyens qu'on emploie pour le satisfaire, renferment un traité secret avec le démon. Dessein de cet esprit de malice dans la curiosité qu'il inspire pour l'avenir: c'est par un jugement de Dieu qu'on le prédit quelquefois, & non par les moyens légitimes.

ARTICLE I.

Rien n'est plus opposé à la foi que la curiosité pour l'avenir, qui est une tentation generale, mais plus ordinaire aux Grands.

I. Rien n'est plus opposé à la foi dont je viens de parler, que la curiosité qui cherche à penetrer l'avenir dont Dieu s'est reservé la connoissance. Les hommes, depuis leur dépravation, ont une secréte pente à vouloir découvrir ce que la sagesse divine leur cache, pour les tenir dans l'humilité & dans la dépendance, & pour les rendre justes par une foi toujours attentive à lui, toujours respectueuse pour ses volontés, à mesure qu'elles lui sont marquées; toujours tranquille par l'espérance de sa protection, toujours contente du degré de lumiére qu'il lui donne, pour chaque pas qu'elle doit faire.

II. (*m*) Les promesses du serpent, qui trompérent la premiére femme, ont pour ses descendans le même attrait. Ils espérent, sur sa parole, devenir plus habiles que Dieu ne veut; & apprendre, par des voies détournées, des secrets dont il a paru jaloux.

III. Les Grands sont plus exposés que les autres à cette tentation, parce qu'ils sont souvent moins instruits du fond de la Religion, plus environnés de personnes qui tâchent de profiter de leur crédulité, plus portés à s'imaginer que tout est pour eux, & que les autres n'ont de mouvement que par rapport aux événemens de leur vie; plus inquiets sur l'avenir, plus féconds en projets dont ils veulent avoir le succès; plus convaincus par leur expérience des bornes étroites de la prudence humaine; plus pressés

---

(*m*) Nequaquàm moriemini. Scit enim Deus, quod in quocunque die comederitis, aperientur oculi vestri, & eritis sicut dii, scientes bonum & malum. *Gen. c.* III. *v.* 4. *& 5.*

Prince. III. PART. 397

sés par certaines nécessités où ils ne voient point d'issue, d'en chercher le dénouement dans des consultations défendues.

IV. C'est quelquefois aussi une juste punition du mépris qu'ils font des vérités les plus importantes. (*n*) Ils croient tout, quand il est frivole ; & ils ne peuvent se resoudre à croire ce qui est solide & certain. Ils se défient de la Religion ; & ils donnent leur confiance à un imposteur qui ne leur débite que des fables. Ils se contentent de termes qui n'ont aucun sens, de destin, de fatalité, d'ascendant ; & refusent de croire la Providence. Ils écoutent tout, pourvû que ce ne soit pas l'Evangile. Et ils craindront le démon, s'il le faut ; mais ils se resoudront avec plus de peine à craindre Dieu. (*o*) Ils sont dignes par une telle perversité d'être livrés à un esprit d'erreur ; & leur incrédulité pour les vérités du salut, est justement punie par une vaine crédulité pour le mensonge.

V. Le Prince à qui j'ai l'honneur de parler, est dans des dispositions bien differentes. Il ne craint que Dieu, & n'espére qu'en lui. Il ne veut savoir que ce qu'il lui découvre. il ne pense qu'à lui obéir, & à le sui-

---

(*n*) *Improvidus, & facilis inanibus* · dit *Tacite*, parlant d'un homme d'une grande naissance, qui avoit confiance aux Devins *Lib.* 2 *Annal p* 51

(*o*) Eò quòd charitatem veritatis non receperunt, ut salvi fierent, ideò mittet illis Deus operationem erroris, ut credant mendacio: 2. *Thessal. C. II. v.* 10.

suivre, & non à le prévenir ; & il respecte également ce qu'il lui cache, & ce qu'il lui montre.

VI. Il sait sans doute avec quelle severité Dieu a défendu dans sa loi toute curiosité sur l'avenir · & c'est moins aussi pour le lui apprendre, que pour l'inviter à y faire de nouvelles reflexions, que je lui represente les termes même de la défense. „ (*p*) Qu'il ne se trouve personne parmi „ vous, dit le Seigneur, qui consulte les „ devins, ni qui croie aux songes & aux „ augures. Qu'il n'y ait, ni enchanteur, „ ni devin. Qu'aucun ne fasse des questions „ à ceux qui sont inspirés par le démon; „ qu'aucun n'évoque les morts pour en ap- „ prendre la verité. Le Seigneur a toutes „ ces choses en execration. Il détruira pour „ ces crimes les peuples dont il vous livre- „ ra les pays. Soyez parfaits & sans tache „ devant le Seigneur votre Dieu. Les na- „ tions que vous détruirez, écoutent les „ devins, & ceux qui cherchent l'avenir „ dans des augures : mais pour vous, vous „ avez été instruits autrement par le Sei- „ gneur votre Dieu. „

(*p*) Nec inveniatur in te qui ariolos sciscitetur, & observet somnia, atque auguria, nec incantator, nec qui pythones consulat, nec divinos, aut quærat à mortuis veritatem. Omnia enim hæc abominatur Dominus, & propter istiusmodi scelera delebit eos in introitu tuo. Perfectus eris, & absque maculâ cum Domino Deo tuo. Gentes istæ, quarum possidebis terram, augures & divinos audiunt : tu autem à Domino Deo tuo aliter institutus es. *Deut. c. XVIII. v. 10. & suiv.*

VII. La condamnation de toute curiosité ne peut être plus generale, ni plus forte. L'attention aux songes & aux augures est défendue, aussi-bien que le crime de consulter le démon, & d'évoquer les morts. Dieu n'a pu souffrir dans des infidéles ces observations superstitieuses. Il déclare qu'il les a en horreur, & que c'est pour en purifier la terre, qu'il extermine les peuples qui l'en ont infectée. (*q*) Il ne laisse à ceux qui sont instruits de sa loi, d'autre moyen de connoître l'avenir, que de l'apprendre de lui-même & de ses Prophétes; & s'il ne lui plaît pas de le reveler, il regarde comme une idolâtrie (*r*) l'impie temerité qui consulte un autre que lui.

VIII. C'est lui seul qui connoît l'avenir, parce que c'est lui seul qui ordonne de tous les événemens, & qui les régle: & que c'est sa sagesse & son conseil qui décident de tout. Ainsi, c'est demander au démon, ou à quelque chose encore de plus vain, ce que Dieu fera, que de le consulter sur l'avenir. C'est rendre juge la créature des volontés secrétes de Dieu; c'est lui donner un inspecteur de sa liberté; c'est attribuer la divinité à des séducteurs, que de leur attribuer une con-

noissance

(*q*) Gentes augures & divinos audiunt, tu autem à Domino Deo tuo aliter institutus es. Prophetam suscitabit tibi Dominus Deus tuus, ipsum audies. *Ibid. v. 15.*
(*r*) l'Escriture égale ces deux crimes. Peccatum ariolandi. scelus idololatriæ. *L. 1. Reg. C. XV. v. 23.*

noiſſance que Dieu s'eſt reſervée, & qu'il déclare ne convenir qu'à lui ſeul.

IX. „ (s) Qui eſt celui, dit-il, qui diſ-
„ poſe de l'avenir, comme de ſon ouvra-
„ ge; qui appelle dans leur ordre, & ſelon
„ leur ſucceſſion, les races futures ? Moi,
„ le Seigneur, qui ſuis le premier & le der-
„ nier, avant & après tout. Amenez-moi
„ vos Dieux, ô gentils, que je leur faſſe
„ leur procès. Parlez, ſi vous avez quel-
„ que choſe à dire, dit le Roi de Jacob.
„ Qu'ils viennent, & qu'ils nous annoncent
„ l'avenir. Découvrez-nous les choſes fu-
„ tures, & nous vous tiendrons pour des
„ Dieux. „

X. „ (t) Qui eſt ſemblable à moi, dit-il
encore. „ Quiconque oſe le prétendre,
„ qu'il appelle comme preſent, ce qui eſt
„ caché dans l'avenir; qu'il en marque
„ l'ordre & la ſuite, & qu'il le prediſe.
„ (v) C'eſt moi qui ſuis Dieu: aucun au-
„ tre ne l'eſt que moi; & aucun ne me
„ reſ-

(s) Quis hæc operatus eſt, & fecit, vocans generationes ab exordio ? Ego Dominus, primus & noviſſimus, ego ſum.. Propè facite judicium veſtrum, dicit Dominus. Afferte, ſi quid fortè habetis, dixit rex Jacob. Accedant & nuntient nobis quæcunque ventura ſunt. Annuntiate quæ ventura ſunt in futurum, & ſciemus quia Dii eſtis vos. Iſai. c. XLI. v. 21. 22. 23.

(t) Quis ſimilis mei ? Vocet & annuntiet, & ordinem exponat mihi. Ventura & quæ futura annuntient eis. Iſai. c. XLIV. v. 7.

(v) Ego ſum Deus, & non eſt ultrà Deus, nec eſt ſimilis mei: annuntians ab exordio noviſſimum, & ab initio quæ necdum facta ſunt, dicens: conſilium meum ſtabit, & omnis voluntas mea fiet. Iſai. c. XLVI. v. 9. & 10.

„ ressemble. C'est moi seul qui annonce
„ dans les premiers tems, ce qui doit s'ac-
„ complir dans les derniers, qui predis
„ avec certitude dès le commencement, ce
„ qui n'est pas encore; & qui dis avec une
„ souveraine autorité: Tout ce que j'ai re-
„ solu, sera; & toutes mes volontés seront
„ accomplies. „

XI. Ces expressions si augustes nous découvrent, quelle impieté il y a dans une curiosité qui donne à Dieu un rival, qui s'efforce de lui égaler l'esprit des ténébres, ou un homme aussi presomptueux que ce séducteur, & plus ignorant; & qui veut convaincre Dieu même, que ce qu'il regarde comme son caractére, & comme un privilége incommunicable, peut convenir à d'autres qu'à lui.

Article II.

L'Astrologie judiciaire est un reste de l'idolâtrie.

I. Les peuples plongés dans l'idolatrie avoient adoré le soleil & les astres. Ils leur attribuoient tout ce qui se faisoit sur la terre, dont ils avoient, selon leur erreur, l'empire & la conduite; & ils étoient persuadés qu'on pouvoit conjecturer l'avenir en étudiant leurs mouvemens, parce que c'étoit d'eux, & de leurs influences, que tous les évenemens dependoient.

II. L'Astro-

II. L'Astrologie judiciaire, est un reste de cette ancienne idolâtrie, & elle n'a point d'autre fondement. Elle consulte les astres par le même motif qui les avoit fait adorer; & elle leur attribue le principe des choses futures, par une suite de l'erreur qui leur avoit attribué la divinité.

III. C'est contre cette impieté reduite en art, & déguisée sous l'apparence d'une science occupée de supputations & de calculs, que Dieu emploie les reproches & la moquerie: & comme c'étoit à Babylone que cette vaine science devoit son origine & son progrès, c'est à cette ville qu'il parle ainsi en lui insultant. „ (*x*) Un extreme
„ malheur va fondre sur toi: mais tu ne
„ saurois prevoir d'où il te viendra. Pré-
„ pare-toi, assemble tes devins & tes en-
„ chanteurs; redouble tous les moyens in-
„ justes de connoître l'avenir, où tu t'es
„ exercée dès ta jeunesse, pour en tirer
„ quelque lumiére & quelque secours. Te
„ voilà à bout de tous tes conseils, & tu
„ n'en est pas plus savante. Appelle tes
„ devins qui observoient sans cesse le ciel,
„ qui

(*x*) Veniet super te malum, & nescies ortum ejus. Sta cum incantatoribus tuis, & cum multitudine maleficiorum tuorum, in quibus laborasti ab adolescentia tua, si forte quid prosit tibi, aut si possis fieri fortior. Defecisti in multitudine consiliorum tuorum stent & salvent te augures cœli, qui contemplabantur sidera, & supputabant menses, ut ex eis annuntiarent ventura tibi. Ecce facti sunt quasi stipula, ignis combussit eos non liberabunt animam suam de manu flammæ. *Isai c* XLVII. v. 11. *& suiv*.

" qui contemploient les astres, & qui
" comptoient les lunes & les mois, pour
" te predire l'avenir. Qu'ils te sauvent des
" mains de tes ennemis. Ils sont comme
" la paille que le feu devore; ils ne peuvent
" se sauver eux-mêmes de la flamme. "

IV. " (y) Ecoutez, maison d'Israel; voici
" ce que dit le Seigneur: Ne vous laissez
" point seduire par les erreurs des gentils;
" ne craignez point les signes du ciel, que
" les gentils craignent. La loi de ces peu-
" ples est vaine: il n'y a de Seigneur que
" le Dieu véritable, que le Dieu vivant,
" que le Roi éternel. Lui seul gouverne
" l'univers. Une seule de ses menaces met
" dans la consternation tous les peuples.
" Au lieu de craindre les astres, & les
" fausses divinités, dites: Perissent les Dieux
" qui n'ont pas créé le ciel & la terre, &
" qu'ils en soient exterminés. " Perisse,
par consequent, toute science vaine, qui
transporte à des créatures inanimées, la
gloire de la Providence, qui attache aux
mouvemens de la matiére, non-seulement
la liberté de l'homme, mais les conseils
de Dieu les plus libres & les plus impé-
nétrables;

(y) Audite verbum, domus Israel, hæc dicit Dominus: juxta vias gentium nolite discere, & à signis cœli
nolite metuere, quæ timent gentes: quia leges populo-
rum vanæ sunt, Dominus autem Deus verus est. Ipse
Deus vivens, & Rex sempiternus. Ab indignatione ejus
commovebitur terra, & non sustinebunt gentes commi-
nationem ejus, sic ergo dicetis: Dii, qui cælos & terram non fecerunt, pereant de terrâ, & de his quæ sub
cælo sunt. *Jerem. C. X. v. 1. 2. 3. 10. & 11.*

netrables; qui apprend à craindre autre chofe que lui; & qui met en comparaifon avec lui fes propres ouvrages, & ceux même qui font privés d'intelligence.

V. Tout devin eft néceffairement un trompeur, qui (*z*) parle de ce qu'il ignore, & qui fe mêle de predire ce qui lui eft inconnu. (*a*) Sa pretendue fcience n'eft qu'une illufion, comme les conjectures tirées des augures ne font que menfonges, une obfervation vaine, & un tems perdu. (*b*) C'eft vouloir embraffer une ombre, & courir après le vent, que de s'arrêter à ces chiméres. Et quiconque n'écoute pas les confeils que lui donne le Sage fur de telles puerilités, mérite bien d'en être le jouet.

ARTICLE III.

Vanité de l'Aftrologie. Tout y eft arbitraire.

I. Si les Grands étoient inftruits, combien les principes de l'Aftrologie judiciaire font contraires au bon fens, ils n'auroient que du mépris pour des prédictions qu'ils achetent quelquefois très cherement, & qui ne fervent fouvent qu'à troubler le repos de leur vie, ou par de vaines efperances, ou par des craintes frivoles.

II. Tout

(*z*) Ariolus æftimat quod ignorat *Prov. C. XXIII. v. 6.*
(*a*) Divinatio, errores, & augurta mendacia, & fomnia malefacientium vanitas eft *Eccli. C. XXXIV. v. 5.*
(*b*) Quafi qui apprendit umbram, & perfequitur ventum: fic qui attendit ad vifa mendacia. *Ibid. v. 2.*

II. Tout est arbitraire dans cette vaine science. Elle n'offre rien à l'esprit qui puisse l'éclairer. Et il ne faut, pour en montrer le foible & le ridicule, qu'expliquer sur quoi elle se fonde, sans employer d'autre refutation, que le simple recit. Un habile (c) Mathematicien l'a fait, à qui l'on ne pouvoit pas reprocher qu'il ne fut pas assez versé dans la connoissance des astres, puisque ses observations sur (d) l'Astronomie montrent qu'il y étoit aussi entendu qu'aucun homme de son tems. Je ne ferai que parcourir legérement ce qu'il a traité avec plus d'étendue, mais j'espere que j'en dirai assez pour degoûter du reste.

III. Il a plu aux auteurs de l'Astrologie, dont les premiers ont été des hommes grossiers, sans aucune Philosophie, & plongés dans les ténèbres du Paganisme, de composer de toutes les étoiles du ciel divers assemblages, que l'on nomme constellations, & de leur donner des noms, ou d'hommes, ou d'animaux, ou de choses qu'ils avoient vûes sur la terre. Rien n'est plus bizarre que ces assemblages, rien n'est moins ressemblant aux choses dont ils portent

---

(c) *Gassendi*

(d) *On appelle* Astronomie, *la connoissance du mouvement des Astres, qui est fondée sur des principes certains, comme la Geometrie & l'Arithmetique.*

Et l'on appelle Astrologie, *ou* Astrologie judiciaire, *la prétendue connoissance de l'avenir, par le mouvement des Astres, qui n'a, comme on le montre ici, ni fondement, ni principe certain, ni même aucune vraisemblance.*

tent le nom : mais l'Astrologie regarde tout cela comme serieux, & y fonde ses conjectures.

IV. Elle a divisé le Zodiaque, qui est cet espace du ciel, au-delà duquel les planetes ne s'écartent point, en douze parts égales, & elle a attribué à chacune d'elles une constellation particuliére, à qui elle donne aussi le nom de signe : le Bellier à l'une, le Taureau à la suivante, les Jumeaux à la troisiéme, & ainsi des autres.

V. Ces signes du Zodiaque sont d'une plus grande vertu que les autres constellations, parce qu'ils sont sur la route des planetes, & leur vertu se diversifie, selon les qualités des choses dont ils portent le nom. Le signe du Lion, par exemple, a une autre influence que le signe des Poissons, & le Scorpion une autre que le Bellier parce que le Lion véritable a d'autres inclinations que les Poissons ; & que le Scorpion de terre n'a rien de semblable au Bellier.

VI. Tout cela doit être cru, sans examen. Il n'est pas permis de demander, pourquoi le Zodiaque n'est pas divisé (e) d'une autre maniére ? Pourquoi l'on a donné à des étoiles, que la fantaisie a unies, un nom plutôt qu'un autre ? Pourquoi l'on a fon-

(e) Si l'on répond, que le Zodiaque est divisé en douze parties, parce que le soleil employe douze mois à le parcourir, il est aisé de repliquer, que la Lune le parcourt en un mois, que Mars y employe 2. ans, Jupiter 20. & Saturne 30.

Prince. III. PART. 407

fondé leur vertu sur un nom purement arbitraire? Pourquoi, lorsqu'une planete passe sous les étoiles d'un certain signe du Zodiaque, qui (*f*) sont à une immense distance d'elle, elle leur communique & en reçoit une nouvelle impression?

VII. La foi doit être encore plus grande par rapport aux planetes. Il faut admettre, sans raisonner, la division qu'en ont faite les maîtres de l'art, en trois classes. Les unes sont favorables & propices de leur nature; d'autres sont funestes & mal-faisantes de leur propre fonds: & quelques-unes tiennent un milieu entre le bien & le mal, & ont un caractére équivoque, dont on peut espere & craindre également l'effet.

VIII. Il y a des situations avantageuses, qui peuvent corriger ou moderer les influences des planetes funestes. Il y en a au contraire, qui sont un obstacle à la bonté naturelle des autres. & quelquefois les planetes ambigues sont déterminées entiérement au bien ou au mal par l'empire d'une autre qui les domine.

IX. Les aspects mutuels des planetes contribuent beaucoup à cela: car il y en a de malheureux, & il y en a de favorables. Si une planete est à trois degrés d'u-
ne

___
(*f*) *Les Astronomes n'ont point de mesure pour s'assurer de l'éloignement des étoiles fixes, au lieu qu'ils en ont pour les planetes.*

ne autre, cela est bon : mais si elle étoit au quatriéme, cela seroit mauvais. Qui auroit la témerité de douter de ces vérités, ce seroit disputer contre les principes; qui oseroit en demander des raisons, attaqueroit la loi fondamentale de l'Astrologie.

X. Elle veut être écoutée avec respect quand elle dit que tout depend du moment de la naissance, & il ne faut pas lui demander, pourquoi elle néglige tout le tems que nous passons dans le sein de nos méres, où nous sommes plus foibles, & plus susceptibles de toutes les impressions? Pourquoi elle n'a point d'égard à l'instant de la conception, qui paroît plus decisif & plus important qu'aucun autre? Pourquoi elle ne tâche pas de decouvrir le moment où l'ame est unie au corps, & où commence, à proprement parler, sa destinée? Comment elle demêle le vrai moment de la naissance, lorsque la mére est long-tems en travail? Comment elle ose, dans les accouchemens même les plus heureux, fonder tout un Horoscope sur un instant, qui n'est presque jamais le véritable, la rapidité du ciel étant incomprehensible, & tout ce qui n'est point l'instant precis de la naissance étant étranger à celui dont on pretend predire les avantures?

XI. L'Astrologie ne fait aucun état de ces réflexions; & elle continue ainsi, sans se distraire, pour nous répondre : J'ai, dit-elle, partagé tout le ciel en douze portions, qui en comprennent toute l'étendue ; & je leur ai donné le nom de maisons. Six sont sur l'horizon, six au dessous. La plus importante est celle qui est près de monter sur l'horizon, lorsque celui dont on fait l'Horoscope vient au monde. C'est elle que j'appelle son ascendant, & c'est par elle que je commence à compter toutes les autres, à qui j'ai attribué ce qu'il m'a plû. J'ai nommé l'une la maison des parens ou de la famille ; une autre, de la santé, & une autre, celle de la mort ; & tout le reste, comme j'ai voulu.

XII. Comme ces maisons comprennent tout le ciel, je trouve dans elles toutes les planetes & toutes les constellations. J'examine en quelles maisons sont les planetes favorables, ou funestes, ou ambigues ; comment elles se regardent ; comment elles sont aidées, ou affoiblies, par leur union & par celle des constellations, ou du Zodiaque, ou du reste du ciel ; car je tâche de profiter de tout. Je forme sur cela mes calculs & mes conjectures ; & je vois tous les jours, de quelle conséquence est le moindre instant, parce qu'il suffit pour donner au ciel une disposition differente, & pour ouvrir par conséquent une nouvelle carriére au destin.

XIII. Mais est-il supportable qu'on donne à tant de suppositions si vaines & si frivoles une apparence de science ? Pourquoi divise-t-on le ciel en douze portions, plutôt qu'en vingt-quatre, plutôt qu'en cent? Pourquoi veut-on que celle qui est près de monter sur l'horizon, ait plus de rapport à celui qui vient au monde, & agisse plus efficacement sur lui, que celles qui sont deja levées, & que celle en particulier qui lui est verticale, & qui le domine à plomb? Pourquoi a-t-on attribué à une maison une chose plutôt qu'une autre ? Pourquoi a-t-on omis tant de choses essentielles, & s'est-on contenté d'un si petit nombre ? Comment d'ailleurs, quand on accorderoit tout ce qu'il plaît à l'Astrologue de supposer, pourroit-on démêler en détail, quels événemens précis, telle ou telle combinaison de situations, d'aspects, de qualités, est capable de causer ou de prédire ? En combien de maniéres peut-on être heureux ou malheureux ? Et (g) quelle folie n'est-ce point d'espérer, qu'un homme qui ne sait rien de ce qui lui doit arriver à lui-même, quand il feroit cent fois son Horoscope, puisse voir dans la simple situation du ciel, cette varieté infinie d'événemens qui dépendent de la divine Providence & de sa liberté ?

ARTI-

(g) S. Greg. de Naz. Orat. 29.

ARTICLE IV.

Ce qu'on dit de l'expérience, est faux.

I. Nous en appellons à l'expérience, disent les Astrologues. C'est sur elle que nous nous fondons ; & nous aurions tort d'y renoncer, pour des raisonnemens dont elle montre la fausseté.

II. Ici, à mon tour, j'en appelle à la bonne-foi : & je ne veux d'autres témoins ni d'autres juges que ceux qui me vantent l'expérience.

III. Croient-ils que ce soit une chose indifférente que de se tromper sur le véritable moment de sa naissance, & qu'on puisse également prédire ce qui doit arriver à un homme, en examinant le ciel dans une autre situation que celle qui a répondu à l'instant où il a vû le jour ? Ils m'assurent que cela n'est pas possible, & que le moment de la naissance est décisif.

IV. Je continue à leur demander, ce qu'ils pensent donc de deux jumeaux, dont la naissance est séparée par un intervale fort court ? Ils me répondent que cet intervale, peu sensible par rapport à nous, est d'une extrême conséquence par rapport au mouvement du ciel, qu'aucune mesure ne sauroit atteindre, & que c'est pour cela que la destinée des jumeaux est souvent très différente.

V. Je les prie ensuite de me dire, s'ils ont observé que la situation du ciel fut quelquefois absolument la même ; ou s'ils ont dans leurs livres quelques preuves que les anciens aient rien observé de tel? Ils se rient de ma simplicité, & ils me disent, que les mêmes combinaisons ne sont jamais arrivées, & ne sauroient arriver que dans une suite immense de siécles.

VI. Je leur demande donc, quelle est cette expérience à laquelle ils appellent de tous les raisonnemens? Qu'ont-ils vû qui se ressemblât? Quelles observations réiterées ont pû leur servir de régle ? Ont-ils pu une seule fois rencontrer les mêmes apparences, pour y établir les mêmes conjectures? Il est donc clair qu'ils nous trompent, & que c'est contre leur propre conscience qu'ils le font.

VII. En effet, ceux qui sont parmi eux plus habiles que les autres, sentent bien la vanité & la fausseté de tout ce qu'ils vendent aux personnes crédules, comme des connoissances profondes & secrétes.(h) Ils savent, lors même qu'ils imposent aux Grands, qu'on ne peut déterminer qu'avec une extrême difficulté, quel est le point précis de la

---

(h) Quamvis veram stellarum positionem, cùm quisque nascitur, consectentur, & aliquando etiam pervestigent tamen quod indè conantur vel actiones nostras, vel actionum eventa prædicere, nimis errant, & vendunt imperitis hominibus miserabilem servitutem. S. Aug. L. 2 Doct. Chr. C. 10.

la naissance, & quelle étoit la situation du ciel par rapport à cet instant singulier & personnel : & ils comprennent fort bien, que lors même qu'on réussit à fixer, & ce moment, & l'état du ciel, c'est une pure illusion que de faire dépendre la connoissance de l'avenir, de l'inspection des étoiles, & de la place qu'elles occupent. Mais ils croient avoir interêt à ne pas décrier ce qui les met en reputation; & ils aiment mieux profiter de l'erreur & de l'ignorance de ceux qui les consultent, que de les détromper, & de choisir eux-mêmes un emploi plus légitime.

ARTICLE V.

Le désir de connoître l'avenir, conduit à l'impieté & à la magie.

I. Quelques-uns d'entr'eux, dont le cœur est plus corrompu, n'espérant rien de l'Astrologie, & voulant néanmoins connoître l'avenir, passent de cette vaine curiosité, à une autre plus criminelle, & en conservant à l'extérieur de l'estime pour une puerilité qu'ils méprisent, ils cherchent dans les noirceurs de la magie, & dans l'enfer, ce qu'ils savent bien que les étoiles ne leur apprendront jamais.

II. Si les démons, & ceux qui les consultent, étoient les maîtres, la volonté criminelle

minelle & la magie seroient souvent uni[es]
Mais il n'y a que Dieu qui gouverne, [&]
ce que désirent, ou les hommes impies[,]
ou les démons, n'est suivi d'aucun effe[t]
quand la divine providence y met o[b]-
stacle.

III. Nous savons par l'Ecriture, que D[ieu]
a permis quelquefois au démon de satisf[ai]-
re l'impie curiosité de ceux qui le consu[l]-
toient sur l'avenir & c'est assez pour n[e]
pas douter que la magie ne puisse ê[tre]
quelquefois réelle. Mais tous les efforts d[es]
hommes, & toute la malice des démo[ns]
ne sauroient former entr'eux aucune soc[ié]-
té extérieure, & attestée par des effets se[n]-
sibles, si Dieu, par misericorde, empêc[hoit]
cette conspiration d'avoir toues les su[ites]
dont elle seroit digne.

IV. Il arrive donc très souvent, que [le]
crime n'a pas le succès qu'on en attendo[it]
mais il n'en est pas moins horrible, quo[ique]
qu'il se termine à la volonté seule, ou q[ue]
les moyens qu'elle emploie, soient inutiles[.]

ARTICLE VI.

Tous les moyens que la curiosité emploie, re[n]-
ferment un traité secret avec le démon

I. Il en est ainsi, à proportion, de to[ut]
ce que la curiosité suggère pour parven[ir]
à la connoissance des choses futures. Cet[te]
curio[sité]

curiosité, prise separément, est déja une liaison secréte avec le démon qui l'inspire; & tout ce qu'elle invente pour se satisfaire, est un traité réel avec cet esprit de ténèbres, quoiqu'il n'ait aucun succès.

II. (1) Soit donc que l'on consulte seulement les astres, ou ceux qui les observent: soit qu'on étudie les lignes des mains, & les traits du visage: soit qu'on cherche l'avenir dans les présages & les augures: soit qu'on soit attentif à des choses encore plus vaines & plus frivoles, s'il est possible: on se lie, par une véritable societé, avec les démons, selon la doctrine de S. Augustin, qui ne fait que rendre témoignage à celle de l'Eglise. Et quiconque veut être véritablement chrêtien, doit detester de tout son cœur une societé si honteuse & si criminelle.

III. Il n'y a que l'ennemi de Dieu, qui puisse promettre la connoissance de ce que Dieu veut cacher. Il n'y a que l'esprit de mensonge, qui attache à des vaines observations, l'espérance de découvrir les choses futures. Il n'y a que le séducteur, qui appelle à lui les hommes, pour leur apprendre ce que Dieu leur défend de chercher.

IV.

---

(1) Omnes igitur artes hujusmodi, vel nugatoriæ, vel noxiæ superstitionis, ex quâdam pestiferâ societate hominum & dæmonum, quasi pacta quædam infidelis & dolosæ amicitiæ constituta, penitus sunt repudianda & fugienda Christiano. *S. Aug. L. 2. de Doct. Chr. C. 23.*

IV. (*k*) C'eſt conſulter ce ſéducteur, que d'être curieux. C'eſt lui obéir, que d'employer des moyens dont il eſt l'inventeur. C'eſt traiter avec lui, que de s'acquitter des conditions qu'il conſeille, & qu'il impoſe.

V. On renonce inutilement à lui, quand on execute ce qu'il ordonne ; & l'on déſavoue ſeulement en paroles, la liaiſon ſincére que le cœur contracte avec lui, quand on cherche l'avenir par la ſuperſtition.

VI. Plus cette ſuperſtition eſt puérile & indigne d'un eſprit raiſonnable, plus elle eſt une preuve qu'elle aſſervit l'homme au démon, le pére du menſonge, & l'ennemi déclaré de la ſageſſe & de la raiſon de l'homme : & jamais la ſocieté que l'on contracte avec lui n'eſt plus viſible, que lorſque l'union établie entre les moyens & la connoiſſance de l'avenir, eſt ſans aucune vraiſemblance.

VII. (*l*) Tous les dieux des Payens ſont des démons, dit l'Ecriture. & néanmoins pluſieurs croient n'adorer que le ſoleil, les aſtres, la terre, les fontaines, la nature. C'eſt que tout le culte fondé ſur le menſonge, ſe rapporte à celui qui en eſt le pére : c'eſt que tout ce qui eſt contraire à la vraie

piété,

(*k*) Iſtæ quoque opiniones quibuſdam rerum ſignis, humanâ præſumptione inſtitutis, ad eadem illa quaſi quædam cum dæmonibus pacta & conventa referendæ ſunt. *S. Aug. Lib.* 2. *de Doct. Chr. C.* 22

(*l*) Omnes dii gentium dæmonia. *Pſ.* XCV. *v.* 5.

piété, appartient à l'usurpateur de la gloire de Dieu. " (*m*) L'idole n'est rien, & ne peut rien: mais c'est précisément parce que l'idole n'a, ni verité, ni pouvoir, que quiconque l'adore, adore necessairement le démon, auteur de l'idolâtrie & de l'impieté. "

VIII. Il en est ainsi de tout ce qu'on observe pour connoître l'avenir. (*n*) Il se rapporte directement au démon, quoiqu'on ne pense point à lui, & qu'on rejette même son nom. Il a droit à tout ce qui est de son invention, & qui est contraire à l'obéissance qu'on doit à Dieu. Les pratiques qu'on observe, sont vaines, frivoles, de pures enfances; j'en conviens: mais cela même est un titre qui les assujettit au démon, & ceux qui les observent. L'idole n'est rien, & n'a aucune vertu; mais c'est pour cela même, qu'on adore le démon, quand on est idolâtre.

(*m*) Scimus quia nihil est idolum in mundo. Sed quæ immolant gentes, dæmoniis immolant, & non Deo. 1. *Cor. C. VIII v.* 4. & *C. X v.* 20.

(*n*) In omnibus istis doctrinis societas dæmonum formidanda atque vitanda est, qui nihil cum principe suo diabolo, nisi reditum nostrum claudere atque obserare conantur. *S. Aug. L.* 2. *de Doctr. Chr. C.* 23.

Article VII.

C'est par un jugement de Dieu, & non par les voies qu'emploie la curiosité, qu'on prédit quelquefois l'avenir.

I. (*o*) Dieu permet quelquefois, par un juste jugement sur les passions des hommes, que par les moyens les plus vains, ou les plus criminels, ils apprennent l'avenir. Comme tout est muet quand il le veut, tout aussi devient capable de parler, quand il veut punir la curiosité, en permettant qu'elle soit satisfaite. Il se sert, pour avancer le châtiment de Saül, de l'ombre de Samuel, qui lui prédit sa défaite & la mort· & il accorde quelquefois au démon le pouvoir de séduire, par l'amorce de quelques prédictions, des hommes dignes de lui être abandonnés.

II. (*p*) Leur curiosité s'enflamme par ce funeste succès; & elle les engage de plus en plus dans les piéges d'un esprit profondément artificieux & mechant, qui exige
tout,

(*o*) Hinc fit, ut occulto quodam judicio, cupidis malarum rerum homines tradantur illudendi & decipiendi, pro meritis voluntatum suarum, illudentibus eos atque decipientibus prævaricatoribus angelis. S. *Aug.* Ibid

(*p*) Quibus illusionibus & deceptionibus evenit, ut istis superstitiosis & perniciosis divinationum generibus, multa præterita & futura dicantur, nec aliter accidant quam dicuntur. multæ que observantibus secundum observationes suas eveniant, quibus implicati curiosiores fiant, & sese magis magisque inserant laqueis perniciosissimi erroris. Ibid.

tout, en mêlant quelques lueurs à beaucoup de vaines promesses; & qui met sa joie à tromper si pleinement quelqu'un, qu'il puisse le faire servir à la séduction de beaucoup d'autres.

Article VIII.

Dessein du Demon dans la curiosité qu'il inspire pour l'avenir.

I. Son dessein est, de lier avec les hommes un commerce qui se les attache, de les porter à esperer de lui, ce que Dieu leur refuse, de leur paroître avoir encore quelque pouvoir & quelque part aux évenemens; de les faire douter si Dieu préside à tout, & les conduit tous par sa volonté; de substituer au respect dû à sa providence, une vaine crainte pour des causes chimeriques, telle que le hazard, le sort, le destin; de partager & d'affoiblir la confiance qu'ils ne doivent avoir qu'en lui seul; de les remplir de superstitions, & d'observations vaines & ridicules; de les rapprocher ainsi de l'idolâtrie par degrés; de corrompre en eux la pureté & la sincerité de la foi: (*q*) de les envelopper dans mille piéges, de peur qu'ils ne retournent à leur libe-

---

(*q*) In omnibus istis doctrinis societas dæmonum formidanda atque vitanda est, qui nihil cum principe suo diabolo, nisi reditum nostrum claudere atque obserare conantur. *S. Aug. loc. cit.*

libérateur, & à la patrie dont cet esprit de malice est exclu pour toujours; & d'insulter enfin à la folle crédulité de ceux qu'il aura séduits.

II. Un Prince plein de foi deteste ces prestiges funestes du serpent. Il se conserve le pouvoir (r) de l'exorcizer & de le chasser par son soufle, bien loin de le consulter, ni par soi-même, ni par les devins. Il a en horreur tout ce qui vient de lui, & tout ce qui en porte le caractére. Il met toute curiosité sous le joug de la foi. (s) Il ne veut être instruit que de la loi de Dieu, & il s'estime heureux de dépendre de lui à chaque moment, sans porter plus loin, ni ses vûes, ni ses inquietudes · ne craignant que lui, n'esperant qu'en lui, ne desirant que lui; & sachant bien que, par ces dispositions, il est au dessus de tout le reste.

(r) Ecce dedi vobis potestatem calcandi suprà serpentes, & scorpiones, & super omnem virtutem inimici. *Luc. c. X v. 19.*

(s) Diligam te, Domine, fortitudo mea. Quoniam quis Deus præter Dominum? Aut quis Deus præter Deum nostrum? *Ps. XVII. v. 1, & 32.*

CHAPITRE XVI.

Il est d'une grande consequence pour le Prince, qu'il sache en quoi consiste le solide bonheur des Rois. Tout ce qui est compris sous l'idée de biens temporels, peut être commun aux bons & aux mauvais Princes. Idée exacte du solide bonheur des Rois en cette vie. Danger de leur promettre ce que l'Evangile ne leur promet pas. Utilité pour eux de l'affliction & de l'épreuve. Consolation inseparable de la pieté. Tout bonheur de cette vie, fondé même sur la vertu, est incertain, parce que la perseverance est incertaine.

ARTICLE I.

Il est d'une grande consequence pour le Prince, qu'il sache en quoi consiste le solide bonheur des Rois.

I. IL est d'une grande consequence pour le Prince, qu'il sache en quoi consiste le solide bonheur des Rois, & qu'il ne s'en forme pas une fausse idée. Mais pour m'expliquer nettement sur cette matiére, je mets à part la recompense éternelle promise à la vertu après cette vie : & je mets aussi à part la felicité purement temporelle, separée de la pieté. Je suppose que le Prince espere la premiére, & qu'il ne se contenteroit pas de la seconde.

II. Ce

II. Ce que j'examine, tient comme un espece de milieu entre ces deux felicités & je cherche en quoi consiste en cette vie le bonheur d'un Prince, plein de bonnes intentions & de bonnes œuvres; & quels biens il peut legitimement se promettre comme la recompense d'une sage conduite & comme un témoignage que Dieu en est content.

III. S'il se trompoit sur un point si essentiel, il seroit exposé à beaucoup d'erreurs, dont cette premiére seroit la source. Il se consoleroit, ou s'affligeroit mal à propos. Il prendroit pour recompense, ou pour chatiment, ce qui ne le seroit pas. Il jugeroit de la conduite de Dieu à son égard sur de faux principes, & il seroit en danger de se degouter de la vertu, par les choses mêmes qui devroient l'y affermir.

IV. (t) La pieté a droit à tout, & toutes les promesses la regardent. Dieu, qui est son objet, est maître de tous les biens; & c'est de lui seul qu'on doit les attendre.

V. Qu'a-t-il promis ici aux Princes qui le serviront avec zéle? A quoi connoîtront-ils qu'ils lui plaisent? En quoi consiste le bonheur qui leur est particulier, & qu'ils doivent esperer de sa bonté?

VI. Il est certain qu'un tel bonheur n'exclut aucun des biens temporels; car ce sont

les

(t) Pietas ad omnia utilis est, promissionem habens vitæ, quæ nunc est, & futuræ. 1. Tim. 6. IV. v. 8.

les Princes fideles qui y ont plus de droit que les autres: mais il est douteux s'il les renferme nécessairement; & jusqu'à quel point ils doivent y entrer.

VII. Ces biens ont rapport à la personne du Prince, à sa famille, à ses sujets, à ses alliés, à ses ennemis. Peut-il les espérer à proportion de ce qu'il sera plein de Religion & de foi? Se rassurera-t-il, quand il en sera comblé? Tombera-t-il dans le découragement s'ils lui sont refusés? Se consolera-t-il quand il en aura une partie? Regardera-t-il sa vertu comme vaine, si elle lui reste seule, & que tout le reste lui soit ôté?

ARTICLE II.

Tout ce qui est compris sous l'idée de biens temporels, peut être commun aux bons & aux mauvais Princes.

I. Saint-Augustin répondra pour nous à toutes ces questions: „ (*v*) Faites, dit-il,
„ un saint usage des biens presens, si Dieu
„ vous les accorde; mais n'en abusez pas,
„ en y mettant votre confiance. Il les don-
„ ne à ses serviteurs, pour montrer que ce
„ sont des biens: mais il les donne aussi
„ aux

(*v*) Ex bonis hujus mundi bona facias, non malus fias. Ne putentur mala, dantur & bonis; ne putentur magna vel summa bona, dantur & malis. Itemque auferuntur ista & bonis, ut probentur, & malis, ut cruecientur. S. Aug. Epist. 220. ad Bonif. n. 10.

" aux méchans, pour montrer qu'ils ne sont,
" ni les biens importans, ni les essentiels.
" Il les ôte quelquefois aux bons; mais pour
" les éprouver : & il les ôte aussi aux mé-
" chans; mais pour les punir. "

II. Tout ce qui est donc compris sous
l'idée de biens temporels, peut être commun aux bons & aux mauvais Princes. (x)
La santé, un long régne, l'abondance, les
victoires, la gloire, l'amour des peuples,
la politique, la consolation de laisser un
grand empire à un héritier capable d'en
soutenir le poids & l'éclat, ne décident
rien, & ne mettent aucune différence entre un Prince religieux, & un Prince infidéle. Le cœur les distingue : mais tout le
reste peut être égal ; & dès lors il est évident, que ce n'est point dans des biens
que Dieu prodigue quelquefois aux impies, que consiste en cette vie le solide
bonheur des Rois ; & qu'ils ne sont, ni
le témoignage, ni la recompense de leur
vertu.

III. (y) C'est pour nous le prouver, que
Dieu donne à des Princes qui ne le connoissent point, ou qui le servent mal, ce qu'il
refuse quelquefois à d'autres d'une éminente

(x) Omnia illa Deus dat, sed & alienis dat, sed & malis dat, sed & blasphemis dat : aliquando ista bonis dat, aliquando non dat; & malis aliquando dat, aliquando non dat. Bonis tamen servat seipsum, malis autem ignem æternum. *S. Aug. in Ps LV n.* 16.
(y) Si solis bonis darentur ista, omnes, propter hæc accipienda, vellent converti ad Deum.

te pieté. Mais (z) comme ce seroit une grande tentation contre la vertu, si on la regardoit comme opposée aux biens temporels, il les lui accorde aussi quand il le juge à propos, de peur qu'on ne s'éloigne d'elle, comme y étant un obstacle.

IV. (a) Il les ôte aux bons, afin qu'ils ne s'y attachent pas; & (b) il les ôte aussi aux méchans, afin que les justes ne soient pas ébranlés, en voyant que ce n'est pas la vertu seule qui en est privée.

V. (c) Dieu mêle ainsi toutes choses avec une sagesse infinie, pour instruire & pour consoler ses serviteurs. Il les instruit en donnant aux étrangers, & à ses ennemis, les mêmes choses qu'à ses enfans; & il les console, en les ôtant aux ingrats, aussi-bien qu'à ceux qui lui rendent graces.

VI. Les justes apprennent par cette épreuve à se connoître: car au milieu des biens, ils ne sauroient discerner s'ils en sont les maîtres, ou s'ils en dépendent; si leur cœur est libre, ou s'il s'est fait un appui nécessaire de ce qui n'étoit à son égard qu'un moyen pour aller plus loin.

VII.

(z) Rursùs si solis malis darentur, timerent infirmi, ne cùm converterentur, amitterent quod soli mali haberent. Permixtè data sunt, & bonis & malis.
(a) Rursùs si solis bonis auferrentur, idem ille timor esset infirmorum, ne converterentur ad Deum.
(b) Si solis malis auferrentur, ipsa sola pœna putaretur quâ malo plectuntur.
(c) Quòd ergo dat ea bonis, consolatur itinerantes, quòd dat ea & malis, admonet bonos ut alia desiderent, quæ non habent cum aliis communia.

VII. (d) Ils connoissent dans la séparation jusqu'où ils s'étoient unis ; & le sentiment de la douleur leur découvre, avec quelle imprudence ils se reposoient sur ce qui pouvoit leur être enlevé.

VIII. (e) Ils discernent alors, s'ils aiment Dieu aussi purement qu'ils le pensoient, s'ils le préférent à ses dons ; s'ils croient ne rien perdre, tant qu'ils le conservent ; si le fondement de leur foi subsiste, lorsqu'elle a perdu tous ses appuis étrangers, si leur vertu n'est point étonnée de sa solitude, & si elle leur devient plus précieuse, à proportion de ce qu'elle est separée de tout ce qui pouvoit l'alterer ou l'affoiblir.

ARTICLE III.

Idée exacte du solide bonheur des Rois en cette vie.

I. Mais en quoi donc consiste le solide bonheur d'un Roi en cette vie ; & quels sont les caractéres qui le distinguent d'une fausse félicité ? S. Augustin va nous l'apprendre ; & nous ne pouvons écouter avec trop de

---

(d) Rursùs bonis aufert ea, quando vult ut interrogent se de suis viribus, & inveniant se, qui forte latebant se

(e) Subtraxit data, sed non subtraxit datorem. Anima, non hærens rebus terrenis, nec visco implicatis pennis jacens, exsultat in auras liberas, & videt sibi subtractum quod calcabat, non ubi incumbebat, & dicit secura Dedit, & abstulit : manet qui dedit, & abstulit quod dedit sit nomen ejus benedictum. *S. Aug in Ps* LXVI. *n.* 3 1

de respect ce que le saint Esprit lui avoit enseigné sur cette importante matiére.

II. „ (*f*) Les Empereurs chrétiens, dit ce grand homme, „ ne nous paroissent pas „ heureux pour avoir régné long-tems, ni „ pour avoir laissé l'Empire à leurs enfans, „ après une mort paisible, ni pour avoir „ dompté, ou les ennemis de l'Etat, ou les „ rebelles. Ces sortes de biens, que Dieu „ accorde aux hommes dans cette vie mal- „ heureuse, ou pour leur faire sentir sa li- „ beralité, ou pour leur servir de conso- „ lation dans leurs miséres, ont été accor- „ dés même aux Idolâtres, qui n'ont au- „ cune part au Royaume celeste, où les „ Empereurs chrétiens sont appellés. Ainsi „ nous ne les estimons pas heureux pour „ des choses qui leur sont communes avec „ les ennemis de Dieu ; & il leur a fait une „ grande misericorde, lorsque, leur inspi- „ rant de croire en lui, il les a empêché „ de mettre leur félicité dans des biens de „ cette nature.

III. „ (*g*) Mais nous les regardons com- „ me véritablement heureux, s'ils gouver- „ nent

(*f*) Neque nos Christianos quosdam Imperatores ideò felices dicimus, quia vel diutius imperarunt, vel imperantes filios morte placidâ reliquerunt.

(*g*) Sed felices eos dicimus, si justè imperant, si inter linguas sublimiter honorantium, & obsequia nimis humiliter salutantium non extolluntur, sed se homines esse meminerint ; si suam potestatem ad Dei cultum maximè dilatandam, majestati ejus famulam faciunt, si Deum timent, diligunt, colunt ; si plùs amarint illud regnum
ubi

„ nent avec justice les peuples qui leur sont
„ soumis ; si les louanges mêlées de flatte-
„ ries, & les respects excessifs qu'on leur
„ rend, ne leur enflent point le cœur, &
„ s'ils se souviennent toujours qu'ils sont
„ hommes ; s'ils font servir leur puissance
„ à étendre le culte de Dieu, & à faire re-
„ verer sa Majesté infinie ; s'ils craignent
„ Dieu ; s'ils l'aiment ; s'ils l'adorent, s'ils
„ préférent au Royaume où ils sont seuls
„ maîtres, celui où ils ne craignent point
„ d'avoir des égaux ; s'ils sont lents à pu-
„ nir, & prompts au contraire à pardonner;
„ s'ils exercent la vengeance publique, non
„ pour satisfaire leur haine, mais pour le
„ bien de l'Etat, qui a besoin necessaire-
„ ment de cette sévérité ; s'ils ne pardon-
„ nent que dans le dessein qu'on se corri-
„ ge, & non pour autoriser le mal par l'im-
„ punité ; si les exemples de sévérité sont
„ compassés par beaucoup d'autres où leur
„ bonté, leur compassion & leur inclination
„ à faire du bien sont évidentes ; s'ils sont
„ chastes, à proportion de ce qu'il leur se-
„ roit libre de ne l'être pas ; s'ils aiment
„ mieux

ubi non timent habere consortes, si tardiùs vindicant,
facilè ignoscunt ; si eandem vindictam pro necessitate re-
gendæ tuendæque reipublicæ, non pro saturandis ini-
micorum odiis exserunt, si eandem veniam, non ad im-
punitatem iniquitatis, sed ad spem correctionis indulgent,
si quod asperè coguntur plerumque decernere, misericordiæ lenitate, & beneficiorum largitate compensant, si
luxuria tantò est eis castigatior, quanto posset esse libe-
rior ; si malunt cupiditatibus pravis, quàm quibuslibet
gentibus imperare.

„ mieux régner sur eux-mêmes & reprimer
„ leurs passions, que de s'assujettir les na-
„ tions les plus fiéres.

IV. „ (*b*) S'ils sont portés à faire tout
„ cela, non par le désir d'une vaine gloi-
„ re, mais par l'amour d'une félicité éter-
„ nelle; & s'ils offrent sans cesse à Dieu,
„ pour expier leurs péchés, le sacrifice de
„ l'humilité, de l'aumône & de la priè-
„ re · de tels Empereurs sont heureux dès
„ cette vie par l'espérance, & ils le seront
„ un jour par la jouissance de la vérité,
„ lorsque les biens que nous attendons se-
„ ront venus. „

V Cette solide instruction de S. Augustin
comprend tout. Il commence par les biens
qui sont communs aux bons & aux mauvais
Princes, & qui par conséquent ne sauroient
rendre heureux, ni les uns ni les autres. Il
passe ensuite aux vertus d'un grand Prince,
dont l'éclat lui paroît peu de chose, si l'a-
mour de Dieu n'en est le principe & la fin,
& si l'humilité ne les couvre pour les conserver. Enfin il décide, qu'un tel Prince
n'est heureux que par le riche fonds que la
grace a mis dans son cœur, & par l'espérance
des biens promis à la pieté après cette vie.

VI.

(*b*) Et si hæc omnia faciunt, non propter ardorem ina-
nis gloriæ, sed propter caritatem felicitatis æternæ, si pro
suis peccatis, humilitatis & miserationis & orationis sacrificium Deo suo vero immolare non negligunt · tales
Christianos Imperatores dicimus esse felices, interim spe,
postea re ipsâ futuros, cùm id quod expectamus adven-
erit. *S. Aug. L. 5. de Civit. Dei. C. XXIV.*

VI. Ainsi, excepté la vertu & l'attente du véritable bonheur, il ne lui donne, ni ne lui promet aucune félicité avant la mort. Et c'est sur quoi le Prince doit uniquement compter, s'il veut n'être point trompé par des espérances que l'Evangile ne lui donne point; & s'il veut établir sa vertu sur un fondement qui ne soit jamais ébranlé. Il aura peut-être certains avantages temporels mais il pourra aussi en être privé. On ne lui ôtera, ni sa Religion, ni son espérance, ni la consolation qu'il en reçoit: mais tout le reste peut lui être refusé, ou ne lui être prêté que pour des momens, ou être mêlé de vicissitudes & d'inégalités.

ARTICLE IV.

Danger de leur promettre ce que l'Evangile ne promet pas. Utilité de l'affliction & de l'épreuve.

I. On nourrit souvent les Princes de fausses espérances: & quelquefois les gens de bien contribuent à cette illusion. Ils les assurent trop légérement, que s'ils protégent l'Eglise dans de certaines occasions, s'ils se déclarent pour la vérité, s'ils ont du zéle pour la gloire de Dieu & pour son service; ils vaincront leurs ennemis, ils auront un régne heureux & tranquille, ils réussiront dans toutes les entreprises légitimes:
&

& comme il arrive quelquefois que ces prédictions se trouvent vaines, la pieté des Princes en est affoiblie : & les promesses solides de la Religion commencent à leur paroître douteuses, parce qu'ils en jugent par celles qu'on leur a faites indiscrétement, & dont ils ne voient aucun effet.

II. Ils s'étonnent alors que Dieu laisse dans l'oppression ceux qui le servent, & qu'il n'accomplisse pas ce qu'on leur a promis en son nom. (*i*) Où est, Seigneur, lui disent-ils, votre justice & votre fidélité ? Comment abandonnez-vous ceux qui avoient mis en vous leur confiance ? Comment refusez-vous votre protection à ceux qui sont déclarés les protecteurs de votre cause ?

III. Mais Dieu leur répond, s'ils veulent l'entendre : Vous me demandez où est ma justice ? & moi je vous demande, où est votre foi ? Que vous ai-je promis que je ne tienne point ? Vous ai-je appellés à l'Evangile par l'espérance des biens que j'accorde souvent aux reprouvés ? Vous ai-je rendu chrétiens, pour être puissans dans le siécle ? Et n'est-ce pas sur le mépris des biens présens que j'ai fondé votre espérance des biens futurs ? Quelques-uns de mes ministres, qui connoissent peu mes pensées, ont osé

(*i*) Dicit anima tua, ô Deus, ipsa est justitia tua, ut mali floreant, boni laborent ? Dicis Deo, ipsa est justitia mea ? Et Deus tibi : ipsa est fides tua ? Hæc enim tibi promisi ? Ad hoc Christianus factus es, ut in sæculo floreres ? *S. August. Enarr.* 2. *in Psal.* XXV. *n.* 4.

osé vous assurer de ce que j'ai laissé dans le doute. Je condamne leur imprudence & votre crédulité. C'est sur ma parole, & non sur la leur, que vous devez établir votre confiance; & si vous espérez la recompense de votre vertu avant la mort, ni votre vertu, ni votre espérance ne sont dignes de mes promesses.

IV. Un Prince véritablement chrétien doit toujours se souvenir de cette leçon. Une solide pieté n'a point de biens ici dignes d'elle. Ses recompenses sont ailleurs, aussi-bien que ses désirs. Elle seroit deshéritée, si elle se contentoit de quelques dons passagers; & plus elle est sincére, moins elle est étonrée de ne pas trouver dans le lieu de son exil les douceurs de sa patrie.

V. Il est juste d'ailleurs que les fautes des Princes soient expiées par de salutaires amertumes; & il leur est avantageux qu'elles ne soient pas reservées au tribunal où la justice seule présidera, & où toutes les dettes seront exigées à la rigueur.

VI. Les afflictions sont pour eux un salutaire contrepoids, & un remede contre l'orgueil, dont la tentation est pour eux si continuelle, & si favorisée par tout ce qui les environne.

VII. (*k*) Ils seroient traités en enfans ille-

(*k*) Quem diligit Dominus, castigat: flagellat autem omnem filium quem recipit. Quod si extra disciplinam estis, cujus participes facti sunt omnes, ergo adulteri & non filii estis. *Hebr.* C. XII. v. 6. & 8.

illegitimes, s'ils étoient negligés par cette divine sagesse, qui corrige tous ceux qu'elle aime, & qui les instruit par ses châtimens, aussi-bien que par ses discours.

VIII. Ils demeureroient toujours imparfaits, s'ils n'étoient éprouvés par la patience, & conduits par elle à un degré de vertu que l'abondance & la tranquillité ne sauroient donner.

IX. (*l*) Plus ils sont agréables à Dieu, plus il est nécessaire que la tentation les purifie. Il y a des taches qu'on neglige partout ailleurs, mais qu'on ne peut souffrir sur le visage. Il y a des defauts excusables dans le visage même le plus regulier, mais qu'on ne peut dissimuler, s'ils defigurent les yeux. (*m*) Plus un Prince approche d'une justice parfaite, moins la bonté de Dieu peut y souffrir quelque defaut; & la marque la plus sûre que son cœur est droit, est l'application de Dieu à lui ôter tout ce qui seroit capable de l'amollir & de le seduire.

ARTICLE V.

Consolation dont la pieté est le principe.

I. Mais cette application est toujours mêlée de ce qui est capable d'en adoucir la severe

---

(*l*) Quia acceptus eras Deo, necesse fuit ut tentatio probaret te *Tobia. C. XIII. v.* 13.
(*m*) Probatio patientiam operatur. Patientia autem opus perfectum habet. *Jac. C. I. v.* 3. *& 4.*

vere exactitude. (n) Dieu répand alors dans le cœur une consolation & une paix, dont le sentiment surmonte tous les autres. Il le rend riche au dedans, à proportion de ce qu'il lui ôte au dehors; & en ajoutant à son obéissance & son amour, il convertit en gain toutes ses pertes, & en action de graces ce qui seroit pour un autre la matiére de ses gemissemens & de ses larmes.

II. (o) Il n'en est pas ainsi d'un Prince qui ne reçoit aucune consolation de la vertu : qui porte seul le sentiment de ses maux; qui n'a rien au dedans de lui-même qui adoucisse l'amertume de ses deplaisirs qui est malheureux au dehors, & au desespoir en secret : qui ne connoît point l'usage des afflictions, quoiqu'il en sente tout le poids: qui est ici miserable sans fruit, & qui le sera toujours par conséquent.

III. Ces differences, qui sont infinies, decouvrent quel est le solide bonheur d'un Prince vertueux, lors même qu'il est dans l'affliction & l'épreuve. Mais outre les avantages spirituels qu'il trouve alors dans sa pieté, il peut esperer, sans être presomptueux, que ses disgraces dureront, s'il en fait

(n) Si bonus ea perdideris, adest consolator qui abstulit. Foris pauper es, sed intùs dives es : divitias tecum habes, quas non amitteres, etiamsi de naufragio nudus exires. S. Aug. in Psal. LXVI n. 3
(o) Quisquis malus ista perdiderit, non habet foris quod tentat, non habet intùs ubi requiescat. Ibid.

fait profiter ; parce qu'il est écrit, que (*p*) les châtimens du pecheur sont en grand nombre, mais que la misericorde de Dieu protege & environne quiconque espere en lui ; que (*q*) lorsqu'on s'abandonne à lui, comme à son pasteur, on ne manque de rien ; & que (*r*) sa bonté se rend sensible en mille maniéres, à ceux qui ont le cœur droit, & qui ne pensent qu'à lui plaire.

ARTICLE VI.

Tout bonheur de cette vie, fondé même sur la vertu, est incertain, parce que la perseverance est incertaine.

I. Il faut néanmoins se souvenir en tout état, que (*s*) les jugemens de Dieu sont plus éloignés de ceux des hommes, que le ciel ne l'est de la terre ; qu'il nous est commandé d'attendre son secours ; mais qu'il ne nous est marqué nulle part en quel tems il viendra ; qu'il (*t*) faut l'esperer depuis le grand matin jusqu'à la nuit, c'est-à-dire pendant toute la vie jusqu'à la mort ;

(*p*) Multa flagella peccatoris sperantem autem in Domino misericordia circumdabit *Ps.* CXXXI. *v.* 10.
(*q*) Dominus regit me, & nihil mihi deerit *Psalm.* XVII *v.* 1.
(*r*) Quàm bonus, Israel, Deus, iis qui recto sunt corde *Ps.* LXXII *v.* 1.
(*s*) Sicut exaltantur cœli à terrâ, sic exaltatæ sunt viæ meæ, à viis vestris, & cogitationes meæ à cogitationibus vestris *Isai. C* IV. *v* 9
(*t*) A custodiâ matutinâ usque ad noctem speret Israel in Domino. *Ps.* CXXIX, *v.* 6.

& que (*v*) la foi & l'attente, pour n'être point trompées, ne doivent fixer aucun tems pour elles, ni en marquer aucun à la sagesse & à la puissance de Dieu.

II. Il est encore nécessaire, afin que le Prince ne soit jamais ébranlé, & que son cœur demeure toujours immuablement fondé sur la foi, qu'il ne se rassure point sur sa vertu presente, ni sur les dons qu'il a reçus: parce que sa vertu & ses dons sont des biens incertains, fragiles, exposés à mille perils, que (*x*) la perseverance seule met une éternelle difference entre les élus & ceux qui ne le sont pas, qu'excepté cette unique distinction, tout peut être égal entre eux, & que les mêmes raisons qui nous ont appris, que le solide bonheur d'un Prince ne pouvoit consister dans des biens temporels, qui lui sont communs avec les infideles, ces mêmes raisons nous decouvrent, que les biens même spirituels ne le rendent point véritablement heureux avant la mort, puisque, sans la perseverance, ils se trouvent égaux dans plusieurs Princes qui n'arriveront point au bonheur.

CHA-

(*v*) Qui estis vos, qui tentatis Dominum? Posuistis vos tempus miserationis Domini, & in arbitrium vestrum diem constituistis ei? *Judith* C. VIII. v. 11. & 12.
(*x*) Qui perseveraverit usque in finem, hic salvus erit. *Matth.* C. XXIV. v. 13.

CHAPITRE XVII.

Le Prince doit s'appliquer à connoître ses fautes. Moyens de les discerner. Il doit les expier comment il le peut. Danger pour le salut de négliger les fautes qui ne font pas perdre la justice. Difficulté de les distinguer, quand elles sont purement spirituelles, de celles qui excluent du Royaume du ciel: usage qu'il faut faire d'une telle obscurité.

ARTICLE I.

Le Prince doit s'appliquer à connoître ses fautes.

I. Nous avons vû dans le Chapitre précedent, que parmi les grandes qualités des Rois que St. Augustin regardoit comme heureux dès cette vie, le soin de purifier leurs fautes, étoit l'une de leurs principales vertus: (y) S'ils offrent sans
» cesse à Dieu, disoit-il, pour expier leurs
» pechés, le sacrifice de l'humilité, de l'au-
» mône & de la priére; & qu'ils ajoutent
» cette vertu à toutes celles que j'ai mar-
» quées, je ne craindrai point d'assurer que
» de tels Princes sont heureux dès cette vie
» par

(y) Si pro suis peccatis, humilitatis, miserationis & orationis sacrificium Deo suo vero immolare non negligunt, tales Christianos Imperatores dicimus esse felices, interim spe, postea re ipsâ futuros. *S. August. loc. cit.*

„ par l'esperance, & qu'ils le seront un jour „ par la jouissance de la vérité. „

II. Il n'y a même que cette application humble & perseverante à expier les fautes qui sont inévitables aux plus justes dans le lieu de leur exil, qui puisse faire regarder les autres vertus du Prince comme véritables, ou qui soit capable de les conserver. Je suis bien fondé à soupçonner toute sa vie, s'il n'y voit point de defauts, & je crains avec raison de grandes chûtes pour lui, s'il meprise celles qui lui paroissent legeres. L'orgueil les dissimule, & la lâcheté les excuse: mais à quel precipice l'orgueil ne peut-il pas conduire? Et à quels anoblissemens une molle indifference ne peut-elle pas se terminer?

III. Les meilleures intentions degenerent, si elles ne sont continuellement soutenues & renouvellées; & les mauvais penchans prevalent enfin sur les resolutions les plus fermes, si l'on n'oppose aux insinuations secretes de la cupidité, une attention & une resistance qui ne se lassent point; & si l'on ne remedie aux maux dès qu'on les decouvre.

Article II.
Moyens de les connoître.

I. Mais comment remedier à des maux qui ont ordinairement ces deux qualités,
de

de plaire & d'être inconnus ; de favoriser l'amour propre, & de se couvrir d'autres prétextes ; de se mêler tellement dans le caractére naturel de l'esprit & du temperament, qu'ils n'avertissent point, & qu'ils entrent dans le cœur avec si peu d'effort, qu'on ne sait s'ils y sont reçus, dans le tems même qu'ils en sont les maîtres ?

II Comment discerner les pertes que l'on fait, & les declins insensibles qui écartent de la vertu ? Comment remarquer tous ces larcins secrets que fait la cupidité à l'amour de la justice & de l'ordre ? Comment suivre des yeux une espece de mouvement imperceptible dans chaque instant particulier, quoiqu'il ait la force de deplacer le cœur, & de l'entraîner où il avoit resolu de ne pas descendre ?

III. On ne peut, je l'avoue, dans une vie aussi malheureuse que celle-ci, decouvrir dans tous les momens en quoi l'on s'affoiblit, ni opposer à la cupidité aucune vigilance qui soit aussi infatigable qu'elle.

IV. Mais ce qui n'est pas sensible à chaque instant, le devient par le progrès : & sans employer des efforts inutiles, contraires à la paix du cœur & à la santé, pour découvrir ce qui échappe aux plus clair-voyans. On connoît par le tems, si les pertes qu'on a faites sont importantes, & si l'on s'est écarté de beaucoup, du point où l'on avoit résolu de demeurer ferme.

V. On examine par intervales tout le cours de sa vie, on se rend compte à soi même, non-seulement de ses actions, mais aussi de ses motifs. On se demande où l'on va, & d'où l'on est parti. On s'interroge sur le but qu'on s'est proposé, & sur les moyens qu'on prend pour y arriver. On compare ses premiéres vûes & ses premiers sentimens, avec ses dispositions présentes. On observe ce qui s'est affoibli, & qui pourroit être d'une dangereuse conséquence pour l'avenir. On sonde son cœur aussi avant qu'on le peut; & l'on s'applique à remédier à tout ce qui en a alteré la pureté & l'innocence.

VI. Mais si l'on ne fait cet examen qu'avec soi-même, je crains avec raison qu'il ne soit point exact. Être juge, & coupable, sont deux qualités presque opposées; & l'on voit moins de choses, ou l'on les voit autrement, quand c'est pour se condamner qu'on les voit. Notre premier panchant est de nous excuser. Il faut donc que ce soit un autre que nous, qui nous juge, & que ce soit la loi de Dieu dans sa pureté, & non pas l'idée que nous pouvions nous en être faite à nous-mêmes, qui nous rassure & nous condamne.

VII. C'est avec elle qu'il faut se comparer

rer pour se connoître : ne la point affoiblir, puisqu'on le tenteroit en vain : consentir à tout ce qu'elle dit contre nous, car elle ne parle que pour notre intérêt contre nos vices : ne point opposer de vains prétextes : ne point craindre de l'interroger sur des devoirs qu'on aime peu, mais qui n'en sont pas moins devoirs : s'affliger devant elle avec humilité, & non avec dépit, de ce qu'on est si éloigné de sa beauté & de sa justice : mettre dans sa mémoire, & plus encore dans son cœur, tout ce qu'elle recommande comme plus important & plus pressé ; & prendre garde à ne pas mesurer sa sainte sévérité, sur les fausses idées que nous avons de ce qui est essentiel ou leger, quand il s'agit de vices ou de vertus.

VIII. Selon nos préjugés, qui naissent de notre corruption & de nos ténèbres, (z) beaucoup de choses nous paroîtroient peu importantes, si l'Ecriture ne nous avoit détrompés. Qui de nous auroit cru les hommes condamnés, ou justifiés (a) par leurs paroles ? Qui les auroit jugés dignes (b) du feu éternel pour une seule ? Qui auroit puni (c) un seul regard, comme un

adul-

(z) Sunt quædam, quæ levissima putarentur, nisi in Scripturâ demonstrarentur opinione graviora *S. August. Enchirid. C.* 79.
(a) Ex verbis tuis justificaberis, & ex verbis tuis condemnaberis *Matth. C. XII. v.* 37.
(b) Qui dixerit fratri suo, fatue, reus erit gehennæ ignis *Matth. C. V. v.* 22.
(c) Qui viderit mulierem ad concupiscendum eam, jam mœchatus est eam in corde suo. *Ibid. v.* 28.

adultére ? Qui auroit pensé qu'un (d) serviteur qui rapporte le talent qui lui a été confié, seroit jetté dans les ténébres extérieures, & condamné à des larmes éternelles, pour ne l'avoir pas multiplié ? Qui auroit mis cette (e) condition nécessaire à tout le monde pour le salut, de renoncer actuellement à toutes choses, ou d'y être préparé ? Qui auroit écrit, que (f) de manquer un précepte de la loi de Dieu, c'est, dans un certain sens, être coupable de la transgression de tous les autres ?

IX. (g) L'esprit de l'homme ne connoît point les pensées de Dieu : & lors même qu'il consulte sa loi, (h) il y découvre peu de choses, ou il y fait peu d'attention, si l'esprit de Dieu ne l'instruit au dedans, & ne lui approche certaines vérités qu'il ne verroit que d'une maniére superficielle & générale. Sans ce maître intérieur, la loi extérieure n'attache, ni l'esprit, ni le cœur. Il faut être déja parvenu jusqu'à un certain degré de justice, pour découvrir ce qui manque à sa perfection, & pour le désirer ;

(d) Inutilem servum ejicite in tenebras exteriores il lic erit fletus, & stridor dentium. *Matth. C. XXV v. 30.*
(e) Omnis ex vobis qui non renuntiat omnibus quæ possidet, non potest meus esse discipulus. *Luc. C. XIV v. 33.*
(f) Quicumque totam legem servaverit, offendat autem in uno, factus est omnium reus. *Jacob. C. II v. 10.*
(g) Quæ Dei sunt, nemo cognovit, nisi spiritus Dei. *I. Cor. C. II v. 11.*
(h) Quæ sunt levia, & quæ gravia peccata, non humano, sed divino sunt penslanda judicio. *S. Aug. Ench. c. 78.*

rer ; & il faut être plein d'amour & de zèle pour elle, pour bien juger de ce qui l'offense, & de ce qui peut expofer au danger de la perdre.

X. Sans cet amour, non-feulement fincère, mais (*i*) animé d'une fainte jaloufie, on néglige, comme peu important, tout ce qui ne fe préfente point fous une idée affreufe, & qui ne porte point fur le front le caractére du crime. On fe pardonne facilement tout ce qui eft conforme à de certaines inclinations qu'on regarde comme légitimes, parce qu'on évite de les approfondir. On fait un partage dans la loi de Dieu ; & l'on eft prefque toujours diftrait par rapport aux chofes qu'elle défend, ou qu'elle commande, qui ne font pas conformes au goût naturel, & au genre de vertu dont on a réfolu de fe contenter. On voit avec des yeux indulgens tout ce qu'on aime : & l'on tourne fon zèle & fon indignation contre les feuls vices dont on n'eft point tenté. (*k*) Ces derniers paroiffent toujours horribles, & les autres toujours excufables, quoiqu'ils foient peut-être égaux aux yeux de Dieu, ou que ceux mê-

___

(1) Æmulor vos, Dei æmulatione, difoit S Paul aux fideles c'eft avec cette jaloufie qu'il faut aimer la juftice. 2. Cor C. XI v 2

(*k*) Non ex regulâ veritatis, fed ex fuâ quifque cupiditate atque confuetudine metitur malum, & id putat gravius, quod ipfe amplius exhorrefcit, non quod amplius reverà fugiendum eft. S Auguft de Mendac l. 18

Væ peccatis hominum, quæ fola inufitata exhorrefcimus. S. Aug. Enchir. C. 80.

me qu'on excuse, soient plus opposés que les autres à sa justice : & l'on s'accoutume ainsi à ne juger, ni de sa vertu, ni de ses défauts, que sur de fausses régles, suggerées par la cupidité, & autorisées par la corruption du siécle, quoiqu'on fasse profession de lire les divines Ecritures, & d'y chercher en apparence des maximes sures pour sa conduite.

XI. Les Princes sont infiniment plus exposés que les autres à cette illusion, parce que les moindres vertus qu'ils montrent au public, sont louées avec excès, & qu'il est difficile de se condamner, quand on sait qu'on est l'admiration de tous les autres parce que les exemples de ceux qui les environnent, ne sont propres qu'à rallentir leur ardeur parce que personne n'a la liberté de leur dire, en quoi leur vertu n'est point assez pure, ni assez parfaite, & parce que le poids accablant de l'Etat, les soins immenses dont ils sont chargés, la grandeur qui les environne & qui les suit par-tout, l'attention à se faire obéir & à tenir tout le monde dans le respect & le devoir, les portent naturellement à négliger certain détail précieux à la pieté, & à devenir moins délicats sur ce qui est capable de l'affoiblir, & d'en émousser le sentiment.

XII. Ils ne peuvent trop craindre cette
dan-

dangereuse disposition, peu effrayante dans les commencemens, parce que toutes choses paroissent encore réglées; mais qui conduit enfin aux derniers relâchemens, si elle est continue.

XIII. Le Prince doit, pour l'éviter, entrer souvent dans un sérieux examen avec soi-même, & se demander s'il est tel, non que pensent les hommes, qui ne sont point ses juges, mais tel qu'il désire de paroître au tribunal de Jesus-Christ; s'il remplit tous les devoirs d'un Prince chrêtien, qui en a de particuliers pour lui-même, & de publics pour l'Etat; qui est responsable de tout le bien qu'il peut procurer, & de tout le mal qu'il peut empêcher, & qui est obligé, non seulement d'avoir de la vertu, mais d'en inspirer l'amour à tous les autres.

XIV. „ (*l*) Il doit examiner ce qu'il est
„ par son propre fonds, & ce qu'il est de-
„ venu

(*l*) Vigilanter discerne, qualis ex te, & qualis sis dono Dei tua tibi, & quæ sunt Dei, Deo sine fraude resigna. Ex te mala, bona a Domino Conferenda posterior prioribus. Profecerisne in virtute, in sapientiâ, in intellectu, in suavitate morum, an ab his defeceris. Patientior sis, an impatientior solito, iracundior leniorne, insolentior an humilior, affabilior an austerior, exorabilior an difficilior, pusilior animo an magnanimior, serior magis in pusculum dissolutus, timoratior an forte fidentior quam oportet. Oportet ut innotescat tibi zelus tuus, clementia tua, dilectio quoque moderatrix earumdem virtutum, qualis sis in donandis injuriis, qualis in ulciscendis, quam in utroque providus, modi, loci, temporis observator. In tribulationibus quoque qualem te inveneris nolo dissimules. Si constantem in tuis, condolentem in alienis, gaude. Recti cordis hoc. Quid in prosperis? Nihilne est quod considerationem sollicitet? Quàm rarus semper extitit, qui non vel modicè in prosperitate animum relaxaverit à sui custodia & disciplinâ. *S. Bern. L. 2, de Consid. C. 11, & 12.*

„ venu par la grace: s'attribuer tout le mal,
„ & rendre à Dieu la gloire de tout le bien:
„ comparer ses dispositions presentes avec
„ les premiéres · connoître par cette com-
„ paraison, s'il est plus éclairé sur ses devoirs
„ & plus appliqué; plus affermi dans la vertu,
„ plus constant dans le bien, ou s'il s'est re-
„ lâché, s'il a surmonté son tempérament &
„ son humeur, dans ce qu'ils avoient de
„ contraire à la bonté, à la douceur, à l'e-
„ galité s'il est devenu plus patient, ou
„ plus promt: s'il est plus tranquille & plus
„ maître de soi-même, ou plus porté à la
„ colére · s'il est plus humain & plus affa-
„ ble, ou plus difficile & plus dur s'il est
„ plus sensible au plaisir d'obliger, ou de
„ pardonner, ou s'il est devenu plus indif-
„ ferent, ou plus févére · s'il a plus de no-
„ blesse & plus de grandeur dans les senti-
„ mens, ou s'il a perdu quelque chose de
„ leur première élevation: s'il est devenu
„ plus sérieux, plus retenu, plus modeste,
„ ou s'il ne peut désavouer qu'il soit deve-
„ nu plus leger & plus dissipé: s'il a con-
„ servé une sage défiance de soi-même, &
„ une salutaire crainte, qui l'abaissoit sous
„ la main de Dieu, ou s'il est plus satisfait
„ de soi-même & plus hardi: si son zéle est
„ éclairé, si sa clémence est conduite par la
„ sagesse; si dans le pardon, ou le châti-
„ ment, il ne consulte que la prudence, si
„ dans

„ dans ſes propres déplaiſirs il a du coura-
„ ge, & s'il eſt plein de compaſſion pour
„ les maux d'autrui, ou s'il éprouve le con-
„ traire : ſi dans la tranquillité & le ſuccès,
„ il a conſervé une égale attention ſur ſoi-
„ même, ou s'il s'eſt abandonné à une joie
„ indiſcréte : „ enfin, car il n'eſt pas poſ-
ſible de marquer tout en détail, s'il a fait
quelques pertes, s'il a reçu quelques bleſ-
ſures, s'il s'eſt écarté en quelque choſe du
ſentier étroit de la vertu.

XV. J'ai ſuivi dans cette diſcuſſion le modéle que m'a donné Saint-Bernard; & (m)
je n'ai prétendu parler, non plus que lui,
que de ces ſortes de fautes qui ne font pas
perdre la juſtice, quoiqu'elles ne puiſſent
étre négligées ſans s'expoſer à de grandes
chutes.

ARTICLE III.

Il doit les expier : comment il le peut.

I. Je ſuppoſe que le Prince à qui la divine Providence fera peut-être voir cet
Ecrit, a conſervé le précieux vêtement de
l'innocence qu'il a reçu dans le batême, &
qu'il le portera juſqu'au tribunal de Jeſus-
Chriſt; & je n'ai dans ce Chapitre d'autre
deſſein, que de le ſupplier d'examiner avec
ſoin les legéres taches qui peuvent en ternir

(m) *Memoro pauca, veluti quædam ſeminaria profe-
rens. Ibid.*

nir l'éclat & la blancheur, & de les effacer par des moyens qui reparent avec avantage, tout ce que la cupidité avoit affoibli.

II. Saint-Augustin renferme presque tous ces moyens dans ce peu de paroles „ (n) Il „ y a des fautes legéres & moins impor- „ tantes, qu'il n'est pas possible d'éviter ab- „ solument dans cette vie. mais qui, lors „ même qu'elles paroissent legéres separé- „ ment, deviennent d'un grand poids par „ le nombre. (o) On les guérit & on les ex- „ pie par un aveu sincére, par une vigilan- „ ce & une attention continuelle sur ses ac- „ tions, par une profonde humilité, par „ des priéres qui partent d'une véritable foi, „ par la douleur d'un cœur brisé, par des „ larmes dont la source soit dans le cœur, „ & très différentes de celles qui ne sont „ qu'extérieures : c'est ainsi que nous obte- „ nons le pardon de ces péchés dont nous „ ne pouvons être entiérement exempts „ avant la mort. „

III. Le même Pére parle souvent ailleurs de l'aumône, & du pardon des fautes que l'on commet contre nous, comme de deux puissans remédes pour expier celles qui é- chappent aux justes ; & il les faut joindre

avec

(n) Sunt peccata levia & minuta, quæ devitari omninò non possunt, quæ quidem videntur minora, sed multitudine premunt. *S. Aug. Serm.* 278. n. 12.

(o) Confessio nos sanat, & vita cauta, vita humilis, oratio cum fide, contritio cordis, lachrymæ non fictæ de venâ cordis profluentes, ut dimittantur nobis peccata sine quibus esse non possumus. *Idem Serm.* 181. n. 8.

avec ce que nous venons d'apprendre de lui, & qui mérite une attention particuliére.

IV. Il commence par (*p*) l'aveu, qui doit être simple & sincére, soit qu'il n'ait point d'autre témoin que Dieu, soit qu'on le fasse à l'un de ses ministres, comme il est souvent très utile de le faire, selon la (*q*) doctrine du Concile de Trente, quoiqu'on n'y soit pas obligé. Il ne faut point chercher de vaines excuses, ni dans sa foiblesse, ni dans l'occasion, ni dans la surprise, ni dans le peu de conséquence dont a été la faute. C'est la rendre importante, que de la mépriser. C'est en demeurer chargé, que de la rejetter sur quelque autre. C'est s'opposer au pardon, que de croire qu'on en a peu de besoin.

V. On s'en rend indigne, si l'on ne devient (*r*) plus vigilant & plus précautionné pour éviter de pareilles chûtes. Puisqu'on est foible, & qu'on l'avoue, il faut craindre le danger. Un malade se ménage & se conserve, & il profite de l'expérience de tout ce qui regarde sa convalescence & le rétablissement de ses forces. Il s'exposeroit à une rechûte, & à toutes les suites qu'elle

(*p*) Confessio nos sanat.
(*q*) Venialia, quibus à gratiâ Dei non excludimur, & in quæ frequentius labimur, quamquam rectè & utiliter in confessione dicantur, quod piorum hominum usus demonstrat, taceri tamen citrà culpam, multisque aliis remediis expiari possunt. *Concil. Trid. Sess.* 24 C. 5.
(*r*) Vita cauta.

le pourroit avoir, s'il étoit imprudent & temeraire.

VI. Le deſſein de Dieu, en nous gueriſſant lentement, & en nous laiſſant ce reſte de cupidité qui eſt la ſource de nos fautes ordinaires, eſt de nous affermir dans (s) l'humilité. Si nous tombons, ſans en devenir plus humbles, nous nous préparons à tomber plus ſouvent, & avec plus de danger. Il tend la main à celui qui demande du ſecours pour ſe relever, mais il abandonne celui qui eſt préſomptueux. La miſére excite la compaſſion, mais l'orgueil en éteint le ſentiment. Le pauvre qui gemit & qui eſt vivement touché de ſes maux, peut tout obtenir: mais celui qui ne connoît, ni ſon indigence, ni ſa foibleſſe, & qui oſe même ſe préferer aux autres, ou ne prie point, ou n'eſt point écouté.

VII. La priére qui penétre le ciel, (t) eſt portée par une grande foi, dont l'eſpérance eſt l'appui, & dont la charité eſt l'ame & la vie. Mais l'effet de cette priére dépend d'une (v) condition eſſentielle. On ne remet rien, à qui ne remet rien: on ne pardonne qu'à celui qui pardonne, & (x) l'on exige juſqu'aux plus petites dettes, de
celui

(s) Vita humilis.
(t) Oratio cum fide.
(v) Dimitte nobis debita noſtra, ſicut & nos dimittimus debitoribus noſtris. *Matth. C. VI. v. 12.*
(x) Sic Pater meus cœleſtis faciet vobis, ſi non remiſeritis unuſquiſque fratri ſuo de cordibus veſtris. *Matt. C. XVIII. v. 35.*

celui qui se souvient de ce qui lui est dû. Les paroles ne tiennent point lieu de sentimens; c'est le cœur que Dieu voit; & c'est le cœur qu'il interroge. Si les lévres prononcent l'oraison du Seigneur, & que le cœur soit muet, les péchés se multiplient, au lieu d'être remis; & l'on repousse la miséricorde, en refusant de la faire.

VIII. Quand on est bien persuadé qu'on est insolvable, & qu'on ne peut effacer par aucun moyen humain les plus legéres taches, non seulement on remet sans peine ce qui est dû par ses fréres, mais on est preparé aux plus grands sacrifices, & aux plus pénibles retranchemens, pour expier des péchés dont les suites peuvent devenir funestes, & qui peuvent attirer des châtimens, dont la reprobation seroit le terme. Dieu seul connoît cet enchaînement de punitions & de fautes. Lui seul peut mettre des bornes à nos premiéres infidélités, & nous rappeller à lui, lorsque nous commençons à l'oublier. Par nous-mêmes, nous ne sommes capables que de sortir de sa voie, & non d'y rentrer : & lorsqu'il nous découvre que nous nous en sommes écartés, quoique cet écart ne soit pas encore considerable, nous devons nous (y) affliger amérement de notre pente à l'égarement & à la séduction, & tâcher d'obtenir par nos lar-

___
(y) Contritio cordis.

larmes, que le Pasteur, que nous sommes toujours preparés à quitter, ne nous abandonne pas à notre indocilité & à notre ingratitude.

IX. Ces larmes ne sont pas toujours extérieures & sensibles, & (z) la source en est plutôt dans le cœur que dans les yeux. On déplore sa fragilité, son inconstance dans le bien, son inclination à tout ce qui peut nuire, son infidélité à des promesses tant de fois réiterées, sa temerité & sa presomption, après tant d'expériences de sa foiblesse; son amour perseverant pour l'indépendance, & pour une mauvaise liberté, sa disposition continuelle à s'attribuer les dons de Dieu, à usurper sa place, à détourner à soi-même la gloire qui lui est due. On pleure devant lui sur une telle injustice, qui paroît à tout, & dans les moindres occasions, & on le conjure avec instance, de ne pas permettre que cette racine amére surmonte par ses branches les fruits de la grace; mais de l'arracher du cœur, afin qu'il n'obéisse qu'à sa loi, & qu'il ne soit plus partagé entre le maître legitime & l'usurpateur.

X. Mais (a) ce n'est point sur une douleur stérile que l'on doit compter. La pieu-

―――――――――――――――――
(z) Lacrymæ non sictæ, de venâ cordis profluentes.
(a) Quidquid in hac vitâ manendo p'cratur, non dolore sterili, sed misericordiæ sacrificiis expiatur. *Aug. Ep.* 54. c. 5.

ve qu'elle est sincére, est la misericorde & la charité. Il faut interesser le pauvre à notre cause. Il faut que nous achetions ses priéres & sa compassion. Il faut que son crédit auprès de notre juge, nous le rende favorable: non pour en obtenir l'impunité, mais pour en obtenir une volonté plus ferme dans le bien, & plus juste. Nous demandons, & l'on nous demande. Nous sommes pauvres, & d'autres le sont à notre égard. La (b) compassion est promise à la compassion. C'est pleurer sans fruit devant Dieu, que de laisser couler les larmes de nos fréres sans en être attendri, & nos fautes lui sont toujours presentes, si (c) la charité ne les couvre.

Article IV.

Danger pour le salut de negliger les fautes qui ne font pas perdre la justice.

I. Saint Augustin nous a déja dit, que, quoiqu'elles paroissent legeres, leur nombre peut devenir accablant. Il en faut juger (d) comme du sable, dont chaque grain est leger, mais dont l'amas peut submerger un vaisseau. Il faut les comparer
aux

(b) Judicium sine misericordia illi qui non fecit misericordiam superexaltat autem misericordia judicium *Jac. c. II. v. 13*

(c) Quia charitas operit multitudinem peccatorum *1. Pet. c. IV. v. 8*

(d) S. Augustin emploie souvent ces comparaisons.

aux goutes d'eau, dont chacune est peu de chose, mais qui par leur nombre forment les riviéres & les torrens qui entraînent tout.

II. Elles n'ôtent pas la vie d'un seul coup, mais elles peuvent ruiner la santé par beaucoup de legeres blessures. Elles defigurent au moins la beauté, si elles n'attaquent pas le principe de la vie. Elles ressemblent à une lépre, qui rend l'ame indigne des regards de son époux : & elles la préparent par la maladie & la langueur, à un état peu different de la mort & de la corruption.

III. Il y auroit donc un aveuglement manifeste à les negliger, parce qu'elles n'ont point un effet aussi prompt que le poignard & le poison. Nous ne serions pas capables d'une telle imprudence par rapport à la santé du corps. Nous sommes allarmés de ses maladies, & nous allons d'abord aux remedes. Si certains ne réussissent pas, nous en employons de plus efficaces, quoique plus désagréables & plus difficiles, & nous regarderions comme une folie, d'attendre la mort pour recourir aux Médecins.

IV. Mais d'ailleurs, qui oseroit assurer que le mépris des fautes, en apparence legéres, n'en soit pas une très differente ? Quel amour a-t-on pour Dieu, quand on ne craint point de lui deplaire, & qu'on est tranquille après l'avoir souvent offensé? Qui d'entre nous peut savoir jusqu'où la tiedeur peut aller, sans meriter (*e*) le châtiment marqué dans l'Apocalypse?

ARTICLE V.

Difficulté de les distinguer de celles qui la font perdre, quand elles sont spirituelles: usage qu'il faut faire de cette obscurité.

I. Qui est assez clairvoyant, sur-tout dans les pechés spirituels, pour en discerner les bornes, & pour assurer qu'ils ne vont point jusqu'au crime, lorsqu'on ne les combat point, ou qu'on le fait mollement? Aurions-nous vû dans les choses que Jésus-Christ reproche aux Pharisiens, la matiére de ces anathêmes dont il foudroie leur orgueil? (*f*) Ils aimoient les distinctions, les préferences, les témoignages d'honneur: mais ils croyoient les meriter par leur science & par leur vertu· on les leur accordoit sans peine, & toute leur faute consistoit à les recevoir avec joie & à les aimer.

II. Qui leur eût dit que cette disposition étoit mortelle, & les excluoit du ciel, les en auroit-il persuadés? Ne se seroient-ils pas

---

(*e*) Quia tepidus es, & nec frigidus, nec calidus, incipiam te evomere ex ore meo. *Apoc.* C. III. *v.* 16.
(*f*) Væ vobis, Pharisæi, quia diligitis primas cathedras in synagogis, & salutationes in foro, *Luc* XI. *v.* 43. & primos discubitus in conviviis. C. XX. *v.* 46.

pas rassurés contre de telles menaces par la pureté de leurs intentions, & par la connoissance qu'ils pensoient avoir de leur propre cœur? Lorsque Jésus-Christ lui-même, qui soutenoit tout ce qu'il disoit par des prodiges, & qui prouvoit souvent que les dispositions les plus secretes du cœur lui étoient connues, le leur dit en termes non seulement clairs, mais effrayans, en furent-ils moins tranquilles?

III. Combien cette fausse paix dans des états douteux, ou même criminels, est-elle ordinaire? Qui peut répondre de la pureté de son cœur, principalement s'il n'en examine que la surface, & s'il craint de porter trop loin l'exactitude? Qui sait jusqu'à quel point il aime la vie, & les biens présens; jusqu'à quel degré il s'affoiblit dans leur usage, jusqu'où il y met sa confiance & son repos; jusqu'où les mitigations qu'il se permet sont compatibles avec la justice?

IV. Plus on est porté au relâchement, plutôt on decide sur ces questions, dont l'obscurité & la profondeur étonnent les plus sains. „ (g) Il est très difficile, dit „ S. Augustin, & aussi très dangereux, de „ marquer les bornes precises qui séparent „ les pechés qui ne font pas perdre la jus-
„ tice,

(g) Quis iste sit modus, & quæ sint ipsa peccata qui non impediunt perventionem ad regnum Dei, difficillimum est invenire, periculosissimum definire. Ego certe usque ad hoc tempus, cùm inde satagerem, ad eorum indaginem pervenire non potui. *Lib. 21. de Civit. Dei. C. ult.*

„ tice, de ceux qui ferment l'entrée du
„ Royaume du ciel. Pour moi, je me suis
„ mis en peine jusqu'ici de trouver des ré-
„ gles sûres pour les discerner; mais j'a-
„ voue que je n'y ai pu réussir. „

V. Ces ténébres, que ce grand homme n'a pu percer, sont principalement répandues sur tout ce qui ne passe point à l'exterieur, & qui demeure renfermé dans les dispositions secretes du cœur, sans se produire au dehors par des actions bien distinctes & bien marquées. L'amour de soi-même, le plaisir de dominer les autres, le dessein de se les attacher, la confiance dans ses forces & dans sa sagesse; le goût pour les louanges; la complaisance dans le bien qu'on fait, & une infinité de choses pareilles, peuvent avoir dans le cœur de profondes racines, & le rendre très impur aux yeux de Dieu, sans qu'il en échappe au dehors que de foibles vestiges, quand on a beaucoup d'esprit, & qu'on est fort attentif aux bienséances.

VI. Le seul conseil qu'on puisse donc donner à un Prince solidement chrétien, est de veiller sur les moindres actions qui peuvent lui découvrir ce qu'il est, & ce qu'est son cœur; de remedier sur le champ aux moindres maux, quand ils partent de cette source secrete; de ne laisser fortifier aucune disposition contraire à l'amour qu'il

Tome III. V *doit*

doit à Dieu; de reprimer avec sévérité tout orgueil & toute enflure; de s'opposer avec force aux premiers attraits de la volupté, de craindre l'apparence même de l'ambition: & (*h*) de se servir utilement de l'obscurité dont il a plû à Dieu de couvrir le passage des fautes legeres à des crimes réels, pour éviter avec soin tous les pechés; & pour expier, par l'humilité & par l'aumône, tous ceux où il sera tombé par surprise.

VII. Il n'y a point d'avis plus souvent repeté dans l'Ecriture; & il faut qu'il soit d'une grande importance pour le salut, puisque le St. Esprit en a jugé l'observation si nécessaire. ,, (*i*) Heureux, nous dit-il, ,, est celui qui est toujours dans une ,, disposition de vigilance & de crainte; ,, car quiconque s'accoutume aux fautes ,, legeres & s'y endurcit, tombera dans ,, le dernier malheur. (*k*) Celui qui mé-,, prise les petites choses, nous dit-il encore, ,, s'affoiblira insensiblement, & des-,, cendra par degrés dans le precipice. ,, (*l*) La crainte de Dieu, quand elle est ,, fin-

(*h*) Fortassis proptereà latent, ne studium proficiendi ad omnia peccata cavenda pinguescat Nunc verò, cum venialis iniquitatis ignoratur modus, studium in meliora proficiendi, orationi, instando, vigilantius adhibetur, & faciendi de mammonâ iniquitatis sanctos amicos cura non spernitur. *S. Aug. L.* 21. *de Civ. Dei loc. cit.*

(*i*) Beatus homo qui semper est pavidus; qui verò mentis est duræ, corruet in malum. *Prov. C.* XXVIII. *v.* 14

(*k*) Qui spernit modica, paulatim decidet. *Eccl. C.* XIX. *v.* 1

(*l*) Qui timet Deum, nihil negligit. *Ibid. C.* VII. *v.* 19

,, sincére, ne neglige rien. ,, Aucun devoir n'eſt peu important à ſon égard ; & c'eſt principalement à ce caractére d'exactitude qu'on le reconnoît. Car rien n'eſt plus vrai que cette parole de Jéſus-Chriſt:
,, que (*m*) celui qui eſt fidele dans les plus
,, petites choſes, ſera fidele auſſi dans les
,, grandes ; & que celui qui eſt injuſte dans
,, les petites, le ſera auſſi dans les grandes. ,,

VIII. Le monde, qui ne connoît de liberté que celle qui l'affranchit de la loi de Dieu, trouve cette ſorte d'exactitude importune. Il y voit même certaine petiteſſe, indigne, ſelon lui, d'une ame grande & élevée, née pour commander aux autres, & qui doit mépriſer ces perplexités & ces delicateſſes de conſcience, qui ne ſont propres qu'à troubler ſon repos, & qu'à detourner à des objets de nulle importance, l'attention & l'activité qu'elle doit aux grandes affaires. Mais un Prince éclairé a des penſées bien differentes. Il n'eſt content que lorſqu'il eſt fidele. Il n'a de paix que celle que lui donne ſa conſcience. Il n'eſt libre, que lorſqu'il obéit à la loi de Dieu. (*n*) Il n'eſt en ſûreté, que lorſqu'il ſuit le Paſteur qui le conduit. (*o*) Il ne voit

V 2 de

(*m*) Qui fidelis eſt in minimo, & in majori fidelis eſt, & qui in modico iniquus eſt, & in majori iniquus eſt. *Luc. C. XVI. v.* 10.
(*n*) Ego non ſum turbatus te paſtorem ſequens. *Jerem. C. XVII. v.* 16
(*o*) Erravi ſicut ovis quæ periit quære ſervum tuum, quia mandata tua non ſum oblitus. *Pſ.* **CXVIII.** *v. ultim.*

de danger, qu'à se separer de lui; & de tous les châtimens celui qui lui paroît le plus redoutable, est d'en être abandonné, en punition de ce qu'il a commencé lui-même à l'oublier.

CHAPITRE XVIII.

Il est utile au Prince d'être bien instruit des régles de la pénitence. Différence des péchés des justes, & des crimes dont la vie des chrétiens doit être exempte. Différence de la pénitence, avant ou après le batême. Enormité des crimes commis après avoir été regeneré. Régles de la penitence. Severité de l'ancienne discipline: l'extérieur est changé, mais le même esprit subsiste. Severité de l'Ecriture encore plus effrayante.

ARTICLE I.

Il est utile au Prince d'être bien instruit des régles de la pénitence.

I. JE n'ai parlé dans le Chapitre précédent que des fautes excusables, & qui ne font pas perdre la justice. Mais par ce que j'en ai dit, le Prince doit comprendre, quelle horreur il doit avoir de celles qui ôtent la vie à l'ame, & qui l'excluent du Royaume du ciel.

II. Il

II. Il a eu besoin d'être instruit sur les premiéres, parce qu'il ne peut les éviter toutes, & qu'il ne doit en négliger aucune : mais c'est pour d'autres raisons qu'il doit être instruit de la pénitence des autres, puisqu'il est obligé de les éviter toutes, & qu'il ne doit jamais se mettre dans la nécessité de les expier par la pénitence. Il falloit lui dire à l'égard des uns, Vous y tomberez, mais n'y demeurez pas ; & il faut lui dire à l'égard des autres, Vous n'y devez jamais tomber, mais vous n'éviterez ce malheur qu'autant que vous le craindrez, & vous ne le craindrez point comme il faut, si vous n'êtes bien informé de toutes les funestes suites du péché, qui fait perdre à l'ame l'innocence & la justice, & des régles prescrites aux pénitens à qui Dieu a commencé d'inspirer le dessein de retourner à lui.

III. C'est pour faire estimer au Prince le précieux trésor que la grace a mis dans son cœur, & pour l'avertir qu'il le porte dans un vaisseau fragile, qu'on lui parle ici de la chûte de ceux qui l'avoient reçu comme lui, mais qui l'ont perdu : c'est pour l'intimider par leur exemple ; c'est pour l'avertir d'être plus précautionné qu'eux, & plus attentif ; c'est pour le porter à mettre la plus grande distance qu'il pourra entre lui & le péril : c'est pour le conjurer de conserver, par la reconnoissance & par l'humilité, l'esprit de grace & de justice, qui est la vie, & de ne pas l'exclure de son cœur, en l'ouvrant à la seduction du serpent · c'est pour l'obliger à comparer son état avec celui du pécheur mort à la grace, ou du pénitent qui ne peut y retourner que par de grands efforts & un long travail : c'est pour lui apprendre ce qu'il lui en couteroit, s'il faisoit lui-même naufrage, & que la misericorde voulût, malgré son ingratitude, le sauver (*p*) sur une planche du vaisseau brisé, en lui offrant le reméde de la pénitence : enfin c'est pour l'empêcher de confondre les abus introduits par le relâchement, avec les régles de l'Eglise prescrites aux pénitens ; & d'être affoibli dans la vertu, par l'espérance de la facilité du retour.

IV. Ce sont toutes ces vûes qui m'obligent à traiter ici la matiére de la pénitence, afin que le Prince n'ait jamais besoin que de (*q*) celle qui est inseparable de la vie chrêtienne, & qui sert à diminuer le nombre des fautes des justes, & à les expier.

(*p*) Secunda tabula post naufragium est pœnitentia. S *Hieronym. in III. Cap. Is. Les Péres du Concile de Trente ont la même expression.*

(*q*) Christiani vita, perpetua pœnitentia esse debet. Conc. Trid. Sess. 14. in Decr. Doct. Sacr. extr. unct.

Article II.

Différence des pechés des justes, & des crimes dont la vie chrêtienne doit être exempte.

I. Lorsque S. Jean parle de ces fautes qui échappent à la vigilance des plus saints en cette vie, il assure „ que (r) si nous disons „ que nous sommes sans peché, nous nous „ séduisons nous-mêmes, & que la verité „ n'est point en nous. „ Il se comprend lui-même ainsi, & par consequent tous les Apôtres, dans le nombre de ceux qui sont obligés de se reconnoître pécheurs. S. Jaques parle avec la même sincérité: „ (s) Nous „ faisons tous, dit-il, beaucoup de fautes „ Et l'oraison du Seigneur enseignée aux chefs de l'Eglise, & aux plus parfaits d'entre les justes, est une preuve qu'ils ont tous besoin de demander, non seulement que leurs anciennes dettes leur soient remises, mais que celles qu'ils contractent tous les jours, ne soient pas exigées, comme ils n'exigent pas eux-mêmes de leurs fréres ce qu'ils leur doivent à chaque moment.

II. Mais ces pechés dont les plus justes doivent s'avouer coupables, sont bien différens de ceux qui vont jusqu'au crime: car

(r) Si dixerimus quia peccatum non habemus, nos ipsos seducimus, & veritas in nobis non est. 1. *Joan C I. v.* 8.
(s) In multis offendimus omnes. *Jacob. C. III, v.* 2

le même Apôtre, qui nous dit qu'aucun de nous n'est sans peché, & que ce seroit se tromper soi-même que de le nier, parle ainsi aux fidéles de son tems, & dans leur personne, à ceux qui devoient leur succéder dans tous les siécles : „(t) Mes biens ai-
„ més, leur dit-il, nous sommes déja en-
„ fans de Dieu; mais ce que nous serons un
„ jour, ne paroît pas encore. Nous savons
„ que lorsque Jesus-Christ se montrera dans
„ sa gloire, nous serons semblables à lui,
„ parce que nous le verrons tel qu'il est.
„ Et quiconque a cette espérance en lui,
„ s'efforce d'être saint, comme lui même
„ est saint. Vous savez qu'il a paru dans
„ le monde pour abolir nos péchés, & qu'il
„ n'y a point en lui de peché. Quiconque
„ demeure en lui, ne péche point ; & qui-
„ conque péche, ne l'a point vû & ne l'a
„ point connu. Mes petits enfans, que per-
„ sonne ne vous séduise. Celui qui commet
„ le peché, est enfant du diable. Quicon-
„ que est né de Dieu, ne commet point de
„ peché, parce que la semence de Dieu de-
„ meure en lui. C'est en cela que l'on con-
„ noit

(t) Charissimi, nunc filii Dei sumus : & nondum apparuit quid erimus. Scimus quoniam cum apparuerit, similes ei erimus, quoniam videbimus eum sicuti est. Et omnis qui habet hanc spem in eo, sanctificat se, sicut & ille sanctus est. Scitis quia ille apparuit, ut peccata nostra tolleret, & peccatum in eo non est. Omnis qui in eo manet, non peccat ; & omnis qui peccat, non vidit

,, noit ceux qui sont enfans de Dieu, &
,, ceux qui sont enfans du diable. Quicon-
,, que n'est point juste, n'est point enfant
,, de Dieu. ,,

III. Il n'est pas une parole dans ce que je viens de rapporter, qui ne soit une preuve qu'il y a des péchés que l'on ne doit jamais commettre ; que l'état du chrétien y est directement opposé ; que ce n'est point connoître Dieu, ni Jesus-Christ son fils, que d'y tomber ; qu'il est essentiel à la qualité d'Enfant de Dieu, d'être juste & saint ; & que c'est renoncer à l'espérance chrétienne, que de renoncer à la justice, en se rendant coupable de quelque peché qui soit incompatible avec elle.

IV. Ces pechés qu'on ne peut commettre sans cesser d'être juste, sont ceux qui tuent l'ame tout d'un coup, comme parle S. Augustin, & qui sont une transgression manifeste de la loi de Dieu, & non un simple affoiblissement dans son amour, ou une surprise, ou une négligence, qui ne rompent pas l'alliance faite avec lui, & qui laissent subsister dans le cœur une volonté sincére de lui obéir, dès qu'il s'agira d'un point essentiel & décisif.

V 5 V.

dit eum, nec cognovit eum Tiholi, nemo vos seducat. Qui facit peccatum, ex diabolo est In hoc apparuit filius Dei, ut dissolvat opera diaboli Omnis qui natus est ex Deo, peccatum non facit, quoniam semen iphus in eo manet In hoc manifesti sunt filii Dei, & filii diaboli Omnis qui non est justus, non est ex Deo. 1. *Jean*. C. III. v. 1. 3. 5. 6. &c.

V. (v) „ Je conviens, dit S. Augustin,
„ que nous ne pouvons être exempts de tous
„ péchés en cette vie : mais il faut bien se
„ garder de tirer de-là cette pernicieuse
„ conséquence, qu'on ne peut donc être en
„ ce monde sans commettre des homici-
„ des, ou des adultéres, ou d'autres pé-
„ chés mortels qui tuent l'ame d'un seul
„ coup. Car un chrétien qui a une foi &
„ une espérance vraie & sincére, n'en com-
„ met point de tels ; & ceux où il tombe,
„ sont tous du genre de ceux que l'oraison
„ dominicale peut effacer, c'est-à-dire, ex-
„ cusables & legers, que la charité couvre,
„ au lieu de faire périr la charité.

VI. Il faut bien remarquer cette importante verité, qu'un chrétien qui a une foi
& une espérance vraie & sincére, ne commet aucun de ces péchés qui causent la mort
de l'ame. S. Augustin avoit appris cette verité de l'Apôtre S. Jean, qui nous disoit,
il n'y a qu'un moment. „ Mes bien-aimés,
„ nous savons que lorsque Jesus-Christ se
„ montrera dans sa gloire, nous serons sem-
„ blables à lui ; & quiconque a cette espé-
„ rance en lui, s'efforce d'être saint, com-
„ me lui-même est saint. Quiconque de-
„ meure

___
(v) Non autem, quia dico quòd non possumus hi esse sine peccato, homicidia facere debemus, aut adulteria, aut cætera mortifera peccata, quæ uno ictu perimunt. Talia non facit bonæ fidei & bonæ spei Christianus : sed illa sola quæ quotidiano orationis penicillo terguntur. S. Aug. Serm. 181. n. 18.

„ meure en lui, ne péche point; & qui-
„ conque péche, ne l'a point vû, & ne l'a
„ point connu. „

VII. La doctrine de cet Apôtre n'eſt pas, qu'en perdant la juſtice, on perde auſſi la foi & l'eſperance; ou que ces deux vertus aient été fauſſes dans ceux qui ſont devenus injuſtes. Mais il veut nous apprendre qu'elles ont été foibles, languiſſantes, indignes de la ſublime dignité du chrétien, puiſqu'elles ne l'ont pas empêché de renoncer à l'héritage éternel, & de ſe degrader dès maintenant de cette haute élevation où la grace de l'adoption l'avoit établi.

VIII. C'eſt par la vûe de cette indigne baſſeſſe que St. Paul tâche de nous préſerver des crimes dont il fait le denombrement dans pluſieurs de ſes Epîtres. „ (x)
„ Ignorez-vous, dit-il aux Corinthiens,
„ que les injuſtes ne ſeront point héritiers
„ du Royaume de Dieu? Ne vous y trom-
„ pez pas: ni les fornicateurs, ni les ido-
„ lâtres, ni les adulteres, ni les impu-
„ diques... n'y ſeront point admis. (y)
„ Qui-

(x) An neſcitis, quia iniqui regnum Dei non poſſidebunt? Nolite errare neque fornicarii, neque idolis ſervientes, neque adulteri, neque molles. neque fures, neque avari, neque ebrioſi, neque maledici, neque rapaces, regnum Dei poſſidebunt 1 Cor. C VI v 9 & 10.

y) Manifeſta ſunt autem opera carnis. quæ ſunt fornicatio, immunditia, impudicitia, luxuria, idolorum ſervitus, veneficia, inimicitiæ, contentiones, æmulationes, iræ, rixæ, diſſenſiones, ſecta, invidiæ, homicidia, ebrietates, comeſſationes, & his ſimilia, quæ prædico vobis, ſicut prædixi, quoniam qui talia agunt, regnum Dei non conſequentur. Gal. C. V. v. 19, 20, & 21.

„ Quiconque, dit-il aux Galates, sera cou-
„ pable de quelqu'un des crimes dont je
„ vous ai fait le detail, n'entrera point dans
„ le Royaume de Dieu. (z) Sachez, dit-il
encore aux Ephesiens, „ & comprenez-le
„ bien, que nul des pecheurs dont je viens
„ de parler, ne sera héritier du Royaume
„ de Jésus-Christ & de Dieu. Que per-
„ sonne ne vous seduise par de vains dis-
„ cours : car c'est pour ces choses que la
„ colére de Dieu tombe sur les hommes re-
„ belles à la vérité. „

IX. Il est donc évident que c'est renoncer à la foi & à l'esperance des chrétiens, que de commettre aucun de ces pechés qui portent avec eux l'exhérédation des biens éternels, & qui ferment le ciel à quiconque en est coupable ; que c'est dans un sens très réel une véritable apostasie ; que c'est compter pour rien, & les promesses & les menaces de Dieu ; que c'est rejetter son alliance, & méprifer tout ce qu'on avoit reçu de sa bonté, que c'est préferer sa haine & sa malédiction à sa miséricorde, & aimer mieux être son ennemi, que son fils & son héritier.

X. Or qui peut comprendre toute l'injustice d'une telle perversité ? Et par quelles

(z) Hoc scitote intelligentes, quòd omnis fornicator, aut immundus, aut avarus, quod est idolorum servitus, non habet hæreditatem in regno Christi & Dei Nemo vos seducat inanibus verbis propter hæc enim venit ira Dei in filios diffidentiæ. *Ephes. C. V. v. 5. 6.*

les satisfactions pourra-t-on esperer d'abolir un crime qui en renferme tant d'autres, lorsqu'on fera un jour assez heureux pour en découvrir l'énormité? (a) „ Ces sortes „ de pechés ne s'expient pas, dit S. Augustin, „ comme ceux des justes, par des „ remédes communs. Il faut, pour en obtenir le pardon, en concevoir une très „ amére douleur, qui brise le cœur & qui „ abatte l'esprit, qui soit accompagnée „ d'une profonde humiliation, & qui joigne à ces sentimens interieurs, les travaux d'une sévére pénitence „

XI. „ (b) Il faut verser beaucoup de „ larmes, gemir long-tems, & être péné„ tré d'une profonde douleur, pour pou„ voir ressusciter le cœur, & rendre à l'a„ me la vie qu'elle a perdue: car ce n'est „ point par une contrition ordinaire qu'on „ rachete des pechés qui méritent la mort „ éternelle; ni par une pénitence passagé„ re, qu'on satisfait pour des crimes que „ la justice divine doit punir par des flam„ mes qui ne s'éteindront jamais. „

XII. Il doit y avoir au moins une ombre
de

(a) Sunt quædam gravia & mortifera, quæ nisi per vehementissimam mœstitiam humiliationis cordis, & contritionis spiritûs, & tribulationis pœnitentiæ, non relaxantur. Aug. Serm 278 C 12

(b) Multo opus est fletu, multo gemitu, multo dolore cordis, ad sanandos ipsos cordis dolores. Non levi agendum est contritione, ut debita redimantur, quibus mors æterna debetur, nec transitoriâ opus est satisfactione pro malis illis, propter quæ paratus est ignis æternus. S. Cæsar. Hom. 29. Ambr. Par. R. 155.

de proportion entre la punition volontaire du crime, & celle qui lui est preparée dans l'éternité, s'il n'est expié en cette vie. C'est du jugement que Dieu en porte, qu'il faut apprendre ce qu'il mérite : c'est sur sa séverité que nous devons reformer nos idées, & établir les regles de la pénitence. Qu'on examine donc, si l'on peut, ce que sont des tourmens qui ne finissent point ? Qu'on se mette en esprit à la place des pecheurs qui seront pour toujours les victimes de la justice divine ? Qu'on se demande à soi-même dans cette situation, si de tels supplices se rachetent par des moyens aussi légers & aussi superficiels que le pensent les coupables; & qu'on se convainque par une preuve si sensible & si effrayante, que c'est une extrême folie que de commettre le crime, & que d'en espérer l'impunité par une foible pénitence.

Article III.

Difference de la pénitence avant ou après le batême.

I. (c) Celle que doit faire le pecheur qui a perdu l'innocence du batême, est très

---

(c) Docendum est, Christiani hominis pœnitentiam multò aliam esse à baptismali, eâque contineri non modò cessationem à peccatis, & eorum detestationem, verùm etiam... Itemque satisfactionem per jejunia, eleemosynas, orationes, & alia pia spiritualis vitæ exercitia. *Con Trid. Sess.* 6. *C.* 14.

très differente de celle qui prepare les adultes à la grace de ce premier Sacrement. Ceux-ci font obligés de hair leurs pechés, & d'en concevoir une grande douleur; mais on les difpenfe du refte, & la miféricorde de Dieu, en enfeveliffant le vieil homme dans les eaux, decharge de tout ce qui étoit dû à fa juftice, l'homme nouveau qu'elle reffufcite. Au lieu qu'elle exige de celui qui a profané le batême, qu'il accufe fon péché aux Miniftres de l'Eglife, qu'il en reçoive l'ordre de fa pénitence, & qu'il tâche de l'expier par des jeûnes, par des aumônes, par des priéres, & par tous les autres exercices d'une vie fpirituelle & fervente.

II. Ce font les termes du Concile de Trente, qui établit la même doctrine dans un autre lieu, d'une maniére encore plus claire & plus forte. (d) „ Il y a cette diffé-
„ rence, difent les Evêques de cette fainte affemblée, „ entre le batême & la péni-
„ tence, que par le batême nous fommes
„ revêtus de Jéfus-Chrift, & que nous de-
„ venons en lui une créature abfolument
„ nouvelle, à qui tous les pechés font plei-
„ nement & parfaitement remis: mais que
„ par

(d) Alius baptifmi, alius pœnitentiæ fructus. Per baptifmum enim Chriftum induentes, nova prorsùs in illo efficimur creatura, plenam & integram, peccatorum omnium remiffionem confequentes: Ad quam tamen novitatem & integritatem per facramentum pœnitentiæ, fine magnis noftris fletibus & laboribus, divinâ id exigente juftitiâ, pervenire nequaquam poffumus: ut meritò pœnitentia laboriofus quidam baptifmus à fanctis Patribus dictus fuit. *Conc. Trid. Seff.* 14. C. 2.

„ par le Sacrement de pénitence nous ne
„ pouvons retourner au renouvellement &
„ à la pureté dont nous sommes déchus,
„ que par beaucoup de larmes & de grands
„ travaux, parce que c'est le seul moyen
„ établi par la justice divine; & que c'est
„ avec grande raison que les Péres de l'Egli-
„ se ont appellé la pénitence un batême
„ pénible & laborieux. „

III. L'un des Péres que ce Concile a principalement en vûe, l'appelle en effet (e) un batême de larmes: & il veut que le pecheur en verse une telle abondance, qu'elles puissent égaler les eaux salutaires où il avoit reçu la vie. „ (f) Combien
„ faut-il, dit ce grand homme, que nous
„ répandions de pleurs, pour nous tenir
„ lieu des eaux du batême où nous avons
„ été plongés! „ Il faut reparer cette source pure où l'on avoit été regeneré. Il n'est plus permis d'y retourner. Elle est unique, comme la naissance. Il faut donc que nos larmes nous lavent, puisque toute autre maniére de nous purifier nous est interdite; & que l'affliction de nous être privés de l'innocence, & du moyen qui nous l'avoit rendue, nous fasse trouver dans notre desespoir même une ressource à notre malheur.

IV.

(e) Lacrymarum baptismus. *S. Greg. Naz. Orat* 39. §. *lumina, pag* 634

(f) Quantam lacrymarum vim impendemus, ut ea cum baptismi fonte exæquari possit ? *Idem, Orat.* 40. *pag.* 642.

IV. „ (g) Il est de la justice divine, disent encore les Péres du Concile de Trente, „ qu'il y ait de la difference entre la „ maniére dont ceux qui ont peché par „ ignorance avant le batême, sont reçus „ en grace; & celle dont la grace est re- „ couvrée par ceux qui, après avoir été „ delivrés de la servitude du peché, & „ après avoir reçu le don du St. Esprit, ne „ craignent pas de violer avec connois- „ sance le temple de Dieu, & de contris- „ ter le St. Esprit.

V. „ (h) Il est encore de la bonté de „ Dieu qu'il ne remette pas les pechés „ commis après le batême, sans exiger „ quelque satisfaction, de peur qu'une telle „ clemence ne nous fit regarder nos pé- „ chés comme legers & peu importans; & „ que devenant ingrats & outrageux con- „ tre le St. Esprit, nous ne nous precipi- „ tassions dans les plus grands crimes, nous „ amassant ainsi un tresor de colére pour „ le jour de la colére & de la ven- „ geance.

VI.

(g) Sanè & divinæ justitiæ ratio exigere videtur, ut aliter ab eâ in gratiam recipiantur, qui ante baptismum per ignorantiam deliquerint, aliter vero, quid sensi à peccatis & dæmonis servitute liberati, & accepto Spiritûs sancti dono, scienter templum Dei violare, & spiritum sanctum contristare non formidaverint.

(h) Et divinam clementiam decet, ne ita nobis absque ullâ satisfactione acceptâ, peccata dimittantur, ut occasione acceptâ, peccata leviora putantes, velut injurii & contumeliosi Spiritu sancto, in graviora labamur, thesaurizantes nobis iram in die iræ.

VI. „ (*i*) Car il est hors de doute que
„ les satisfactions penibles, & les travaux
„ de la pénitence, sont comme une forte
„ barriére contre le peché; qu'elles servent
„ aux hommes comme de frein pour les
„ empêcher d'y tomber, & qu'elles rendent
„ les pénitens plus vigilans & plus précau-
„ tionnés pour l'avenir.

VII. (*k*) „ Elles sont aussi des remédes
„ contre ce qui leur reste d'inclination &
„ de pente aux pechés qu'ils ont commis;
„ & elles detruisent leurs mauvaises habi-
„ tudes, par l'exercice des vertus contrai-
„ res.

VIII. (*l*) „ Enfin elles ont toujours été,
„ au jugement de l'Eglise, la voie la plus
„ sûre pour detourner la coléere de Dieu,
„ prête à fondre sur les pecheurs, & pour
„ le flechir, quand on les pratique avec une
„ sincere douleur & un véritable repentir. „

ARTICLE IV.

Enormité des crimes commis après le batême.

I. Voilà comme parle l'Eglise dans le dernier Concile géneral: & nous devons
remar-

(*i*) Procul dubio enim magnopere à peccato revocant, & quasi freno quodam coercent hæ satisfactoriæ pœnæ, cautioresque & vigilantiores in futurum pœnitentes efficiunt.

(*k*) Medentur quoque peccatorum reliquiis, & vitiosos habitus malè vivendo comparatos contrariis virtutum actionibus tollunt.

(*l*) Neque verò secuitor ulla via in Ecclesiâ Dei unquam existimata fuit ad amovendam imminentem à Deo pœnam, quàm ut hæc pœnitentiæ opera homines cum veri animi dolore frequentent. *Conc. Trid. Sess.* 14. c. 8.

remarquer dans ce qu'elle nous dit, ces trois vérités principales. La premiére, qu'il est de la justice divine que le pecheur soit autrement reconcilié par la pénitence, que par le batême. La seconde, qu'il est même de sa bonté, qu'il exige de pénibles satisfactions de ceux qui ont rompu son alliance. La troisiéme, que l'Eglise ne connoît & n'a jamais connu de voie plus sure pour detourner la colére de Dieu, que les exercices de pénitence. Ces vérités comprennent tout : & je commence par la premiére.

II. Avant le batême l'homme est plongé dans les ténébres; le vice de sa naissance infecte toute sa vie : & tous les crimes où il tombe, paroissent une suite de ce premier malheur. Il est exclu du ciel, esclave sous la captivité du demon, séparé de la societé des saints, indigne des promesses. Ainsi, quand il peche, c'est Adam qui péche, c'est le vieil homme, c'est le principe de mort qui est en lui. Il n'est pas excusable pour cela: mais si Dieu veut lui faire grace, il semble qu'il ne doive penser qu'à lui donner une nouvelle vie par une nouvelle naissance, sans lui rien imputer de la première.

III. Mais quand l'homme a reçu une nouvelle vie en renaissant de l'eau & du Saint Esprit ; quand il est devenu en Jésus-Christ

une

une nouvelle créature, & que la justice de Jésus-Christ est devenue son vêtement: quand il a été adopté de Dieu pour fils, & reconnu par Jésus-Christ pour son frère & son cohéritier: quand il a été associé aux esprits célestes, écrit dans le Livre des justes & des Saints, établi sur le fondement des Prophêtes & des Apôtres, ayant les mêmes promesses & la même esperance qu'eux, & étant, comme eux, citoyen de la Jérusalem céleste: s'il se degrade par quelque crime, & s'il renonce à de si augustes privileges, c'est un enfant de lumiére qui se precipite dans un abîme ténébreux ; c'est Adam, créé dans l'innocence, qui par sa folie & son ingratitude se fait chasser du Paradis terrestre ; c'est l'Ange rebelle, qui tombe du ciel dans l'enfer ; c'est même plus que tout cela, puisque c'est Adam rétabli par grace, qui écoute de nouveau le séducteur ; c'est l'Ange rétabli dans sa premiére gloire, qui s'en rend indigne par un nouvel orgueil ; c'est l'enfant prodigue, devenu une seconde fois dissipateur & desobéissant, après avoir éprouvé dans son pére une clemence infinie. Il n'y a rien parmi nous qui puisse nous donner une juste idée de la grandeur d'un tel peché ; & ce seroit confondre des choses absolument differentes, que de regarder la pénitence avant le batême, & celle qu'on doit faire après
l'avoir

l'avoir violé, comme également facile, & comme fondée sur les mêmes promesses.

IV. Il est de la bonté de Dieu (& c'est la seconde vérité qui mérite nos réflexions) d'empêcher que l'homme ne tombe dans cette funeste erreur; & de le conduire à la justification, après qu'il y a renoncé, par une route plus difficile, plus escarpée, plus pénible aux sens & à la nature, que celle du batême. Il ne connoîtroit, ni son crime, ni l'état affreux où il l'a plongé, s'il ne lui en coûtoit que l'accusation & que le repentir d'un moment, pour retourner en grace; ou s'il étoit rétabli dans la justice, avec la même facilité qu'il l'a perdue. (*m*) Il faut qu'il repare avec beaucoup de travail & de lenteur, ce que sa folie lui a fait perdre en un seul instant; qu'il apprenne que la résurrection n'est pas en son pouvoir, comme la mort; & que ce n'est pas un jeu que de se precipiter, & de revenir au premier état après une chûte mortelle. C'est une grace que Dieu lui fait, que de l'éloigner du précipice par la connoissance de ces vérités; il le rend ainsi plus vigilant & plus humble; & (*n*) il lui enseigne de quel

---

(*m*) Paulatim recipitur quod semel amissum est: si enim cito rediret homo ad pristinam beatitudinem, ludus illi esset, peccando cadere in mortem. *S. Aug. Serm. 278.*

(*n*) Quod enim facilè sanatur, non multùm cavetur: ex difficultate autem sanationis, erit diligentior custodia receptæ sanitatis. *S. Aug. in Ps. VI.*

quel prix est la santé, en l'avertissant de tout ce qu'il lui en doit coûter, s'il vient à la perdre.

V. Les pecheurs peuvent se flatter, & trouver même quelques Ministres de l'Eglise qui les entretiennent dans la mollesse, & dans une fausse sécurité: mais la troisiéme vérité que les Péres du Concile de Trente nous apprennent, est que la pénitence, & les exercices laborieux qu'elle prescrit, sont la voie la plus sûre pour arrêter la colére de Dieu, & que l'Eglise n'en connoît pas d'autre.

VI. C'est sur cela qu'est fondé l'avis important que ces saints Evêques donnent à tous les Confesseurs, en ces termes: „ (o) Les Prêtres du Seigneur sont obligés, „ autant qu'une prudence éclairée par l'es-„ prit de Dieu le leur suggérera, d'impo-„ ser des pénitences salutaires & convena „ bles, selon la qualité des crimes & le pou-„ voir du pénitent: de peur de se rendre „ participans des pechés d'autrui, s'ils im-„ posent des œuvres de nulle conséquence „ pour de grands pechés, en flattant ainsi „ les pecheurs & favorisant leurs pe-„ chés. „

VII.

(o) Debent ergò sacerdotes Domini, quantùm spiritus & prudentia suggesserit, pro qualitate criminum, & pœnitentium facultate, salutares & convenientes satisfactiones injungere ne, si fortè peccatis conniveant, & indulgentiùs cùm pœnitentibus agant, levissima quædam opera pro gravissimis delictis injungendo, alienorum peccatorum participes efficiantur.

VII. „ (p) Ils doivent aussi, en imposant
„ des pénitences, ne pas se borner à cel-
„ les qui sont des remédes contre la foi-
„ blesse des pénitens, & des moyens pro-
„ pres à les soutenir dans le commence-
„ ment d'une nouvelle vie : mais leur pres-
„ crire aussi celles qui servent à punir & à
„ expier leurs pechés passés : car, selon
„ la doctrine constante des anciens Péres,
„ les clefs ne sont pas confiées aux Prêtres
„ pour delier seulement les pecheurs, mais
„ aussi pour les lier. „

ARTICLE V.

Regles de la Pénitence.

I. Le Saint Esprit a réuni dans ce peu de paroles toutes les regles de la pénitence, & condamné tous les abus.

II. Les Prêtres du Seigneur lui doivent compte de leur ministére & de l'usage de leur autorité. Plus le pouvoir qui leur est confié, est grand & au-dessus de l'homme, moins il leur est permis d'en user selon leur caprice. La prudence doit les conduire, mais une prudence que le St. Esprit ait éclairée.

III. Les clefs leur sont confiées pour lier les pénitens, aussi bien que pour les delier.

(p) Habeant autem præ oculis, ut satisfactio quam imponunt, non sit tantùm ad novæ vitæ custodiam, & infirmitatis medicamentum, sed etiam ad præteritorum peccatorum vindictam & castigationem. Nam claves sacerdotum non ad solvendum dumtaxat, sed & ad ligandum concessas, etiam antiqui Patres & credunt & docent. *Conc. Trid. Sess.* 14. C. 8.

delier. Ils se rendent coupables s'ils n'usent que d'indulgence, ou s'ils n'emploient que la sévérité, & les regles doivent leur apprendre quand l'une est plus utile que l'autre, & par quel temperament on peut les unir.

IV. Toutes les regles se reduisent au salut du pénitent. Ainsi tout ce qui lui est pernicieux, est condamné, & il n'y a que ce qui contribue à le guerir, qui soit approuvé au tribunal de Jésus-Christ.

V. Si le Prêtre qui s'est chargé de ce soin, endort le pecheur & le flatte : s'il laisse subsister ses maux : s'il n'y emploie que des remédes inefficaces : si, par une fausse compassion, il épargne les pechés, & sacrifie le pénitent. s'il le porte à regarder de grandes fautes comme legeres, en ne lui prescrivant que des satisfactions legeres. s'il le rassure par sa molle indulgence, au lieu de fortifier en lui la crainte de Dieu & l'humilité; il se rend le complice des péchés qu'il dissimule, & Dieu l'en regarde comme coupable, bien loin d'autoriser l'abus qu'il fait de son pouvoir.

VI. Ce n'est point la coutume, ou l'exemple, que le Prêtre doit suivre : ce n'est point aussi la volonté du pénitent qu'il doit consulter. c'est à la qualité des crimes qu'il est attentif : c'est ce que peut le pénitent, & non ce qu'il veut, qui est sa régle.

VII. Dans

VII. Dans les satisfactions qu'il impose, il a deux vûes. Il a dessein de guérir & de fortifier le pénitent : mais il a aussi dessein de le punir. Il est medecin & juge. Il ordonne des remédes pour l'avenir, & des peines pour le passé. Il tient la place de Dieu, qui défend de continuer dans le péché, mais qui ne permet pas que celui qu'on a commis demeure impuni.

VIII. Ce n'est donc satisfaire qu'en partie, que de se contenter des exercices de pénitence que la seule précaution rendroit necessaires pour ne plus pécher, & qui regardent plutôt le renouvellement de vie que l'expiation des fautes passées.

IX. C'est même, à la rigueur, une sagesse, plutôt qu'une satisfaction qui doit être une peine, & un juste châtiment du crime commis, qui doit tenir lieu de la vengeance dont Dieu menace tous les pécheurs, & qui tombera certainement sur tous ceux qui ne l'auront pas prévenue, en se punissant les premiers „ (q) Tout peché, petit ou grand, dit S. Augustin, „ doit être puni. Il faut „ que Dieu en fasse le châtiment, ou que „ l'homme le punisse par la pénitence. Si „ nous voulons donc obtenir miséricorde, „ pu-

(q) Iniquitas omnis, parva magnave sit, puniatur necesse est, aut ab ipso homine pœnitente, aut à Deo vindicante. Ergo puniamus nostra peccata, si quærimus misericordiam Dei. Non potest Deus misereri omnium operantium iniquitatem quasi blandiens peccatis, aut non eradicans peccata. Prorsus aut punis, aut punit. Vis non puniat, puni tu. *S. Aug. in Psal. LVIII. Serm.*

„ punissons nos péchés : car Dieu ne sau-
„ roit faire misericorde, en flattant les pé-
„ chés, & en ne s'appliquant pas a les dé-
„ truire. Il faut nécessairement qu'ils soient
„ punis, ou par lui, ou par nous : & le seul
„ moyen d'éviter sa vengeance, est de la
„ prévenir.

X. (r) „ Implorons sa misericorde, mais
„ ne perdons pas de vûe sa justice. L'une par-
„ donne au pécheur, mais l'autre punit le
„ péché. Ne pretendons pas les séparer·
„ elles sont en Dieu essentiellement unies,
„ & (s) nous devons aimer de telle sorte
„ sa clémence, que nous consentions qu'il
„ régne par sa justice & sa sainteté. „

XI. Si le pénitent a d'autres sentimens,
il est pécheur & non pénitent. (t) Il aime
ses fautes, puisqu'il évite de les punir. Il
n'aime pas la justice, puisqu'il en craint la
severité. Il ne veut que l'impunité, & non
satisfaire. Il condamne le jugement que Dieu
porte contre son crime, & il ne pense qu'à
l'excuser. Il le trouve leger, en comparaison des peines qui devroient servir à l'expier, & qui ne sont pas même l'ombre des
supplices éternels qu'il mérite : & au lieu
que

(r) Implora misericordiam, sed attende justitiam. Misericordia est, ut ignoscat peccanti, justitia est, ut puniat
peccatum. S. Aug. in Psal L.
(s) Sic eum dilige misericordem, ut eum velis esse ve-
racem' non enim misericordia potest illi auferre justitiam,
quoniam virga directionis, virga regni ipsius. S. Aug. in
Psal. XLIV.
(t) Nihil aliud egit quem veraciter pœnitet, nisi in quod
malè fecerit, impunitum esse non sinat. S. Aug. Epist. 52.

que le véritable caractére du pénitent est de craindre que son peché demeure toujours en cette vie, il s'estime heureux si la reconciliation lui est accordée sans aucune condition pénible & sans travail.

XII. Les Péres du Concile de Trente condamnent cette illusion en des termes qui doivent intimider également, & les faux pénitens, & les imprudens Ministres de l'Eglise qui les livrent à la vengeance divine, en ne leur prescrivant que des œuvres de nulle conséquence, & qui se rendent coupables avec eux des crimes qu'ils laissent impunis.

Article VI.

Severité de l'ancienne discipline. L'extérieur est changé, mais le même esprit subsiste.

I. Si les régles que les Evêques de ce Concile jugent essentielles & immuables, étoient observées par tous ceux qui sont chargés de la conduite & du salut des pénitens, l'Eglise se consoleroit sans peine du changement qui est arrivé dans la discipline, parce qu'il n'y auroit que l'extérieur de changé, & que le même esprit subsisteroit.

II. Il est néanmoins utile au Prince d'être instruit des anciens usages de l'Eglise, & de son ancienne severité : parce que cette connoiffance découvre d'une maniére plus fenfible & plus touchante, quelle idée les Péres dont nous avons reçu l'Evangile, avoient des péchés commis après le batême, & de la néceffité de les expier par une pénitence laborieufe, qui fervît en même tems de châtiment pour le paffé, & d'épreuve pour l'avenir.

III. Je m'engagerois dans un trop long détail, fi je traitois ici cette matiére. Le Prince pourra s'en faire inftruire par quelque perfonne favante dans l'antiquité, & pleine de refpect pour les précieux monumens qui nous en reftent. Je me contente de marquer ici en peu de mots, que les pécheurs coupables de l'un des crimes dont la pénitence étoit fixée par les Canons, ou par un ufage plus ancien même que les Canons, étoient (*v*) obligés de fe purifier long-tems dans les differens degrés de pénitence que l'Eglife avoit établis, & dont l'un fervoit de paffage à l'autre.

IV. Le premier étoit nommé celui des Pleurans. Ils s'arrêtoient à la porte de l'Eglife, où il leur étoit défendu d'entrer; & ils fe jettoient aux pieds des fidéles, pour leur demander avec larmes leur affiftance auprès de Dieu.

V. Le

(*v*) On peut confulter les Lettres Canoniques de S. Greg Thaumat. de S. Bafile à S. Amphiloque, de S. Greg. de Niffe à Leto Ev. de Militene, du Pape Felix III. & les Auteurs anciens, dont le P. Morin rapporte les fentimens dans le fixiéme Livre de la pénitence.

V. Le second étoit celui des Ecoutans, ou des Auditeurs. Ils entroient dans l'Eglise, mais en se tenant dans le plus bas lieu, pour entendre les instructions qu'on y faisoit; & dès qu'elles étoient finies, ils étoient obligés d'en sortir avec les Catechuménes, c'est-à-dire, avec ceux que l'on instruisoit pour les préparer au batême, mais que l'on regardoit encore comme étrangers. Les pénitens du second degré étoient mis au même rang qu'eux. On jugeoit qu'ils avoient peu compris quels étoient les engagemens du batême, & à quelle sainteté l'on s'oblige en devenant chrêtien, puisqu'ils s'étoient rendus coupables de crimes incompatibles avec la justice, & on les instruisoit de nouveau des régles de l'Evangile, comme des étrangers & des infidéles.

VI. Ils passoient de ce second degré au troisiéme, qu'on appelloit des Prosternés; parce que ces pénitens y étoient souvent prosternés, & toujours à genoux. Ils venoient, lorsque le diacre les appelloit, se prosterner devant l'Evêque, qui prioit publiquement pour eux avec tous les fidéles; & avant que les priéres du sacrifice commençassent, on les faisoit retirer.

VII. Le quatriéme degré étoit appellé des Consistans; parce que ceux qui y étoient admis, pouvoient assister à toutes les priéres du sacrifice, & être presens aux saints mystéres, mais sans y participer.

VIII. Le séjour que les pénitens faisoient en chaque degré, étoit long, quoique le zéle & la ferveur le pussent abreger. Les jeûnes, les aumônes, la privation de toutes les délices, la separation du tumulte & des affaires; un habit humble, & semblable à celui des personnes qui sont en deuil, la continence, & beaucoup d'autres exercices propres à humilier l'esprit & à mortifier le corps, leur étoient ordonnés selon leurs forces, & étoient comme le fond & la baze de leur état; & ils arrivoient ainsi par degrés à une entiére reconciliation, & à l'Eucharistie qui en étoit le sceau.

IX. Une telle pénitence avertissoit plus efficacement les fidéles de conserver la justice & l'innocence, que n'auroient pu faire tous les discours, & elle servoit de frein aux pénitens, par sa longueur & sa sevérité, pour les preserver des rechûtes.

X. (*x*) Aussi ne s'accordoit-elle qu'une fois; & si, après un tel reméde, on devenoit encore criminel, on trouvoit dans les Ministres de l'Eglise une sevérité qu'on jugeoit alors salutaire; & qui, bien loin d'être

___

(*x*) Meritò reprehenduntur qui sæpiùs agendam pœnitentiam putant. Nam si verè agerent pœnitentiam, iterandam posteà non putarent. quia si ut unum baptisma, ita una pœnitentia, quæ tamen publicè agitur. Nam quotidianì nos debet pœniteré delicti. sed hæc delictorum leviorum, illa graviorum. *S. Ambr. L. 2. de Pœnit. C.* 10.

tre opposée à la compassion, en étoit l'effet; parce que, en étonnant quelques particuliers, elle retenoit tous les fidéles dans le devoir.

XI. L'Eglise en usoit ainsi, dit S. Augustin, par une rigueur de discipline, & non par un défaut de pouvoir. Elle vouloit que la pénitence fut sérieuse & sans retour. Elle se défioit des conversions qui n'étoient pas fermes & constantes, & craignoit, en prodiguant les Sacremens, de les avilir, & de les rendre des occasions de chûte, au lieu qu'ils sont des remédes.

Article VII.

Sevérité de l'Ecriture encore plus effrayante.

I. Une telle sevérité nous étonne avec raison; mais ce que nous enseigne S. Paul, est encore plus effrayant; (y) Il est impossi-
„ ble, dit cet Apôtre, en (z) qui Jesus-
„ Christ lui-méme parloit, que ceux qui
„ ont été une fois éclairés, qui ont goûté
„ le don du ciel, qui ont été rendus par-
„ ticipans du S Esprit, qui se sont nourris
„ de la sainte parole de Dieu & de l'espé-
„ rance

(y) Impossibile est eos, qui semel sunt illuminati, gustaverunt etiam donum cœleste, & participes facti sunt Spiritûs sancti, gustaverunt nihilòminus bonum Dei verbum, virtutesque sæculi venturi, & prolapsi sunt, rursùs renovari ad pœnitentiam, rursùm crucifigentes sibimetipsis filium Dei, & ostentui habentes. *Hebr C VI v.* 4. 5. & 6

(z) An experimentum quæritis ejus, qui in me loquitur Christus 2 Co C. XIII. v. 2

,, tance des grandeurs du siécle à venir, &
,, qui après cela sont tombés: il est impos-
,, sible, dis-je, qu'ils se renouvellent par la
,, pénitence, parce qu'autant qu'il est en eux,
,, ils crucifient de nouveau le fils de Dieu,
,, & l'exposent à l'ignominie. ,,

II. Je sais que le principal dessein de l'Apôtre dans ce terrible discours, est d'ôter toute espérance d'un nouveau batême, parce que ce Sacrement est une imitation mysterieuse de la mort & de la sépulture de Jesus-Christ, qui ne peuvent se réiterer. Mais cette doctrine porte plus loin : & S. Paul veut nous faire comprendre que le fruit de la mort & des ignominies de Jesus-Christ devroit être éternel, & que c'est vouloir le crucifier de nouveau, & l'exposer de nouveau à l'ignominie, que de perdre par le péché la justice qu'il nous a communiquée, & que d'en attendre de lui une nouvelle.

III. C'est pour cela qu'il ajoute dans un autre lieu, ,, que (*a*) si nous péchons vo-
,, lontairement, après avoir reçu la connois-
,, sance de la verité, il n'y a plus désormais
,, d'hostie pour les péchés, mais il ne reste
,, qu'une attente effroyable du jugement. ,,
Comme s'il disoit : les pécheurs ont dû espérer,

(*a*) Voluntariè enim peccantibus nobis post acceptam notitiam veritatis, jam non relinquitur pro peccatis hostia, terribilis autem quædam expectatio judicii, & ignis æmulatio, quæ consumptura est adversarios *Hebr. C. X v. 26. & 27.*

pérer, que lorsque la veritable hostie seroit immolée pour eux, ils seroient blanchis dans son sang : mais lorsqu'ils y ont été lavés, & qu'ils retournent à leurs crimes, il n'y a plus d'hostie pour eux, parce qu'elle est unique, & qu'elle n'a pû mourir qu'une fois. S'ils en espérent une nouvelle, leur attente est vaine. „ (b) après avoir
„ foulé aux pieds le fils de Dieu, traité son
„ sang, qui les avoit sanctifiés, comme un
„ sang impur & profane, & fait outrage à
„ l'esprit de grace, ils ne doivent attendre
„ que le jugement, & l'ardeur du feu qui
„ dévorera les ennemis de Dieu. „

IV. S. Paul est très éloigné de vouloir ôter par-là aux pécheurs, qui le sont devenus après le batême, l'espérance de retourner à la justice par la pénitence. Il les y exhorte au contraire dans toutes ses Epîtres ; & la reconciliation accordée par lui-même à l'incestueux de Corinthe, ne laisse aucun doute sur ce point. Mais ce grand Apôtre vouloit, que les pécheurs ne se reposassent pas sur une pénitence legére ; qu'ils ne crussent pas que le retour à la justice fût aussi facile par la pénitence que par le batême ; qu'ils sussent que, selon les régles ordinaires, & selon le plan naturel de la Religion,

(b) Quantò magis putatis deteriora mereri supplicia, qui filium Dei conculcaverit, & sanguinem testamenti pollutum duxerit, in quo sanctificatus est, & spiritui gratiæ contumeliam fecerit ? 2. Cor. C. II. v. 7. & 10.

ils méritoient que l'hostie & le sang, qu'ils avoient profanés, leur fussent refusés; qu'ils fussent couverts de honte, comme des sacriléges & des parjures; qu'ils demandassent long-tems, & avec beaucoup de larmes, la grace qu'ils avoient méprisée, & qu'ils devinssent humbles & reconnoissans, à proportion de ce qu'ils avoient été ingrats & orgueilleux.

V. Ces dispositions si justes & si indispensables sont le fruit de la doctrine de S. Paul, quand elle est bien comprise, & que le cœur en est profondément penetré. Mais elles sont rares, parce que la plûpart des pécheurs sont impénitens, & que le plus grand nombre des pénitens, ou ne connoît, ou n'aime pas les régles d'une sérieuse pénitence. Elle a dans tous les tems trouvé de grands obstacles dans le cœur des hommes, & nous lisons avec étonnement ce que dit S. Ambroise, „ qu'il (c) „ avoit plus connu de fidéles qui avoient „ conservé leur innocence, que de veritables penitens qui l'eussent reparée. „

_____

(c) Facilius inveni qui innocentiam servaverint, quàm qui congruè egerint pœnitentiam. S. Ambr. L. 2. de Pœnit. c. 10.

CHAPITRE XIX.

Il est d'une extrême conséquence que le Prince fasse choix d'un Confesseur, qui ait les qualités nécessaires pour un tel emploi. Quelles sont ces qualités.

Article I.

Il est d'une extrême conséquence que le Prince fasse choix d'un Confesseur qui ait les qualités nécessaires pour un tel emploi.

I. Ce qui a été dit dans les derniers Chapitres, nous conduit naturellement à la matière de celui-ci. Mais je dois avertir avant tout, que ce que j'entens sous le nom de Confesseur de Prince, n'est point un homme qui ne soit que pour la bienséance ou la montre; qui soit simplement un Officier du Prince, couché sur l'Etat avec un équipage & une pension, & qui fasse une partie de sa Cour. S'il ne s'agissoit que d'un tel homme, il faudroit le prendre au hazard, & le plus simple seroit le meilleur.

II. Mais l'idée que j'ai du Confesseur du Prince est très différente, & l'on verra bientôt par le caractére que j'en ferai, qu'il doit avoir un mérite très singulier, pour être digne de toute la confiance du maître des autres hommes : je dis toute la confiance, parce qu'elle doit s'étendre à toutes sortes d'affaires, n'y en ayant aucune qui n'ait quelque rapport à la conscience & au salut, & où il ne soit dangereux de prendre un mauvais parti : & qu'il est difficile d'ouvrir son cœur avec une entière sincérité, quand on est obligé d'user de quelque reserve sur des choses moins interessantes & moins personnelles.

III. Il faut que le Prince ne lui découvre pas seulement ses fautes, pour se décharger de leur poids, mais pour y trouver des remédes : qu'il fasse cas de ses avis & de ses conseils ; qu'il le consulte toujours avec fruit, & qu'après l'avoir entendu, il en soit plus éclairé sur ses doutes, & plus attentif à ses devoirs ; qu'il soit consolé par ses discours, & animé à la pieté par ses exhortations : qu'il n'ait aucune peine à lui parler de ses défauts & de ses dangers ; qu'il éprouve dans toutes les occasions, & que sa lumière n'est pas commune, & que sa prudence va plus loin que celle de beaucoup d'autres ; & que plus il l'approfondit, plus il découvre en lui de sagesse & de vertu.

IV. Je sai qu'un Prince peut croire tout cela d'un sujet très médiocre, parce qu'il manque de discernement, & qu'il ne se connoît pas en mérite. Mais ce n'est pas dans la pensée, qu'il doit avoir en son Confesseur beaucoup de confiance, qu'il se trompe, c'est dans

dans le mauvais choix qu'il en a fait, & dans son mauvais goût. Car il est naturel de s'abandonner avec peu de précaution, à celui que l'on choisit pour lui découvrir jusqu'à ses propres foiblesses, quoiqu'il soit contre le bon sens, de choisir sans lumière un homme à qui l'on veut bien se montrer sans voile & sans reserve.

V. Les inconvéniens qui suivent une telle méprise sont infinis, pour le Prince, pour l'Etat, pour l'Eglise, pour le temporel & pour le salut. Il est aisé de les prévoir, mais difficile de les empêcher: car un Confesseur, tel qu'il doit être pour un Prince, a toujours été un homme rare, & l'est encore plus aujourd'hui · au lieu que le nombre de ceux qui n'ont que des qualités médiocres est très grand, & que plusieurs en cachent de très mauvaises, sous une apparence de modestie & de vertu.

VI. C'est sur ce point essentiel qu'il faut que le Prince mette en usage cet avis de la Sagesse : „(d) Ayez plusieurs amis, avec qui „ vous aurez une société douce : mais choi- „ sissez entre mille cet homme unique dont „ vous prendrez conseil. „ Cette leçon regarde tout le monde, mais infiniment plus les Rois que tous les autres, parce qu'ils sont à la tête de tout, que c'est conduire l'Etat que de les conduire, & qu'il n'est pres-

(d) Multi pacifici sint tibi, & consiliarius sit tibi unus de mille. Eccl. C. VI. v. 6.

presque pas possible de les délivrer de la séduction, quand ils se sont livrés à un homme qui a intérêt d'écarter tous les autres conseils.

VII. Inutilement dirois-je à un Prince, ou sans application, ou sans discernement, ce qui doit le déterminer dans le choix d'un Confesseur, & quelles qualités il y doit trouver. Je lui montrerois peut-être ce qu'il craint & ce qu'il fuit ; & je lui apprendrois plutôt à éviter le mérite, qu'à le choisir. Mais j'ai l'honneur d'écrire pour un Prince qui respecte la vérité, & qui la cherche, qui est incapable de donner sa confiance à quiconque ne la lui diroit pas ; & qui ne veut pas se contenter du médiocre, s'il peut trouver l'excellent.

ARTICLE II.
Quelles sont ces qualités.

I. Il ne faut pas qu'il se borne à la piété seule, sans lumière, ou à la lumière sans piété. Ces deux qualités doivent être unies & l'une séparée de l'autre, quelque parfaite qu'on la suppose, jette le Prince dans de grands périls. Si son guide est sans yeux, ou s'il n'a que des yeux, il l'égare, ou il l'abandonne : il faut voir & marcher · montrer le chemin & y soutenir · bien parler & faire encore mieux. Autrement on dit ce qu'on ne fait point, ou l'on fait le contraire de ce que l'on dit : & l'on nuit à la piété, ou en la méprisant soi-même, ou en la rendant méprisable par l'ignorance.

II. Le Confesseur du Prince doit avoir, outre la vertu & la connoissance de la Religion, des talens pour la conduite de l'Etat, être capable d'affaires, & les entendre; avoir des principes étendus, qui l'éclairent sur toutes les choses que l'expérience & l'usage du monde apprennent aux autres, & que l'obscurité d'une retraite cache souvent aux gens de bien. Sans ces talens, dont la semence est dans l'esprit, & que l'occasion fait éclore, un homme d'ailleurs plein de vertu, laisse souvent le Prince dans l'incertitude & la perplexité dans des choses délicates & difficiles, & il le met dans la necessité de partager sa confiance, & de suivre des conseils suspects & dangereux.

III. Il faut bien néanmoins se garder de confondre ce que je dis, avec un caractére qui paroît voisin, quoique très différent. Un homme habile dans les affaires, parce qu'il s'en est beaucoup mêlé, qui les aime, qui en a besoin, qui veut se rendre nécessaire, qui a une secréte envie de donner, & de s'ingerer dans le Ministére, doit être exclu plus sévérement qu'aucun autre. Nous cherchons un homme de bien, & non un homme important. Nous voulons qu'il puisse se être consulté sur les affaires, mais qu'il les craigne & qu'il évite de s'en mêler.

IV. Une de ses plus grandes qualités, est de se charger en tremblant de la conscience du Prince, d'en connoître le poids, & d'en voir toutes les suites. Il faut qu'il ne se rende qu'à une vocation bien marquée, & qu'il ne s'accoutume point à sa place; la considérant toujours des mêmes yeux qu'au commencement, & n'y demeurant que par la crainte de déplaire à Dieu, s'il sortoit de son ordre.

V. Mais son esprit doit être exempt de scrupules & de vaines terreurs: être décisif, quand il le faut: prendre nettement un parti, & le suivre: se déterminer par des vûes qui ne changent point: douter à propos, mais ne douter pas long-tems; & ne pas laisser le Prince dans l'incertitude, en y demeurant soi-même, ou en y revenant par des variations.

VI. Il est très nécessaire qu'il connoisse bien les hommes, pour démêler leurs passions & leurs intérêts; pour discerner dans chaque avis qu'on s'empressera de lui donner, ce qui mérite de l'attention; pour éviter les piéges qui lui seront tendus, & pour empêcher que le Prince ne donne dans quelques-uns de ceux dont tout son chemin est semé.

VII. Cette connoissance des hommes doit être

être le fruit de ses reflexions, ou plutôt un don de Dieu: car il lui en coûteroit trop, s'il l'acqueroit par leur commerce. Il est même rare, qu'en vivant beaucoup avec les hommes, on les connoisse bien. On devient malin, plutôt qu'exact; & défiant, plutôt qu'éclairé.

VIII. Il sied bien à un Confesseur d'être humble, & il ne sauroit l'être assez. Mais être humble, n'est pas être complaisant ou flatteur. Quand il s'agit de lui, il ne peut se mettre trop bas; mais quand il s'agit de la vérité, il ne doit voir & ne craindre qu'elle. Sans cette disposition il ne peut servir qu'à tromper le Prince, qui se repose sur sa sincérité, & qui pense avec quelque fondement qu'il s'acquitte de ses devoirs, quand on ne l'avertit pas de ceux qu'il néglige.

IX. Cette sincérité dont je parle, doit aller jusqu'au zéle; car c'est du zéle que vient le courage. Sans cette espèce d'aiguillon, la prudence degenére en timidité; & de peur d'aller trop loin, elle s'arrête par foiblesse. Il y a des occasions où les meilleurs Princes ont besoin d'être pressés, mais craignent de l'être. Ils aiment quelquefois leurs défauts, & les excusent. Ils reçoivent avec moins d'ouverture certains avis, & s'y rendent en combattant. Un homme plein d'égards, & qui sent cette apparence de resistance, est tenté d'y ceder: & plus il a

de

de respect pour le Prince, & de politesse moins il est disposé à laisser croire qu'il manque. Mais il faut que le veritable interêt de sa propre conscience, & de celle du Prince, l'emporte sur tout. & le Prince trouvera bon que je l'avertisse de se défier d'un Confesseur qui se mesurera toujours sur ses dispositions, qui craindra trop de lui déplaire, & qui mollira, dès qu'il ne verra pas que son avis soit bien reçu. Un tel guide ne fait plus son devoir. Il suit, au lieu de preceder ; & tout au plus il accompagne, au lieu de conduire.

X. Mais comme il faut que le zéle anime la prudence, il faut aussi que la prudence le modére, & que la lumière le régle & l'applique. Le Confesseur d'un Prince doit être parfaitement instruit des bienséances; ne lui conseiller rien que de sage & de raisonnable, ne le porter jamais à des singularités vicieuses, ne point souffrir qu'il laisse avilir son autorité par une humilité mal entendue ; ne le jetter point dans des pratiques particuliéres, contraires à ses devoirs publics ; le retenir, s'il prend les choses d'une maniére trop âpre & trop ardente, quoique ce soit pour le bien, le charger de peu d'exercices, mais lui montrer que les dispositions intérieures n'ont point de bornes; & le consoler de ce qu'il ne pourra faire, en lui apprenant d'y suppléer par l'humilité, té, la reconnoissance & l'amour.

XI. Il ira toujours au solide & à l'essentiel, & ne prendra jamais le change. Il ne substituera pas de petites observances à de grands devoirs. Il ne travaillera pas au dehors, en négligeant le cœur. Il ne couvrira pas des omissions essentielles, par certaines exactitudes qui ne vont point au but. Il ne separera jamais le Prince du chrétien ; & il ne croira point avoir réussi dans son ministére, si le particulier est dévot, & que le Prince soit négligent.

XII. Il insistera principalement sur les qualités qui reforment le cœur & qui servent à la conduite de l'Etat. Il aura toujours en vûe le Prince & le public : & tout ce qui rendroit le salut du Prince douteux, & exposeroit la Republique, sera l'objet continuel de ses soins & de ses inquiétudes.

XIII. Il faut pour cela qu'il ait un esprit juste & droit, qui discerne dans chaque chose ce qui mérite de l'attention ; qui ne se laisse point éblouir par la seule vraisemblance ; qui considére & pése tout, & ne se détermine qu'après avoir tout vû ; & qui démêle avec netteté le faux, l'utile & le superflu, le necessaire & le dangereux.

XIV. Il est sur-tout important qu'il soit toujours ennemi des extrémités, & qu'aucun bien n'ait d'attraits pour lui, qu'autant qu'il est dans l'ordre & conforme aux régles ;

gles ; qu'il ne se gouverne point par bonds & par saillies ; qu'il ne pense point au merveilleux, mais au possible ; qu'il ne mette point sa gloire à rendre le Prince un héros en certain genre, mais à contribuer à le rendre parfait en tout : ce qui ne peut arriver qu'en réunissant toutes les vertus, & moderant par conséquent les unes par les autres.

XV. Il ne sauroit éviter beaucoup de fautes, s'il est précipité. Quelque vivacité qu'il ait pour tout voir & pour tout comprendre, il doit se défier de tout ce qui n'a pas séjourné un certain tems dans son esprit, & qui n'a pas été consideré avec maturité, & dans la priére. Il est trop tard de revenir aux reflexions, quand on a commencé d'agir : & il ne faut rien proposer au Prince, qui n'ait été sevérement examiné, ni l'obliger à se défier de tous les conseils, par l'indiscrétion de quelques-uns.

XVI. Comme c'est un grand vice à un Prince que la crédulité, son Confesseur doit avoir une opposition naturelle à ce défaut, & l'avoir fortifiée par ses reflexions. Les preuves seules doivent faire impression sur lui ; & sa faveur doit toujours être pour l'absent. C'est à lui à remédier aux soupçons du Prince, au lieu de les affermir, quand ils n'ont d'autre fondement que les discours, ou une pente naturelle à la défiance. Et dans toutes les occasions il doit le décla-

déclarer l'implacable ennemi des délateurs, parce qu'ils sont eux-mêmes les plus dangereux ennemis du Prince & de l'Etat.

XVII. Pour se conserver dans cette heureuse situation, il doit être sans passion, sans jalousie, sans interêt, sans préjugés. Il doit n'aimer que son devoir, & ne penser qu'à le remplir, sans attendre ici, ni recompense, ni même justice. Dès qu'il tiendra à quelqu'une des choses que les hommes peuvent lui ravir, il deviendra homme comme eux, & sujet aux mêmes foiblesses. Il craindra ceux qui pourroient lui nuire. Il ménagera ceux qui pourront le servir. Il sera muet quand il devroit parler. Il parlera quand la faveur le lui commandera. Il sera courtisan & non Confesseur; & le Prince aura un espion auprès de lui, & non un guide fidéle.

XVIII. Il ne sauroit être exempt de passions & d'interêt, sans avoir l'ame grande, noble, élevée, supérieure à tout ce que désirent ou admirent les autres. Et c'est principalement par un tel caractére qu'il peut aider un Souverain à s'élever aux grandes vertus, & à compter l'univers entier pour peu de chose; à lui découvrir la bassesse de l'ambition, la petitesse de l'orgueil, la vanité d'une fausse magnificence, à lui faire sentir le vuide & le faux de tout ce qui dépend des hommes, qui perit avec eux, & qui dure re souvent moins que la vie ; & à lui faire découvrir au contraire une solide grandeur à rendre le peuple heureux, à protéger les foibles, à faire régner la justice, & à ne sacrifier pas ces vertus à une chose aussi fragile que la reputation.

XIX. Le courage est une suite naturelle de ces dispositions, & il est d'ailleurs nécessaire à un homme qui a toute la confiance du Prince, & qui partage avec lui ses afflictions & ses peines ; qui est obligé de le consoler & de le soutenir, dans des occasions où il est seul chargé de ses inquiétudes & de sa douleur ; & qui doit relever son espérance & son courage par des discours pleins de lumière & de force, & qui partent d'un cœur affermi par la grace, & qui ne connoît d'autre mal en ce monde, que l'offense de Dieu & le danger de le perdre.

XX. Mais le courage d'un autre est une foible ressource, s'il ne peut se communiquer ; & ce n'est que par l'affection qu'il se communique. Il faut que le Confesseur ait un cœur bon & tendre, qui s'intéresse vivement aux biens & aux maux du Prince, & qui prepare à la consolation, en s'affligeant le premier. Il doit en tous les tems rendre aimable sa vertu, par des manières aimables ; & faire recevoir la verité, en la faisant désirer : mais c'est principalement dans l'affliction, de quelque cause qu'elle vienne, e, que la charité doit couvrir le courage, s'affoiblir pour le relever.

XXI. L'une des plus essentielles qualités du Confesseur, & qui peut moins se suppléer, est une connoissance non commune du cœur de l'homme en general, & en particulier de celui du Prince qu'il conduit. Il doit savoir ce qui le remue, ce qu'il cherche, ce qu'il attend: découvrir ce qui est caché sous la surface, & qui en est quelquefois très different : voir dans les sentimens presens, des indices de l'avenir: ne point se reposer sur des dispositions réelles, mais peu profondes : connoître par quelles vicissitudes l'on peut passer, & par quelle succession les passions se déplacent l'une l'autre, & régnent tour-à-tour, sans que le fond du cœur soit veritablement renouvellé.

XXII. Il y a des choses d'une dangereuse consequence, dont les commencemens sont peu marqués : il y en a d'autres qui ne méritent aucune attention, quoiqu'elles répandent dans l'imagination beaucoup de trouble. Il y a des affoiblissemens dont on ne peut être trop promptement averti ; & il y a des négligences dont le reméde est aisé. Un homme intelligent s'y trompe peu. Un autre qui n'a pas sa lumiére, n'y connoit rien. L'un s'allarme, ou se rassure à propos : l'autre s'inquiéte, ou demeure tranquille à contre-tems. L'un entend le Prince

à

à demi mot, & quelquefois mieux qu'il ne s'entend lui-même : l'autre ne comprend ce qu'il lui vouloit dire, que lorsqu'il n'est plus tems, & ne connoît le danger, que lorsqu'il est sans remède.

XXIII. Son secret doit être encore plus grand que sa pénétration, & s'étendre aux choses mêmes qui paroissent indifférentes, parce qu'il y en a peu qui le soient pour un Confesseur. Tout ce que lui confie le Prince, doit mourir en lui. Aucune tentation ne doit être capable de l'affoiblir sur ce point essentiel. Ni le plaisir de parler des excellentes dispositions du Prince, ni le dessein de le justifier, ni le désir que son exemple soit suivi ; ni, à plus forte raison, la complaisance dans le succès de son ministére, ou la foiblesse de chercher sur cela quelques louanges, ne doivent arracher de lui une parole qui ne soit pas nécessaire. Tout ce que dit le Confesseur, est interprété, on joint des choses dites en divers tems, on le croit peu quand il loue ; on l'estime peu quand il parle, & les honnetes gens veulent qu'il soit muet.

XXIV. Il doit aimer l'Etat comme s'il en étoit chargé, parce que l'étant de la conscience du Prince, il l'est aussi de tous ses devoirs par rapport au peuple. Il doit par conséquent les connoître dans un grand détail ; & désirer fortement que le Prince les connoisse.

XXV

XXV. Il doit aimer encore plus tendrement l'Eglise, dont l'Etat fait partie, & qui est le principal objet d'un Prince chrétien. Il en doit connoître les maux, & y chercher des remédes; s'interesser à ses biens, & les procurer; avoir du zéle pour sa discipline, ne pas mettre les abus à la place des régles, ne pas confondre ce qui est seulement toleré, & qui souvent est la matiére du gemissement des gens de bien, avec ce qui est d'une premiére institution; être bien instruit de l'antiquité; plein de zéle & de respect pour la Hiérarchie, & pour l'ordre que Jesus-Christ a établi pour gouverner son Eglise. C'est à lui à éclairer le Prince sur tous ces points; & s'il étoit lui-même dans l'ignorance, il tourneroit son autorité contre les choses mêmes dont il doit être le protecteur.

XXVI Sa grande étude doit être celle de Jesus-Christ, de sa doctrine, de ses mystéres, des moyens qu'il a choisis pour sauver les hommes, du besoin infini qu'ils ont de lui, de la fausseté de toutes les vertus dont la grace n'est pas le principe, des vains efforts de l'orgueil pour arriver à la sagesse & à la justice, & du sentier unique qui y conduit, qui est la foi en Jesus-Christ, & la docilité pour ses préceptes.

XXVII. L'Ecriture sainte doit faire ses chastes délices, & être le fonds où il puise ses conseils & ses lumiéres. Il doit en avoir acquis l'intelligence par une continuelle méditation, & une sérieuse étude de la Tradition, à qui il appartient de l'interpréter. Il faut qu'il puisse en inspirer le goût, en faire sentir la profondeur & la majesté, en reveler les myftéres, & répondre aux questions sages & raisonnables du Prince, quand il voudra lui en proposer.

XXVIII. C'est au Prince, & à son avancement dans la vertu, qu'il rapporte tous ses soins, s'il est veritablement digne de sa place. Il lui est attaché du fond du cœur: son salut lui est précieux comme le sien propre: il l'aime pour Dieu, d'un amour de jalousie: il est preparé à tout entreprendre, & à tout souffrir, pour lui être solidement utile. Mais excepté son salut, il ne veut & n'en attend rien.

XXIX. Peut-être qu'un tel homme est déja auprès du Prince; & je l'en félicite, s'il a trouvé un trésor d'un si grand prix. Mais s'il le cherche encore, il veut bien que je lui dise que ce sera sans fruit, s'il ne désire sincérement que la vérité lui soit montrée dans toute sa pureté & toute son étendue.

XXX. Dieu, qui connoît le cœur, & qui le juge, permet qu'on réussisse à se tromper, quand on craint la lumiére, & qu'on cherche un approbateur sous le nom de Confesseur & de guide. Il y a des exemples

ples dans l'Ecriture qui doivent intimider tous les Princes. Quand ils désireront qu'on ne leur dise rien que d'agréable, les faux Prophétes viendront en foule leur annoncer une fausse paix, & leur prédire des songes. (*e*) Dieu lui-même permettra au Séducteur, de les remplir de fausses idées, & de les rassurer par de fausses promesses ; & (*f*) il punira leur secret éloignement de la verité, en les abandonnant à l'erreur.

CHAPITRE XX.

A quelles marques on peut reconnoître un politique & un mondain, caché sous le nom & le ministére de Confesseur du Prince : son caractére, & son dessein. Pourquoi il est si ordinaire que les Princes choisissent un homme qui les trompe, & le préférent à un guide plus éclairé & plus fidéle. Combien ce malheur est grand. Moyens de l'éviter.

Article I.

A quelles marques on peut reconnoître un politique & un mondain, caché sous le nom & le ministére de Confesseur du Prince : son caractére, & son dessein.

I. LE malheur dont je viens de parler à la fin du Chapitre précédent, est si grand

---

(*e*) Dedit Dominus spiritum mendacii in ore omnium prophetarum tuorum, & Dominus locutus est contra te malum 3. *Reg. C. XXII. v.* 23.
(*f*) 2. *Thessal. C. II. v.* 10.

grand en lui-même, & a de si funestes suites, non seulement pour le Prince, mais aussi pour tous ses Etats, que je crois devoir ajouter au caractére du Confesseur qui veut l'acquerir, en usurpant le même nom & le même ministére. Ce parallele, qui distinguera l'un de l'autre, servira à les faire reconnoître; & un Prince aussi droit & aussi sincére que celui que j'ai en vue, démêlera sans peine celui que Dieu lui envoie par miséricorde, de celui qui s'ingére par ambition.

II. C'est ici le premier trait auquel le faux Pasteur est reconnoissable. Il est à soi-même l'auteur de sa vocation. Il s'offre: il va au devant du Prince: il emploie les sollicitations & la brigue: il lui fait parler par tous ceux qui ont du credit auprès de lui. Il ménage les plus petits Officiers: il met dans ses interêts le courtisan, le Ministre, & quelquefois des personnes à qui le nom de Confesseur devroit donner de la crainte, si elles ne savoient que ce nom est quelquefois sans conséquence.

III. Ce n'est pas toujours celui qui se destine à cet emploi, qui le sollicite ouvertement. Quand il est d'un Corps, ce sont ses superieurs qui agissent pour lui. Mais l'empressement humain n'en est pas moins évident, & n'en doit pas être moins suspect. Ce n'est pas Dieu qui preside à une

telle

telle vocation. (g) On court, mais ce n'est pas lui qui envoie.

IV. Le Confesseur, qui par lui-même, ou par ceux qu'un interêt commun lui avoit unis, est parvenu à la place qu'il avoit desirée, s'estime heureux d'y être. Il la regarde comme une distinction, comme un titre d'honneur, comme une place d'autorité. Il n'en connoît ni le poids, ni les suites, ni le compte qui lui en sera demandé. On voit à son air qu'il est content; qu'il se met de niveau avec les grands de la Cour; que bientôt il agit comme leur maître, & non-seulement comme principal Ministre, mais presque comme associé à l'Empire.

V. Il n'a, pour regner absolument, qu'une seule personne à ménager; & le droit qu'il a sur la conscience du Prince, lui donne de grandes facilités, & de grandes ésperances, pour regner bientôt plus que lui.

VI. Il s'applique d'abord à gagner son esprit: à étudier ce qui lui plaît ou le blesse: à profiter de toutes les ouvertures que son ministére & la franchise du Prince ne manquent pas de lui donner; non pour lui être utile, mais pour se l'attacher: ne cherchant le chemin qui conduit au cœur, que pour y entrer & s'en rendre le maître, & non pour le reformer.

VII. Il

(g) Non mittebam, & ipsi currebant. *Jerem.* C XXIII. v. 21.

VII. Il a sur-tout un grand soin de guerir le Prince de la crainte, ou de la gêne qu'inspire naturellement la presence d'un Confesseur. Il ne l'aborde qu'avec des airs si respectueux & si soumis, & avec un visage où la complaisance & l'admiration sont tellement peintes, qu'il efface entiérement de son esprit ce que l'idée de directeur a de triste, & qu'il le met en pleine sûreté à l'égard des avis qu'il n'aimeroit pas qu'on lui donnât.

VIII. Il n'a comme le courtisan, que la seule intention de plaire; d'être vu de son maître avec bonté; de se conserver du crédit par sa faveur, de remplir l'esperance de ceux qui lui ont procuré son emploi, & de ne pas mettre obstacle à la haute consideration qu'un tel ministére doit attirer à un homme habile & entendu.

IX. Pour cette raison, il n'avance qu'autant que le Prince le veut, ou le permet. Il sonde ses dispositions, & se mesure sur elles · plus hardi, s'il espere que son courage sera estimé; mais reservé & prudent, si le silence seul est approuvé: faisant un pas, de peur de paroître lâche; mais s'arrêtant, de peur d'être incommode.

X. Comme il a deux interêts contraires, celui d'être estimé homme de bien, & celui de ne point troubler le repos du Prince, il loue la vertu, quand il peut le faire sans risque,

risque, & blâme le vice, quand il n'a rien à craindre. Si le Prince a quelques bonnes qualités, il s'attendrit en les louant. Si le Prince est exempt de certains vices, & s'il les hait, son zéle s'enflamme contre eux. Mais sur les vertus qui manquent au Prince, ou sur les defauts qu'il a, le Confesseur est plein de discretion; & il se souvient de la maxime, que pour regner il faut savoir dissimuler.

XI. Si néanmoins le desordre est public, & qu'il aille jusqu'au scandale, il parle alors, mais avec une charité complaisante, & avec un zéle qui n'a rien d'amer. Il accuse la foiblesse generale, plutôt que le Prince · il le plaint : il l'excuse aussi un peu. Il est plein d'esperance pour l'avenir, & il trouve dans les autres qualités du Prince, qui sont excellentes, une assurance presque certaine, ou que le mal ne durera pas, ou qu'il sera couvert par les bonnes œuvres. Il mêle avec art l'indulgence aux avis, afin que l'une console, & que les autres édifient, & que si le désordre continue, on soit content de celui qui le voit sans inquietude & sans impatience; & s'il cesse, qu'on sache gré à celui qui a predit qu'il finiroit. Tout le but de cet habile medecin, est de se conserver son malade. Il lui est égal qu'il guerisse, ou que sa maladie continue, pourvû qu'aucun autre ne soit consulté.

XII. Si les mœurs du Prince sont innocentes, & si toutes ses inclinations le portent au bien, le politique Confesseur est alors partagé par deux vues differentes. Il applaudit au bien qui ne lui coute rien, & qui lui fait honneur; & il craint en secret, que ce bien ne devienne trop serieux, & qu'il ne soit plus le maître d'en arrêter le progrès & les suites. Mais il y auroit du danger à s'y opposer ouvertement. Le parti le plus sûr est de borner la lumiére; & c'est à quoi il s'applique.

XIII. Si le Prince a du goût pour la lecture, on le combat d'abord, mais foiblement, pour ne le point rendre plus vif par une resistance trop marquée. On lui represente ensuite, & l'on prend soin de le lui faire dire par d'autres, qu'excepté l'Histoire, toute autre lecture est inutile aux Princes, & souvent dangereuse. On met à dessein auprès de lui des personnes qui le détournent & qui l'amusent, & l'on commence à être tranquille, lorsque des choses frivoles ont pris la place des livres.

XIV. Si le Prince a commencé à lire des choses capables de l'éclairer sur la Religion, à connoître des personnes de mérite & à les goûter, à témoigner de la confiance pour elles & pour leurs conseils, tout est employé pour prevenir les suites d'un si grand mal; les soupçons, l'artifice, la calomnie

lomnie même, si l'on est reduit à cette nécessité. Il n'y auroit plus moyen de gouverner le Prince, s'il étoit trop instruit. Il ne verroit plus les choses comme on les lui diroit, s'il les connoissoit immediatement par lui-même. Son Confesseur ne seroit écouté qu'autant qu'il auroit raison. Ses conseils seroient examinés · ses lumiéres seroient comparées avec celles que le Prince trouveroit ailleurs. Il arriveroit peut-être delà, qu'on lui prefereroit quelqu'un, ou qu'au moins on l'écouteroit avec lui. De tels inconveniens sont affreux, & le remede unique est, que le Prince demeure toujours enfant, & toujours en tutelle; & que ses bonnes intentions, qui le meneroient trop loin, soient arrétées par une ignorance salutaire au Confesseur & à ses amis.

XV. Ce Confesseur prudent selon le siécle, cache à son disciple, destiné à l'être toujours, ce que la Religion a de plus grand & de plus solide, & il substitue à des vérités sublimes, des pensées basses & vulgaires; & à des devoirs importans, de petits exercices qui n'éclairent point l'esprit, qui ne nourrissent point le cœur, & qui exposent le Prince à meprifer un jour la Religion, faute de la connoître. Ce danger, qui toucheroit un autre, n'est rien pour le Confesseur, qui ne se croit en sûreté qu'autant que le Prince demeure foible.

XVI. C'est dans cette vûe qu'il lui cache les regles de l'Eglise sur la pénitence, ou qu'il les lui représente comme des usages qui n'ont eu qu'une courte durée, & qui ont été utilement abolis. C'est dans ce dessein qu'il lui ôte l'Ecriture sainte, si le Prince a la foiblesse de se la laisser arracher, ou qu'il s'efforce de lui persuader, qu'elle est pleine d'obscurités, qu'on y trouve de grands dangers, & peu de regles pour la conduite, & que des livres composés avec méthode, tels que ceux qu'il lui nomme en secret, sont plus utiles. C'est par le même principe qu'il lui parle des écrits des SS. Péres, comme d'ouvrages uniquement destinés à la refutation des héresies de leur tems, dont la mémoire est abolie, & où l'on ne peut prendre des regles sures pour la morale, parce que la distance de leur siécle au nôtre a introduit d'autres maximes & d'autres usages. Enfin c'est sur le même plan, & par le même esprit, qu'il ne lui decouvre rien de la premiére & de la plus auguste antiquité, qu'il en écarte le discours lorsque l'occasion le fait naître; qu'il parle avec mépris des recherches qu'on fait de ces anciens vestiges de la pieté & de la discipline de nos peres, & qu'il accuse le respect qu'on a pour l'Eglise fondée par Jésus-Christ & par ses Apôtres, d'être une secrete condamnation de l'Eglise presente.

XVII.

XVII. Outre le dessein de n'instruire le Prince sur aucune chose qui puisse lui donner de l'élévation, le Confesseur en a un autre, & qui le touche d'aussi près. Il ne veut pas que ses maximes & ses decisions soient comparées avec les regles que la Tradition nous a conservées ; & qu'on juge de ses pensées, toutes séculiéres & toutes mondaines, sur les plus importans devoirs des Princes, par la maniére dont l'Ecriture & les SS. Péres en parlent.

XVIII. Ce Confesseur, plein de l'amour du siécle, ne veut point qu'on approche de lui, ni du Prince, une lumiére si pure. Il se plaît dans la Cour la plus magnifique, & plus elle est brillante, plus il se trouve honoré dans la place qu'il occupe. Il est très éloigné de condamner, ni le luxe, ni la dépense, ni le faste. Lui-même y applaudit & le loue. Le Prince n'a qu'à consulter son goût & ses revenus : il peut même aller audelà de ses forces, sans craindre de la part du Confesseur le moindre avis. Une telle splendeur rejaillit sur ce dernier, & il en partage l'éclat.

XIX. Il est vrai que, si le Prince se déclaroit pour la modestie, le Confesseur aussitôt l'approuveroit, & condamneroit même sevérement tout ce qui seroit superflu. Mais si le goût du Prince venoit à changer, ou si son successeur en avoit un different, & vouloit

loit retenir le Confesseur, celui-ci passeroit à l'instant de l'amour de la modestie à celui de la magnificence ; & ce changement n'étonneroit que ceux qui ne sauroient pas que son amour invariable & constant est celui de soi-même, & qu'il est disposé à prendre toutes les formes, pourvû qu'il régne, en paroissant se rendre dépendant des volontés du Prince.

XX. Il y a souvent des choses très indécentes dans les palais des Rois : mais ne craignez point que les yeux du Confesseur en soient blessés. De telles petitesses sont fort au-dessous de lui, & il les laisse à des esprits foibles que le bronze & la pierre scandalisent, & qui s'arrêtent à considerer dans une statue ou dans un tableau autre chose que l'art. Le directeur d'un particulier seroit peut-être obligé de descendre dans ce détail : encore faudroit-il excepter des hommes, ou d'une grande naissance, ou d'un grand bien : mais que le Confesseur d'un Souverain s'occupe de pareilles reformes, c'est oublier ce qu'il est.

XXI. Les bâtimens, les jardins, les eaux, les beautés répandues avec profusion, sont l'objet de son admiration ; & jamais ces dépenses immenses ne le font souvenir, qu'elles coûtent souvent, & les larmes, & le sang des pauvres.

XXII. Il est insensible aux tributs excessifs,

sifs, & plus dur sur ce point que ceux mêmes qui se croient obligés à les exiger, & qui murmurent assez haut contre la cruelle indifférence de celui qui devroit avertir le Prince, & qui ne le voit que pour l'admirer. Mais s'il l'avertissoit, & d'une maniére aussi sérieuse qu'il le devroit, il attaqueroit l'endroit du Prince le plus sensible, il lui feroit voir la necessité de reformer beaucoup de choses qui servent à son plaisir; il l'affligeroit par une telle vûe; & il s'exposeroit à être remercié de ses conseils, & déchargé du soin d'en donner de pareils à l'avenir; & c'est l'unique peril qu'il appréhende. Que l'Etat soit accablé d'un poids qu'il ne peut soutenir, c'est la moindre de ses inquiétudes. Pourvû qu'il trouve dans le Prince un accueil favorable, & qu'il ait la liberté de l'entretenir aussi souvent & sur telle matiére qu'il lui plaira, il est satisfait, & n'a plus rien à desirer.

XXIII. Il en est de même de l'inclination du Prince pour la guerre, pour les conquêtes, pour le désir d'une fausse gloire. Le Confesseur est le premier à justifier ses sentimens, à y trouver de l'élevation & de la grandeur : à se joindre aux flatteurs, qui n'examinent que le succès & jamais la justice des entreprises. Le sang des citoyens & des étrangers répandu, les Provinces désolées par le fer & le feu, l'Etat épuisé d'hommes

mes & d'argent, le compte que le Prince & que lui-même en rendront au tribunal de Jesus-Christ, ne le touchent point. Il juge de cette vaine apparence de gloire, plus faussement que n'ont fait beaucoup de payens, & il porte dans son cœur plus d'opposition à l'Evangile que plusieurs infidéles.

XXIV. Aussi s'accommode-t-il de tous les Princes, dans quelques dispositions qu'ils puissent être; & non seulement il n'en refuse aucun, mais il s'offre à tous, & brigue bassement, non la confiance de quelques-uns d'entr'eux, mais l'apparence de l'avoir. Ceux même dont il connoît l'irréligion & l'incrédulité ne l'étonnent point. Il est à leur égard aussi complaisant & aussi rampant que pour les autres. Il se trouve aussi honoré de passer pour leur Confesseur, quoiqu'il n'en ait que le nom & les appointemens, que s'il l'étoit d'un Prince solidement chrétien. Il n'en fait pas sa cour avec moins d'assiduité. Il n'en est pas moins empressé pour attirer sur soi quelques regards, & il ne tient pas à lui que le Prince ne se fortifie dans ses injustes préjugés contre la Religion, en jugeant d'elle par les maniéres basses & indignes de celui qui devroit en être instruit, & qui en fait servir le prétexte à son ambition.

XXV. Mais la tentation la plus forte contre la foi des Princes, qui, avec quelque

que doute sur son sujet, conservent de l'esprit & du sens, est la facilité qu'a le Confesseur à leur donner les Sacremens, ou même la violence qu'il leur fait pour les recevoir, quoiqu'ils s'en reconnoissent très indignes. Un tel scandale achéve souvent de les fixer dans l'incrédulité, parce qu'ils sentent bien d'un côté, que si ce qu'on dit de la Religion étoit sérieux, ce seroit un grand crime que d'en profaner les mystéres, & qu'ils pensent d'un autre côté, que les ministres de l'Eglise sont tous à-peu-près tels que leur Confesseur, politiques comme lui, donnant tout au spectacle, & ne conservant de la pieté que les dehors.

XXVI. Mais, ni la profanation des choses les plus saintes, ni les conséquences affreuses qu'en tirent les incrédules, ne font sur l'esprit du Confesseur qu'une legére impression. Il juge de tout cela par une lumiére supérieure aux régles prescrites aux autres ministres de l'Eglise, & il est persuadé, que c'est un si grand bien que les Princes donnent de tems en tems des marques publiques de Religion, qu'il faut peu examiner si leurs dispositions intérieures y répondent; & qu'il est même important de couvrir leurs doutes sur la foi, ou leurs désordres, par l'usage des Sacremens, qui trompe au moins une partie du Royaume, s'il scandalise quelques courtisans. Autrement

ment le Confesseur seroit reduit à l'une de ces deux extrêmités, ou d'attendre que le Prince fût converti; ce qui souvent iroit bien loin, & donneroit au Confesseur une reputation de sévérité qui ne convient point à la Cour: ou de témoigner au Prince que son ministére lui étant inutile, il se retire pour s'occuper de son propre salut, ce qui seroit la faute la plus grossiére & la plus inexcusable contre la bonne politique.

XXVII. Il faut peu s'étonner après cela, qu'un tel Confesseur donne tous ses soins pour applanir, pour élargir, pour abreger la voie du salut. Il a resolu de conduire les Princes; & les Princes n'ont pas tous résolu d'être veritablement chrêtiens. Il faut donc trouver le moyen de les conduire, sans qu'ils le deviennent. De le leur dire aussi cruement, ce ne seroit pas le moyen de les attirer: car ils croient tous pour la plûpart qu'ils sont chrêtiens, ou qu'il s'en faut peu. Il faut donc les laisser dans l'opinion qu'ils se sauvent, sans exiger qu'ils y travaillent, & mettre par conséquent toute son industrie, à empêcher que l'Evangile ne soit un obstacle à leur salut. Ils le trouveroient toujours dans leur chemin, si le Confesseur ne savoit l'éluder à propos, l'interpréter, l'adoucir, & le reduire, par rapport aux Princes, à si peu de chose, que ce n'est plus une affaire que de s'en tirer.   XXVIII.

XXVIII. Il est vrai que le Fils de Dieu a dit en termes clairs, & encore avec étonnement, que le salut étoit très difficile. „ (*h*) Oh! que la porte de la vie est pe-
„ tite & serrée, que le chemin qui y con-
„ duit est étroit, & qu'il y en a peu qui
„ le trouvent! (*i*) Faites effort pour en-
„ trer par la porte étroite: car je vous as-
„ sure que plusieurs chercheront les moyens
„ d'y entrer, & ne le pourront. „ il est encore vrai que le Fils de Dieu a fait aux riches, & par conséquent aux Rois, une application particuliére de ces redoutables verités: „ (*k*) Je vous le dis en verité · il
„ est bien difficile qu'un riche entre dans
„ le Royaume du ciel. Je vous le dis en-
„ core une fois · il est plus aisé qu'un cha-
„ meau passe par le trou d'une aiguille,
„ que non pas qu'un riche entre dans le
„ Royaume du ciel. „

XXIX. Mais un habile Confesseur ne s'allarme pas aisément. En premier lieu, il défend la lecture de l'Evangile, ou il n'en parle jamais; & ce moyen abregé coupe la racine des scrupules. En second lieu, il

---

(*h*) Quàm angusta porta, & arcta via est, quæ ducit ad vitam, & pauci sunt qui inveniunt eam ! *Matth* C. VII. *v* 14

(*i*) Contendite intrare per angustam portam, quia multi, dico vobis, quærent intrare, & non poterunt. *Luc.* XIII *v.* 24

(*k*) Amen dico vobis, quia dives difficilè intrabit in regnum cœlorum Et iterum dico vobis · facilius est camelum per foramen acûs transire, quam divitem intrare in regnum cœlorum. *Matth.* C XIX. *v.* 23. & 24.

il excepte les Rois de la régle commune, dont la condition seroit bien malheureuse, s'ils étoient obligés à la même exactitude que leurs sujets. En troisiéme lieu, il avertit de ne pas prendre à la lettre les passages de l'Ecriture les plus formels, parce qu'autrement on vivroit toujours dans la gêne. Enfin il croit pouvoir démontrer, qu'il y a une visible exageration dans l'Evangile, parce que tout Prince qui a un Confesseur auprès de lui, ne sauroit se perdre, puisque ce seroit une merveille s'il mouroit sans Confession, ou s'il se confessoit sans craindre d'être damné pour ses crimes ; ce qui suffit pour lui ouvrir le ciel, & qui coûte certainement peu de chose. Ainsi l'on ne doit pas tant s'effrayer de ces paroles, que la porte qui conduit à la vie est petite, & le chemin étroit : car tout au plus elles étoient vraies avant qu'on eût élargi la porte & le chemin.

XXX. Rien n'est plus fecond en expédiens, en bienseances, qu'un Confesseur de ce caractére, pour rendre légitime ce qui ne le seroit pas sans sa dexterité & ses ingénieuses inventions. Dès que le Prince veut qu'une chose lui soit permise, aussi-tôt elle devient juste & nécessaire. L'utilité publique s'y trouve jointe dans le moment : une santé plus precieuse que la vertu, & plus importante que les loix, est un fondement

iné-

inépuisable de dispenses. Et qui d'ailleurs pourroit se resoudre à affliger un Prince en combattant ses desirs? Un Confesseur courtisan n'est à sa place que pour les justifier, & il rendroit bien peu de service, s'il manquoit à son ministére au besoin.

XXXI. L'Ecriture parle souvent contre ces detestables artifices pour pallier le mal, & pour lui donner l'apparence du bien : ,, (*l*) Le pecheur, dit-elle, bâtit la murail-,, le, & le faux Prophete prend soin de l'en-,, duire & de la crêpir. ,, L'un commet l'iniquité, & l'autre la couvre & la colore. L'un est injuste sans excuse, & l'autre prend soin de lui en fournir. ,, (*m*) Par tout où le pé-,, cheur veut se reposer, dit encore l'Ecriture, ,, le faux Prophete a la precaution ,, d'y mettre des oreillers, afin qu'il s'y re-,, pose mollement. Il en met sous les cou-,, des, il en met sous la tête, & il a même ,, le soin de les y attacher, de peur qu'ils ne ,, se deplacent pendant le sommeil, & que ,, quelque chose d'inegal ou de dur ne l'in-,, terrompe. Le dessein du faux Prophete, continue l'Ecriture, ,, est de prendre les ,, ames à cette amorce, & de leur faire ,, croire qu'il leur donne la vie en la leur ,, ôtant. ,,   XXXII.

(*l*) Ipse ædificabat parietem, illi autem liniebant cum luto absque paleis. *Ezech. XIII. v. 10.*
(*m*) Consuunt pulvillos sub omni cubito manûs, & faciunt cervicalia sub capite universæ ætatis, ad capiendas animas. Et cùm caperent animas populi mei, vivificabant animas eorum. *Ezech. Ibid. v. 18.*

XXXII. Ces termes figurés sont plus clairs que l'explication qu'on entreprendroit de leur donner; & tout le monde croit y voir la peinture du Confesseur complaisant: mais il pretend qu'on a grand tort de l'y voir, parce qu'au tems d'Ezechiel, d'où sont tirées les paroles que j'ai citées, il n'y avoit point de Confesseur en titre; que dans les choses odieuses il faut être expressément nommé; & qu'ainsi tout ce qui est dit contre la complaisance des faux Prophetes, ne peut être tiré à consequence contre lui.

XXXIII. Pour connoître jusqu'à quel point va sa politesse, & son attention à n'être jamais incommode, on n'a qu'à demander aux grands qu'il conduit, s'ils se sentent moins en liberté avec un tel censeur que s'ils n'avoient personne; & ils repondront sans doute, qu'ils se sentent aussi peu gênés par sa presence, que par celle d'aucun Officier de leur maison; qu'ils ne changent rien pour lui dans leurs discours, ni dans leurs actions, & que c'est pour eux la même chose qu'il soit dans le palais, ou qu'il soit absent.

XXXIV. Et en effet, qu'on examine quels abus il a ôtés, quelle reforme il a faite, à quels desordres il a remedié depuis que le Prince, & avec lui toute la Cour, depend de ses conseils: on verra que tout est demeuré en même état; que la licence

n'a

n'a fait que croître; & que plus le credit d'un tel homme est augmenté, plus la vertu a perdu du sien.

XXXV. Aussi n'étoit-il pas venu pour la mettre en honneur. Sa commission portoit, (*n*) de laisser tout le monde en paix; excepté ceux qui auroient de la lumiére & du zéle. Pourvu qu'il soit le maître, il laisse tout le monde en repos; & semblable au (*o*) fort armé de l'Evangile, il veut que tout soit tranquille, à condition que tout soit soumis. Toute reforme, selon lui, cause nécessairement quelque trouble. Tout renouvellement de pieté est une dangereuse nouveauté, sur-tout à la Cour. Il a trop de prudence pour n'aller pas au devant d'un tel mal. Qu'on fasse, dit-il, à l'ordinaire, & qu'on soit en paix.

XXXVI. Il ne pretend pas néanmoins qu'on renonce au salut; il demande au contraire qu'on l'espere, & qu'on s'en tienne presque assuré, si l'on veut bien suivre ses conseils. Mais quels conseils! Ils se reduisent presque tous, à l'égard du Prince, à des choses de nulle consequence; à quelques priéres particuliéres fort courtes; à l'assistance à la Messe, dont on ne lui explique jamais le fond ni les myftéres; à un zéle vif

(*n*) Dicentes pax, & non est pax. *Ezech.* C. XIII. v. 10.
(*o*) Cum fortis armatus. (*Jesus-Christ appelle ainsi la Démon*) custodit atrium suum, in pace sunt ea quæ possidet. *Luc.* C. XI. v. 21.

vif & ardent contre les personnes qui déplaisent au Confesseur ; à l'association à tout le bien qui se fait dans un Ordre religieux, & peut-être au privilege d'être du Corps, & à quelques autres choses pareilles, purement exterieures, qui ne coûtent rien à l'amour propre, & qui tiennent lieu de ce que l'Evangile a de plus essentiel & de plus grand.

XXXVII. (p) C'est ainsi qu'un faux politique, sous un nom respecté avec raison par le Prince, le trompe indignement par des promesses flatteuses, & par de fausses bénédictions, comme parle l'Ecriture. C'est ainsi que, (q) par des discours artificieux, il vend son maître, & que, selon l'expression du S. Esprit, il trafique de son ame & de son salut, par un motif d'interêt : lui qui en avoit reçu le précieux dépôt, & qui auroit dû mille fois sacrifier sa vie pour un Prince qui lui avoit confié sa conscience & son espérance éternelle.

XXXVIII. Je supplie instamment le Prince à qui j'ai l'honneur de parler, de bien peser le sens de ces importantes paroles. ,, Par des discours pleins d'artifice ils vous ,, vendront, & feront trafic de vos ames, ,, pour satisfaire leur avarice & leur inte-
,, rêt. ,,

(p) Hujuscemodi Christo Domino non serviunt, sed suo ventri . & per dulces sermones, & benedictiones, seducunt corda innocentium Rom c XVI v. 18
(q) In avaritiâ, fictis verbis de vobis negotiabuntur 2. Pet, c. II. v. 3.

„ rêt. „ C'est le S. Esprit qui les a dites par la bouche du premier des Apôtres, pour rendre attentifs les fidéles de tous les siécles, & principalement les personnes puissantes & les Rois, aux artifices que des hommes interessés emploieront pour les séduire. Il leur découvre la fin & le motif de ces séducteurs, leur indifference pour le salut de ceux dont ils briguent la conduite, le dessein qu'ils ont de le sacrifier à leur avarice & à leur ambition, la perfidie avec laquelle ils le vendent & en font trafic pour arriver à leur fin. Il leur arrache le masque dont ils se couvrent. Il fait voir ce que cachent leurs paroles si respectueuses, & leurs soins si empressés en apparence. Il montre leur cœur à découvert, plein de passions, & en particulier celle de tout avoir & de tout dominer, & qui n'a au contraire que de l'indifference, & même de la cruauté pour le Prince, dont ils se jouent, & qui ne sert que de prétexte & d'instrument à leurs pretentions & à leurs desseins.

XXXIX. Ils sont pleins, non seulement de respect, mais d'admiration pour les Princes: ils leur paroissent dévoués plus qu'aucun sujet: ils sont appliqués à leur plaire avec plus d'étude qu'aucun courtisan: mais, dit l'Esprit de Dieu, que les Princes ne se laissent point prendre à cette amorce. (r) Ce n'est

(r) Secundùm desideria sua ambulantes, & os eorum loquitur superba, mirantes personas, quæstûs causâ. *Jud.* 16.

n'est pas eux, mais leur pouvoir, que de tels hommes cherchent: & ils n'aiment dans leurs personnes que l'espérance de régner par eux. Leur ambition & leur orgueil paroissent dans leurs actions & leurs discours, quand ils ne sont plus en la presence du maître; & ce n'est que par interèt que devant lui ils affectent des maniéres si respectueuses & si soumises.

XL. L'Apôtre nous enseigne ,, que (s) tout ,, ce qui est écrit, a été écrit pour notre ,, instruction. ,, Ainsi un Prince seroit très coupable, si, après tant d'avis réiterés, il n'étoit en garde contre des hommes dont l'Ecriture a devoilé l'artifice, & s'il se reposoit du soin de son salut, sur des personnes qui ne songent ni au sien, ni au leur; & qui ne veulent avoir sa confiance que pour le tromper.

ARTICLE II.

Pourquoi il est si ordinaire que les Princes choisissent un homme qui les trompe, & le préférent à un guide plus éclairé & plus fidéle.

I. Mais le nombre de ceux qui aiment à être séduits, est pour le moins aussi grand que celui des séducteurs. L'amour de la flatterie, si naturel à tous les hommes depuis
leur

(s) Quæcunque scripta sunt ad nostram doctrinam scripta sunt *Rom. C. XV. v. 4.*

leur corruption, a banni de leur cœur celui de la verité; & les Princes sont plus exposés que les autres, par le gain qu'on peut faire en les trompant, & par le risque que l'on court en leur donnant de sages avis, de n'avoir auprès d'eux que des flatteurs de toute espèce.

II. Le plus dangereux est sans doute, celui qui les trompe sur le salut · mais c'est ordinairement celui qu'ils aiment le mieux, & dont ils évitent avec plus de soin d'approfondir les intentions, & de découvrir la mauvaise foi & la perfidie.

III. Lorsque les Princes ont des passions, ils ne veulent auprès d'eux pour Confesseurs que des hommes lâches ou complices, aveugles ou muets; qui soient semblables à (t) des chiens muets, comme parle l'Ecriture, ou à des sentinelles endormies.

IV. Lorsqu'ils ont peu de foi, ils veulent conserver un extérieur nécessaire à leur réputation, & à la tranquillité de l'Etat. Un Confesseur officieux est alors un témoin utile, quoique peu sincére. Il sert à couvrir ce qu'on est: & l'on lui fait bon gré du personnage qu'il fait, dont un homme plus droit & moins dependant ne seroit pas capable.

V. Lorsqu'ils reforment quelque chose dans leur conduite, ou par un bon motif,

(t) Speculatores cœci canes muti non valentes latrare, dormientes & amantes somnia. *Isaï. LVI. v. 10.*

ou parce que l'amour de la vie succede à celui de la volupté, ils sont fort aises qu'un Confesseur soit content, qu'il loue, qu'il admire, & qu'il n'exige rien de plus. Un autre ménageroit plus ses louanges, & seroit plus mal aisé à contenter. Deux grands défauts que ses bonnes qualités ne couvriroient pas.

VI. Ils veulent presque tous, que le salut soit à leur égard comme les autres choses qu'ils desirent, c'est-à-dire, facile & sans qu'il leur en coûte. C'est assez pour eux de le vouloir : il faut que d'autres se chargent de l'execution. Un homme commode les delivre de ce pénible soin, & le prend sur soi-même : ainsi le Prince n'en entend presque plus parler. Ce seroit tout le contraire, si le Confesseur étoit bien persuadé qu'on ne se sauve, ni sans effort, ni par les soins d'autrui.

VII. Lorsque rien ne leur paroît mauvais dans leur conduite, ils souhaitent avec grande passion, d'être proposés à leur Cour & à tout le peuple comme un exemple de pieté. Ils ne pretendoient pas à cette gloire lorsqu'ils avoient des passions, ou guerriéres, ou sensuelles ; mais à mesure que l'âge les a calmées, le desir d'être un heros du côté de la vertu, se fait sentir après tous les autres : & pour lors c'est une douce consolation que d'avoir un Confesseur qui ne

trouve

trouve rien de plus pur que la conscience, rien de plus innocent que la vie, rien de plus saint que les intentions. Cette idée de perfection écarte bien loin le souvenir des fautes passées. Il n'est plus question de les expier par la pénitence: & personne n'a droit d'en conserver la mémoire. Un homme plus instruit des regles ne vendroit pas à si bas prix la gloire de l'innocence; & il prepareroit avec plus de soin le Prince à paroître devant le tribunal de Jésus-Christ, très different de celui où l'on le juge si pur: mais c'est pour ces raisons mêmes qu'on ne veut point d'un tel homme.

Article III.
Combien ce malheur est grand.

I. C'est ainsi que s'accomplit cette prédiction de l'Apôtre: „ (*v*) Il viendra un
„ tems ou les hommes ne pourront plus
„ souffrir la saine doctrine, & qu'ils assem-
„ bleront auprès d'eux une foule de Doc-
„ teurs favorables à leurs passions, & capa-
„ bles de satisfaire le desir qu'ils auront
„ d'entendre des choses agréables. Ils fer-
„ meront l'oreille à la vérité, & ils n'é-
„ couteront que des fables, & n'auront du
„ goût que pour elles. „

(*v*) Erit tempus, cùm sanam doctrinam non sustinebunt, sed ad sua desideria coacervabunt sibi magistros prurientes auribus; & à veritate quidem auditum avertent, ad fabulas autem convertentur. 2. Timoth. C. VI. v. 3. & 4.

II. Ce tems est certainement venu. La vérité est odieuse: les songes & les fables ont pris sa place. Ceux qui pourroient encore l'annoncer, sont rares, & ne sont pas recherchés: d'autres maîtres se sont repandus par-tout, qui ne disent rien qui ne se puisse accorder avec l'amour du monde. Il y a entre leurs discours & les passions des hommes une secrete intelligence. On les écoute avec plaisir, parce qu'ils approuvent ce qu'on aime. On oppose leur foule & leur grand nombre, à l'autorité de l'ancienne doctrine, dont la pureté & la rigueur sont devenues insupportables, & sans renoncer ouvertement au Christianisme extérieur, on renonce ouvertement à l'Evangile.

III. Mais à quoi se terminera cette illusion, & cette espece d'Apostasie? Les fables qu'on substitue à la vérité, la peuvent-elles éteindre? Le goût qu'on a pour elles, peut-il leur donner quelque réalité? Une foule de Docteurs, appliqués à les debiter & à les répandre, est-elle autre chose qu'une foule de seducteurs? De quel usage & de quelle defense seront-ils pour le Prince, quand il sera jugé selon Jésus-Christ & l'Evangile. (x) Quelle protection, dit l'Ecriture, recevra-t-il du mensonge? Et de quoi lui servira-t-il d'y avoir mis sa confiance?

IV. Ne

(x) Dixistis: posuimus mendacium spem nostram, & mendacio protecti sumus. *Isaï.* C. XXVIII. v. 15.

IV. Ne vaudroit-il pas mieux, sans comparaison, qu'il n'eût jamais eu auprès de lui de flatteur à ses gages, sous le nom de Confesseur & de guide? Un aveugle seul n'est-il pas moins exposé, que lorsqu'il s'abandonne à un autre aveugle, qui se prétend clairvoyant, & qui marche avec confiance au milieu des périls: sur-tout, si cet aveugle ne lui donne la main que pour le tromper, & pour couvrir le dessein qu'il a de le mener où il veut, en paroissant lui être nécessaire?

Article IV.
Moyens de l'éviter.

I. Le plus grand malheur qui puisse arriver à un Prince, est de confier sa conscience & son salut à un homme qui se moque en secret de sa simplicité, & qui ne répond à sa sincerité que par l'hipocrisie. Mais pour éviter ce malheur, il faut que le premier directeur du Prince soit sa propre conscience; qu'il écoute ce maître intérieur avec respect & docilité; qu'il n'oppose point de ténébres volontaires à la clarté de ses decisions; qu'il ne cherche point dans des conseils étrangers, à se rassurer contre ses propres lumiéres; & qu'il ne consulte pas, pour rendre douteux des devoirs dont il connoît l'évidence. Il mérite d'être trompé, dès que la vérité l'importune ; & il se prepare à la seduction, dès qu'il desire d'être dispensé de ce qu'il voit.

II. A cette lumiére interieure, qui décide nettement beaucoup de choses quand on la consulte, il faut joindre une grande connoissance de la Religion, & l'avoir puisée dans les sources. On ne s'en rapporte pas alors à ce qu'il plaît à un seul homme de nous en dire & l'on est en état de juger, (*y*) s'il parle de son propre fonds, ou s'il a appris de l'Ecriture & de la Tradition ce qu'il enseigne ; s'il est l'auteur du mensonge, ou le disciple de la vérité.

III. Au lieu de confier témerairement son salut à un homme peu connu, & de s'en reposer sur ses soins, il ne faut rien mettre en paralléle avec ses intérêts éternels, & ne se decharger sur qui que ce soit de l'ame unique & immortelle qu'on a reçue. Un homme saint & fidele nous aidera ; mais quand il seroit un Ange du ciel, il ne peut avoir que la moindre part dans la juste sollicitude dont nous sommes nous-mêmes le sujet & la matiére.

IV. On doit le comparer sans cesse avec l'Evangile, l'unique regle, toujours nouvelle & toujours indispensable, qui jugera
le

(*y*) Væ prophetis insipientibus, qui sequuntur spiritum suum, & nihil vident. Vident vana, & divinant mendacium. *Ezech. C.* XIII. *v.* 3. *&* 5.

le monde, & contre laquelle le monde ne sauroit prescrire. (z) Si quelqu'un nous annonce une autre morale, il faut lui dire anathême, avec la même indignation que s'il nous prêchoit d'autres articles de foi que ceux qui nous sont revelés. „ (a) Jé-„ sus-Christ étoit hier, il est aujourd'hui, „ & il sera le même dans tous les siécles. „ Cela est également vrai de sa doctrine & de ses mystéres. & (b) quiconque pretend que la coutume a prevalu sur quelques points de l'Evangile, est certainement un séducteur.

V. Il faut devenir sage par l'exemple des autres, & voir dans quels relâchemens sont tombés, & les Princes, & les Grands, avec l'applaudissement de leurs conducteurs autorisés; & ne pas se croire incapable des mêmes foiblesses, & de la même illusion, si l'on choisissoit de semblables guides.

VI. Enfin il faut se souvenir du caractére essentiel qui a toujours distingué les vrais Prophetes du Seigneur, de ceux qui en usurpoient le nom & le ministére. Les vrais Prophetes ont été infiniment éloignés de la flatterie. Ils ont annoncé avec liberté, aux

---

(z) Licet Angelus de cœlo evangelizet vobis præter quam quod evangelizavimus, vobis anathema sit. *Gal. C. I. v. 8.*

(a) Jesus Christus heri, & hodie, ipse & in sæcula. Doctrinis variis & peregrinis nolite adduci *Hebr. C. XIII. v. 8 & 9.*

(b) Non est aliud Evangelium, nisi sunt aliqui, qui vos conturbant, & volunt convertere Evangelium Christi. *Gal. C. I. v. 7.*

Rois & aux personnes puissantes dans le siécle, tout ce que Dieu leur commandoit de leur dire. Ils n'ont desiré rien d'eux que leur pénitence & leur conversion. Ils ont eu pour leurs veritables interêts un zéle brulant, que les menaces & les mauvais traitemens n'ont pû rallentir. La plûpart d'entre eux ont scellé de leur sang les vérités qu'ils avoient prêchées ; & ils ont aimé jusqu'au dernier soupir, les Princes mêmes qui les ont fait mourir.

VII. (c) Les faux Prophêtes, au contraire, ont tous, sans exception, aimé le mensonge & la flatterie. Ils n'ont eu d'autre dessein que celui de plaire, & aux Princes, & aux peuples. Ils ne leur ont jamais rien dit que d'agréable, ni rien prédit que d'heureux. Ils en ont été aussi beaucoup plus écoutés que les vrais Prophêtes, que l'on invitoit à suivre la même route, & à se rendre aimables en devenant aussi complaisans. Ils se sont tous déclarés les ennemis du Prince & de l'Etat, comme jaloux de la gloire, comme se réjouissant des maux publics & les désirant. Ils ont été leurs plus ardens persécuteurs : & c'est par leurs calomnies qu'il les ont fait exiler, emprisonner, mettre à mort. Enfin ils ont été tous reconnoissables à cette double marque, qu'ils

---

(c) Dicunt videntibus, nolite videre, & aspicientibus, nolite aspicere nobis ea quæ recta sunt. Loquimini nobis placentia, videte nobis errores. *Isai* c. XXX. v. 10.

qu'ils difoient beaucoup de bien des perfonnes puiffantes, quoiqu'elles fuffent fans vertus, & qu'ils noirciffoient par leurs accufations les plus gens de bien, parce qu'ils ne fe rendoient pas leurs efclaves, & refufoient d'être leurs admirateurs. ,, (d) Ils
,, tuoient par l'anathême, des ames vivan-
,, tes aux yeux de Dieu : & ils donnoient
,, la vie, par leurs benedictions & leurs
,, louanges, à des ames mortes par l'in-
,, juftice. (e) Ils affligeoient le cœur du jufte
,, par leurs calomnies, quoique Dieu ren-
,, dit témoignage à fon innocence, & ils
,, infpiroient une fauffe confiance aux pé-
,, cheurs, qui les entretenoient dans leurs
,, crimes, & les empêchoient de retourner
,, à Dieu & à la juftice par la péni-
,, tence. ,,

VIII. On n'a qu'à ouvrir les Ecritures, on y trouvera ce paralléle juftifié dans toutes fes parties. Quiconque a befoin d'une autre leçon, ne voit & ne comprend rien. Celle-ci eft capable d'inftruire tous ceux qui craignent d'être trompés.

(d) Ut interficerent animas quæ non moriuntur, & vivificarent animas quæ non vivunt. *Ezech.* C. XIII v. 19.
( ) Mœrere feciftis cor jufti mendaciter, quem ego non contriftavi & confortaftis manu impii, ut non reverteretur à viâ fuâ malâ, & viveret. *Ibid.* v. 22.

CHAPITRE XXI.

Si c'est dans l'Etat régulier, ou dans le Clergé, que le Prince doit choisir un Confesseur. Le plus grand mérite doit décider. Dans l'égalité de mérite, le Clergé doit être préféré.

ARTICLE I.

Si c'est dans l'Etat régulier, ou dans le Clergé, que le Prince doit choisir son Confesseur.

I. S'Il ne s'agissoit que d'un particulier dont les devoirs sont bornés, ou si toute la fonction du Confesseur d'un Prince se terminoit à écouter ses fautes, & à lui donner des conseils par rapport à sa conduite personnelle ; il ne faudroit pas tant consulter sur le choix, quoique tout le monde convienne, qu'alors même le choix seroit important. Mais les devoirs d'un Prince sont infinis, & il peut avoir besoin de lumière pour les connoître, de conseil pour s'y bien conduire, de consolation & de force pour s'y soutenir : & il est naturel que ce soit auprès de celui qui a le dépôt de sa conscience, qu'il cherche & qu'il trouve tous ces secours.

II. Ce qui a été dit dans deux Chapitres, met le Prince en état de bien choisir. Mais il reste une question à décider, qui peut être de conséquence pour les Souverains

rains, quoiqu'elle interesse peu les particuliers. Elle consiste à examiner, si c'est dans l'Etat régulier, ou dans le Clergé, que le Prince doit prendre un Confesseur? Si ces deux partis sont égaux, ou s'ils ne le sont pas, lequel il faut préférer?

ARTICLE II.

Le plus grand mérite doit décider.

I. Il est certain, en premier lieu, que c'est le mérite qui doit déterminer, & qu'on doit préférer le plus grand. Toute autre considération n'est point décisive ; & il en faut toujours revenir à l'essentiel.

II. Il est certain aussi que Dieu est le maître de ses dons, & qu'il ne les attache à aucune condition. Toutes les qualités nécessaires peuvent donc se trouver dans le Clergé, & dans l'Etat régulier : & il ne s'agit que de savoir ce qu'on doit conseiller au Prince, en cas que l'égalité soit parfaite des deux côtés, quoique la différence soit peu considerable.

III. Il me semble que si le mérite est égal, c'est un conseil fort sage à donner au Prince, que celui de préférer le Clergé; & qu'il doit avoir plus d'inclination à choisir un homme de bien dans cet Etat pour son Confesseur, que dans aucun Ordre regulier.

Article III.

Dans l'égalité de merite, le Clergé doit être preferé.

I. Un tel homme est libre & independant. Il ne tient point à une Communauté, n'en épouse point les interêts, ne releve point de ses superieurs. Il est dispensé de tous les égards. Il ne connoît que le Prince & son devoir; & il lui est permis d'être en tout fidele à sa conscience, sans appréhender qu'on examine sa conduite, & qu'on improuve son zéle; ni qu'on le rende responsable de ce qu'il aura risqué l'interêt temporel d'une Communauté & d'un Ordre, pour ne pas risquer le salut du Prince.

II. Personne n'est en droit de lui faire des leçons; de lui donner par écrit comment il doit se conduire en certains cas; de l'interroger sur ses principes, de lui défendre d'estimer, ou les choses, ou les personnes qui ne sont pas au goût de certaines gens; & de l'empêcher d'éclairer le Prince & de l'instruire plus qu'ils ne veulent.

III. Il ne reçoit point de conseils, ni d'ordres secrets d'un premier superieur, residant hors du Royaume, qui le gênent, qui le lient, & qui le mettent dans la nécessité de partager ses vûes, & de mesurer sa conduite entre ce qu'il doit, & ce qu'on veut.

IV. Il n'a rien à demander ni à ménager pour personne. Il est seul & séparé de tout: & si l'on s'addresse à lui pour obtenir du Prince quelque grace, il est pleinement le maître d'en examiner la justice, & de refuser ses offices, si la priére est injuste, sans craindre, ni l'autorité, ni le ressentiment de ceux qui n'approuvent pas sa délicatesse & son refus.

V. Le Prince, de son côté, n'a que cet homme unique à contenter. Il n'a que lui pour surveillant & pour inspecteur ; & il n'a point à répondre de ses sentimens, de ses liaisons, de ses desseins, à des hommes que tout inquiéte, qui s'ingerent à tout, qui veulent quelquefois savoir plus de choses que le Confesseur même.

VI. Il est plus sûr du secret, en le confiant à un particulier, sans liaisons, & sans dependances. Je ne parle pas de cette sorte de secret qui regarde precisement la conscience ; car je ne soupçonne personne d'un aussi grand crime que celui d'y manquer. Mais de combien de choses importantes un Prince peut-il parler à un Confesseur, ou par la seule confiance, ou par le besoin de conseil ? Et combien faut-il de précaution pour n'en laisser rien entrevoir à des personnes au milieu desquelles on vit, qu'on respecte & qu'on aime, dont la curiosité est quelquefois aussi grande que la penetra-
tion ;

tion; qui font des queſtions, ou innocemment, ou avec deſſein; & qui ſavent profiter de pluſieurs reponſes ſeparées, en les réuniſſant?

VII. Quel Prince d'ailleurs peut être aſſuré qu'un Religieux, qui a de grands engagemens avec ſes ſuperieurs, ſouvent très répandus dans le monde & très politiques, n'a pas contracté quelque obligation de leur rendre compte de tout ce qui n'eſt point un peché, quand le corps y a quelque intérêt, quand des Princes qu'on a reſolu de ſervir y en ont, quand on s'imagine qu'il s'agit de la cauſe de l'Egliſe? Comment peut-on approfondir juſqu'où les ſuperieurs portent l'autorité, & juſqu'à quel point ils dominent les conſciences? Comment decouvrir des myſtéres ſecrets, qui ſont la baze du gouvernement de tout l'Ordre, & qui doivent toujours demeurer impenetrables? Comment s'éclaircir de l'étendue qu'on donne à certains vœux, & des occaſions où un pretendu bien public doit l'emporter ſur le ſecret naturel? Comment un Prince ſe delivrera-t-il de ces ſoupçons inquiétans, dont quelques exemples devenus publics ont fourni la matiére?

VIII. Mais independamment du ſecret, le Prince delibere avec plus de ſûreté ſur les affaires de ſon Etat, ſur ſes projets, ſur ſes alliances, ſur la guerre ou la paix, quand

quand il le fait avec un particulier qui n'a d'autres interêts que les siens, que lorsqu'il consulte un Religieux d'un Ordre fort étendu, qui a interêt de menager les autres Souverains : qui se sert de son pouvoir dans une Cour, pour se conserver du crédit dans une autre ; & qui tâche de parvenir à conduire tous les Princes, en les persuadant chacun en particulier, qu'il peut tout dans les Etats des autres.

IX. La politique peut alors prévaloir sur la sincérité. Le Prince qui consulte, peut être sacrifié à un autre qu'on aime mieux, parce qu'il est plus dévoué & plus dépendant. On répond au premier, non ce qui lui est utile, mais ce qui convient à un autre : & pendant qu'on fait valoir dans un lieu son zéle & son attachement, on mande ailleurs, en termes ou plus clairs, ou plus enveloppés, selon qu'on se croit assuré du secret, tout ce qu'on fait auprès du Prince pour lui ôter certaines pensées, pour l'appliquer à d'autres desseins, ou pour retarder ses resolutions.

X. Tout homme qui a plus d'une vûe, & qui veut allier plusieurs interêts opposés, n'est point aussi sincére ni aussi droit qu'il le faut, pour donner à un Prince de salutaires conseils : & quiconque veut se rendre necessaire aux autres Puissances, & entretenir commerce avec ceux qui ont auprès

près de leurs maîtres le même emploi qu'il a auprès du sien, ne se borne point à une seule vûe, ni à un seul interêt. Ainsi la prudence doit exclure un tel homme de la confiance intime des Souverains ; & bien loin de le choisir parce que ses Confréres ont ailleurs beaucoup de pouvoir, c'est pour cela même qu'on ne lui en doit donner aucun.

XI. Les protestations d'un entier dévouement sont des paroles, & non des preuves. Un zéle empressé peut n'avoir que l'apparence. L'artifice est quelquefois plus appliqué à persuader que la verité. Tout est suspect, jusqu'à la simplicité, jusqu'aux maniéres peu fines & peu spirituelles, dans celui qui a des prétentions, & pour lui, & pour son Ordre · parce que le piége le plus sûr est de paroître incapable d'en tendre jamais aucun.

XII. Un Prince habile doit examiner ce qui se fait ailleurs, & comprendre par la conduite qu'y tiennent certains Religieux, celle qu'ils auroient dans ses Etats, s'il leur donnoit du crédit. Un particulier se contentera de la confiance qu'il voudra prendre en lui ; mais un grand Corps ne s'arrête pas où l'on veut : & un homme député de sa part, chargé de ses interêts, & conduit par l'esprit general, n'est attentif qu'à passer d'un degré de confiance à un autre,

tre, & qu'à gouverner de telle forte le Prince, qu'il parvienne à gouverner enfin fes Etats.

XIII. On a vu fucceffivement les mêmes hommes porter avec chaleur les interêts, tantôt d'une maifon fouveraine, tantôt d'une autre, felon que l'une étoit puiffante, & l'autre humiliée, ou que le contraire étoit arrivé. Une telle politique peut convenir aux enfans du fiécle : mais l'ange de lumiére qui conduit la confcience du Prince, en doit être incapable ; & il faut, pour cette raifon, le choifir dans une condition plus tranquille & plus feparée du monde, où il ait étutudié d'autres verités, & confulté d'autres maîtres.

XIV. Lorfque le Prince eft obligé de défendre fes droits contre des prétentions douteufes ou exceffives de la puiffance Eccléfiaftique, il eft naturel qu'il conféfe fur ces matiéres, également délicates & importantes, avec un Confeffeur. S'il eft pris du Clergé, fans aucune liaifon avec aucun Corps, & qu'il foit habile, comme on le fuppofe, le Prince a lieu de s'affurer qu'il ne lui donnera point de confeils foibles, fuggerés d'ailleurs, favorables à des préjugés contraires à fon indépendance, ou à la liberté des Eglifes dont il eft le protecteur en qualité de Souverain, qu'il ne fera

pas

pas consister la pieté à sacrifier des coutumes anciennes, légitimes, fondées sur de solides raisons, à des opinions nouvelles & excessives ; & qu'il ne confondra pas l'autorité Ecclésiastique avec l'abus qu'on en peut faire.

XV. Mais si le Prince consulte un homme lié à un Corps qui a pris d'anciens engagemens avec ceux qui sont ses parties, qui en dépend pour ses priviléges, qui n'est en crédit que par leur protection & leur faveur, & qui leur a donné en ôtage ses supérieurs generaux & ses principales maisons : peut-il espérer qu'un tel homme oubliera son Ordre & ses interêts essentiels, qu'il ne concertera pas ses réponses avec ses premiers supérieurs : qu'il s'élevera au dessus de leurs préjugés, de leurs sollicitations, de leurs menaces ; & qu'il exposera pour un Prince, dont le régne doit finir, un Corps qui a des pretentions éternelles ? Le Prince seroit bien crédule, s'il se flattoit de telles pensées ; & bien imprudent, s'il comptoit pouvoir surmonter par sa fermeté, les sollicitations perseverantes d'un Confesseur appliqué à l'affoiblir. Les terreurs, bien ou mal fondées, quand elles ont rapport à la Religion & à la conscience, prevalent enfin ; & il ne faut pas abandonner l'une & l'autre à un homme
pré-

prevenu, quand on veut trouver la lumiére, & fuivre avec fermeté le parti qu'elle a fait embraffer.

XVI. C'eft pour cette raifon que le Confeffeur du Prince doit être abfolument fans interêt & fans efpérance : car le moindre commencement d'ambition affoiblira fes confeils, ou même les pervertira. Il craindra de mettre quelque obftacle à fa fortune : il vendra le Prince & l'Etat pour les moindres lueurs : un chapeau montré de loin, lui renverfera la tête : il aura commencé par être fidéle, & finira par la trahifon.

XVII. On n'évite pas ce danger, en prenant un homme dans le Clergé : mais il eft aifé d'éclairer fa conduite, & de le congédier fi l'on n'en eft pas fatisfait : au lieu que les démarches d'un homme, qui par le moyen de fon Ordre a par-tout des correfpondans inconnus, font plus fecrétes ; & qu'il eft très difficile de le renvoyer quand on n'en eft pas content. Tout fon Ordre prend alors fa défenfe ; croit être en droit de demander en quoi il a déplû ; offre de le punir s'il eft coupable ; tâche d'obtenir en fa faveur quelque déclaration du Prince qui le juftifie, & qui ferve ailleurs de recommandation, au préjudice même du Prince qui auroit eu l'indifcrétion de la donner:

enfin

enfin le follicite vivement pour accepter une perfonne du même Corps, dont l'honneur demeureroit flétri, s'il ne donnoit un fucceffeur à celui qui a déplû. De telles perfecutions, que plus d'un Prince ont éprouvées, n'ont point de lieu quand le Confeffeur ne tient à perfonne. Il peut être examiné & renvoyé fans conféquence; & ces deux avantages font importans.

XVIII. Lorfqu'il s'agit de quelques conteftations qui regardent, ou la doctrine, ou la difcipline, un Confeffeur pris du Clergé ne follicite point le Prince d'ôter la connoiffance de ces queftions aux Evêques de fon Royaume, qui en font les juges naturels; & de la transporter fans neceffité à un autre tribunal, qui en prendroit avantage, & qui s'en ferviroit comme d'une preuve, que tout ce qui regarde la Religion doit lui être refervé, & que les Evêques d'un grand Royaume, ou même de toute l'Eglife, ne favent que ce qu'il lui plaît de leur enfeigner, & ne font éclairés qu'autant qu'ils lui obéiffent.

XIX. Il y a des Ordres entiers qui fe font déclarés en faveur de ces prétentions injurieufes à l'Epifcopat: d'autres font partagés fur ce point; & il y en a peu, qui foient univerfellement attachés à la hierarchie, & qui ne favorifent en quelque chofe l'ambition

tion d'un siége dont ils dépendent plus que des Evêques, à la jurisdiction desquels ils se sont souftraits. Il est donc plus utile à l'Episcopat, & par conséquent au Royaume dont il est l'appui, que le Confesseur du Prince soit élevé dans des maximes plus pures, & qu'il n'ait d'autre interêt que celui du Clergé dont il est tiré, & celui des Evêques auxquels il est soumis.

XX. Lorsque le Prince le consultera sur le bien de son Etat; sur les moyens d'y faire fleurir les Lettres, d'y rendre les Universités plus savantes, d'y appeller des gens de mérite, sur la nomination aux benefices, & sur quantité de choses pareilles, il ne sera pas obligé d'être en garde contre ses conseils, & de s'en défier, comme il le devroit faire s'il consultoit sur les mêmes choses un Religieux dont l'Ordre seroit chargé des principaux colléges, peu favorable aux Universités, peu touché d'une autre reputation que de la sienne, peu sensible à un merite étranger, peu liberal à l'égard de ceux qui voudroient se conserver indépendans, & arriver aux recompenses sans les acheter par la servitude.

XXI. En choisissant un homme du Clergé, le Prince se délivre de beaucoup de sollicitations en faveur du Corps dont seroit son Confesseur, & dont tous les particuliers croi-

croiroient partager le crédit & l'autorité. Quand le Confesseur seroit par lui-même modeste & retenu, il ne pourroit resister à ses supérieurs, & à plusieurs de ses confréres, qui accuseroient sa retenue de timidité & de foiblesse, qui ne l'estimeroient qu'autant qu'il leur seroit utile, & qui s'appliqueroient à le déplacer par des voies secrétes & domestiques, s'il étoit assez ferme & assez désinteressé pour ne rien demander qui ne fût juste.

XXII. Le Prince éteint la jalousie de tous les Ordres, en n'en preferant aucun. Il met entre eux une parfaite égalité; & il se conserve la liberté necessaire pour leur rendre à tous une exacte justice. Quelque bien intentionné qu'il fût, la balance pancheroit necessairement du côté du Confesseur & de son Ordre. Le goût, l'inclination, la confiance, la reconnoissance même formeroient des préjugés dangereux; & il seroit presque inévitable qu'il écoutât avec plus de bonté, celui qu'il écouteroit plus souvent.

XXIII. Il s'exposeroit ainsi à opprimer quelquefois des personnes innocentes, & à humilier des Communautés entiéres, en ne se défiant pas assez des préventions d'un Confesseur, qui étant entré jeune dans un Ordre, & ayant reçu de ses maîtres certaines aversions, n'examine presque jamais dans la suite si elles sont justes & fondées; & prend un zéle inspiré par la jalousie, pour un zéle pur & desintereffé de la gloire de Dieu.

XXIV. Le Prince ne peut trop appréhender qu'un Confesseur ne lui suggére ses propres passions, au lieu de travailler à guérir celles qu'il lui découvre. Le piége est d'autant plus dangereux, qu'il est preparé par une main non suspecte, que la Religion lui sert de voile, & que c'est le tems même de la confession, c'est-à-dire celui où le Prince est plus disposé à tout écouter avec docilité, qu'on choisit pour l'y faire tomber.

XXV. Il s'exempte de ce péril, en ne prenant aucune part aux disputes, aux opinions, aux préjugés d'aucun Ordre: voulant être le protecteur de tous, & ne dépendre d'aucun: les tenant tous dans le devoir, se montrant à tous comme leur Souverain, & ne devenant pas une des parties, en renonçant à la qualité de juge & de maître.

XXVI. Il ne sauroit donc rien faire de plus sage, que de choisir un particulier sans preventions, sans espérance, sans ambition, sans aucune sorte d'interêt· qui ait assez de mérite, pour n'être point jaloux de celui des autres· assez de vertu, pour n'en tirer point vanité· assez de foi, pour ne désirer que les biens futurs: assez d'amour pour Jesus-Christ, pour ne songer qu'à servir l'Eglise:

assez

assez de zéle & d'attachement pour le Prince, pour ne lui cacher aucune verité salutaire.

XXVII. S'il est assez malheureux pour ne pas soutenir jusqu'au bout un tel caractére, le Prince doit l'éloigner, dès qu'il ne peut douter de son affoiblissement. Car un Ecclésiastique innocent, mais que l'ambition a perverti, ne revient presque jamais à sa premiére simplicité ; & les avis qu'on lui donne, le rendent plus attentif à dissimuler ses passions qu'à les reformer.

Fin de la III. Partie.

Lightning Source UK Ltd.
Milton Keynes UK
UKOW07f1911210116

266897UK00009B/192/P